U0581471

全世界无产者，联合起来！

列宁全集

第二版增订版

第六卷

1902年1—8月

中共中央 马克思　恩格斯　著作编译局编译
列　宁　斯大林

人民出版社

《列宁全集》第二版是根据
中国共产党中央委员会的决定，
由中共中央马克思恩格斯列宁
斯大林著作编译局编译的。

凡 例

1. 正文和附录中的文献分别按写作或发表时间编排。在个别情况下,为了保持一部著作或一组文献的完整性和有机联系,编排顺序则作变通处理。

2. 每篇文献标题下括号内的写作或发表日期是编者加的。文献本身在开头已注明日期的,标题下不另列日期。

3. 1918年2月14日以前俄国通用俄历,这以后改用公历。两种历法所标日期,在1900年2月以前相差12天(如俄历为1日,公历为13日),从1900年3月起相差13天。编者加的日期,公历和俄历并用时,俄历在前,公历在后。

4. 目录中凡标有星花 * 的标题,都是编者加的。

5. 在引文中尖括号〈　〉内的文字和标点符号是列宁加的。

6. 未说明是编者加的脚注为列宁的原注。

7.《人名索引》、《文献索引》条目按汉语拼音字母顺序排列。在《人名索引》条头括号内用黑体字排的是真姓名;在《文献索引》中,带方括号[　]的作者名、篇名、日期、地点等等,是编者加的。

目　录

1902 年

插　图

前　言

　　本卷收载列宁在 1901 年秋至 1902 年 2 月所写的《怎么办?》一书和 1902 年 1 月至 8 月的著作。

　　这一时期,俄国社会经济的一切矛盾开始更加尖锐地表现出来。反对沙皇专制制度的群众性革命运动日益高涨。工人的经济罢工与政治罢工紧密地交织在一起,相互补充,显示了工人群众的自觉性和斗争性日益增高。1902 年春天,波尔塔瓦省和哈尔科夫省爆发的农民起义,席卷了拥有将近 15 万人口的 165 个村庄。自发的农民运动扩展到了许多地区。学生特别是大学生因对行政当局不满而掀起的风潮十分猛烈。沙皇愈来愈频繁地动用军队来镇压罢工、游行示威和农民起义。整个俄国没有一个地方不回响着抗议专制制度暴行的呼声。列宁评述当时的情况时写道:"我们正经历着一个暴风雨的时代:俄国的历史一日千里地向前发展,现在的一年有时要超过平静时期的几十年。人们在给改革后时代的半个世纪作总结,在为那些将长久决定全国命运的社会政治大厦奠立基石。"(见本卷第 365 页)在这样的时代,俄国社会中的三个基本阶级、三个主要政治派别即自由派资产阶级、小资产阶级民主派和无产阶级革命派都在制定并推行自己的纲领和策略,它们之间展开了激烈的思想斗争和政治斗争。自由派资产阶级在日益发展的革命斗争的影响下着手组织自己的力量,开始制定自己的纲领、策略和组织计划,进行温和的反政府活动。1902年年初,各民粹派团体的残余力量建立了社会革命党,在国外出版了自己的报纸《革命俄国报》和杂志《俄国革命通报》。他们是一批具有民粹主义思想的知识分子,想用知识分子同专制制度的单独决斗来取代群众的斗争。这个时期,俄国无产阶级革命派面临的任务是从思想上彻底粉碎经济主义这个影响建立一个战斗的集中的政党的主要障碍,结束社会民主工党各个组织思想混乱、组织涣散的状态,早日建立起新型无产阶级政党来领导全体人民争取政治自由、争取资产阶级民主革命胜利的斗争,为未来的社会主义革命准备条件。

本卷开篇《怎么办?(我们运动中的迫切问题)》一书全面论证了建立新型工人阶级政党的思想,从思想上彻底粉碎了经济主义,教育和培养了坚强的马克思主义革命家。

在该书第1章,列宁阐明了马克思主义革命理论的重要意义,揭露了机会主义者所谓"批评自由"的口号的实质和危害性。列宁指出,机会主义者伯恩施坦派在"批评自由"的时髦口号下修正马克思主义的一切基本原理。这与创造性地发展马克思主义毫无共同之处。"'批评自由'就是机会主义派在社会民主党内的自由,就是把社会民主党变为主张改良的民主政党的自由,就是把资产阶级思想和资产阶级因素灌输到社会主义运动中来的自由。"(见本卷第8页)列宁揭露了俄国的经济主义是国际机会主义的变种。经济派推崇工人运动中的自发性,把经济斗争看得至为重要并对政治斗争作改良主义的解释,贬低社会主义意识的作用,贬低党在工人运动中的领导作用,使工人阶级在反对专制制度和资产阶级的斗争中解除武装。他们成了资产阶级思想影响的传导者。列宁揭露了经济主义的机会主义思想,论证并强调了马克思主义理论的意义、马克思主义政党作为工人运动的领导力量的意义,阐发了恩格斯关于社会民主运动的三种斗争(政治斗争、经济斗争和理论斗争)密不可分的思想,特别强调了理论工作的重大意义。对于俄国无产阶级来说,理论的意义显得尤其突出。俄国历史上第一次应当由工人政党来领导全体人民争取政治自由、争取资产阶级民主革命胜利的斗争。党如果不以创造性的态度来解决这一历史任务,如果不独立领会国际无产阶级运动的全部经验,就不能成为解放斗争的领导者。党的使命是走在自发的工人运动的前面,给它指明道路,回答无产阶级碰到的一切理论上、政治上和组织上的问题。党的力量就在于它具有理论武装。列宁希望工人运动的领袖们特别要不断地增进他们对于各种理论问题的知识,时刻记住恩格斯的教导:"社会主义自从成为科学以来,就要求人们把它当做科学来对待,就是说,要求人们去研究它。"(见本卷第 26 页)列宁强调指出:"没有革命的理论,就不会有革命的运动。"(见本卷第23 页)"只有以先进理论为指南的党,才能实现先进战士的作用。"(见本卷第 24 页)

　　在该书第 2 章,列宁分析了工人运动中的自发性和自觉性的相互关系问题。经济派崇拜自发性,认为社会主义意识可以自发地从工人运动本身产生并自发地在工人阶级中传播,反对给工人阶级灌输社会主义意识。列宁彻底批判了他们的这种机会主义观点。列宁指出,社会主义学说不是自发地产生的,而是由学识丰富的知识分子创造的哲学、历史和经济的理论中产生出来的。工人阶级单靠自己的力量只能产生出工联主义意识。工人的社会主义意识只能从外面灌输进去。而要把社会主义意识灌输到工人运动中去,就必须同资产阶级意识形态进行不调和的斗争。因为工人运动没有同社会主义意识结合之前,它无力抵抗资产阶级思想的进攻。资产阶级作为统治阶级通过学校、教会、报纸、文学艺术以及其他思想影响的渠道来压抑工人的意识,力图从精神上奴役工人。列宁写道:"问题**只能是这样**:或者是资产阶级的意识形态,或者是社会主义的意识形态。这里中间的东西是没有的(因为人类没有创造过任何'第三种'意识形态,而且在为阶级矛盾所分裂的社会中,任何时候也不可能有非阶级的或超阶级的意识形态)。因此,对社会主义意识形态的**任何轻视**和**任何脱离**,都意味着资产阶级意识形态的加强。"(见本卷第 38 页)俄国马克思主义政党在 20 世纪初期的迫切任务就在于,引导工人运动走上反对沙皇制度和资本主义的政治斗争的道路,以科学社会主义思想武装工人运动。

在该书第 3 章,列宁阐述了无产阶级阶级斗争的经济形式和政治形式的相互关系问题。列宁揭露了经济派所谓"政治鼓动应当服从于经济鼓动"、"赋予经济斗争本身以政治性质"的言论是把社会民主主义政治降低为工联主义政治,局限于争取经济改良。列宁指出,社会民主党领导工人阶级斗争不仅是要争取出卖劳动力的有利条件,而且是要消灭人剥削人的社会制度。"社会民主党代表工人阶级,不是就工人阶级同仅仅某一部分企业主的关系而言,而是就工人阶级同现代社会的各个阶级,同国家这个有组织的政治力量的关系而言。由此可见,社会民主党人不但不能局限于经济斗争,而且不能容许把组织经济方面的揭露当做他们的主要活动。"(见本卷第 54 页)列宁指明,无产阶级的基本经济利益只能通过用无产阶级专政代替资产阶级专政的政治革命来满足,所以社会民主党应当积极地对工人阶级进行政治教育,发展工人阶级的政治意识,通过对专制制度全面的政治揭露来提高群众的政治党悟和革命积极性,使争取改良的局部斗争服从于争取自由和争取社会主义的整个革命斗争。列宁还阐述了关于无产阶级在资产阶级民主革命中的领导权和工农的革命联盟的思想,指出工人阶级应该作为争取政治自由的先进战士去领导一般民主运动,但一分钟也不隐瞒自己的社会主义信念。工人阶级政党应该把俄国全体人民反对专制制度的民主斗争同无产阶级反对资本主义的社会主义斗争结合起来,到居民的一切阶层中进行革命的宣传和鼓动,从政治上揭露专制制度,揭露沙皇俄国的整个社会政治制度。只有把这种全民的揭露工作组织起来的党,才能成为革命力量的先锋队。

在该书第 4 章和第 5 章,列宁论证了建立一个统一的集中的马克思主义政党的必要性,阐述了他在《从何着手?》一文(见本版全集第 5 卷第 1—10 页)中略述的建党计划。列宁彻底批判了经济派迷恋组织工作中的手工业方式、反对建立革命家组织的机会主义观点。他明确指出:"无产阶级的自发斗争如果没有坚强的革命家组织的领导,就不能成为无产阶级的真正的'阶级斗争'。"(见本卷第 128 页)列宁认为,俄国的当务之急是建立一个全俄的集中的组织,一个由职业革命家组成而由全体人民的真正政治领袖领导的组织。"给我们一个革命家组织,我们就能把俄国翻转过来!"(见本卷第 121 页)根据俄国的历史条件和现实情况,列宁认为建党应该从创办全俄政治报纸入手。按照列宁的计划,党应当是由少数领导人(主要是职业革命家)和广泛的地方组织网组成的。党的核心应当由有修养、有才干、有经验和经过考验的职业革命家组成。列宁指出,战斗的革命政党需要有坚强的有威信的领导。如果没有一个富有天才、经过考验、受过专门训练和长期教育并且彼此配合得很好的领袖的集体，在现代社会中就无法进行坚持不懈的斗争。

在该书结束语部分，列宁对"怎么办？"这个问题回答说：结束思想上的分歧和组织上的混乱，建立一个坚强而团结的马克思主义的工人阶级政党。

本卷收入的《关于俄国社会民主工党纲领的文献》表明列宁在制定党纲的工作中所起的重要作用。党纲规定党的性质、斗争要求和奋斗目标，规定党的政治路线、策略原则和组织路线。1901年夏，《火星报》编辑部制定出党纲草案。纲领的理论部分由普列汉诺夫执笔。列宁认为普列汉诺夫的草案不能令人满意，它只是一般说明资本主义，没有指出俄国资本主义所产生的矛盾和社会灾祸，对俄国资产阶级的作用估计错误，没有看到无产阶级是资产阶级民主革命的领导者，在无产阶级专政问题上表现摇摆，对作为工人阶级同盟者的农民估计过低。此外，它在说明一些原则问题时表述抽象，含糊不清。列宁主张"俄国无产阶级政党应当在自己的纲领中毫不含糊地控诉俄国资本主义，向俄国资本主义宣战"（见本卷第222页）。列宁认为工人阶级政党在自己的纲领中也要向非无产阶级劳动群众发出号召，所以不应当泛谈资本主义的发展，而应当着重指出资本主义造成的社会后果，说明大生产排挤小生产，说明资本使农民和手工业者破产，使他们成为资本的奴仆，把他们推到无产阶级的队伍中去，他们的唯一出路就是靠拢无产阶级的政党。普列汉诺夫的草案虽然提出了全体劳动者参加社会主义革命的问题，但是他没有把工人阶级从整个人民群众中区分出来，从而缩小了工人阶级的作用，模糊了党的无产阶级性质。列宁认为纲领应当说明工人阶级及其政党代表全体劳动者和被剥削

者的利益,但不要把工人阶级混同于一般劳动者和被剥削者。他
要求:"必须**首先**把自己同一切人**划清界限**,即仅仅把无产阶级一
个阶级**专门单独地**划出来,**然后**再说无产阶级解放一切人,号召一
切人,邀请一切人。"(见本卷第 238 页)工人阶级政党不只是代表
工人阶级,而且是代表全体被压迫阶级向资本主义宣战,才能保证
无产阶级在争取社会主义的斗争中的领导权。在对无产阶级专政
本身的理解上,普列汉诺夫仅仅把重点放在无产阶级专政的暴力
方面。列宁则认为,无产阶级专政还包括在争取社会主义斗争中
对劳动者的领导。列宁和普列汉诺夫在纲领上的意见分歧,反映
出双方对社会主义革命及其动力、对工人阶级和全体劳动群众在
准备这一革命的过程中的相互关系的不同理解。《火星报》编辑部
最后确定下来的纲领草案,说明了俄国资本主义及其发展的特点,
明确了工人阶级在革命中的领导作用,指出了建立无产阶级专政
的必要性,论述了俄国革命运动的特点,概括了俄国和国际无产阶
级革命斗争的经验。

　　《俄国社会民主党的土地纲领》一文是列宁对俄国社会民主工
党纲领草案中由他起草的土地问题部分的说明。这篇文章阐述了
俄国资产阶级民主革命发生以前社会民主党在土地问题上的政策
的指导原则。列宁认为俄国的农民问题极其复杂,旧的农奴制残
余根深蒂固。在俄国农村,农奴制关系同资产阶级关系错综复杂
地交织在一起,工役地租、实物地租、货币地租和资本主义地租奇
妙地交织在一起。对这样错综复杂的问题,根本不可能采取简单
的解决办法。列宁指出:阶级斗争是解决一切土地问题的指导原
则;最近的主要目的是为农村阶级斗争即无产阶级阶级斗争的自
由发展扫清道路,这个斗争是为了让无产阶级夺取政权,建立社会

主义社会的基础；为了给农村阶级斗争的自由发展扫清道路，就必须消灭束缚资本主义发展的一切农奴制残余。列宁写道："为了使我国的雇农和半雇农以后容易过渡到社会主义，最要紧的是社会主义政党**现在就**应当开始'维护'小农，'尽可能'帮助他们，不拒绝参与解决'别人的'（非无产阶级的）各种迫切而复杂的问题，教育全体被剥削劳动群众把社会主义政党看做自己的领袖和代表。"（见本卷第307页）为此，列宁在纲领草案中提出废除赎金、代役租和连环保等等的要求，提出建立农民委员会的要求，以便由它们把解决农村生活最迫切的问题掌握起来，首先是把割地归还给农民。实现这些要求，不是用改良办法，而是用革命办法消灭农奴制残余。列宁深刻分析了归还割地的要求和土地国有化的要求，批驳了马尔丁诺夫等人的反对意见。列宁着重指出，归还割地的要求恰恰是从农民的所有要求中抽出的能够起革命作用、因而应该得到无产阶级支持的东西，而土地国有化的要求，在某种程度上会使人忽视农奴制的最突出的表现和最厉害的残余。土地国有化的要求虽然在原则上完全正确，在一定时期完全适用，但是在专制制度下提出，在政治上是不妥当的。列宁认为："土地国有化的要求，只有作为资产阶级的措施而不是作为社会主义的措施，才是社会民主党纲领的原则上正确的要求，因为从社会主义的意义上来讲，我们要求的是**一切**生产资料的国有化。"（见本卷第311—312页）列宁在本文中最后指出，俄国社会民主党人掌握上述土地政策的一些原则，就能弄清楚农村错综复杂的关系，就能使革命宣传鼓动适合于这些关系，就能在农民中促进先是反对农奴主、继而发展成为反对沙皇专制制度的起义的民主主义运动。

　　本卷论述党的纲领、策略和组织原则的文章还有：《〈火星报〉

编辑部向俄国社会民主工党各委员会会议(代表会议)的报告》、《给"俄国社会民主工党北方协会"的信》、《关于"斗争"社》等。

编入本卷的《政治鼓动和"阶级观点"》和《一封给地方自治人士的信》,是列宁论述社会民主党对自由派资产阶级反对政府活动的策略的两篇文章。列宁指出,专制制度的利益常常不是同所有有产阶级的整个利益一致,而是同它们的个别阶层的利益一致。整个资产阶级的更广泛的利益以及整个资本主义发展的利益,必然产生反对专制制度的反政府派。反政府派的主要支柱是地方自治人士。他们只进行合法的抗议活动。列宁认为无产阶级必须掌握反对沙皇制度的政治斗争的领导权,鼓励自由派资产阶级中间所表现的不满和抗议,用工人积极参加的办法支持自由主义的和民主主义的一切抗议,同时批评自由派资产阶级的软弱和怯懦:"应当善于在任何一个自由派打算移动一寸的时候及时抓住他,强迫他移动一尺。如果他固执不动,我们就抛开他,越过他而继续前进。"(见本卷第252页)

《为什么社会民主党应当坚决无情地向社会革命党人宣战?》和《革命冒险主义》两篇文章,深刻地剖析和批判了社会革命党在理论和纲领上的机会主义和在策略上的冒险主义。列宁指出,社会革命党是没有理论基础和社会基础的小资产阶级派别。他们离开了革命社会主义理论——马克思主义,总是在马克思主义和冒牌社会主义的自由主义民粹派之间脚踏两只船。他们不承认阶级斗争这个唯一真正革命的原则,否认工人阶级是现代社会唯一真正革命的阶级,不懂得俄国真正革命的和真正社会主义的党是把社会主义同俄国工人运动结合起来的党,这就使他们脱离了工人运动,而没有任何一个社会阶级作为依靠。列宁指出,社会革命党人轻视理论的态度只会加强资产阶级思想对劳动人民的影响,妨碍无产阶级理解自己在革命运动中的领导作用,腐蚀无产阶级的阶级意识。列宁认为,"社会革命主义是小资产阶级的思想上的不坚定性和小资产阶级的社会主义庸俗化的表现之一"(见本卷第363页)。列宁还对社会革命党人把恐怖手段列入自己的纲领作了批判,指出"现在的恐怖主义者就是改头换面的地道的'经济派'"(见本卷第371页)。列宁在《怎么办?》一书中曾经指出,"经济派"崇拜自发的"纯粹工人运动",而恐怖主义者崇拜那些不善于或者没有可能把革命工作同工人运动结合成一个整体的知识分子的自发的狂热情绪。列宁斥责个人恐怖的策略导致革命者脱离劳动群众,削弱发动群众攻击专制制度的革命工作。列宁号召社会民主党人在任何时候都要警惕并揭穿社会革命党人的冒险主义,并且应当记住,"革命政党只有**真正**领导革命阶级的运动,才无愧于自己的称号"(见本卷第373页)。列宁满怀信心地指出,社会民主党人不会迷恋于恐怖手段,他们一定能更加紧密地团结起来,把革命者的战斗组织同俄国无产阶级的群众英雄主义结成一个整体。列宁在文章中还批判了社会革命党人的土地纲领。他分析社会革命党人的土地纲领的错误是:把土地社会化和资产阶级的土地国有化混为一谈,把农民关于小规模平均使用土地的朴素思想同社会主义关于全部生产资料收归国有和组织社会主义生产的学说混淆起来,用发展合作社来代替阶级斗争。列宁认为,提出彻底的社会主义纲领必须具备三个条件,这就是:对于最终目的要有明确的思想,对于达到这一目的的道路要有正确的了解,对于当前的实际形势和最近的任务要有确切的概念。而社会革命党人一条也不具备。列宁认为社会革命党人的土地纲领可以作为一切社会主义者的教训和借鉴,可以作为无思想性和无原则性的后果的鲜明例证。

《〈俄国社会民主党人的任务〉第二版序言》一文对 1897 年到 1902 年这五年间俄国社会民主党的状况及其力量的深刻变化作了阐述,对俄国社会革命党人的革命冒险主义和俄国资产阶级反对派的民主自由主义思潮作了剖析。列宁认为,俄国社会民主党在肃清经济派的影响之后需要特别注意俄国那些非社会民主主义的秘密派别。一方面必须同"社会革命党"这一个或这一类派别进行斗争,直到资本主义的发展和阶级矛盾的尖锐化使它们失去任何基础为止,另一方面坚决揭露自由派资产阶级和民主派资产阶级的任何不彻底的表现,削弱他们同君主制达成协议的任何企图,推动他们要求实行欧洲资产阶级那种阶级斗争和阶级统治的活动。列宁明确提出,摆在俄国社会民主党面前的当前任务就是:结束自己队伍中的任何涣散和动摇的状况,在革命马克思主义的旗帜下更紧密地团结起来并在组织上合并,全力以赴地联合所有进行实际工作的社会民主党人,使他们的活动深入和扩大,同时密切注意向尽量广大的知识分子和工人群众说明社会革命党人和资产阶级自由派的真正意义。

在《列宁全集》第 2 版中,本卷文献比第 1 版相应时期所收文献增加 14 篇。《附录》中的一部分文献表明,列宁为俄国社会民主工党纲领草案的制定做了大量的准备工作。从这些文献中可以看出,列宁坚持马克思主义的基本原理同俄国革命的具体实践相结合的原则,反对理论脱离实际的抽象议论。

弗·伊·列宁

（1900 年）

怎 么 办?

我们运动中的迫切问题1

(1901 年秋—1902 年 2 月)

> "……党内斗争给党以力量和
> 生气。党本身模糊不清,界限不
> 明,是党软弱的最大明证。党是靠
> 清洗自己而巩固的……"
>
> (摘自拉萨尔 1852 年 6 月 24
> 日给马克思的信)

序 言

照作者的原定计划,这本小册子要详细发挥《从何着手?》
(1901 年 5 月《火星报》2 第 4 号)一文①中所谈的那些思想。我们
应当首先向读者致歉,在那篇文章中许下的诺言(这个诺言在答复
许多私人询问和信件时也一再重复过)履行得迟了些。推迟的原
因之一,是去年(1901 年)6 月间曾经试图把所有的国外社会民主
党人组织统一起来3。当时自然要等待这次尝试的结果,因为这
次尝试如果成功,我们也许就要从稍微不同的角度来说明《火星

---

① 见本版全集第 5 卷第 1—10 页。——编者注

报》的组织观点;无论如何,这次尝试成功就有希望很快消除俄国社会民主党内存在两个派别的现象。读者知道,这次尝试以失败告终,而且,正像我们在下面将要竭力证明的那样,《工人事业》杂志⁴在第 10 期上重新转向"经济主义"以后,这次尝试也不能不以失败告终。同这个模糊不清、缺乏明确性、可是却比较顽固并能在各种形式下复活起来的派别作坚决的斗争,已经是绝对必要的事情了。因此,本书的原定计划也就有所改变并且大大地扩充了。

本书的主题,本来应当是《从何着手?》一文中所提出的三个问题,即我们的政治鼓动的性质和主要内容问题,我们的组织任务问题,在各地同时着手建立全俄的战斗组织的计划问题。作者早就关心这些问题,还在筹划《工人报》⁵复刊时就曾想在这个报上提出来,不过这次复刊的尝试也没有成功(见第 5 章)。原来设想在本书中只分析这三个问题,并尽可能正面阐述自己的观点,而不采用或者几乎不采用论战方式,但是由于下面两个原因,这种设想根本无法实现。一方面,"经济主义"比我们设想的要顽强得多(我们用"经济主义"这个词是广义的,在 1901 年 12 月《火星报》第 12 号上发表的《同经济主义的拥护者商榷》一文已经说明了这一点,那篇文章可以说是定出了本书的大纲①)。现在已经很明显,对于解决这三个问题所以存在着各种不同的观点,在很大程度上是由于俄国社会民主党内两个派别的根本对立,而不是由于局部的意见分歧。另一方面,"经济派"对于《火星报》实际宣传我们的观点表示茫然不解,这显然表明:我们往往简直是各讲各的话;如果我们不从头讲起,那我们就**不可能**谈出什么结果;必须作一次尝试,用

① 见本版全集第 5 卷第 324—331 页。——编者注

Что дѣлать?

Наболѣвшіе вопросы нашего движенія

Н. ЛЕНИНА.

... „Партійная борьба придаетъ партіи силу и жизненность, величайшимъ доказательствомъ слабости партіи является ея расплывчатость и притупленіе рѣзко обозначенныхъ границъ, партія укрѣпляется тѣмъ, что очищаетъ себя"... (Изъ письма Лассаля къ Марксу отъ 24 іюня 1852 г.).

Цѣна 1 руб.
Preis 2 Mark = 2.50 Francs.

STUTTGART
Verlag von J. H. W. Dietz Nachf. (G. m. b. H.)
1902

1902 年列宁《怎么办?》一书封面
（按原版缩小）

尽可能通俗的方式,用大量具体的例证,来就我们之间的意见分歧的**一切**根本之点,向**所有的**"经济派"作**系统的"说明"**。于是我就决定作这样一次"说明"的尝试,虽然我明明知道,这会使本书的篇幅大大增加,并且使出版日期推迟,但是除此之外,我看不出有什么**别的办法**来履行我在《从何着手?》一文中许下的诺言,除了为出版迟缓致歉之外,还要为本书文字修饰方面的很多缺点致歉,因为我不得不**非常匆忙地**写作,而且经常被其他各种工作所打断。

对上述三个问题的分析,仍然是本书的主题,但是我不得不从两个比较一般的问题谈起:为什么像"批评自由"这样一个"无害的"和"正常的"口号,对我们竟会成为一个真正的战斗的信号? 为什么我们甚至在社会民主党对自发的群众运动的作用这个基本问题上都谈不拢? 其次,阐述我们对政治鼓动的性质和内容的观点,变成了说明工联主义政治和社会民主主义政治之间的区别;阐述我们对组织任务的观点,变成了说明"经济派"感到满意的手工业方式和我们认为必须建立的革命家组织这两者之间的区别。再次,人们反对全俄政治报"计划"的意见愈没有根据,人们愈不从实质上回答我在《从何着手?》一文中提出的我们怎样才能在各地同时着手建立我们所需要的组织的问题,我就愈要坚持这个"计划"。最后,在本书的结尾部分,我希望指明以下几点:我们已经做了我们所能做到的一切来防止同"经济派"完全决裂,但是这一决裂毕竟是不可避免的了;《工人事业》杂志已经具有一种特别的、甚至可以说是"历史的"作用,因为它最充分和最突出地表现出来的并不是彻底的"经济主义",而是那种构成俄国社会民主党历史上**整整一个时期**的特点的混乱和动摇;所以我们同《工人事业》杂志进行

的乍看起来似乎是过分详细的论战也是有意义的，因为不彻底结
束这个时期，我们就不能前进。

尼·列宁

1902 年 2 月

一

教条主义和"批评自由"

（一）什么是"批评自由"？

"批评自由"——这无疑是目前最时髦的口号，是各国社会主义者和民主主义者在争论中最常用的口号。乍看起来，很难想象还有什么比争论的一方一再郑重其事地引用批评自由更奇怪的了。难道在先进政党中，有人声言反对欧洲大多数国家用来保障科学自由和科学研究自由的宪法条文吗？凡是在街头巷尾一再听到这个时髦的口号而还没有深入了解争论双方意见分歧的实质的局外人，一定会想："这里恐怕有问题吧！""这个口号显然是一种特定用语，像代号一样，用习惯了，几乎成为一种普通名词了。"

其实，谁都知道，现代国际①社会民主党中已经形成了两个派

---

① 顺便指出：社会主义运动内部不同派别之间的争执，第一次从一国的现象变成了国际的现象，这在现代社会主义运动史上恐怕是唯一的而且也是非常令人欣慰的现象。从前，拉萨尔派和爱森纳赫派6之间，盖得派和可能派7之间，费边派和社会民主党人8之间，民意党人9和社会民主党人之间的争论，始终纯粹是一国内的争论，所反映出来的，纯粹是各国的特征，这些争论可以说是在不同的侧面进行的。而目前（这一点现在已经看得很清楚），英国的费边派，法国的内阁派10，德国的伯恩施坦派11，俄国的批评派，都成了一家弟兄，他们互相吹捧，彼此学习，一起攻击"教条式的"马克思主义。在这场同社会主义运动内的机会主义进行的第一次真正国际性的搏斗中，国际革命社会民主党也许会大大加强起来，足以结束早已笼罩于欧洲的政治反动局面？

别,这两个派别之间的斗争,有时炽烈起来,火焰腾腾;有时又静息下去,在动人的"休战决议"的灰烬下面阴燃着。对"旧的、教条式的"马克思主义采取"批评"态度的那个"新"派别究竟是怎么一回事,这一点已经相当明确地由伯恩施坦**讲出来了**,由米勒兰**作出样子**了。

社会民主党应当从主张社会革命的政党,变成主张社会改良的民主政党。伯恩施坦提出了一大套颇为严整的"新"论据和"新"理由,来为这个政治要求辩护。他否认有可能科学地论证社会主义和根据唯物主义历史观证明社会主义的必要性和必然性;他否认大众日益贫困、日益无产阶级化以及资本主义矛盾日益尖锐化的事实;他宣称**"最终目的"**这个概念本身就不能成立,并绝对否定无产阶级专政的思想;他否认自由主义和社会主义在原则上的对立;他否认**阶级斗争理论**,认为这个理论好像不适用于按照多数人意志进行管理的严格意义上的民主的社会,等等。

可见,要求从革命的社会民主主义坚决转向资产阶级的社会改良主义,就免不了会同样坚决地转向用资产阶级观点来批评马克思主义的一切基本思想。既然很久以来,无论在政治讲台上或在大学讲坛上,无论在大量小册子中或在许多学术论文里,都一直在对马克思主义进行这样的批评,既然几十年来,有教养阶级的一代青年,都经常在受这种批评的熏陶,那么,社会民主党中的"新的批评"派一出世就非常完备,好像密纳发从丘必特脑袋里钻出来一样[12],就毫不奇怪了。这种思潮,按其内容来说,并不需要什么发展和形成,因为它是直接从资产阶级的书刊上搬到社会主义的书刊上来的。

其次,如果说伯恩施坦的理论批评和政治欲望还有什么人不明白,那么法国人已经设法为"新方法"作了示范。法国在这一次也没有辜负它历来的名声,即它是"这样一个国家,在那里历史上的阶级斗争,比起其他各国来每一次都达到更加彻底的结局"(恩格斯为马克思的《雾月十八日》一书写的序言)①。法国社会党人并不谈什么理论,而是直接行动起来;法国那种民主制发展程度较高的政治条件,使他们能够立刻转到带来种种后果的"实践的伯恩施坦主义"上去。米勒兰在实行这种实践的伯恩施坦主义方面作出了一个极好的榜样,难怪伯恩施坦和福尔马尔都这么热心地、迫不及待地为米勒兰辩护,对他大加赞赏! 的确,既然社会民主党实质上不过是个主张改良的党,并且应当有勇气公开承认这一点,那么社会党人也就不仅有权加入资产阶级内阁,而且甚至应当时时刻刻力求做到这一点。既然民主制实质上就是消灭阶级统治,那么社会党人部长为什么不可以用阶级合作的言词来博得整个资产阶级世界的欢心呢? 他为什么不可以甚至在宪兵屠杀工人的行为已经千百次地表明了各阶级民主合作的真谛之后,仍然留在内阁中呢? 他又为什么不可以亲自参加欢迎那个目前被法国社会党人恰好叫做绞刑专家、鞭笞专家和流放专家(knouteur, pendeur et déportateur)的沙皇呢? 而以社会主义在全世界面前这样备受屈辱和自我抹黑为代价,以败坏工人群众的社会主义意识(而社会主义意识则是保障我们获得胜利的唯一基础)为代价,换得的却是一些实行微小改良的冠冕堂皇的**草案**,这种改良微小到了极点,甚至比从资产阶级政府那里争取到的还要少!

　　只要不是故意闭起眼睛,就不会看不到,社会主义运动中的新

---

　　①　见《马克思恩格斯文集》第2卷第468页。——编者注

的"批评"派无非是**机会主义**的一个新的变种。假使判断人们的时候,不是看他们给自己穿上的漂亮礼服,不是看他们给自己取的动听的名字,而是看他们的行为怎样,看他们在实际上宣传的是什么,那就可以明白:"批评自由"就是机会主义派在社会民主党内的自由,就是把社会民主党变为主张改良的民主政党的自由,就是把资产阶级思想和资产阶级因素灌输到社会主义运动中来的自由。

自由是个伟大的字眼,但正是在工业自由的旗帜下进行过最具有掠夺性的战争,在劳动自由的旗帜下掠夺过劳动者。现在使用"批评自由"一词,同样也包含着这种内在的虚伪性。假如人们真正确信自己把科学向前推进了,那他们就不会要求新观点同旧观点并列的自由,而会要求用新观点代替旧观点。现在这种"批评自由万岁!"的叫嚷太像那个关于空桶的寓言[13]了。

我们紧紧靠在一起,循着艰难险阻的道路紧拉着手前进。我们被敌人四面包围,我们几乎随时都得冒着敌人的炮火前进。我们根据自由通过的决议联合起来,正是为了要同敌人斗争,而不致失足落入旁边的泥潭里。那些待在泥潭里的人,一开始就责备我们独树一帜,责备我们选定了斗争的道路,而不是调和的道路。现在我们中间有些人竟叫喊起来:我们都到这个泥潭里去吧!当人们开始耻笑他们的时候,他们反驳说:你们这些人多么落后啊!你们怎么好意思否认我们有号召你们走上比较好的道路去的自由!是啊,先生们,你们不仅可以自由地号召,而且可以自由地走到随便什么地方去,哪怕是走到泥潭里去也可以;我们甚至认为你们应有的位置正是在泥潭里,而且我们愿意竭力帮助**你们**搬到那里去。不过,请你们放开我们的手,不要拉住我们,不要玷污自由这个伟大的字眼,因为我们也可以"自由地"走到我们愿意去的地方,我们不但可以自由地同泥潭作斗争,而且还可以自由地同那些转向泥潭里去的人作斗争!

(二)"批评自由"的新拥护者

国外"俄国社会民主党人联合会"**14**的机关刊物《工人事业》杂志,最近(第 10 期)郑重其事地提出的正是这个口号("批评自由"),并且不是把它当做理论原则,而是当做政治要求提出来的,即在回答"能不能把那些在国外活动的社会民主党人组织统一起来"这一问题时提出来的:"要达到牢固的统一,就必须有批评自由。"(第 36 页)

从这个声明中可以得出两个十分明确的结论:1.《工人事业》杂志维护整个国际社会民主党中的机会主义派;2.《工人事业》杂志要求机会主义在俄国社会民主党内的自由。现在让我们来考察一下这两个结论。

《工人事业》杂志"特别"不高兴的,是"《火星报》和《曙光》杂志**15**喜欢预言国际社会民主党中的**山岳派**和**吉伦特派16**必将决裂"①。

《工人事业》杂志编辑波·克里切夫斯基写道:"我们觉得,关于社会民主

---

① 把革命无产阶级中的两个派别(革命派和机会主义派)比做 18 世纪革命资产阶级中的两个派别(雅各宾派即"山岳派",和吉伦特派)的提法,见《火星报》第 2 号(1901 年 2 月)的社论。这篇社论的作者是普列汉诺夫。无论立宪民主党人**17**、"无题派"**18**或孟什维克,至今都很爱谈俄国社会民主党中的"雅各宾派"。至于普列汉诺夫第一次提出这个概念来反对社会民主党右翼的事实,现在人们却宁愿默不作声或者……把它忘掉。(这是作者为 1907 年版加的注释。——编者注)

党队伍中有**山岳派**和**吉伦特派**的说法,根本就是一种肤浅的历史类比,它出自马克思主义者的笔下是很奇怪的,因为山岳派和吉伦特派并不是像历史学家-思想家可能认为的那样,代表着不同的气质或思潮,而是代表着不同的阶级或阶层:一方面是中等资产阶级,另一方面是小市民阶层和无产阶级。而现代社会主义运动中却没有阶级利益的冲突,这整个运动,它的**一切**〈黑体是波·克里切夫斯基用的〉派别,包括最明显的伯恩施坦派在内,都是站在维护无产阶级的阶级利益的立场上,站在无产阶级争取政治和经济解放的阶级斗争的立场上的。"(第 32—33 页)

大胆的断语! 波·克里切夫斯基是否听见过早已有人指出的那件事实,即正是由于近年来有"学士"**阶层**广泛参加社会主义运动,伯恩施坦主义才非常迅速地传布开来呢? 而主要的是,我们的这位作者究竟根据什么断定说"最明显的伯恩施坦派"也站在无产阶级争取政治和经济解放的阶级斗争的立场上呢? 这是不得而知的。他坚决为最明显的伯恩施坦派辩护,却拿不出任何的论据和理由。作者显然以为,他既然是在重复最明显的伯恩施坦派自我表白时所讲的话,那么他的断语也就无须证明了。但是,判断整个派别,竟以该派代表人物自我表白时所讲的话为根据,这难道不是再"肤浅"不过的吗? 紧接着的关于党的发展有两种不同的、甚至绝对相反的类型或道路的"说教"(《工人事业》杂志第 34—35 页),难道不也是再肤浅不过的吗? 你看,德国社会民主党人承认充分的批评自由,法国人却不承认,而正是法国人的例子充分表明那种"偏激行为的害处"。

我们对此回答说,正是波·克里切夫斯基的例子表明,那些简直是"按伊洛瓦伊斯基方式"来研究历史[19]的人,有时也自称为马克思主义者。要解释德国社会党为什么统一和法国社会党为什么涣散,完全不必去考察两国历史的特点,不必把军事的半专制制度和共和的议会制的条件加以对比,不必分析巴黎公社和反社会党人非常法[20]的后果,不必把两国的经济生活和经济发展加以比较,不必回顾在"德国社会民主党空前发展"的同时进行了社会主义运动史上空前努力的斗争,不仅反对理论上的错误(米尔柏格、杜林①、讲坛社会主义者[23]),而且反对策略上的错误(拉萨尔),如此等等。所有这一切都没有必要! 法国人所以争吵是因为他们偏激,德国人所以统一是因为他们都是些乖孩子。

你看,用这种无比深奥的议论就"避开了"把维护伯恩施坦派的言论完全推翻的事实。伯恩施坦派是否**站在**无产阶级的阶级斗争的立场上,对于这个问题只有历史经验才能给予最后的彻底的解答。因此,在这一点上有最重要意义的正是法国的例子,因为只有法国一个国家的伯恩施坦派曾经在自己的德国同道们的热烈赞助下(而且有几分是在俄国机会主义者的热烈赞助下——参看《工人事业》杂志第2—3期合刊第83—84页),试图独自**站稳**脚跟。拿法国人"不肯调和"当借口,除了有其"故事性的"(诺兹德列夫式的)[24]意义之外,就不过是企图用气话来掩盖很不愉快的事实罢了。

---

① 当恩格斯抨击杜林的时候,德国社会民主党中有相当多的人都是倾向杜林的观点的,人们甚至公开在党代表大会上纷纷责备恩格斯,说他偏激,不肯容忍,用非同志式的态度论战等等。莫斯特等同志提议(在1877年的代表大会[21]上)在《前进报》[22]上不再登载恩格斯的论文,认为这些论文"绝大多数读者都不感兴趣";而瓦尔泰希(Vahlteich)则说登载这些论文使党受到了很大的损害,说杜林对社会民主党也是出了力的:"我们应当为党的利益而利用所有的人。假如教授们要争论,那么《前进报》决不是进行这种争论的场所"(1877年6月6日《前进报》第65号)。你们看,这也是维护"批评自由"的例子,我国那些非常喜欢援引德国人的例子的合法的批评派和不合法的机会主义者,不妨考虑一下这个例子!

而且，就连德国人我们也还根本不打算奉送给波·克里切夫斯基及其他许许多多"批评自由"的拥护者。"最明显的伯恩施坦派"所以还能见容于德国党内，只是因为他们**服从**那个坚决摒弃伯恩施坦的种种"**修正**"的汉诺威决议[25]，以及那个尽管措辞婉转、但对伯恩施坦提出了直接警告的吕贝克决议[26]。至于从德国党的利益来看，这种婉转的措辞究竟适当到什么程度，在这种场合下坏的和平是否胜过好的争执，这还是可以争论的，简而言之，在评价用哪种**方法**拒绝伯恩施坦主义才妥当时，可以有不同的意见，但是德国党曾经两次**拒绝**伯恩施坦主义却是不能否认的事实。所以，认为德国人的例子证实了"最明显的伯恩施坦派是站在无产阶级争取经济和政治解放的阶级斗争的立场上的"这一说法，就是完全不了解有目共睹的现实情况。[①]

不仅如此。正如我们已经讲过的，《工人事业》杂志还向**俄国**社会民主党要求"批评自由"，并且为伯恩施坦主义辩护。显然它是认为我们这里有人冤枉了我们的"批评派"和伯恩施坦派。究竟是冤枉了什么人呢？是谁冤枉的？在什么地方？什么时候？究竟

---

① 必须指出，《工人事业》杂志在谈到德国党内的伯恩施坦主义问题时，始终只限于单纯转述事实，完全"不肯"说出自己对这些事实的评价。例如，在第2—3期合刊第66页上讲到斯图加特代表大会[27]时，竟把一切意见分歧都归结为"策略"，并且只是指出绝大多数忠于原先的革命策略。又如在第4—5期合刊第25页及以下各页上，也只不过是把汉诺威代表大会上的发言转述一遍，并把倍倍尔的决议摘引一下；这里又是（也像在第2—3期合刊上一样）把对于伯恩施坦观点的叙述和批评留待"专文"去谈。可笑的是，在第4—5期合刊第33页上说道："……倍倍尔所阐述的观点赢得了代表大会绝大多数的赞同"，而稍后一点却又说："……大卫发言拥护伯恩施坦的观点…… 他首先就竭力说明……伯恩施坦和他的朋友们毕竟〈原文如此！〉站在阶级斗争的立场上的……" 这是1899年12月间写的；到1901年9月的时候，《工人事业》杂志大概已经不再相信倍倍尔正确，而把大卫的观点当做自己的观点来重复了！

冤枉的是什么呢？关于这些问题，《工人事业》杂志始终避而不谈，没有一次提起任何一个俄国的批评派和伯恩施坦派！这里我们只能假定，二者必居其一：**或者**被人冤枉的不是别人，正是《工人事业》杂志自己（可以证明这一点的是，《工人事业》杂志第10期上的两篇文章都只讲《曙光》杂志和《火星报》冤枉了《工人事业》杂志）。如果是这样，那么始终坚决否认自己同伯恩施坦主义有任何一致之处的《工人事业》杂志，不替"最明显的伯恩施坦派"和批评自由讲点好话，就不能为自己辩护，这种怪事应当怎样解释呢？**或者**被人冤枉的是某个第三者。那为什么又不肯说出这第三者究竟是谁呢？

由此可见，《工人事业》杂志还在继续玩那种从它一创立就开始的（这一点我们下面再讲）捉迷藏游戏。其次，请注意这**第一次**实际运用被大肆吹捧的"批评自由"的情况吧。实际上，"批评自由"不仅立刻表现为没有任何批评，而且表现为根本没有独立的见解。正是这个把俄国伯恩施坦主义当做暗疾（照斯塔罗韦尔的中肯的说法[28]）隐瞒起来的《工人事业》杂志现在却主张，为了治这种病，只要**简单地照抄一张专治德国型的这种病的最新德国药方**就行了！这不是什么批评自由，而是奴隶式的模仿……甚至更坏，是猴子式的模仿！现代国际机会主义的同一的社会和政治内容，依各国的民族特点而表现为各种不同的形式。在某一个国家里，一批机会主义者早已独树一帜；在另一个国家里，机会主义者忽视理论，而在实践中推行激进社会党人的政策；在第三个国家里，革命政党的一些党员投奔到机会主义营垒中去，他们不是进行维护原则和维护新的策略的公开斗争，而是采取渐渐地、悄悄地、可以说是不受惩罚地败坏自己的党的办法，来力求达到自己的目的；在第四个国家里，同样的倒戈分子，在黑暗的政治奴役之下，在"合法"活动和"不合法"活动的相互关系非常独特的情况下,运用着同样的方法等等。说什么批评自由和伯恩施坦主义自由是**俄国**社会民主党人统一起来的条件,又不分析**俄国**伯恩施坦主义究竟表现在什么地方和产生了怎样特殊的结果,这就等于是,说话是为了什么也不说。

那我们就自己来试试,把《工人事业》杂志不愿说出来的(或许是它无法理解的)东西哪怕是简单地说明一下。

(三) 俄国的批评

在我们要考察的这一方面,俄国的基本特点,就是在自发的工人运动**一开始**产生和先进舆论**一开始**转向马克思主义时,就有各种显然不同的分子在共同的旗帜下联合起来,反对共同的敌人(陈腐的社会政治世界观)。我们说的是"合法马克思主义"的蜜月时期。一般讲来,这是一种非常独特的现象,要是在80年代或90年代初,谁也不会相信会有发生这种现象的可能。在一个完全没有出版自由的专制制度国家里,在狷獗的政治反动势力对于稍有一点政治上的不满和反抗的苗头都横加迫害的时代,革命的马克思主义的理论忽然在**受检查的**书刊上打开了一条道路,虽然说明这个理论的语言是伊索式的,但一切"感兴趣的人"都是可以理解的。政府只是习惯于把(革命的)民意主义的理论当做危险的理论,照例没有发觉这一理论的内部演变,而欢迎**一切**对这个理论的批评。等到政府醒悟过来的时候,等到书报检查官和宪兵这支笨重的队伍侦察到新的敌人而猛扑过来的时候,已经过去不少(照我们俄国的尺度来计算)时间了。在这段时间里,马克思主义的书一本又一本地出版,马克思主义的杂志和报纸相继创办起来,大家都纷纷变成了马克思主义者,人们都来奉承马克思主义者,向马克思主义者献殷勤,出版商因为马克思主义书籍的畅销而兴高采烈。于是,在为这种气氛所迷惑的新起的马克思主义者中间,自然也就出现了不止一个"自命不凡的作家"**29**……

现在,可以平心静气地谈论这个已经过去的时期了。谁都知道,马克思主义所以在我国的书刊上盛行了一个短暂的时期,是因为极端分子同十分温和的分子结成了联盟。实质上,这些温和分子是资产阶级民主派,而这个结论(由他们往后的"批评"发展明显地证实了)早在"联盟"还完整的时候,就已经有人意识到了。①

既然如此,那么以后出现那种"混乱",是否应当由那些同未来的"批评派"实行过联盟的革命社会民主党人来承担最大的责任呢?从过分死板地观察问题的人那里,有时可以听到这样的问题以及对它的肯定回答。可是这些人是完全不对的。只有那些不信赖自己的人,才会害怕即使是同不可靠的分子结成的暂时联盟,而不结成这样的联盟,无论哪一个政党都是不能存在的。而同合法马克思主义者的联合,是俄国社会民主党初次实行的某种真正的政治联盟。由于结成了这个联盟,我们才极为迅速地战胜了民粹主义并且使马克思主义思想(虽然是在庸俗化的形式下)广泛传播开来。同时,结成这个联盟并不是完全没有任何"条件"的。证据就是1895年被书报检查机关烧掉的马克思主义文集《俄国经济发展问题的资料》。假使同合法马克思主义者在书刊方面的协议可以比做政治联盟,那么这本书也就可以比做政治协定了。

---

① 这是指前面刊印的克·土林的一篇反对司徒卢威的文章,该文是根据题目为《马克思主义在资产阶级著作中的反映》的学术讲演写成的。见序言。**30**(这是作者为1907年版加的注释。——编者注)

　　破裂之所以发生,当然不是因为"同盟者"是资产阶级民主派。恰恰相反,这一派正是社会民主党天然的、合适的同盟者,因为这里涉及的是社会民主党的民主任务,而俄国的现状把这方面的任务提到了首要地位。但是这种联盟的必要条件,就是社会党人完全有可能向工人阶级揭示工人阶级利益同资产阶级利益的敌对性。现在大多数合法马克思主义者纷纷倒向的伯恩施坦主义和"批评"派,却要剥夺这种可能性,腐蚀社会主义的意识,把马克思主义庸俗化,宣传社会矛盾缓和论,硬说社会革命和无产阶级专政的思想是荒谬的思想,把工人运动和阶级斗争缩小为狭隘的工联主义运动,缩小为争取细小的、渐进的改良的"现实主义"斗争。这就完全等于资产阶级民主派否认社会主义运动的独立自主权,从而也就否认它的生存权;这在实践上就是想把刚刚开始的工人运动变成自由派的尾巴。

　　在这种情况下,破裂自然是必不可免的。可是,俄国的"独特"之处就在于,这个破裂不过是使社会民主党人从大家最容易看到的、传布最广的"合法"书刊上消失。在这种书刊上,"前马克思主义者"巩固了自己的地位,树起了"批评的旗帜",几乎取得了"谴责"马克思主义的垄断权。"反对正统"、"批评自由万岁"的口号(现在《工人事业》杂志所不断重复的口号),立刻成了时髦的字眼。这种时髦的东西连书报检查官和宪兵也抵挡不了,这有事实为证,例如有名的(有赫罗斯特拉特[31]名声的)伯恩施坦的一本书就有三种俄文版本[32],又如祖巴托夫也推荐伯恩施坦和普罗柯波维奇先生等人的著作(《火星报》第 10 号)[33]。现在社会民主党人担负着一个本来就很困难、又因纯粹外部的阻碍而变得非常艰巨的任务,这就是同新的思潮作斗争的任务。可是,这个思潮不仅表现在书刊上。在人们转向"批评"的时候,社会民主党的实际工作者则倾心于"经济主义"。

合法的批评和不合法的"经济主义"之间的联系和相互依赖关系是怎样产生和发展起来的,这是个很有意思的问题,值得专门写一篇文章。这里我们只要指出无疑存在着这种联系就够了。臭名远扬的《信条》[34]所以博得了那种应有的名声,也正是因为它坦白地表述了这种联系,吐露了"经济主义"的基本政治倾向:让工人去作经济斗争(更确切些说,去作工联主义的斗争,因为工联主义的斗争也包括一种特殊的工人政治),而让马克思主义的知识分子去同自由派结合起来作政治"斗争"。"在人民中"进行的工联主义工作,是执行这个任务的前半部,合法的批评则是执行这个任务的后半部。这种声明成了反对"经济主义"的极好武器,所以,如果没有《信条》,也值得编造出一篇《信条》来。

《信条》并不是编造出来的,但它的公布没有照顾它的作者们的意愿,也许,甚至是违反它的作者们的意愿的。至少参加过把新"纲领"公布于世①的本书作者已经听到一些怨言和责难,说不应该把发言者概述自己观点的草稿复制散发,冠以《信条》的名称,甚至还同一份抗议书一起刊印出来! 我们所以要讲到这段情节,是因为它揭示了我们的"经济主义"的那种耐人寻味的特点:害怕公开。这正是整个"经济主义"的特点,而不只是《信条》的作者们的特点,因为表现出这种特点的,有最坦白最真诚地拥护"经济主义"

---

① 指反对《信条》的 **17 人抗议书**。本书作者参加过起草这个抗议书的工作(1899年底)。1900 年春,抗议书曾同《信条》一起在国外刊印出来。现在从库斯柯娃女士的文章中(仿佛是登在《往事》杂志[35]上)已经知道:《信条》的作者就是她,而当时在国外的"经济派"中起重要作用的是普罗柯波维奇先生。(这是作者为 1907 年版加的注释。——编者注)

的《工人思想报》³⁶,有《工人事业》杂志(它因"经济主义的"文件在《指南》³⁷中发表出来而表示愤慨),有基辅委员会(它在两年以前也不愿意让人把它的《宣言书》³⁸连同那篇反驳《宣言书》的论文一起登载出来①),还有许许多多单个的"经济派"分子。

　　拥护批评自由的人有这种害怕批评的表现,不能单单用不老实来解释(虽然毫无疑问,他们有时也非不老实不可,因为把还没有巩固的新派别的萌芽暴露出来让敌人攻击是不合算的!)。不,大多数"经济派"确实打心眼里憎恶(并且按"经济主义"的实质来说,他们也应当这样)一切理论上的争论、派别的分歧、广泛的政治问题、把革命家组织起来的方案等等。"让侨居国外的人去干这些事情吧!"——一个相当彻底的"经济派"有一次这样对我说过,而他这句话是代表一种非常流行的(而且又是纯粹工联主义的)观点的:我们的事情就是管我们这个地方的工人运动、工人组织;至于其余的事情,都是学理主义者虚构出来的,正像《火星报》第12号上发表的那封信的作者们和《工人事业》杂志第10期异口同声地所说的那样,都是"夸大意识形态的作用"。

　　试问,既然俄国的"批评"和俄国的伯恩施坦主义有这样的特点,那么凡是在实际上而不是仅仅在口头上愿意反对机会主义的人,应当担负起什么样的任务呢? 第一,应当设法恢复在合法马克思主义时代刚刚开始,而现在又落到不合法的活动家肩上的理论工作;如果没有这样的工作,运动就不能顺利发展。第二,必须积极地同严重腐蚀人们意识的合法的"批评"作斗争。第三,应当积极反对实际运动中的混乱和动摇,要揭穿并且驳斥一切自觉或不

―――――――――
　　①　据我们所知,基辅委员会的成员从那时起发生了变化。

自觉地降低我们的纲领和我们的策略的行为。

无论是第一件事、第二件事或第三件事,《工人事业》杂志都没有做过,这是大家都知道的;下面我们将从各方面来详细地说明这个尽人皆知的真实情况。现在我们只想指出,"批评自由"的要求同我们俄国的批评以及俄国的"经济主义"的特点处于怎样一种极端矛盾的状况。其实,看一看"国外俄国社会民主党人联合会"肯定《工人事业》杂志观点的那个决议就行了:

> "为了促进社会民主党今后思想上的发展,我们认为在党的书刊上有批评社会民主主义理论的自由是绝对必要的,只要这种批评不同这个理论的阶级性和革命性相抵触。"(《两个代表大会》第10页)

理由就是:决议的"第一部分同吕贝克党代表大会关于伯恩施坦问题的决议是一致的"……"联合会派"由于头脑简单,竟未觉察到他们这样抄袭多么清楚地证明了他们的思想贫乏(testimonium paupertatis)!……"但是……决议的第二部分却比吕贝克党代表大会更严格地限制了批评自由"。

这样,"联合会"的决议就是针对俄国伯恩施坦派的了? 否则,提吕贝克党代表大会岂不十分荒谬! 然而,要说这个决议"严格地限制了批评自由",那是不正确的。德国人用自己的汉诺威决议逐条拒绝了的,**正是**伯恩施坦所作的**那些**修正;而在吕贝克决议中,则对**伯恩施坦本人**指名提出了警告。而我们的"自由的"仿效者,却对俄国的"批评"和俄国的"经济主义"所特有的**任何一种**表现都**只字**不提;既然对这一切闭口不谈,那么空空洞洞地说什么理论的阶级性和革命性,就会给曲解留下更大的余地,特别是"联合会"还不愿把"所谓经济主义"看做机会主义(《两个代表大会》第8页第1条)。但这还只是顺便说说而已。而主要的是,机会主义者和革命社会民主党人的立场，在德国和在俄国是完全相反的。大家知道，在德国，革命社会民主党人主张保存现有的东西，即大家都熟悉的、已经由几十年的经验详细阐明了的原有的纲领和策略。而"批评派"则想加以改变，但由于这个批评派只是一个微不足道的少数，他们的修正主义意图又很怯懦，那就可以理解，为什么多数派只是把"革新主张"干脆否决了事。而在我们俄国，却是批评派和"经济派"主张保存现有的东西。"批评派"希望大家继续把他们看做马克思主义者，并且保证他们所滥用过的"批评自由"（因为他们实际上从来没有承认过任何**党的联系**①，并且我们也没有一个能够"限制"、哪怕是用规劝的方法来"限制"批评自由的为大家公认的党的机关）；"经济派"要革命者承认"现时运动的正当性"（《工人事业》杂志第 10 期第 25 页），即承认现存的东西的"合理性"；要"思想家"不要企图使运动"脱离"那条"由各种物质因素和物质环境的相互作用所决定"的道路（《火星报》第 12 号上所载的《一封信》）；要大家承认只有进行"工人在当前条件下唯一可能进行的"斗争才是适当的，要大家承认只有"工人们目前实际进行的"斗争才是可能的（《〈工人思想报〉增刊》**39**第 14 页）。相反，我们革命的社会民

---

① 单是缺少公开的党的联系和党的传统这一事实，就构成了俄国和德国的根本差别，这种差别必定会提醒每一个明智的社会党人不要盲目地模仿他人。从下面这个典型例子可以看出"批评自由"在俄国达到了怎样的地步。俄国的批评派布尔加柯夫先生竟谴责奥地利的批评派赫茨说："赫茨作的结论虽然很有独立精神，但是他在这个问题〈合作社问题〉上，看来毕竟是太受自己党的意见的束缚了，他虽然在细节方面有不同意见，但始终不敢离开总的原则。"（《资本主义和农业》第 2 卷第 287 页）一个政治上备受奴役的国家，千分之九百九十九的人口都由于政治上处于奴隶状态和完全不懂党的荣誉和党的联系而堕落到了极点，这样的国家里的臣民，竟傲然地责备一个宪制国家里的公民过于"受党的意见的束缚"！那么，我们的不合法组织就只好去拟定关于批评自由的决议了……

主党人对于这种崇拜自发性,即崇拜"目前"现有的东西的态度表示不满;我们要求改变近年来所流行的策略,我们声明说,"在统一以前,并且为了统一,首先必须坚决而明确地划清界限"(《火星报》出版声明)①。总之,德国人坚持现有的东西,拒绝改变,而我们却要求改变现有的东西,反对崇拜这个现有的东西,反对同它调和。

这一个"小小的"区别,我们的"自由地"抄袭德国人决议的专家们就没有觉察到!

(四) 恩格斯论理论斗争的意义

"教条主义、学理主义"、"党的僵化(由于强制束缚思想而必然受到的惩罚)",——这就是《工人事业》杂志的那些捍卫"批评自由"的骑士们所拼命攻击的敌人。把这个问题提到日程上来,我们当然极表欢迎,不过我们还主张再提出一个问题:

可是评判者是些什么人呢?

我们面前有两个书刊出版声明:一个是《俄国社会民主党人联合会的定期机关刊物〈工人事业〉杂志的纲领》(《工人事业》杂志第1期单张),另一个是《关于恢复"劳动解放社"出版物的声明》[40]。两个声明都标明是在1899年发表的,当时"马克思主义的危机"早已显现出来了。而我们看到的又是些什么呢? 在第一个声明中,你们丝毫没有指出这个现象,也没有确切说明新的机关刊物对这个问题打算采取的立场。关于理论工作及其在目前的迫切任务问题,无论在这个纲领中,或在1901年"联合会"第三次代表大会[41]通过的对这

---

① 参看本版全集第4卷第316页。——编者注

个纲领的补充条文中(《两个代表大会》第15—18页),都只字未提。在这整个时期内,《工人事业》杂志编辑部始终都把理论问题搁在一边,虽然这些问题是全世界一切社会民主党人都很关心的问题。

与此相反,另一个声明首先就指出了近年来人们对理论的兴趣减弱的事实,坚决要求"密切注意无产阶级革命运动的理论方面",并号召大家"无情地批评"我们运动中的"伯恩施坦主义的倾向以及其他反对革命的倾向"。已经出版的几期《曙光》杂志,表明了这个纲领的执行情况。

由此可见,所谓反对思想僵化等等的响亮词句,只不过是用来掩饰人们对理论思想发展的冷淡和无能。俄国社会民主党人的例子非常明显地说明了全欧洲的普遍现象(这是德国马克思主义者也早已指出的现象):臭名远扬的批评自由,并不是用一种理论来代替另一种理论,而是自由地抛弃任何完整的和周密的理论,是折中主义和无原则性。凡是稍微了解我国运动的实际情况的人,都不能不看到,随着马克思主义的广泛传播,理论水平有了某种程度的降低。有不少理论修养很差甚至毫无理论修养的人,由于看见运动有实际意义和实际成效而加入了运动。由此可见,《工人事业》杂志得意扬扬地提出马克思的一句名言——"一步实际运动比一打纲领更重要"①,是多么不合时宜。在理论混乱的时代来重复这句话,就如同在看到人家送葬时高喊"但愿你们拉也拉不完!"**42**一样。而且上面马克思的这句话,是从他评论哥达纲领**43**的信里摘引来的,马克思在信里**严厉地斥责**了人们在说明原则时的折中主义态度。马克思写信给党的领袖们说,如果需要联合,那么为了

---

① 见《马克思恩格斯文集》第3卷第426页。——编者注

达到运动的具体目标，可以缔结协定，但是决不能拿原则来做交易，决不要作理论上的"让步"。马克思的意思就是这样，而我们这里却有人假借马克思的名义来竭力贬低理论的意义！

没有革命的理论，就不会有革命的运动。在醉心于最狭隘的实际活动的偏向同时髦的机会主义说教结合在一起的情况下，必须始终坚持这种思想。而对俄国社会民主党来说，由于存在三种时常被人忘记的情况，理论的意义就显得更为重要了。这三种情况就是：第一，我们的党还刚刚在形成，刚刚在确定自己的面貌，同革命思想中有使运动离开正确道路危险的其他派别进行的清算还远没有结束。相反，正是在最近时期，非社会民主党的革命派别显得活跃起来了（这是阿克雪里罗得早就对"经济派"说过的44）。在这种条件下，初看起来似乎并"不重要的"错误也可能引起极其可悲的后果；只有目光短浅的人，才会以为进行派别争论和严格区别各派色彩，是一种不适时的或者多余的事情。这种或那种"色彩"的加强，可能决定俄国社会民主党许多许多年的前途。

第二，社会民主主义运动就其本质来说是国际性的运动。这不仅意味着我们应当反对民族沙文主义。这还意味着在年轻的国家里开始的运动，只有在运用别国的经验的条件下才能顺利发展。但是，要运用别国的经验，简单了解这种经验或简单抄袭别国最近的决议是不够的。为此必须善于用批判的态度来看待这种经验，并且独立地加以检验。只要想一想现代工人运动已经有了多么巨大的成长和扩展，就会懂得，为了完成这个任务，需要有多么雄厚的理论力量和多么丰富的政治经验（以及革命经验）。

第三，俄国社会民主党担负的民族任务是世界上任何一个社会党都不曾有过的。我们在下面还要谈到把全体人民从专制制度压迫下解放出来这个任务所赋予我们的种种政治责任和组织责任。现在我们只想指出一点，就是**只有以先进理论为指南的党，才能实现先进战士的作用**。读者如果想要稍微具体地了解这句话的意思，就请回想一下俄国社会民主主义运动的先驱者赫尔岑、别林斯基、车尔尼雪夫斯基以及 70 年代的那一批杰出的革命家；就请想想俄国文学现在所获得的世界意义；就请……只要想想这些也就足够了！

现在让我们引证一下恩格斯 1874 年谈到理论在社会民主主义运动中的意义问题时所发表的意见吧。恩格斯认为，社会民主党的伟大斗争**并不是有两种形式**（政治的和经济的），像在我国通常认为的那样，**而是有三种形式，同这两种斗争并列的还有理论的斗争**。他对实践上和政治上都已经巩固的德国工人运动所作的指示，从现代各种问题和争论的观点来看是非常有教益的，因此我们希望读者不要因为我们从那部早已成了非常罕见的珍本书的《德国农民战争》①的序言中，摘引很长一段话而埋怨我们：

"德国工人同欧洲其他各国工人比较起来，有两大优越之处。第一，他们属于欧洲最有理论修养的民族，他们保持了德国那些所谓'有教养的人'几乎完全丧失了的理论感。如果不是先有德国哲学，特别是黑格尔哲学，那么德国科学社会主义，即过去从来没有过的唯一科学的社会主义，就决不可能创立。如果工人没有理论感，那么这个科学社会主义就决不可能像现在这样深入他们的血肉。这个优越之处无比重要，表现在以下的事实中：一方面，英国工人运动虽然在各个行业中有很好的组织，但是发展得非常缓慢，

---

① 1875 年莱比锡合作出版社第 3 版。

其主要原因之一就是对于一切理论的漠视;另一方面,法国人和比利时人由于受初始形态的蒲鲁东主义的影响而产生谬误和迷惘,西班牙人和意大利人则由于受经巴枯宁进一步漫画化的蒲鲁东主义的影响而产生谬误和迷惘。

第二个优越之处,就是德国人参加工人运动,从时间上来说,差不多是最迟的。德国的理论上的社会主义永远不会忘记,它是站在圣西门、傅立叶和欧文这三个人的肩上的。虽然这三个人的学说含有十分虚幻和空想的性质,但他们终究是属于一切时代最伟大的智士之列的,他们天才地预示了我们现在已经科学地证明了其正确性的无数真理。同德国的理论上的社会主义一样,德国的实践的工人运动也永远不应当忘记,它是站在英国和法国的运动的肩上发展起来的,它能够直接利用英国和法国的运动用很高的代价换来的经验,而在现在避免它们当时往往无法避免的那些错误。如果没有英国工联运动和法国工人政治斗争的榜样,如果没有特别是巴黎公社所给予的那种巨大的推动,我们现在会处在什么境地呢?

必须承认,德国工人非常巧妙地利用了自己地位的有利之处。自从有工人运动以来,斗争是第一次在其所有三个方面——理论方面、政治方面和实践经济方面(反抗资本家)互相配合,互相联系,有计划地推进。德国工人运动所以强大有力和不可战胜,也正是由于这种可以说是集中的攻击。

一方面由于德国工人具有这种有利的地位,另一方面由于英国工人运动具有岛国的特点,而法国工人运动又受到暴力的镇压,所以现在德国工人是处于无产阶级斗争的前列。形势究竟容许他们把这种光荣地位占据多久,现在还无法预先断言。但是,只要他们还占据着这个地位,我们就希望他们能履行在这个地位所应尽的职责。要做到这一点,就必须在斗争和鼓动的各个方面都加倍努力。特别是领袖们有责任越来越透彻地理解种种理论问题,越来越彻底地摆脱那些属于旧世界观的传统言词的影响,并且时刻注意到:社会主义自从成为科学以来,就要求人们把它当做科学来对待,就是说,要求人们去研究它。必须以高度的热情把由此获得的日益明确的意识传播到工人群众中去,必须不断增强党组织和工会组织的团结……

……如果德国工人将来继续这样发展下去,那么虽然不能说他们一定会走在运动的最前列(只是某一个国家的工人走在运动的最前列,这并不符合运动的利益),但是毕竟会在战斗行列中占据一个光荣的地位;而将来如果有出乎意料的严峻考验或者重大事变要求他们表现出更大的勇气、更大的决心和毅力的时候,他们一定会有充分的准备。"①

恩格斯的话果然有先见之明。几年之后,德国工人遇到了反社会党人非常法这样出乎意料的严峻考验。而德国工人确实是有充分准备地迎接了这次考验,并且胜利地通过了这次考验。

俄国无产阶级将要遇到无比严峻的考验,将要同凶猛的怪物作斗争,宪制国家中的非常法同这个怪物比较起来,真是小巫见大巫。历史现在向我们提出的当前任务,是比其他任何一个国家的无产阶级的一切**当前任务**都更革命的任务。实现这个任务,即摧毁这个不仅是欧洲的同时也是(我们现在可以这样说)亚洲的反动势力的最强大的堡垒,就会使俄国无产阶级成为国际革命无产阶

---

① 见《马克思恩格斯文集》第2卷第217—219页。——编者注

级的先锋队。而我们有理由指望，只要我们能够用我们的先驱者即70年代的革命家那种献身的决心和毅力，来鼓舞我们的比当时更广阔和更深刻千百倍的运动，我们就一定能够获得我们的先驱者在当时已经享有的这个光荣称号。

二

群众的自发性和社会民主党的自觉性

我们说，必须用70年代的那种献身的决心和毅力，来鼓舞我们的比当时更广阔和更深刻得多的运动。的确，直到现在，似乎还没有人怀疑过：当前运动的力量在于群众（主要是工业无产阶级）的觉醒，而它的弱点却在于身为领导者的革命家缺乏自觉性和首创精神。

但是，最近有人作出了一个惊人的发现，大有把至今对这个问题的一切流行观点全部推翻之势。作出这个发现的是《工人事业》杂志，它在同《火星报》和《曙光》杂志进行论战的时候，不仅提出局部性的反驳，而且力图把"总的意见分歧"归结到更深的根源上去，即归结为"对自发因素和自觉的'有计划'因素相比哪个意义大，有不同的估计"。《工人事业》杂志提出的指责是："**轻视发展过程中的客观因素或自发因素的意义**"①。对此我们回答说：即使同《火星报》和《曙光》杂志的论战，只是促使《工人事业》杂志想到这个"总的意见分歧"，而完全没有产生任何其他的结果，那么单是这个结果也就使我们很满意了，因为这句话的含义很深，它把俄国社会

----

① 1901年9月《工人事业》杂志第10期第17页和第18页。黑体是《工人事业》杂志用的。

民主党人之间当前在理论上和政治上的意见分歧的全部实质都非常清楚地点明了。

正因为如此,自觉性同自发性的关系问题引起了人们极大的普遍的关注,对这个问题应当十分详细地加以讨论。

(一) 自发高潮的开始

我们在前一章中已经指出,90 年代中期俄国有教养的青年醉心于马克思主义理论是很**普遍的**。大约同一时期,在有名的 1896 年彼得堡工业战争[45]之后,工人罢工也带有同样的普遍性。工人罢工遍及全俄,清楚地证明了重新高涨起来的人民运动的深度;假使要说"自发因素",那么首先当然应当承认,正是这种罢工运动是自发的。但自发性和自发性也有不同。在 70 年代和 60 年代(甚至在 19 世纪上半叶),俄国都发生过罢工,当时还有"自发地"毁坏机器等等的现象。同这些"骚乱"比较起来,90 年代的罢工甚至可以称为"自觉的"罢工了,可见工人运动在这个时期的进步是多么巨大。这就向我们表明:"自发因素"实质上无非是自觉性的**萌芽状态**。甚至原始的骚乱本身就已表现了自觉性在某种程度上的觉醒,因为工人已经不像历来那样相信压迫他们的那些制度是不可动摇的,而开始……感觉到(我不说是理解到)必须进行集体的反抗,坚决抛弃了奴隶般的顺从长官的态度。但这种行为多半是绝望和报复的表现,还不能说是**斗争**。90 年代的罢工所表现出来的自觉色彩就多得多了,这时已经提出明确的要求,事先考虑什么样的时机较为有利,并且讨论别处发生的一些事件和实例,等等。如果说骚乱不过是被压迫人们的一种反抗,那么有计划的罢工本身就已表现出阶级斗争的萌芽，但也只能说是一种萌芽。这些罢工本身是工联主义的斗争，还不是社会民主主义的斗争；这些罢工标志着工人已经感觉到他们同厂主的对抗，但是工人还没有意识到而且也不可能意识到他们的利益同整个现代的政治制度和社会制度的不可调和的对立，也就是说，他们还没有而且也不可能有社会民主主义的意识。从这个意义上讲，尽管 90 年代的罢工比起"骚乱"来有了很大的进步，但仍然是纯粹自发的运动。

我们说，工人本来**也不可能**有社会民主主义的意识。这种意识只能从外面灌输进去，各国的历史都证明：工人阶级单靠自己本身的力量，只能形成工联主义的意识，即确信必须结成工会，必须同厂主斗争，必须向政府争取颁布对工人是必要的某些法律，如此等等。① 而社会主义学说则是从有产阶级的有教养的人即知识分子创造的哲学理论、历史理论和经济理论中发展起来的。现代科学社会主义的创始人马克思和恩格斯本人，按他们的社会地位来说，也是资产阶级知识分子。俄国的情况也是一样，社会民主党的理论学说也是完全不依赖于工人运动的自发增长而产生的，它的产生是革命的社会主义知识分子的思想发展的自然和必然的结果。到我们现在所讲的这个时期，即到 90 年代中期，这个学说不仅已经成了"劳动解放社"十分确定的纲领，而且已经把俄国大多数革命青年争取到自己方面来了。

由此可见，当时既有工人群众的自发的觉醒，趋向自觉生活和自觉斗争的觉醒，又有一些用社会民主主义理论武装起来而竭力

---

① 工联主义决不像人们有时认为的那样排斥一切"政治"。工联一向都是进行一定的(但不是社会民主主义的)政治鼓动和斗争的。关于工联主义政治和社会民主主义政治之间的区别，我们将在下一章里加以说明。

去接近工人的革命青年。这里特别要指出那个常常被人忘记的（也是不大有人知道的）事实，就是这个时期的**第一批**社会民主党人，在**热心地从事经济鼓动**（而且在这方面他们充分注意到了当时还是手抄本的小册子《论鼓动》46中那些真正有益的指示）的同时，不仅没有把经济鼓动当做自己唯一的任务，而且相反，**一开始**就提出了整个俄国社会民主党的最广泛的历史任务，特别是推翻专制制度的任务。例如，创立了"工人阶级解放斗争协会"47的那些彼得堡的社会民主党人，早在 1895 年底就编好了定名为《工人事业报》的创刊号。但是这个准备好要付印的创刊号，在 1895 年 12 月 8 日夜里突然被宪兵从一个会员阿·亚·瓦涅耶夫①那里搜走了，于是第一次付排的《工人事业报》就没有能够问世。这张报纸的社论48（也许过个 30 年，会有一家像《俄国旧事》49那样的杂志把它从警察司档案中找出来）说明了俄国工人阶级的历史任务，并且把争取政治自由作为首要任务。其次，有一篇《我们的大臣们在想些什么?》的文章②，是揭露警察摧残识字运动委员会的；此外，还有许多不仅从彼得堡，并且从俄国其他地方寄来的通讯（如记载雅罗斯拉夫尔省工人流血事件50的通讯）。可见，90 年代俄国社会民主党人所作的这个所谓"初次尝试"，并不是要办一个狭隘的地方性的报纸，更不是"经济主义"性质的报纸，而是要办一个力求把罢工斗争同反专制制度的革命运动结合起来，并吸引当时一切受反动黑暗政治压迫的人来支持社会民主党的报纸。凡是稍微知道一

---

① 阿·亚·瓦涅耶夫在拘留所被单独拘禁时得了肺病，于 1899 年在东西伯利亚去世。所以，我们认为可以把正文中所引证的情况公布出来，对于这些情况的确实性，我们可以担保，因为这些消息是从直接了解并最熟悉阿·亚·瓦涅耶夫的情况的人们那里得来的。

② 见本版全集第 2 卷第 65—68 页。——编者注

点当时的运动情况的人都不会怀疑,这样的报纸一定能够既获得首都工人又获得革命知识分子的完全同情,并且会得到极广泛的传播。而这件事没有办成只是证明,当时的社会民主党人由于革命经验和实际修养不够而不能适应形势的迫切要求。《圣彼得堡工人小报》[51]也是如此;《工人报》以及1898年春季成立的俄国社会民主工党所发表的《宣言》[52]更是如此。当然,我们根本没有想到把这种缺乏修养的情况归罪于当时的活动家。但是,为了利用运动的经验,并且从这个经验中吸取实际的教训,我们必须充分认识各种缺点的原因和意义。因此极为重要的是要明确,一部分(也许甚至是大多数)在1895—1898年间活动的社会民主党人认为,在那个时候,即"自发"运动一开始的时候,就可以提出极其广泛的纲领和战斗策略①,这是完全正确的。至于大多数革命家缺乏修养,那是很自然的现象,不应引起什么特别的忧虑。既然任务提得正确,既然有不屈不挠地试图实现这些任务的毅力,那么暂时的失利就不过是一种小小的不幸。革命经验和组织才能,是可以学到的东西。只要有养成这些必要品质的愿望就行! 只要能认识到缺点就行,因为在革命事业中,认识到缺点就等于改正了一大半!

---

① "《火星报》对90年代末的社会民主党人的活动持否定态度,而忽略了那个时候除了为微小的要求而斗争外没有条件进行别的工作"——"经济派"在他们《给俄国社会民主党机关刊物的一封信》(《火星报》第12号)中这样说道。正文中所援引的事实证明,所谓"没有条件"的说法是同真实情况绝对相反的。不仅在90年代末,即使在90年代中期,除了为微小的要求而斗争外,进行别的工作所需要的一切条件也是完全具备了的,当时只是领导者缺乏足够的修养。"经济派"不公开承认我们这些思想家、我们这些领导者缺乏修养的事实,却想把一切都归咎于"没有条件",归咎于物质环境的影响,而物质环境决定着运动的道路,任何思想家都不能使运动脱离这条道路。试问,这不是屈从自发性是什么? 这不是"思想家"欣赏自己的缺点是什么?

可是，当这种认识开始变得模糊的时候（这种认识在上面提到的那些活动家中本来是很明确的），当有一部分人，甚至还有社会民主党的一些机关刊物，竟想把缺点推崇为美德，甚至想**从理论上论证自己对自发性的屈从和崇拜**时，这个小小的不幸可就成了真正的大不幸了。对于这个派别，用"经济主义"这一过于狭隘的概念来说明它的内容是很不确切的，现在是作总结的时候了。

（二）对自发性的崇拜。《工人思想报》

我们在讲这种对自发性的崇拜在书刊上的种种表现之前，先要指出下面一个很能说明问题的事实（这是我们从上面所说过的那些人那里知道的），根据这个事实多少可以看出，俄国社会民主党内后来的两派之间的纠纷在活动于彼得堡的同志们中是怎样产生和发展起来的。1897 年初，阿·亚·瓦涅耶夫和他的几个同志，在流放之前，参加了一次非正式会议[53]，到会的有"工人阶级解放斗争协会"中的"老年派"会员和"青年派"会员。当时谈的主要是组织问题，也谈了《工人储金会章程》问题，这个章程的定稿发表在《〈工作者〉小报》[54]第 9—10 期合刊上（第 46 页）。在"老年派"（彼得堡的社会民主党人当时开玩笑地把他们叫做"十二月党人"）和一部分"青年派"（他们后来积极参加了《工人思想报》的工作）之间，一下子就暴露出了尖锐的意见分歧，发生了激烈的争论。"青年派"拥护的就是后来发表的那个章程的主要原则。"老年派"说，我们首先需要的决不是这，而是加强"斗争协会"，使它成为革命家的组织，并且使各种工人储金会以及在青年学生中进行宣传的那些小组等等都受它的领导。显然，争论的人们完全没有想到这个意见分歧就是分道扬镳的开端，恰恰相反，他们认为这是极个别的和偶然的意见分歧。可是这个事实表明，即使在俄国，"经济主义"的产生和泛滥也并不是没有经过同"老年派"社会民主党人的斗争的（现在的"经济派"往往忘记了这一点）。至于这个斗争多半没有留下"文件的"痕迹，唯一的原因是当时进行活动的各个小组的成员变动极其频繁，没有任何继承性，因此意见分歧也就没有用任何文件记载下来。

《工人思想报》的出现把"经济主义"暴露在光天化日之下，但这也不是一下子暴露的。必须具体地设想一下当时俄国许许多多小组的工作条件及其生命的短促（而只有亲身经历过的人，才能具体地想象出这种情况），才能懂得新派别在各个城市里成败的偶然因素是很多的，才能懂得为什么这个"新"派别的拥护者也好，反对者也好，都长时间不能断定，并且简直是根本无法断定，这究竟真是一种特殊的派别呢，或者只是个别人缺乏修养的表现。比如《工人思想报》头几号的胶印版，甚至绝大多数社会民主党人都完全不知道，而我们现在所以能够引用《工人思想报》创刊号上的社论，只是因为在弗·伊—申的文章（《〈工作者〉小报》第9—10期合刊第47页及以下各页）中转引了这篇社论，而弗·伊—申自然没有放过这个机会来热心地——狂热地——夸奖这个同上面我们所说的各种报纸以及准备出版的报纸大不相同的新报纸。① 而这篇社论却是值得谈一谈的，因为它把《工人思想报》和整个"经济主义"的

_____

① 这里顺便提一下：弗·伊—申夸奖《工人思想报》是在1898年11月，当时"经济主义"，特别是在国外，已经完全形成了，就是这位弗·伊—申，很快就成了《工人事业》杂志的一个编辑。而《工人事业》杂志当时却否认俄国社会民主党内存在两派的事实，而且直到现在还在否认这个事实！

全部精神都极其明显地表现出来了。

社论指出穿蓝色袖口制服的人**55**阻止不了工人运动的发展,接着写道:"……工人运动如此富有生命力,是因为工人终于从领导者手里夺回了自己的命运,由自己来掌握了",并且把这个基本论点进一步作了详细的发挥。其实,领导者(即社会民主党人,"斗争协会"的组织者)可以说是被警察从工人手中夺去的①,但事情却被说成是工人同这些领导者作过斗争而摆脱了他们的束缚!人们不去号召前进,号召巩固革命组织和扩大政治活动,而去号召**后退**,号召专作工联主义的斗争。说什么"由于力求时刻牢记政治理想而模糊了运动的经济基础",说什么工人运动的座右铭是"为改善经济状况而斗争"(!),或者说得更好一些,是"工人为工人"。说什么罢工储金会"对于运动比一百个其他的组织更有价值"(请把1897年10月说的这段话和1897年初"十二月党人"同"青年派"的争论比较一下吧),如此等等。所谓我们应当着重注意的不是工人中间的"精华",而是"中等水平的"即普通的工人,以及所谓"政治始终是顺从于经济的"②等等之类的话,已经成为一种时髦的论调,并且对许多被吸引到运动里来的青年产生了极大的影响,而这

① 从下面一个明显的事实中,可以看出这种比拟是恰当的。这个事实就是:在"十二月党人"遭到逮捕之后,施吕瑟尔堡大街的工人中间流传着一个消息,说这次遭到破坏是由一个同"十二月党人"的某个外围团体有密切联系的奸细 H.H.米哈伊洛夫(牙科医生)促成的,于是这些工人非常愤慨,决定要杀死米哈伊洛夫。

② 这也是从《工人思想报》创刊号的那篇社论中摘录下来的。根据这一点就可以断定,这些"俄国社会民主党中的瓦·沃·"**56**的理论修养究竟怎样。当马克思主义者正在书刊上同这位早已用**这样**理解政治与经济的相互关系而得到了"干反动勾当的能手"这个雅号的真正的瓦·沃·先生作战的时候,这些"俄国社会民主党中的瓦·沃·"却在重复这种把"经济唯物主义"粗暴地庸俗化的论调!

些青年往往只是从合法书刊上的论述中知道马克思主义的一些片断的。

这表明，自觉性完全被自发性压倒了，而这种自发性出自那些重复瓦·沃·先生的"思想"的"社会民主党人"，出自一部分工人，这些工人听信以下的说法：每个卢布工资增加一戈比，要比任何社会主义和任何政治都更加实惠和可贵；工人要进行"斗争，是因为他们知道，斗争不是为了什么未来的后代，而是为了自己本人和自己的儿女"（《工人思想报》创刊号的社论）。这类词句是西欧资产者向来爱用的武器，他们因仇视社会主义而亲自动手（如德国的"社会政治家"希尔施）把英国的工联主义移植到本国土地上来，向工人说，纯粹工会的斗争①就是为了自己本人和自己的儿女，而不是为了什么未来的后代和什么未来的社会主义。而"俄国社会民主党中的瓦·沃·"现在也来重复这些资产阶级的词句了。这里必须指出三种情况，这些情况对往下分析**当前的**意见分歧②是很有用处的。

第一，我们上面所指出的那种自觉性被自发性压倒的现象，也是**自发地**发生的。这好像是在玩弄辞藻，但可惜这是一个令人痛心的真实情况！这种现象的发生，并不是由于两种完全相反的观点进行了公开的斗争，一种观点战胜了另一种观点，而是由于"老年派"革命家愈来愈多地被宪兵"夺去"，而"俄国社会民主党中的

---

① 德国人甚至有"Nur-Gewerkschaftler"这样一个专门名词，意思是：主张"纯粹工会"斗争的人。

② 我们强调**当前的**，是要请这样一些人注意，这些人会伪善地耸耸肩膀说：现在斥责《工人思想报》是很容易的，不过这是早已过去的事了！我们回答当前这些伪君子说：这里指的就是你，只是改了一下名字。关于这些伪君子完全被《工人思想报》的思想所征服的事实，我们将在下面加以**证明**。

瓦·沃·""青年派"愈来愈多地登上舞台。不要说亲身参加过**当前俄国运动的人**,就是任何闻到过运动气味的人也十分清楚,事实正是这样。然而,我们所以要特别坚持让读者彻底弄清这个众所周知的事实,我们所以要为了明确起见而引用有关第一次付排的《工人事业报》以及1897年初"老年派"同"青年派"争论的材料,是因为有些以自己的"民主主义"相标榜的人,总是利用广大公众(或者很年轻的青年们)不知道这个事实来投机取巧。关于这个问题,我们下面还要讲到。

第二,根据"经济主义"最初在书刊上的表现,我们就可以看见一种极其独特而且最能使我们了解当前社会民主党人队伍中的各种意见分歧的现象,这就是那些主张"纯粹工人运动"的人,崇拜与无产阶级斗争保持最密切的、最"有机的"(《工人事业》杂志的说法)联系的人,反对任何非工人的知识分子(哪怕是社会主义的知识分子)的人,为了替自己的立场辩护,竟不得不采用**资产阶级**"纯粹工联主义者"的论据。这个事实向我们表明:《工人思想报》一开始就已经着手(不自觉地)实现《信条》这一纲领。这个事实表明(这是《工人事业》杂志始终不能了解的):对工人运动自发性的**任何崇拜**,对"自觉因素"的作用即社会民主党的作用的任何轻视,**完全不管轻视者自己愿意与否,都是加强资产阶级意识形态对工人的影响**。所有那些说什么"夸大意识形态的作用"[1],夸大自觉因素的作用[2]等等的人,都以为工人只要能够"从领导者手里夺回自己的命运",纯粹工人运动本身就能够创造出而且一定会创造出一种独立的意识形态。但这是极大的错误。为了补充我们以上所说

----

[1]　《火星报》第12号上发表的"经济派"的来信。
[2]　《工人事业》杂志第10期。

的话,我们还要引用卡·考茨基谈到奥地利社会民主党的新纲领草案时所说的下面一段十分正确而重要的话①:

"在我们那些修正主义批评派中,有许多人以为马克思似乎曾经断言经济发展和阶级斗争不仅造成社会主义生产的条件,而且还直接产生认识到社会主义生产是必要的那种**意识**〈黑体是卡·考·用的〉。于是这些批评派就反驳道,资本主义最发达的英国,对这种意识却是最陌生的。根据草案可以想见:被人用上述方式驳倒的这一冒充正统马克思主义的观点,奥地利纲领的起草委员会也是赞成的。草案上写道:'资本主义的发展愈是使无产阶级的人数增加,无产阶级也就愈是不得不进行反对资本主义的斗争,并且也愈有可能来进行这个斗争。无产阶级就会意识到'社会主义的可能性和必要性。这样一来,社会主义意识就成了无产阶级阶级斗争的必然的直接的结果。但这种观点是完全不正确的。当然,社会主义这种学说,也同无产阶级的阶级斗争一样,根源于现代经济关系,也同无产阶级的阶级斗争一样,是从反对资本主义所引起的群众的贫穷和困苦的斗争中产生的,但社会主义和阶级斗争是并列地产生的,而不是一个从另一个中产生出来,它们是在不同的前提下产生的。现代社会主义意识,只有在深刻的科学知识的基础上才能产生出来。其实,现代的经济科学,也像现代的技术(举例来说)一样,是社会主义生产的条件,而无产阶级尽管有极其强烈的愿望,却不能创造出现代的经济科学,也不能创造出现代的技术;这两种东西都是从现代社会发展过程中产生出来的。但科学的代表人物并不是无产阶级,而是**资产阶级知识分子**〈黑体是卡·考·用的〉;现代社会主义也就是从这一阶层的个别人物的头脑中产生的,他们把这个学说传授给才智出众的无产者,后者又在条件许可的地方把它灌输到无产阶级的阶级斗争中去。可见,社会主义意识是一种从外面灌输(von außen Hineingetragenes)到无产阶级的阶级斗争中去的东西,而不是一种从这个斗争中自发地(urwüchsig)产生出来的东西。因此,旧海因菲尔德纲领说得非常正确:社会民主党的任务就是把认清无产阶级的地位及其任务的这种**意识**灌输到无产阶级中去〈直译就是:充实无产阶级〉。假使这种意识会自然而然地从阶级斗争中产生出来,那就没有必要这样做了。新草案接受了旧纲领中的这个原理,而把它勉强附加到上面所引的那个原理上去。但是这样一来,道理就讲不通了……"

---

① 《新时代》杂志**57**第20年卷(1901—1902)第1册第3期第79页。卡·考茨基谈到的纲领起草委员会的草案,由维也纳代表大会(去年年底)稍加修改后通过**58**。

既然谈不到由工人群众在其运动进程中自己创立的独立的意识形态①,那么问题**只能是这样**:或者是资产阶级的意识形态,或者是社会主义的意识形态。这里中间的东西是没有的(因为人类没有创造过任何"第三种"意识形态,而且在为阶级矛盾所分裂的社会中,任何时候也不可能有非阶级的或超阶级的意识形态)。因此,对社会主义意识形态的**任何轻视**和**任何脱离**,都意味着资产阶级意识形态的加强。人们经常谈论自发性。但工人运动的**自发的发展**,恰恰导致运动受资产阶级意识形态的支配,**恰恰是按照**《**信条**》**这一纲领进行的**,因为自发的工人运动就是工联主义的、也就是纯粹工会的运动,而工联主义正是意味着工人受资产阶级的思想奴役。因此,我们社会民主党的任务就是要**反对自发性**,就是要**使**工人运动**脱离**这种投到资产阶级羽翼下去的工联主义的自发趋势,而把它吸引到革命的社会民主党的羽翼下来。因此,《火星报》第12号上发表的那封"经济派"的来信的作者们说什么无论最热心的思想家怎样努力,都不能使工人运动脱离那条由物质因素和物质环境的相互作用所决定的道路,就**完全等于抛弃社会主义**;如果这些作者能够把自己所说的话大胆而透彻地通盘思考一番,正

① 这当然不是说工人不参加创立意识形态的工作。但他们不是以工人的身份来参加,而是以社会主义理论家的身份、以蒲鲁东和魏特林一类人的身份来参加的,换句话说,只有当他们能在某种程度上掌握他们那个时代的知识并把它向前推进的时候,他们才能在相应的程度上参加这一工作。为了使工人**能更多地做到这一点**,就必须尽量设法提高全体工人的觉悟水平,就必须使他们不要自己局限于阅读被人为地缩小了的"**工人读物**",而要学习愈来愈多地领会**一般读物**。更正确些说,不是"自己局限于",而是被局限于,因为工人自己是阅读并且也愿意去阅读那些写给知识分子看的读物的,而只有某些(坏的)知识分子,才认为"对于工人"只要讲讲有关工厂中的情况,反复地咀嚼一些大家早已知道的东西就够了。

如每个从事写作活动和社会活动的人都应当这样来仔细思考自己的见解一样,那他们就只能"把一双没用的手交叉在空虚的胸前",而……而把阵地让给司徒卢威之流和普罗柯波维奇之流的先生们,由他们把工人运动拉到"阻力最小的路线上去",即拉到资产阶级工联主义路线上去,或是把阵地让给祖巴托夫之流的先生们,由他们把工人运动拉到神父加宪兵的"意识形态"的路线上去。

请回忆一下德国的例子吧。拉萨尔对于德国工人运动的历史功绩何在呢? 就在于他**使**这个运动**脱离了**它自发地走上(**在舒尔采–德里奇之类的人的盛情参与下**)的那条进步党[59]的工联主义和合作社主义的道路。为了执行这个任务,所需要的不是谈论什么轻视自发因素,什么策略–过程,什么因素和环境的相互作用等等,而是与此完全不同的做法。为此需要**同自发性进行殊死的斗争**,也正是由于许多年来进行了这种斗争,比如说,柏林的工人才由进步党的支柱变成了社会民主党的最好的堡垒之一。这种斗争直到现在也远远没有结束(也许那些根据普罗柯波维奇的著述研究德国运动的历史,根据司徒卢威的著述研究德国运动的哲学的人,会认为斗争已经结束了[60])。直到现在,德国工人阶级可以说还分属于几种意识形态:一部分工人组织在天主教的和君主派的工会中,另一部分工人组织在崇拜英国工联主义的资产阶级分子所创立的希尔施—敦克尔工会[61]中,还有一部分工人则组织在社会民主党的工会中。最后一部分工人比其余两部分工人多得多,但社会民主党的意识形态只是由于同所有其他的意识形态进行了不懈的斗争才获得了这个首位,而且也只有继续进行这种不懈的斗争,才能保持这个首位。

但是读者会问:自发的运动,沿着阻力最小的路线进行的运动，为什么就恰恰会受资产阶级意识形态的控制呢？原因很简单：
资产阶级意识形态的渊源比社会主义意识形态久远得多，它经过
了更加全面的加工，它拥有的传播工具也多得**不能相比**①。所以
某一个国家中的社会主义运动愈年轻，也就应当愈积极地同一切
巩固非社会主义意识形态的企图作斗争，也就应当愈坚决地告诉
工人提防那些叫嚷不要"夸大自觉因素"等等的蹩脚的谋士。"经
济派"的来信的作者们和《工人事业》杂志异口同声地攻击运动在
幼年时期所特有的那种不肯容忍的态度。我们回答说：不错，我们
的运动确实还处在幼年状态，而为了赶快成长起来，它正应当采取
不肯容忍的态度来对待那些用崇拜自发性阻碍运动发展的人。硬
把自己装扮成一个早已经历过斗争中的一切重大变故的老年人，
这是再可笑、再有害不过的了！

　　第三，《工人思想报》创刊号向我们表明，"经济主义"这个名称
（我们自然不想丢开这个名称，因为这个称呼毕竟已经用惯了）并
没有十分确切地表达新派别的实质。《工人思想报》并不完全否认
政治斗争，因为在《工人思想报》创刊号所刊载的那个储金会章程
中，就谈到要同政府作斗争。不过《工人思想报》以为"政治始终是
顺从于经济的"（《工人事业》杂志则用另一种说法来表达这个论
点，它在自己的纲领中说："在俄国，经济斗争和政治斗争比在其他

---

　　① 人们常常说：工人阶级**自发地**倾向社会主义。在下述意义上说，这是完全正
确的，就是社会主义理论比其他一切理论都更深刻更正确地指明了工人阶级
受苦的原因，因此工人也就很容易领会这个理论，只要这个理论本身不屈服
于自发性，只要这个理论使自发性受它的支配。通常这是不言而喻的，可是
《工人事业》杂志恰恰忘记和曲解了这个不言而喻的道理。工人阶级自发地
倾向社会主义，然而最流行的（而且时刻以各种各样的形式复活起来的）资产
阶级意识形态，却自发地而又最猖狂地迫使工人接受它。

国家更是分不开的"）。**假使所谓的政治是指社会民主主义的政治**，那么《工人思想报》和《工人事业》杂志的这种说法就是完全不对的。正如我们看到的，工人的经济斗争往往是同资产阶级、教权派等等的政治相联系的（尽管不是分不开的）。假使所谓的政治是指工联主义的政治，即指一切工人普遍地要求由国家采取某些措施来减轻工人的地位所固有的困苦，但不是摆脱这种地位即消灭劳动受资本支配的现象，那么《工人事业》杂志的说法就是对的。这种要求确实是敌视社会主义的英国工联会员以及天主教工人和"祖巴托夫的"工人等等所共有的。有各种各样的政治。可见，《工人思想报》对政治斗争的态度，与其说是否定它，不如说是崇拜它的**自发性**，崇拜它的不觉悟性。《工人思想报》完全承认从工人运动本身中自发生长出来的政治斗争（正确些说：工人的政治愿望和政治要求），但完全不肯**独立地研究**一下特殊的**社会民主主义的政治**，即适合社会主义的一般任务和现代俄国条件的政治。下面我们就要指出，《工人事业》杂志所犯的错误也是这样。

（三）"自我解放社"⁶²和《工人事业》杂志

我们这样详细地分析《工人思想报》创刊号上那篇很少有人知道而且现在差不多已被遗忘的社论，是因为它最早而且最明显地表现了一个总的潮流，这个潮流后来又涌现出无数细流。弗·伊一称赞《工人思想报》创刊号及其社论，说它写得"很尖锐，很有斗志"（《〈工作者〉小报》第9—10期合刊第49页），这是完全正确的。每一个坚信自己的意见正确、认为自己提出了某种新主张的人，写起文章来总是"很有斗志"，总是很鲜明地表达自己的观点

的。只有那些惯于脚踏两只船的人才会毫无"斗志",只有这样的
人,才会昨天称赞《工人思想报》的斗志,今天却攻击该报论敌的
"论战的斗志"。

我们现在且不谈《〈工人思想报〉增刊》(下面谈到各种问题时,
我们还得引用这篇最彻底地表达了"经济派"思想的作品),而只简
单地谈谈《工人自我解放社宣言》(发表于 1899 年 3 月,转载于
1899 年 7 月伦敦《前夕》杂志[63]第 7 期)。这篇宣言的作者们说得
很公道,"工人的俄国**还刚开始觉醒**,刚在那里举目四望并**本能地
抓住最初碰到的**斗争手段",但是他们也和《工人思想报》一样从这
里得出了同一个不正确的结论,忘记了本能性也就是社会主义者
应当予以帮助的那种不觉悟性(自发性),忘记了在现代社会里"最
初碰到的"斗争手段总会是工联主义的斗争手段,而"最初碰到的"
意识形态总会是资产阶级的(工联主义的)意识形态。这些作者也
同样不"否认"政治,不过(不过!)他们跟着瓦·沃·先生说,政治
是上层建筑,所以"政治鼓动应当是为经济斗争而进行的鼓动的上
层建筑,应当在经济斗争的基础上生长起来,并服从于它"。

至于说到《工人事业》杂志,那么它的活动一开始就是为"经济
派""辩护"的。《工人事业》杂志竟在它的第 1 期(第 141—142 页)
上**公然撒谎**,说它"不知道阿克雪里罗得"在他那本有名的小册子①
里警告"经济派"时"所说的究竟是哪些年轻的同志",但是在同阿克
雪里罗得和普列汉诺夫因这种谎话而进行激烈争论的时候,《工人
事业》杂志又不得不承认它"是想用迷惑不解的口气来替所有那些
比较年轻的侨居国外的社会民主党人**辩护**,以反驳这种不公正的责

---

① 《论俄国社会民主党人的当前任务和策略问题》1898 年日内瓦版。1897 年写
给《工人报》的两封信。

备"(即阿克雪里罗得责备"经济派"眼界狭小)。**64** 其实,这个责备是很公正的,并且《工人事业》杂志清楚地知道这个责备也落到了它的一位编辑弗·伊—申的头上。我想顺便指出:在上述争论中,在解释我的那本小册子《俄国社会民主党人的任务》①时,阿克雪里罗得完全正确,《工人事业》杂志却完全不正确。这本小册子是在1897年,在《工人思想报》还没有出版的时候写的,当时我认为并且有理由认为我上面叙述过的圣彼得堡"斗争协会"**最初的**方向是占统治地位的方向。至少到1898年上半年为止,这个方向确实是占统治地位的。所以,《工人事业》杂志丝毫没有权利援引我这本小册子来否认"经济主义"的存在和危险,我这本小册子上所阐述的观点已于1897—1898年间在圣彼得堡被"经济主义"观点**排挤掉了**。②

　　但是,《工人事业》杂志不仅为"经济派""辩护",而且自己也时常滑到他们的基本错误上去。所以会滑下去,是因为《工人事业》杂志的纲领中有这样一个模棱两可的论点:"我们认为近年来发生的**群众性工人运动**〈黑体是《工人事业》杂志用的〉是俄国生活中最重要的现象,这个现象基本上**将决定**联合会的书刊工作的**任务**〈黑

----

　　① 见本版全集第2卷第428—451页。——编者注
　　② 《工人事业》杂志在写了头一段谎话("我们不知道帕·波·阿克雪里罗得所说的究竟是哪些年轻的同志")之后,为了替自己辩护,又在《回答》中写出了第二段谎话:"自从我们写了对《任务》一书的书评以来,俄国某些社会民主党人中已经产生或是较为明确地形成了经济主义片面性的倾向,这种倾向同《任务》一书描绘的我国运动的状况相比,就是后退了一步。"(第9页)**1900年**出版的《回答》是这样说的。但《工人事业》杂志第1期(即登载有书评的那一期)是在**1899年4月**出版的。难道"经济主义"1899年才产生出来吗? 不,1899年**俄国**社会民主党人就初次对"经济主义"提出了抗议(即对《信条》的抗议书)(见本版全集第4卷144—156页。——编者注)。"经济主义"是在1897年产生的,《工人事业》杂志分明知道这一点,因为弗·伊—早在**1898年11月**(在《〈工作者〉小报》第9—10期合刊上)就称赞过《工人思想报》了。

体是我们用的〉和性质。"说群众性运动是最重要的现象，这是无可
争辩的。但是整个问题就在于怎样理解这个群众性运动"决定任
务"这句话。对于这句话可以有两种理解：**或者是**理解为崇拜这个
运动的自发性，即把社会民主党的作用降低为专替这个工人运动
当听差（《工人思想报》、"自我解放社"以及其他的"经济派"就是这
样理解的）；**或者是**理解为群众性运动向我们提出了理论上、政治
上和组织上的**新任务**，这些任务要比群众性运动产生以前可以使
我们感到满足的那些任务复杂得多。《工人事业》杂志过去和现在
都正是倾向于前一种理解，因为它根本没有明确地讲过任何新任
务，而始终都认为，似乎这个"群众性运动"使我们**不必去**清楚地认
识和解决运动所提出的种种任务。为了证明这一点，只要指出下
面的事实就够了：《工人事业》杂志认为不可能把推翻专制制度当
做群众性工人运动的**首要**任务，而把这种任务降低为（为了群众性
运动的利益）争取实现最近的政治要求的任务（《回答》第25页）。

　　《工人事业》杂志编辑波·克里切夫斯基发表在第7期上的
《俄国运动中的经济斗争与政治斗争》一文，也重复了同样的错
误[1]，我们暂且不谈这篇文章，而直接来谈《工人事业》杂志第10
期。我们当然不准备去分析波·克里切夫斯基和马尔丁诺夫对

---

　① 例如，在这篇文章中，政治斗争中的"阶段论"或"小心翼翼地曲折前进"论是
　　这样论述的："政治要求按其性质是全俄共同的，但是在最初的时候〈这是在
　　1900年8月写的！〉应当适合于该工人阶层〈原文如此！〉从经济斗争中所获得
　　的经验。只有〈！〉在这种经验的基础上才能够、才应当去进行政治鼓动"等等
　　（第11页）。在第4页上，作者反驳了那种在他看来是毫无理由的、说他们宣
　　传经济主义邪说的斥责，他慷慨激昂地喊道："试问哪一个社会民主党人不知
　　道，根据马克思和恩格斯的学说，各个阶级的经济利益在历史上起决定作用，
　　所以，无产阶级为自己的经济利益而进行的斗争对它的阶级发展和解放斗争
　　也应当有首要的意义呢？"（黑体是我们用的）这"所以"二字是用得完全不恰

《曙光》杂志和《火星报》提出的各条反驳意见。我们感兴趣的只是《工人事业》杂志在第 10 期上所持的原则立场。我们也不想去分析,比如说《工人事业》杂志发现下面两种提法是"绝对矛盾"的这种笑话。一种提法是:

"社会民主党不能用某种事先想好的政治斗争的计划或方法来束缚自己的手脚,缩小自己的活动范围。它承认一切斗争手段,只要这些手段同党的现有力量相适应"等等。(《火星报》创刊号)①另一种提法是:

"没有一个在任何环境和任何时期都善于进行政治斗争的坚强的组织,就谈不到什么系统的、具有坚定原则的和坚持不懈地执行的行动计划,而只有这样的计划才配称为策略。"(《火星报》第 4 号)②

原则上承认一切斗争手段、一切计划和方法(只要它们是适当的)是一回事,要求**在一定的政治局势下**遵循一个坚持不懈地执行的计划(如果想谈策略的话)是另一回事;把这两者混为一谈,那就等于把医学上承认各种疗法同要求在医治某种病症时采用一定的疗法混为一谈。可是问题也就在于《工人事业》杂志自己得了我们称之为崇拜自发性的病症,却不愿承认医治**这个**病症的任何"疗

当的。根据经济利益起决定作用这一点,**决不应当作出**经济斗争(等于工会斗争)具有首要意义的结论,因为总的说来,各阶级最重大的、"决定性的"利益**只有**通过根本的**政治**改造来满足,具体说来,无产阶级的基本经济利益只能通过无产阶级专政代替资产阶级专政的政治革命来满足。波·克里切夫斯基所重复的是"俄国社会民主党中的瓦·沃·"的议论(即政治服从于经济等等),以及德国社会民主党中的伯恩施坦派的议论(例如沃尔特曼正是用这种议论来证明工人应当首先获得"经济力量",然后才能考虑政治革命)。

① 见本版全集第 4 卷第 337 页。——编者注
② 见本版全集第 5 卷第 2 页。——编者注

法"。因此它就有了一个了不起的发现:"策略-计划是同马克思主义的基本精神相矛盾的"(第10期第18页),策略是"**党的任务随着党的发展而增长的过程**"(第11页,黑体是《工人事业》杂志用的)。后面这一句话很有希望成为一句名言,成为《工人事业》杂志这一"派别"的一座不朽的纪念碑。对于"**往何处去?**"这个问题,指导性的机关刊物所作的回答是:运动是运动的起点同它下面一点之间的距离改变的过程。可是,这种无比深奥的议论并不只是一个笑话(如果是这样,那就不值得特别来讲了),而且是**整个派别的纲领**,尔·姆·在《〈工人思想报〉增刊》上把这个纲领表述如下:最合适的斗争就是可能进行的斗争,而可能进行的斗争就是目前正在进行的斗争。这正是消极地迁就自发性的极端机会主义派别。

"策略-计划是同马克思主义的基本精神相矛盾的!"这真是对马克思主义的诬蔑,是把马克思主义变得面目全非,正如民粹派在同我们论战时所做的那样。这就是贬低自觉的活动家的首创精神和毅力,而马克思主义却与此相反,它大大推动社会民主党人的首创精神和毅力,给他们开辟最广阔的前景,把"自发地"起来进行斗争的工人阶级千百万人的强大力量交给(假使可以这样说的话)他们指挥! 国际社会民主党的全部历史充满着时而由这个政治领袖时而由那个政治领袖提出的种种计划,证实了某个领袖所持的政治观点和组织观点的远见和正确,暴露了另一个领袖的近视和政治错误。当德国遇到建立帝国、成立帝国国会、赐予普选权这种极大的历史转变时,李卜克内西提出了一个关于社会民主党的政策和整个工作的计划,而施韦泽则提出了另一个计划。当德国社会党人遭到非常法的打击时,莫斯特和哈赛尔曼提出了一个计划,打算干脆号召采用暴力和恐怖手段;赫希柏格、施拉姆以及伯恩施坦

（部分参与）则提出另一个计划，他们向社会民主党人宣传说，由于社会民主党人自己过分激烈和过分革命才招来了非常法，所以现在应当以模范行为来求得宽恕；当时那些筹备并出版了秘密机关报[65]的人则提出了第三个计划。在选择道路问题引起的斗争已经结束，历史对所选定的道路的正确性已经下了最后的定论以后过了许多年，回顾往事，发表深奥的议论，说什么党的任务随着党的发展而增长，这当然是容易的。但是在目前这个混乱时期①，当俄国的"批评派"和"经济派"把社会民主主义运动降低为工联主义运动，而恐怖派竭力宣扬采取重蹈覆辙的"策略-计划"的时候，局限于发表这种深奥的议论，那就等于"证明"自己"思想贫乏"。目前，当许多俄国社会民主党人恰恰缺少首创精神和毅力，当他们缩小"政治宣传、政治鼓动和政治组织的……范围"②，当他们缺少更广泛地进行革命工作的"计划"的时候，说什么"策略-计划是同马克思主义的基本精神相矛盾的"，那就不仅是在理论上把马克思主义庸俗化，而且是在实践上**把党拉向后退**。

《工人事业》杂志往下又教训我们说："社会民主党人革命家的任务，只是要以本身自觉的工作来加速客观发展过程，而不是要取消客观发展过程或者以主观计划来代替它。《火星报》在理论上是知道这一切的。但是，由于《火星报》对策略持有一种学理主义的观点，马克思主义关于自觉的革命工作具有重大意义的正确提法，竟使《火星报》在实践上偏向于**轻视发展过程中的客观因素或自发因素的意义**。"（第18页）

这又是瓦·沃·先生及其伙伴们才会有的一种极大的理论混

---

① 梅林所著《德国社会民主党史》一书中有一章标题为 Ein Jahr der Verwirrung（混乱的一年），在这一章内他描写了社会党人在选择适合新环境的"策略-计划"时起先所表现的那种动摇和犹豫。

② 摘自《火星报》创刊号的社论。（见本版全集第4卷第336页。——编者注）

乱。我们要问问我们的这位哲学家：主观计划的制订者对客观发展过程的"轻视"，可能表现在什么地方呢？ 显然表现在他会忽略这个客观发展过程正在产生或巩固、毁灭或削弱某些阶级、某些阶层、某些集团、某些民族、某些民族集团等等，从而决定国际上各种力量的政治划分以及各个革命政党的立场，等等。 如果是这样，那么这些计划制订者的过错就不是轻视自发因素，反而是轻视**自觉因素**，因为他缺乏正确了解客观发展过程的"自觉性"。可见，单是谈论什么对自发性和自觉性"**相比**〈黑体是《工人事业》杂志用的〉哪个意义大的估计"，就已经暴露出完全没有"自觉性"。假如说某些"发展过程中的自发因素"一般是人的意识所能觉察到的，那么对这种自发因素的不正确估计，就等于"轻视自觉因素"。假如说这种因素是人的意识所不能觉察到的，那我们就不知道这种因素，也无法加以谈论了。波·克里切夫斯基所讲的究竟是什么呢？ 假使他认为《火星报》的"主观计划"是错误的（而他正是宣布这些计划是错误的），那他就应当指明这些计划究竟忽略了哪些客观事实，就应当因这种忽略而责备《火星报》**缺乏自觉性**，用他的说法，就是"轻视自觉因素"。假使他不满意主观计划，除了援引"轻视自发因素"（！！）之外又没有其他论据，那么他以此只是证明：(1)在理论上，他对马克思主义的理解也和备受别尔托夫讥笑的卡列耶夫之流和米海洛夫斯基之流一样；(2)在实践上，他完全满足于那些把我们的合法马克思主义者引诱到伯恩施坦主义上去，而把我们的社会民主党人引诱到"经济主义"上去的"发展过程中的自发因素"；并且他对那些无论如何也要使俄国社会民主党**脱离**"自发"发展道路的人"十分恼火"。

再往下纯粹是些滑稽可笑的话了。"正如人们不管自然科学取得什么成就而还是要用古老的方式繁殖一样,将来新社会制度的出现也会不管社会科学取得什么成就以及自觉的战士如何增加而仍然**多半**是自发地爆发的结果。"(第19页)有一句老话说得妙:要生儿养女,谁没有智慧?——同样,"现代社会党人"(像纳尔苏修斯·土波雷洛夫⁶⁶之类)也有一句话说得妙:要参与新社会制度的自发诞生,谁都有智慧。我们也认为谁都有这种智慧。为了参与,只要在"经济主义"流行时**听从**"经济主义",在恐怖主义出现时**听从**恐怖主义就行了。例如,今年春天,正应当告诫大家不要醉心于恐怖手段的时候,《工人事业》杂志对这个在它看来是"新的"问题感到困惑莫解。现在,过了半年之后,当问题已经不很迫切的时候,它却一方面向我们声明说,"我们认为,社会民主党的任务不能够也不应当是阻止恐怖主义情绪的发展"(《工人事业》杂志第10期第23页),同时又向我们提出代表大会的决议,说"代表大会认为有计划的进攻性的恐怖手段是不合时宜的"(《两个代表大会》第18页)。你看,这话说得多么清楚、多么圆通!我们不去阻止它,但宣布它不合时宜,而且这样宣布的意思是说,"决议"并没有把无计划的和防御性的恐怖手段包括在内。应当承认,这样一个决议很保险,完全可以保证不犯错误,正如一个说话是为了什么也不说的人可以保证不犯错误一样!为了拟定这样一个决议,只要善于做运动的**尾巴**就行了。当《火星报》讥笑《工人事业》杂志把恐怖手段问题说成一个新问题时^①,《工人事业》杂志怒气冲冲地指责《火星报》"把一群侨居国外的作家在15年以前提出的那种解决策略问题的办法强加于党的组织,这简直是太狂妄了"(第24页)。的确,预先在理论上解决问

---

①　见本版全集第5卷第2页。——编者注

题，然后设法说服组织，说服党和群众相信这个解决办法正确，——这是多么狂妄和多么夸大自觉因素啊！① 如果只是旧调重弹，不拿什么"强加于"人，对于每一次向"经济主义"或向恐怖主义的"转变"都唯命是从，那该多么好呀。《工人事业》杂志甚至对这一伟大的处世秘诀作了概括，责备《火星报》和《曙光》杂志"把自己的纲领同运动对立起来，把自己的纲领当做凌驾于混沌状态之上的神灵"（第29页）。难道社会民主党的作用不正是要成为"神灵"，不仅凌驾于自发运动之上，而且要把这一运动**提高到"自己的纲领"**的水平上去吗？它的作用当然不是做运动的**尾巴**，因为，如果做运动的尾巴，那么好则对运动无益，坏则对它极其有害。所谓的《工人事业》杂志不仅追随这种"策略—过程"，而且把它奉为原则，因此，与其把《工人事业》杂志这一派别称为机会主义，倒不如（根据尾巴这个词）称为**尾巴主义**。而且不能不承认，下定决心要永远做运动的尾巴跟着运动走的人，是永远和绝对不会"轻视发展过程中的自发因素"的。

　　　　　　＊　　　　　＊　　　　　＊

　　总之，我们确信，俄国社会民主党内的"新派别"的基本错误就在于崇拜自发性，就在于不了解群众的自发性要求我们社会民主党人表现巨大的自觉性。群众的自发高潮愈增长，运动愈扩大，对于社会民主党在理论工作、政治工作和组织工作方面表现巨大的自觉性的要求也就愈无比迅速地增长起来。

　　俄国群众的自发高潮来得这样迅速（并且继续在迅速地发展），以致社会民主党的青年们对于完成这些巨大的任务显得缺乏修养。这种缺乏修养的状况是我们大家的不幸，是**全体**俄国社会

---

① 同时还不要忘记，"劳动解放社""在理论上"解决恐怖手段问题时，还**总结了**以前的革命运动的经验。

民主党人的不幸。群众的高潮在连续不断地、前后相承地增长和扩大起来，不仅没有在它开始发生的地方停止，而且席卷了新的地区和新的居民阶层（在工人运动的影响下，青年学生、整个知识界以至农民都掀起了风潮）。但是革命家无论在自己的"理论"或自己的活动中，都**落后于**这个高潮，没有建立起一种连续不断的、前后相承的、能够**领导**全部运动的组织。

在第一章里，我们已经明确指出，《工人事业》杂志贬低我们的理论任务并"自发地"重复"批评自由"这一时髦口号，因为重复这一口号的人，对了解机会主义者"批评派"的立场和革命派的立场在德国和俄国是完全相反的这一点缺乏"自觉性"。

在下面几章中，我们就要来考察一下，在社会民主党的政治任务方面和组织工作中，这种对自发性的崇拜是怎样表现的。

三

工联主义的政治和社会民主主义的政治

我们还是从夸奖《工人事业》杂志开始吧。马尔丁诺夫在《工人事业》杂志第 10 期上，发表了一篇论述同《火星报》的意见分歧的文章，标题为《揭露性的出版物和无产阶级的斗争》。他把这些意见分歧的实质表述如下："我们不能只限于揭露那个阻碍它〈工人政党〉发展的制度。我们还应当对无产阶级当前的日常利益作出反应。"（第 63 页）"……《火星报》……实际上是革命反对派的机关报，它揭露我国的制度，主要是政治制度……　而我们现在和将来都要在同无产阶级斗争保持密切的有机联系的条件下为工人的事业努力。"(同上)对马尔丁诺夫的这种说法,我们不能不表示感谢。这种说法具有重大的普遍意义,因为它实质上决不仅仅是概括了我们同《工人事业》杂志的意见分歧,而且概括了我们同"经济派"在政治斗争问题上的一切意见分歧。我们已经指出过,"经济派"并不绝对否认"政治",而只是常常从社会民主主义的政治观滑到工联主义的政治观上去。马尔丁诺夫也正是这样滑过去的。因此我们也就同意选择他作为经济派在这个问题上的错误的**典型**。对于这一选择,无论《〈工人思想报〉增刊》的作者们,还是"自我解放社"宣言的作者们,或《火星报》第12号上所载的那封"经济派"的来信的作者们,都没有理由责备我们,这一点我们往下将予以证明。

(一) 政治鼓动和经济派缩小政治鼓动的范围

大家知道,俄国工人经济①斗争的广泛开展和加强,是同创办揭露经济(工厂方面和职业方面的)情况的"出版物"密切相联的。"传单"的主要内容是揭露工厂中的情况,于是在工人中很快激起了进行揭露的真正热情。工人一看见社会民主党人小组愿意而且能够给他们提供一种新的传单,来叙述工人的贫困生活、无比艰苦的劳动和无权地位的全部真实情况,他们也就纷纷寄来了工厂通讯。这种"揭露性的出版物"不仅在某一传单所抨击的那个工厂里引起了强烈的反响,而且在所有听到揭露出来的事实的工厂里都

---

① 为了避免误会,我们要说明一下:在以下的论述中,所谓经济斗争(按我们的习惯用词)全都是指"经济实践方面的斗争",在上述引文中,恩格斯称这种斗争为"对资本家的反抗",而在各自由国家里则称为工会的、工团的或工联的斗争。

引起了强烈的反响。既然各行各业工人的贫困和痛苦有许多共同之处，"叙述工人生活的真实情况"就使**所有的人**赞赏不已。甚至在最落后的工人中，也产生了一种想"发表文章"的真正热情，一种想用这种萌芽形式的战争去反对建立在掠夺和压迫的基础上的整个现代社会制度的高尚热情。这些"传单"在绝大多数场合下都真正成了一种宣战书，因为这种揭露起了极大的激励作用，使工人一致要求消灭各种令人发指的丑恶现象，并且决心用罢工来支持这种要求。结果，厂主自己也往往宁愿不等战争本身到来就完全承认这些传单所起的宣战书的作用。这种揭露，总是一经出现就变得强大有力，形成强大的道义上的压力。往往只要一有传单出现，就可以使一切要求或部分要求得到满足。总之，经济方面的（工厂方面的）揭露，过去和现在都是经济斗争的重要杠杆。只要还存在着必然会使工人起来自卫的资本主义，这方面的揭露将始终保持这种意义。即使在最先进的欧洲各国，现在也还可以看到，揭露某个落后的"行业"或某个被人遗忘的家庭手工业部门的种种丑恶现象，可以成为唤起阶级意识、开展工会斗争和传播社会主义的起点。[①]

　　近来，绝大多数俄国社会民主党人几乎把全副精力都用在组

[①]　我们在本章中所讲的只是**政治**斗争，较广义的或较狭义的政治斗争。所以我们只顺便指出，《工人事业》杂志非难《火星报》"过分避讳"经济斗争（《两个代表大会》第 27 页；马尔丁诺夫在他写的《社会民主党和工人阶级》这本小册子中也再三重复这种非难），这不过是一个笑话而已。如果提出这种非难的先生们把一年来《火星报》上的经济斗争栏的篇幅即使用普特或印张计算一下（这是他们所爱用的方法），并且把它拿来同《工人事业》杂志和《工人思想报》上的经济斗争栏的篇幅的总和比较一下，那他们马上就会看到，他们在这一方面也是落后的。显然，他们意识到了这种简单的真实情况，才迫不得已提出一些清楚表明他们惶惑不安的心情的论据。他们写道："《火星报》不管

织对工厂的揭露这种工作上了。只要回想一下《工人思想报》就可以知道，人们在这种工作上耗费了多少精力，竟忘记了这种活动**本身**实质上还不是社会民主主义的活动，而只是工联主义的活动。实际上，这种揭露只涉及**某个职业**的工人同厂主的关系，而得到的结果不过是使出卖劳动力的人学会较有利地出卖这种"商品"，学会在纯粹商业契约的基础上来同买主作斗争。这种揭露可能（在革命家组织适当利用这种揭露的条件下）成为社会民主主义的活动的开端和组成部分，但是也可能（而在崇拜自发性的条件下则一定会）导致"纯粹工会的"斗争和非社会民主主义的工人运动。社会民主党领导工人阶级进行斗争不仅是要争取出卖劳动力的有利条件，而且是要消灭那种迫使穷人卖身给富人的社会制度。社会民主党代表工人阶级，不是就工人阶级同仅仅某一部分企业主的关系而言，而是就工人阶级同现代社会的各个阶级，同国家这个有组织的政治力量的关系而言。由此可见，社会民主党人不但不能局限于经济斗争，而且不能容许把组织经济方面的揭露当做他们的主要活动。我们应当积极地对工人阶级进行政治教育，发展工人阶级的政治意识。**现在**，当《曙光》杂志和《火星报》向"经济主义"作了第一次冲击之后，这一点已经"是大家都同意的了"（虽然我们在下面就会看到，有些人只是口头上同意而已）。

　　试问，政治教育究竟应当有哪些内容呢？能不能局限于宣传工人阶级与专制制度敌对的观念呢？当然不能。只**说明**工人在政治上受压迫是不够的（正如只向工人**说明**他们的利益同厂主的利

愿意不愿意〈!〉，都不得不〈!〉考虑到实际生活的迫切要求，至少〈!!〉也得刊载一些有关工人运动的通讯。"（《两个代表大会》第27页）这真是一个把我们驳得体无完肤的论据！

益相对立是不够的一样）。必须利用这种压迫的每一个具体表现来进行鼓动（正如我们已经开始利用经济压迫的具体表现来进行鼓动一样）。既然**这种**压迫是落在社会的各个不同阶级的身上，既然这种压迫表现在生活和活动的各个不同的方面，包括职业、一般公民、个人、家庭、宗教、科学以及其他等等方面，那么我们如果不**负起责任**组织对专制制度的**全面政治揭露**，就**不能完成我们**发展工人的政治意识的**任务**，这难道不是显而易见的吗？为了利用压迫的具体表现来进行鼓动，不是应当把这些表现揭露出来吗（正如为了进行经济鼓动，应当把工厂里的舞弊行为揭露出来一样）？

看来，这是很明白的吧？但正是在这里我们可以看到，"大家"只是口头上同意必须**全面**发展政治意识。正是在这里我们可以看到，例如《工人事业》杂志不仅没有担负起组织（或是提倡组织）全面政治揭露的任务，反而把已经着手实现这个任务的《火星报》**拉向后退**。请听吧："工人阶级的政治斗争只是〈恰恰不只是〉最发展、最广泛和最切实的经济斗争形式。"（《工人事业》杂志的纲领，《工人事业》杂志第1期第3页）"现在摆在社会民主党人面前的任务，是要尽量赋予经济斗争本身以政治性质。"（马尔丁诺夫的文章，《工人事业》杂志第10期第42页）"经济斗争是吸引群众参加积极的政治斗争的最普遍适用的手段。"（联合会代表大会决议和"修正案"：《两个代表大会》第11页和第17页）读者可以看到，所有这些论调，从《工人事业》杂志产生时起，直到最近的"给编辑部的指示"为止，始终都贯穿在《工人事业》杂志中，并且这些论调显然都是用同一个观点看待政治鼓动和政治斗争的。你们可以根据政治鼓动应当服从于经济鼓动这个在一切"经济派"中流行的意见来仔细考察一下这个观点。说经济斗争一般讲来①是吸引群众参加政治斗争的"最普遍适用的手段"，这是否正确呢？完全不正确。**各种各样**警察压迫和专制暴行的表现，也是同样能"吸引"群众的一种"普遍适用的"手段，而决不是只有那些同经济斗争相联系的表现才是这种手段。地方官横行不法，农民遭受体罚，官吏贪污受贿，警察欺压城市"老百姓"，摧残饥民，压制人民追求光明和知识的愿望，横征暴敛，迫害教派信徒，虐待士兵，侮辱学生和自由派知识分子，——为什么所有这些事实以及千百种诸如此类不是同"经济"斗争直接联系的压迫行为，一般讲来就是进行政治鼓动和吸引群众参加政治斗争的**不那么**"普遍适用的"手段和缘由呢？恰恰相反，在工人（他们自己或者同他们亲近的人）受无权之苦，受专横和强暴压迫之苦的所有活生生的事例中，警察在工会斗争中进行迫害的事例无疑只占很小一部分。试问为什么要预先**缩小**政治鼓动的范围，只把**一种**手段称为"最普遍适用的"手段，而否认社会民主党人同时还应当有其他的一般讲来是同样"普遍适用的"手段呢？

在很久很久以前（一年以前！……），《工人事业》杂志曾经写道："经过一次罢工，或者最多经过几次罢工以后"，"只要政府出动警察和宪兵"，"当前的政治要求就会成为群众所能理解的要求了"。（1900年**8月**第7期第15页）现在联合会已经把这个机会

———————

①　我们所以说"一般讲来"，是因为《工人事业》杂志上所讲的正是全党的一般原则和一般任务。无疑，在实践中，政治有时的确应当服从于经济，但是只有"经济派"才会在准备用于全俄的决议中说到这一点。其实，也有"从一开始"就**能够**"只在经济基础上"进行政治鼓动的情况，可是《工人事业》杂志终于认为这是"根本不必要"的（《两个代表大会》第11页）。我们在下一章中就要证明，"政治派"和革命家的策略不仅不忽略社会民主党的工联任务，恰恰相反，只有它才能**保证**这种任务彻底实现。

主义的阶段论推翻而向我们表示让步，说"根本不必要从一开始就只在经济基础上进行政治鼓动"(《两个代表大会》第11页)。将来写俄国社会民主主义运动史的人，只要根据"联合会"对自己的那一部分旧的错误见解所作的这一否定，就可以比根据各种长篇大论更清楚地看到，我们的"经济派"把社会主义贬低到怎样的地步了！但联合会该是多么幼稚，竟以为靠放弃一种缩小政治范围的形式就能促使我们去赞同另一种缩小政治范围的形式！如果在这里也说经济斗争必须尽量广泛地进行，也说要始终利用经济斗争来进行政治鼓动，但"根本不必要"认为经济斗争是一种吸引群众参加积极的政治斗争的**最普遍适用的手段**，这岂不更合乎逻辑吗？

联合会认为用"最普遍适用的手段"这个说法来代替犹太工人联盟(崩得**67**)第四次代表大会的相应决议中的"最好的手段"的说法是有意义的。我们实在很难说这两个决议中究竟哪一个好些，因为在我们看来，**两个都很糟糕**。无论联合会或是崩得，都滑到(在某种程度上也许甚至是不自觉的，是受了传统的影响)经济主义即工联主义的政治观上去了。至于这里用的字眼是"最好的"，还是"最普遍适用的"，实质上毫无差别。假使联合会说"在经济基础上的政治鼓动"是最普遍采用的(而不是"适用的")手段，那么，对于我国社会民主主义运动发展的一定时期来说，这是正确的。也就是说，对于"**经济派**"，对于1898—1901年间的许多(也许是大多数)实际工作者来说，这是正确的，因为这些做实际工作的"经济派"的确**几乎完全是在经济基础上采用**(就算他们都采用过！)政治鼓动的。正如我们看到的，《工人思想报》和"自我解放社"都承认甚至推荐过**这种**政治鼓动！《工人事业》杂志本来应当**坚决斥责**在进行经济鼓动这种有益的事情时缩小政治斗争范围的有害行为，但它并没有这样做，反而把最普遍**采用**的（"**经济派**"采用的）手段称为最普遍**适用**的手段！无怪乎当我们把这帮人称为"经济派"的时候，他们也就只好破口大骂我们又是"捏造者"，又是"捣乱者"，又是"圣使"，又是"诽谤者"①；只好向大家哭诉说，这使他们蒙受奇耻大辱；只好用几乎是发誓赌咒的口吻声明："现在根本没有一个社会民主党组织犯'经济主义'的错误。"②啊，这些诽谤者，凶恶的政治派！整个"经济主义"不正是他们完全出于仇恨人的心理而故意捏造出来，使人蒙受奇耻大辱的吗？

马尔丁诺夫向社会民主党提出"赋予经济斗争本身以政治性质"的任务，这究竟有什么具体的现实意义呢？经济斗争是工人为争得**出卖劳动力**的有利条件，为改善工人劳动条件和生活条件而向厂主进行的集体斗争。这种斗争必然是职业性的斗争，因为各种职业的劳动条件极不相同，所以争取**改善**这些条件的斗争，也就不能不按职业来进行（在西方通过工会，在俄国通过临时工会联合会和传单等等）。因此，赋予"经济斗争本身以政治性质"，就等于力争用"立法和行政措施"（像马尔丁诺夫在他那篇文章的下一页即第43页上所说的那样）来实现这些职业的要求，在这一职业范围内改善劳动条件。所有的工会现在是而且向来都是这样做的。你们只要看一看韦伯夫妇这两位造诣很深的学者（和"造诣很深的"机会主义者）的著作68，就可以知道英国的工会很早以前就认识到了并且一直在实现"赋予经济斗争本身以政治性质"的任务，很早以前就为罢工自由，为取消法律上对合作社运动和工会运动的一切限制，为颁布保护妇女和儿童的法律，为制定卫生法和工厂

---

① 这是《两个代表大会》一书的原话；该书第31、32、28、30页。

② 《两个代表大会》第32页。

法来改善劳动条件等等而从事斗争了。

由此可见，"赋予经济斗争**本身**以政治性质"这句漂亮话，听起来"极端"深奥，"极端"革命，其实却掩盖着那种力求把社会民主主义的政治**降低**为工联主义的政治的传统意图！他们表面上是要纠正《火星报》的片面性，说《火星报》"把教条的革命化看得高于生活的革命化"①，而实际上却把**争取经济改良的斗争**当做一种新东西奉送给我们。其实，"赋予经济斗争本身以政治性质"这句话的含义不过是争取经济改良而已。只要马尔丁诺夫仔细分析一下自己所说的那些话的意思，那他自己就可以作出这个简单的结论。马尔丁诺夫拖出了他的一门最大的重炮来反对《火星报》，他说："我们党能够而且应当向政府提出具体要求，要它实行种种立法和行政措施来反对经济剥削，消除失业，消除饥荒等等。"(《工人事业》杂志第10期第42—43页)具体要求实行种种措施，这难道不正是要求实行社会改良吗？我们现在要再一次问问没有偏见的读者：当工人事业派(恕我使用这个笨拙的流行名词!)提出必须争取经济改良这个论点来表明他们同《火星报》的**意见分歧**的时候，我们称他们为暗藏的伯恩施坦派，这是不是诬蔑他们呢？

革命的社会民主党过去和现在一直把争取改良的斗争包括在自己的活动范围之内。但是它利用"经济"鼓动，并不仅仅是为了要求政府实行种种措施，而且是(并且首先是)要求政府不再成为专制政府。此外，革命的社会民主党认为有责任**不仅**根据经济斗争，而

---

① 《工人事业》杂志第10期第60页。在这里，马尔丁诺夫是用另一种方式来玩弄我们在上面已经描写过的那种把戏，即把"一步实际运动比一打纲领更重要"这一论点应用到我国运动现在的这种混乱状态中来。其实，这只是把伯恩施坦所说的"运动就是一切，最终目的算不了什么"这句臭名远扬的话翻译成俄文罢了。

且根据社会政治生活方面的一切现象来向政府提出这个要求。总之,革命的社会民主党使争取改良的斗争服从于争取自由和争取社会主义的革命斗争,就像使局部服从整体一样。而马尔丁诺夫却用另一种形式把阶段论复活起来,力求规定政治斗争必须按所谓经济的道路发展。他在革命高涨时提出所谓争取改良的特殊斗争"任务",就是把党拉向后退,而助长"经济派的"和自由派的机会主义。

其次,马尔丁诺夫羞羞答答地用"赋予经济斗争本身以政治性质"的漂亮的论点来掩饰争取改良的斗争,而把**仅仅是经济的**(甚至仅仅是工厂的)**改良**当做一种特殊的东西提出来。他为什么要这样做,我们不得而知。也许是由于一时疏忽吧? 但是,如果他所指的不只是"工厂的"改良,那么我们刚才所引过的他那个论点就会毫无意义了。也许是由于他认为政府只是在经济方面才可能实行和大概会实行"让步"吧?① 如果是这样,那就是一种很奇怪的谬误,因为政府在笞刑、身份证、赎金、教派、书报检查制度等等的立法方面,也是可能作出让步而且经常作出让步的。"经济的"让步(或者假让步),对政府来说,自然是最便宜最有利的,因为它想借此博得工人群众对它的信任。但是,正因为如此,我们社会民主党人无论如何也绝对**不应当**使人们得出这样一种看法(或产生这样一种误解),以为经济改良对我们更有价值,以为我们正是把这种改良看得特别重要,等等。马尔丁诺夫在解释他上面提出的那些关于立法和行政措施方面的具体要求时说道:"这样的要求,不会成为一种空话,因为这些要求既然能产生某些显著结果,就会获得工人群众的积极支持……" 我们可不是"经济派"啊! 我们不

_____

① 第43页上写道:"当然,如果说我们劝工人向政府提出某些经济要求,那是因为在**经济**方面,专制政府出于需要而愿意作某些让步。"

过是像伯恩施坦之流、普罗柯波维奇之流、司徒卢威之流、尔·姆·之流以及诸如此类的先生们一样屈从于那些具体结果的"显著性"而已！我们不过是（同纳尔苏修斯·土波雷洛夫一起）向大家暗示说：凡不"能产生显著结果"的都是"空话"！我们不过是要表明，似乎工人群众不能够（并且同那些把自己的庸俗思想强加于他们的人的愿望相反，没有证明自己能够）积极支持对专制制度的**任何反抗**，支持那些其至**绝对不能对他们产生任何显著结果的反抗**！

就拿马尔丁诺夫本人援引的关于消除失业和饥荒的"种种措施"的例证来说吧。从《工人事业》杂志自己的诺言来看，它正在致力于制定和详细制定"能产生显著结果"的"立法和行政措施方面的具体要求〈以法案的形式吗?〉"，而《火星报》"却始终把教条的革命化看得高于生活的革命化"，极力说明失业同整个资本主义制度有不可分割的联系，警告大家说"饥荒在蔓延"，揭露警察"摧残饥民"的行为和可恶的"暂行苦役条例"；《曙光》杂志则把论述饥荒问题的那一部分《内政评论》①印成了单行本，作为鼓动的小册子。可是，天哪，这帮狭隘得不可救药的正统派，这帮对"生活本身"的要求置若罔闻的教条主义者又是多么"片面"啊！他们的任何一篇文章都没有提出（这还了得！）**任何一个**，真是根本没有提出任何一个"能产生显著结果"的"具体要求"！多么可怜的教条主义者啊！应当叫他们到克里切夫斯基之流和马尔丁诺夫之流那里去领教领教，好让他们懂得策略是……发展……而增长的过程，好让他们懂得必须赋予经济斗争**本身**以政治性质！

"工人同厂主和政府作经济斗争（"同政府作**经济**斗争"!!），除

---

① 见本版全集第 5 卷第 268—286 页。——编者注

了它的直接的革命意义之外,还有一种意义,就是它能使工人经常碰到他们政治上无权的问题。"(马尔丁诺夫的文章,第44页)我们把这段话抄下来,并不是要把上述那些反复说过千百次的东西再重复一次,而是要来特意感谢马尔丁诺夫提出了所谓"工人同厂主和政府作经济斗争"这样一个新鲜而出色的公式。真是妙极了!真是以独到的才能,极其巧妙地抹掉了"经济派"之间的一切局部的意见分歧和细微的差别,而在这里用简单明了的话表明了"经济主义"的**全部实质**,开始是号召工人作"政治斗争以维护共同的利益,即改善全体工人的状况"①,接着是大谈阶段论,最后是在代表大会决议中说什么"最普遍适用"等等。"同政府作经济斗争"正是工联主义的政治,而工联主义的政治离社会民主主义的政治还很远很远。

(二)谈谈马尔丁诺夫是怎样深化了普列汉诺夫的意见的

有一次,一位同志说:"近来我们社会民主党的罗蒙诺索夫何其多啊!"他指的是,许多倾心于"经济主义"的人都有一种令人惊奇的倾向,总想"凭自己的头脑"发现一些伟大的真理(比如说经济斗争使工人碰到无权的问题),同时又用天生才子不可一世的态度鄙弃所有先前的革命思想和革命运动发展过程已经提供的一切。罗蒙诺索夫式的马尔丁诺夫就是这样的一位天生才子。你们只要瞧瞧他所写的《当前问题》一文,就能看出他怎样"凭自己的头脑"

---

① 《〈工人思想报〉增刊》第14页。

正在接近阿克雪里罗得早就说过的东西（关于阿克雪里罗得，我们的罗蒙诺索夫当然是完全避而不谈的），就能看出他**正在开始**理解，例如我们不能忽视资产阶级中某些阶层的反政府态度这种道理（《工人事业》杂志第 9 期第 61、62、71 页；参看《工人事业》杂志编辑部对阿克雪里罗得的《回答》，第 22、23—24 页）等等。但可惜只是"正在接近"和只是"正在开始"，仅此而已，因为他毕竟还根本没有理解阿克雪里罗得的意思，所以还在说什么"同厂主和政府作经济斗争"。三年来（1898—1901 年），《工人事业》杂志一直在努力理解阿克雪里罗得的意思，然而——然而毕竟还是没有理解这种意思！可能这也是由于社会民主党"像人类一样"始终只提出自己能够实现的任务吧？

　　但是，罗蒙诺索夫之流的特色，不仅表现在他们对于许多东西都不知道（这不过是小小的不幸！），并且还表现在他们不认识自己的无知。这才是真正的大不幸，正是这种不幸促使他们马上就来着手"深化"普列汉诺夫的意见。

　　罗蒙诺索夫式的马尔丁诺夫写道："自从普列汉诺夫写了这本书《《俄国社会党人同饥荒作斗争的任务》》以来，已经过去许多时候了。社会民主党人在 10 年中间虽然领导了工人阶级的经济斗争……但是他们还没有来得及给党的策略奠定一个广泛的理论基础。现在这个问题成熟了。我们如果愿意奠定这样的理论基础，显然就应当大大深化普列汉诺夫以前阐发过的那些策略原则……　现在，我们确定宣传和鼓动的差别，应当不同于普列汉诺夫〈马尔丁诺夫刚刚引用了普列汉诺夫的话："宣传员给一个人或几个人提供许多观念，而鼓动员只提供一种或几种观念，但是他把这些观念提供给一大群人"〉。我们认为宣传就是用革命观点来说明整个现存制度或其局部表现，至于在宣传时所用的形式能为几个人还是能为广大群众所接受，那没有什么关系。所谓鼓动，严格讲来〈原文如此！〉，我们却认为是号召群众去采取某些具体行动，是促进无产阶级去对社会生活进行直接的革命的干预。"

　　我们祝贺俄国的以及国际的社会民主党获得了一套新的、马尔丁诺夫式的、更严格更深奥的术语。直到现在,我们(同普列汉诺夫以及国际工人运动的所有领袖们一起)都认为:例如宣传员讲到失业问题的时候,就应当解释清楚危机的资本主义本质,指出危机在现代社会中不可避免的原因,说明必须把现代社会改造为社会主义社会等等。总之,他应当提供"许多观念",多到只有少数人(相对地讲)才能一下子全部领会,完全领会。而鼓动员讲到这个问题时,却只要举出全体听众最熟悉和最明显的例子,比如失业者家里饿死人,贫困加剧等等,并尽力利用大家都知道的这种事实来向"群众"提供富者愈富和贫者愈贫的矛盾是不合理的这样**一个观念**,竭力**激起**群众对这种极端不公平现象的不满和愤恨,而让宣传员去全面地说明这种矛盾。因此,宣传员的活动主要是**动笔**,鼓动员的活动则主要是**动口**。要求宣传员具备的素质是不同于鼓动员的。例如,我们称考茨基和拉法格为宣传家,而称倍倍尔和盖得为鼓动家。想在实际活动中分出第三个方面或者第三种职能,并把"号召群众去采取某些具体行动"归入这种职能,那就十分荒唐了,因为"号召"作为单独的行为,要么是理论著作、宣传小册子和鼓动演说的自然和必然的补充,要么是一种纯粹执行性质的职能。实际上,可以拿现在德国社会民主党人反对谷物税的斗争来作例子。比如说,理论家写关税政策的研究著作,"号召"为通商条约、为贸易自由而斗争;宣传员在杂志上也这样做,鼓动员在公开演说中也这样做。在这种情况下,群众的"具体行动"就是签名上书帝国国会,要求不增加谷物税。采取这些行动的号召,间接是出自理论家、宣传员和鼓动员,直接是出自那些把签名簿分送到各工厂和各私人住宅去的工人。照"马尔丁诺夫式的术语"来讲,岂不是要把考茨基和倍倍尔两人都称为宣传员,而把分送签名簿的人称为鼓动员吗?

德国人的例子使我想起了一个德语单词:Verballhornung。按俄文直译是:巴尔霍恩式的修正。约翰·巴尔霍恩是16世纪莱比锡的一个出版商①。他出版了一本识字课本,并且照例也加上了一张画有雄鸡的插图,不过他画的不是通常脚上有距的雄鸡,而是脚上无距的雄鸡,旁边还有两个鸡蛋。课本封面上加了一行字:"约翰·巴尔霍恩**修正版**"。从那时起,德国人讲到实际上把东西改坏的那种"修正"时,就说是巴尔霍恩式的修正。所以当你看到马尔丁诺夫之流如何"深化"普列汉诺夫的意见时,就不禁想起巴尔霍恩的故事来……

为什么我们的罗蒙诺索夫"发明了"这种糊涂观念呢? 他是为了说明,《火星报》"也像普列汉诺夫在15年以前那样,只注意到事情的一方面"(第39页)。"《火星报》至少在目前是偏重宣传任务而忽视鼓动任务。"(第52页)假如我们把后面这个论点从马尔丁诺夫式的语言译成普通人的语言(因为人类还没有来得及接受这种新发明的术语),那就是说《火星报》偏重政治宣传和政治鼓动任务而忽视这样一个任务,即"向政府提出""能产生某些显著结果"的"立法和行政措施方面的具体要求"(或社会改良的要求,——假如允许把还没有发展到马尔丁诺夫那种水平的旧人类的旧术语再使用一次的话)。请读者把这个论点同下面的一段议论对照对照吧!

"这些纲领〈即革命社会民主党人的纲领〉还有使我们吃惊的地方,就是它们始终偏重工人在议会〈我国现时所没有的议会〉中活动的好处,而完全忽视〈由于这些纲领的革命虚无主义〉工人参加我国现有的厂主工厂事务立法

---

① 应为吕贝克的一个出版商。——编者注

会议工作……或至少参加城市自治机关工作的重要意义……"

这一段议论的作者把罗蒙诺索夫式的马尔丁诺夫凭自己的头脑想出来的那个思想说得稍微直率、明确和坦白了一些。而这位作者就是《〈工人思想报〉增刊》(第15页)上的那位尔·姆·。

(三) 政治揭露和"培养革命积极性"

马尔丁诺夫提出他那个"提高工人群众的积极性"的"理论"来反对《火星报》,实际上就是暴露他竭力想**降低**这种积极性,因为他把一切"经济派"所崇拜的那种经济斗争说成是激发这种积极性的最好的、特别重要的、"最普遍适用的"手段和表现这种积极性的舞台。这种错误所以特别值得注意,是因为这远不是马尔丁诺夫一个人所特有的。其实,"提高工人群众的积极性",**只有**在我们**不局限**于"在经济基础上的政治鼓动"这个条件下才能够做到。而把政治鼓动扩大到必要程度的基本条件之一,就是组织**全面的**政治揭露。不进行这样的揭露,**就不能**培养群众的政治意识和革命积极性。因此,这一类活动是整个国际社会民主党的最重要的职能之一,因为就是政治自由也丝毫不会取消这种揭露,而只会稍微改变一下揭露的方面。例如,德国党正是由于毫不松懈地致力于政治揭露运动,才特别巩固了自己的地位,扩大了自己的影响。当工人还没有学会对**各种各样**的专横和压迫、暴行和胡作非为(不管这些现象是针对**哪些阶级**的)作出反应,并且正是从社会民主党的观点,而不是从其他什么观点来作出反应时,工人阶级的意识是不能成为真正的政治意识的。当工人还没有学会根据各种具体的、而且确实是大家关心的(迫切的)政治事实和政治事件来观察其他**每**

一个社会阶级在思想、精神和政治生活中的**一切**表现时,当工人还没有学会在实践中对**一切**阶级、阶层和居民集团的活动和生活的**各个**方面作出唯物主义分析和唯物主义评价时,工人群众的意识是不能成为真正的阶级意识的。谁把工人阶级的注意力、观察力和意识完全或者哪怕是主要集中在工人阶级自己身上,他就不是社会民主党人,因为工人阶级的自我认识是同那种不仅是理论上的……更确切些说,与其说是理论上的,不如说是根据政治生活经验形成的对于现代社会**一切**阶级相互关系的十分明确的认识密切联系着的。所以,我们的"经济派"宣扬经济斗争是吸引群众参加政治运动的最普遍适用的手段,按其实际意义来说,是极其有害而且极端反动的。工人要想成为社会民主党人,就应当明确认识地主和神父、大官和农民、学生和游民的经济本性及其社会政治面貌,就应当知道他们的强的方面和弱的方面,就应当善于辨别每个阶级和每个阶层用来**掩饰**它自私的企图和真正的"心意"的流行词句和种种诡辩,就应当善于辨别哪些制度和法律反映和怎样反映哪些人的利益。而这种"明确的认识"无论在哪一本书里也学不到,要学到它,只有通过生动的场面和及时的揭露,揭露当前我们周围发生的事情,揭露大家按自己的观点在谈论着的或者哪怕是在窃窃私议的东西,揭露由某些事件、某些数字、某些法庭判决词等等反映出来的情况。这种全面的政治揭露,是培养群众革命积极性的必要条件和**基本**条件。

为什么俄国工人对于警察欺压人民,对于迫害教派信徒和殴打农民,对于书报检查机关的为非作歹,对于虐待士兵,摧残各种最无害的文化事业等等现象,还很少表现出自己的革命积极性呢?是不是因为"经济斗争"没有使他们"碰到"这些事呢?是不是因为这些事对他们很少"能产生""显著结果"，很少有"好处"呢？不是。我们再说一遍，这种意见不过是想嫁祸于人，把自己的庸俗思想（即伯恩施坦主义）强加于工人群众罢了。我们应当责备我们自己，责备我们还落后于群众运动，责备我们还不能对这一切丑恶现象组织十分普遍、明显而迅速的揭露。假使我们进行了这种工作（我们是应当而且能够进行这种工作的），那么连文化水平最低的工人也会懂得**或者感觉到**：辱骂和欺压学生、教派信徒、农民和作家的，也就是那种随时随地都在蹂躏和压迫他们的黑暗势力。工人一感觉到这一点，自己就会愿意而且十分愿意有所反应，就会今天咒骂书报检查官，明天在镇压农民骚乱的省长官邸前游行示威，后天惩治那些干着神圣的宗教裁判所勾当的身穿法衣的宪兵，如此等等。我们还很少、几乎一点也没有把各方面新揭露出来的情**况传播**到工人群众中去。我们中间有许多人甚至还没有认识到自己的这个**责任**，而是自发地蹒跚地跟在那种局限于狭隘的工厂生活范围内的"平凡的日常斗争"后面走。在这种情况下，说什么《火星报》有轻视平凡的日常斗争进程，而偏重宣传光辉的完备的思想的倾向"（马尔丁诺夫的文章，第61页），就等于把党拉向后退，就等于袒护和赞美我们缺乏修养和落后。

至于说号召群众行动起来，那么只要我们进行有力的政治鼓动和生动而鲜明的揭露，就自然会做到的。当场抓住罪犯，立即到处当众加以谴责，这样做本身要比任何"号召"都更有效果，而且往往使得后来根本无法查明，究竟是谁"号召了"群众，究竟是谁提出了某种游行示威计划等等。号召，不是说一般号召，而是说具体号召，那就只有在现场进行，并且只有当时亲身参加的人才能办到。而我们的任务，社会民主党政论家的任务，就是要加深、扩大和加强政治揭露和政治鼓动。

顺便来谈谈"号召"吧。**在春季事件以前**，就大学生被送去当兵这个对工人来说完全不能**产生任何显著结果**的问题，**号召**工人积极加以干预的**唯一机关报，就是《火星报》**。1月11日关于"送183个大学生去当兵"这道命令一公布，《火星报》立刻就发表了一篇论述这件事情的文章（2月第2号）①，而且**在任何游行示威都还没有开始以前**，就已经直接**号召**"工人帮助大学生"，号召"人民"公开回答政府这种野蛮的挑衅行为。我们要问问大家：马尔丁诺夫关于"号召"讲得这样多，甚至把"号召"看做一种特别的活动方式，但他对我们上面所讲的**这个**号召却只字未提，对于这一明显的事实应当怎样和用什么来加以解释呢？既然如此，那么马尔丁诺夫宣称《火星报》**片面**，说它没有充分"号召"大家去争取实现"能产生显著结果"的要求，这难道不是一种庸俗做法吗？

我们的"经济派"，也包括《工人事业》杂志，所以受欢迎，是因为他们迎合不开展的工人的心理。可是，工人社会民主党人，工人革命家（这种工人的数目是与日俱增的），却会愤然驳斥所有那些争取实现"能产生显著结果"的要求等等的议论，因为他们懂得这不过是重弹每个卢布工资增加一戈比的那种老调而已。这样的工人会向《工人思想报》和《工人事业》杂志的那些谋士们说：先生们，你们在瞎折腾，你们过分热心地干预我们自己也应付得了的事情，却逃避你们自己的真正责任。要知道，你们说社会民主党人的任务是要赋予经济斗争本身以政治性质，这未免太不聪明了；这只是一个开端，而社会民主党人的主要任务

---

① 见本版全集第4卷第346—351页。——编者注

并不在这里,因为世界各国,包括俄国在内,**警察往往是自己开始赋予**经济斗争以政治性质,而工人自己就可以学会了解政府是站在谁的一边。① 要知道,你们像发现新大陆似的来鼓吹的那种"工人同厂主和政府作经济斗争",在俄国的许多穷乡僻壤,正由那些只听说过罢工而几乎完全没有听说过社会主义的工人们自己在进行。要知道,你们总想提出一些能产生显著结果的具体要求来维持我们工人的"积极性",而这种"积极性"我们已经具备了,并且我们自己在我们日常的、职业性的、细小的工作中,往往不需要知识分子的任何帮助就能提出这些具体要求。但是**这样的**积极性对我们来说是很不够的;我们并不是一些单靠"经济主义"政治稀粥就能喂饱的小孩子;我们想知道别人所知道的一切,我们想详细了解政治生活的**各方面**,想**积极**参加所有各种政治事件。为此就需要知识分子们少讲些我们自己已知道的东西②,而多给我们些

---

① "赋予经济斗争本身以政治性质"这个要求,最突出地表明了在政治活动方面**对自发性的崇拜**。经济斗争获得政治性质,往往是**自发的**,即不需要"知识分子这种革命细菌"的干预,不需要自觉的社会民主党人的干预。例如,英国工人的经济斗争获得政治性质,就是根本没有社会党人参与的。社会民主党人的任务并不只限于经济基础上的政治鼓动,他们的任务是要**把**这种工联主义的政治**变为**社会民主主义的政治斗争,**利用**经济斗争给予工人的初步政治意识,把工人**提高到社会民主主义**政治意识的水平。而马尔丁诺夫之流却不去提高和推进自发产生的政治意识,反而**拜倒在自发性面前**,唠叨说,——老是令人作呕地唠叨说,经济斗争使工人"**碰到**"他们政治上无权的问题。先生们,可惜工联主义政治意识的这种自发的觉醒却没有使你们"**碰到**"你们的社会民主主义任务的问题!

② 工人对"经济派"说的这番话,决不是我们凭空想出来的。为了证实这一点,我们可以举出两个见证人,他们无疑很熟悉工人运动并且是绝对不想袒护我们这些"教条主义者"的,因为一个见证人是"经济派"(他甚至认为《工人事业》杂志是政治性的机关刊物!),另一个见证人是恐怖派。前一个见证人在《工人事业》杂志第6期上发表了一篇极其真实而生动的文章,标题是《彼得堡的工人运动与社会民主党的实际任务》。他把工人分成三类:(1)自觉的革命

我们还不知道的，并且是我们自己根据自己工厂方面的经验和"经济方面的"经验永远也不可能知道的东西，即政治知识。这种知识是你们知识分子所能够获得的，你们**有责任**比过去多千百倍地供给我们这种知识，并且也不要仅以专著、小册子和文章为限（这些东西——恕我们直率地说！——往往是枯燥无味的），而一定要**把目前我国政府和我国统治阶级在实际生活各方面的所作所为都生动地揭露出来**。请你们多用些力气来履行你们的这个责任，而**少讲些"提高工人群众的积极性"的空话吧**。我们的积极性要比你们所想象的高得多；我们能够用公开的街头斗争来支持那些甚至不能产生任何"显著结果"的要求！你们没有资格来给我们"提高"积极性，因为**你们自己恰恰就缺乏积极性**！先生们，请你们还是少崇拜点自发性，多想想如何提高你们**自己的**积极性吧！

（四）经济主义和恐怖主义有什么共同之点？

在上面的脚注中，我们已经把偶然趋于一致的一个"经济派"

家，(2)中间阶层，(3)其余的群众。中间阶层"对政治生活问题往往要比对自己当前的经济利益更感兴趣，因为这种经济利益同一般社会条件的联系大家都早已懂得了……""大家都尖锐地批评"《工人思想报》说："你们讲来讲去总是这一套，总是大家早已知道、早已读过的东西"，"而在政治评论栏里又是什么也没有"。（第30—31页）而且就是第三类工人，"这些较为敏感、较为年轻、受酒馆和教会腐蚀较少的工人群众，几乎从来没有获得政治书籍的机会，也在那里乱谈政治生活中的现象，思索学生骚乱的片断消息"等等。而那个恐怖派则写道："……把本城以外的各个城市的工厂的生活琐事浏览过一两次就再也不看了…… 枯燥无味…… 在工人的报纸上不谈国家问题…… 等于把工人当小孩子看待…… 工人并不是小孩子。"（革命社会主义自由社出版的《自由》杂志**69**第 69 页和第 70 页）

和一个非社会民主党人恐怖派作了对比。不过,一般讲来,在这两种人之间是有一种并非偶然而是必然的内在联系的。关于这种联系,我们以后还要讲到,并且就在谈培养革命积极性的问题时必然要涉及。"经济派"和现代恐怖派有一个共同的根源,这就是**崇拜自发性**。关于这一点,我们在前一章里已经把它当做一般的现象讲过,现在我们来考察一下它对政治活动和政治斗争方面的影响。乍看起来,我们的断语似乎是不近情理的:一种人强调"平凡的日常斗争",另一种人号召作单个人的最大的自我牺牲的斗争,看来其间的差别是多么大呀。但是我们的断语并不是不近情理的。"经济派"和恐怖派是各自崇拜自发潮流的一个极端:"经济派"崇拜"纯粹工人运动"的自发性,恐怖派崇拜那些不善于或者没有可能把革命工作同工人运动结合成一个整体的知识分子的最狂热的愤懑情绪的自发性。凡是不再相信或者从来不相信有这种可能的人,除了采取恐怖手段之外,确实是难以找到别的方式来表示自己的愤懑情绪和革命毅力。由此可见,以上我们所指出的对两个方面的自发性的崇拜,都无非是在**开始实现**《信条》这一著名的纲领:让工人自己去"同厂主和政府作经济斗争"(请《信条》的作者原谅我们用马尔丁诺夫的话来表达他的意思吧!我们认为我们有理由这样做,因为在《信条》中也说到工人在经济斗争中"碰到政治制度"),而让知识分子靠自己的力量去进行政治斗争,当然,用的是恐怖手段! 这是不能不加以坚持的一个完全合乎逻辑和完全不可避免的**结论,尽管**那些开始实现这个纲领的**人自己也没有意识到**这个结论的不可避免性。政治活动有自己的逻辑,而不取决于那些怀有最善良的愿望或者号召采取恐怖手段或者号召赋予经济斗争本身以政治性质的人的意识。地狱是由善良的愿望铺成的,而在我们所讲的这种情况下,善良的愿望也无法挽救人们免于自发地滚到"阻力最小的路线"上去,滚到《信条》这种**纯粹资产阶级**纲领的路线上去。而俄国的许多自由派,无论是公开的自由派还是戴着马克思主义假面具的自由派,都打心眼里同情恐怖手段,并竭力助长目前的恐怖主义情绪,这也不是偶然的。

所以,"革命社会主义自由社"一产生,它就把全面促进工人运动作为自己的任务,但同时又把恐怖手段包括**在纲领中**,并且力求摆脱所谓社会民主党的束缚,——这一事实再一次证明了帕·波·阿克雪里罗得具有卓越的远见,他早在 **1897** 年底就确切地预见到了社会民主党人的动摇所要产生的这种结果(《论当前任务和策略问题》),并且拟定了他那有名的"两个前途".**[70]** 俄国社会民主党人中间后来发生的一切争论和意见分歧,都已经包含在这两个前途①中,就像植物包含在种子里一样。

从上述观点可以清楚地看出,没有顶住"经济主义"的自发性的《工人事业》杂志,也没有顶住恐怖主义的自发性。在这里,把"自由社"提出来为恐怖手段辩护的那种特别的论据拿来谈谈,是很有意思的。它"完全否认"恐怖手段的恐吓作用(《革命主义的复

---

① 马尔丁诺夫"认为有另外的更现实的〈?〉二者择一的前途"(《社会民主党和工人阶级》第 19 页):"或者是社会民主党负起责任来直接领导无产阶级的经济斗争,用这种方法〈!〉把它转变成革命的阶级斗争……" 所谓"用这种方法",显然是指直接领导经济斗争。请马尔丁诺夫告诉我们,什么地方见过只是领导工会斗争就可以把工联主义的运动转变成革命的阶级运动呢? 他能否想到:要达到这种"转变",我们就应当积极着手"**直接领导**"全面的政治鼓动呢? …… "或者就是另外一个前途:社会民主党放弃对工人经济斗争的领导,因而……剪去自己的翅膀……" 照上面所引证的《工人事业》杂志的意思,是《火星报》"放弃"对经济斗争的领导。但是我们已经看到:《火星报》在领导经济斗争方面比《**工人事业**》杂志所做的多得多,而且它并不以此为限,并不为此而缩小自己的政治任务。

活》第 64 页),但是,它却推崇这种手段的"激发性作用"。这是很值得注意的,第一,因为这标志着那种使人拘守恐怖手段的一套传统思想(社会民主党以前的思想)瓦解和衰落的一个阶段。承认现在用恐怖手段不能"吓倒"因而也不能瓦解政府,其实也就是完全排斥恐怖手段这一斗争方式,这一由纲领规定的活动范围。第二,这尤其值得注意,因为这是不了解我们"培养群众革命积极性"的迫切任务的一种典型例子。"自由社"宣传恐怖手段是"激发"工人运动、给工人运动以"强有力的推动"的手段。很难想象还有更为明显的自相矛盾的论据了! 试问,难道在俄国的实际生活中这种丑恶现象还少,以致需要虚构出一些特殊的"激发性"手段来吗? 另一方面,一个人要是连俄国的专横暴虐也没有把他激发起来,也不能把他激发起来,那么他对政府同一小群恐怖派的单独决斗也只会"袖手旁观",这难道不是很明显的吗? 问题是工人群众已经因俄国实际生活中的种种丑恶现象而非常激动,但我们却不善于把人民激愤之情的一切水滴和细流汇集起来——假使可以这样讲的话——和集中起来;这些水滴和细流是被俄国的实际生活压榨出来的,其数量之大,远远超出我们的想象,而我们正应当把它们汇集成**一股**巨流。这个任务是能够实现的,工人运动的巨大发展以及上面指出的工人渴望政治书刊的情况都无可争辩地证明了这一点。而无论号召采用恐怖手段,或者号召赋予经济斗争本身以政治性质,都不过是以不同的形式来**推卸**俄国革命家所应当担负的最迫切的责任,即组织全面的政治鼓动工作。"自由社"想以恐怖手段来**代替**鼓动,并公开承认:"一旦在群众中进行强有力的鼓动工作,恐怖手段的激发性作用就完结了。"(《革命主义的复活》第68 页)这正好说明,无论恐怖派或"经济派"都对群众的革命积极性**估计不足**,而不顾春季事件①已经明显地证实了这种积极性;前者拼命去找人为的"**激发性手段**",后者则高谈所谓"**具体要求**"。可是两者都没有充分注意发挥**自己**在政治鼓动和组织政治揭露方面的**积极性**。而这种工作,无论现在或在其他任何时候,都是不能拿别的什么东西来**代替**的。

（五）工人阶级是争取民主制的先进战士

我们已经看到,进行最广泛的政治鼓动,以及组织全面的政治揭露,是真正的社会民主党的活动中绝对必要和**极其迫切**需要的任务。但我们**只是**根据工人阶级对政治知识和政治教育的最迫切需要作出这个结论的。然而只是这样提问题,就未免过于狭隘,就会忽略一切社会民主党特别是当前俄国社会民主党的一般民主主义任务。为了尽量具体地说明这个道理,我们试从"经济派"最"关切的"方面,即从实践方面来谈这个问题。"大家都同意"必须发展工人阶级的政治意识。但请问**怎样**来做到这一点呢? 为了做到这一点需要什么呢? 经济斗争只能使工人"碰到"政府同工人阶级的关系问题,因此**我们无论怎样努力**来完成"赋予经济斗争本身以政治性质"的任务,**也永远不能**在这个任务范围内发展工人的政治意识(发展到社会民主主义政治意识的程度),因为**这个范围本身就是很狭隘的**。马尔丁诺夫的公式对我们来说所以有价值,决不是因为它表明马尔丁诺夫有混淆是非的本事,而是因为它突出地表明了一切"经济派"的基本错

---

① 指 **1901** 年春季开始的大规模的街头游行示威**71**。(这是作者为 1907 年版加的注释。——编者注)

误，即认为可以**从**所谓工人经济斗争**内部**发展工人的阶级政治意识，也就是认为，仅仅（或哪怕主要是）从经济斗争出发，仅仅（或哪怕主要是）在经济斗争的基础上，就可以发展工人的阶级政治意识。这种看法是根本错误的。正因为"经济派"对我们同他们进行论战很生气，不愿仔细想一想意见分歧的由来，结果就使我们简直互不了解，各讲各的话。

阶级政治意识**只能从外面**灌输给工人，即只能从经济斗争外面，从工人同厂主的关系范围外面灌输给工人。只有从**一切**阶级和阶层同国家和政府的关系方面，只有从**一切**阶级的相互关系方面，才能汲取到这种知识。所以，对于怎么办才能向工人灌输政治知识这个问题，决不能只是作出往往可以使实际工作者，尤其是那些倾心于"经济主义"的实际工作者满意的那种回答，即所谓"到工人中去"。为了向**工人灌输政治知识**，社会民主党人应当**到居民的一切阶级中去**，应当派出自己的队伍分赴**各个方面**。

我们故意选择这样一个尖锐的说法，故意说得这样简单生硬，并不是因为我们想标新立异，而是为了要"经济派"好好"碰一碰"他们不可饶恕地忽视的任务，"碰一碰"他们不愿了解的工联主义政治和社会民主主义政治之间的区别。所以，请读者不要着急，仔细地把我们的话听完。

就拿近年来最盛行的那种社会民主党人小组为例，来考察一下它的工作吧。这种小组"同工人有联系"并对此心满意足，它只是印发传单来抨击工厂里的胡作非为现象，抨击政府对资本家的祖护行为和警察的暴行；在会议上同工人谈话往往不超出或者几乎不超出这一类题目的范围；对于革命运动史、我国政府对内对外政策问题、俄国和欧洲的经济演进问题以及现代社会中各个阶级的地位等等问题,极少作报告和举行座谈;至于有系统地取得并扩大同社会上其他阶级的联系的问题,谁也不去考虑。实际上,这种小组成员心目中的理想人物,多半像是工联书记,而不像是社会党人——政治领袖。要知道,任何一个工联书记,例如英国的工联书记,总是帮助工人进行经济斗争,组织对工厂的揭露,说明那些限制罢工自由、限制设纠察哨(为的是告诉大家该厂工人已经罢工)的自由的法律和措施是不公正的,说明那些属于资产阶级的仲裁人袒护一方,等等。总之,任何一个工联书记,都是搞并且帮助搞"同厂主和政府作经济斗争"的。因此,我们应当始终坚持说:**这还不是社会民主主义**;社会民主党人的理想不应当是工联书记,而应当是**人民的代言人**,他们要善于对所有一切专横和压迫的现象作出反应,不管这种现象发生在什么地方,涉及哪一个阶层或哪一个阶级;他们要善于把所有这些现象综合成为一幅警察暴行和资本主义剥削的图画;他们要善于利用每一件小事来**向大家**说明自己的社会主义信念和自己的民主主义要求,**向大家**解释无产阶级解放斗争的世界历史意义。例如,你们可以把罗伯特·奈特(英国最强大的工联之———锅炉工人联合会著名的书记和领袖)和威廉·李卜克内西这样两位活动家比较一下,可以试一试把马尔丁诺夫形容自己和《火星报》的意见分歧时用的那些对比的词句应用到他们身上去。你们就会看到(下面我就来摘录马尔丁诺夫的文章):罗·奈特多半是"号召群众去采取某些具体行动"(第39页),而威·李卜克内西则较多的是"用革命精神来说明整个现存制度或其局部表现"(第38—39页);罗·奈特"规定了无产阶级的当前要求而且指出了实现这些要求的手段"(第41页),而威·李卜克内西虽然也在这样做,但是并不放弃"同时领导各个反政府阶层的积极行动","向他们提出积极的行动纲领"①(第41页);罗·奈特正是努力于"尽量赋予经济斗争本身以政治性质"(第42页),而且极其善于"向政府提出能产生某些显著结果的具体要求"(第43页),而威·李卜克内西则多半致力于"片面的""揭露"(第40页);罗·奈特侧重于"平凡的日常斗争进程"(第61页),而威·李卜克内西则侧重于"宣传光辉的完备的思想"(第61页);威·李卜克内西把自己所领导的报纸办成了"革命反对派的机关报,它揭露我国的制度,主要是政治制度,因为它们是同各个不同的居民阶层的利益相抵触的"(第63页),而罗·奈特则"在同无产阶级斗争保持密切的有机联系的条件下为工人的事业努力"(第63页)——如果这里所谓保持"密切的有机联系",就是我们上面通过克里切夫斯基和马尔丁诺夫的例子研究过的那种对自发性的崇拜——并且"缩小了自己的影响的范围",他当然也和马尔丁诺夫一样,深信自己"因而就使这种影响复杂化了"(第63页)。总之,你们会看到,实际上马尔丁诺夫是把社会民主主义降低为工联主义,当然,他这样做决不是因为他不愿意社会民主党好,而只是因为他没有下功夫去理解普列汉诺夫的意见,却有些急于去深化普列汉诺夫的意见。

　　让我们言归正传吧。我们已经讲过,社会民主党人如果不只是口头上主张必须全面发展无产阶级的政治意识,那就应当"到居民的一切阶级中去"。于是就产生了这样一些问题:怎样才能做到这一点呢?我们有没有力量做到这一点呢?有没有在其他一切阶级中进行这种工作的基础呢?这是不是意味着放弃或者导致放弃阶级观点呢?现在我们来谈谈这些问题。

---

①　例如李卜克内西在普法战争时提出了**整个民主派的**行动纲领,而1848年时马克思和恩格斯在这方面做得更多。

我们应当既以理论家的身份，又以宣传员的身份，既以鼓动员的身份，又以组织者的身份"到居民的一切阶级中去"。社会民主党人的理论工作应当研究各个阶级的社会地位和政治地位的一切特点，这是谁也不怀疑的。但是这方面的工作还做得很少很少，同研究工厂生活特点的工作相比，未免太不相称了。在各个委员会和小组中你们可以看到，有一些人甚至埋头于专门了解某一炼铁生产部门的情况，但是你们几乎找不到例子，说明这些组织的成员（往往因为某种原因而不得不脱离实际工作）在专门收集我国社会生活和政治生活中的某种迫切问题的材料，而这种问题可以作为社会民主党人在其他居民阶层中进行工作的依据。当我们说到现在大多数工人运动的领导人缺乏修养时，也不能不提到这方面的修养问题，因为这也是和"同无产阶级斗争保持密切的有机联系"的"经济主义"见解有联系的。但主要的任务当然是要在一切人民阶层中进行**宣传**和**鼓动**。西欧社会民主党人容易执行这种任务，因为那里有各种群众集会，**凡是**愿意参加的人都可以参加；那里有议会，社会民主党人可以对**一切**阶级的代表讲话。我国既没有议会，又没有集会自由，但我们还是善于把那些愿意听**社会民主党人**讲话的工人召集起来开会。我们也应当善于把居民一切阶级中那些即使只愿意听**民主主义者**讲话的人召集起来开会。因为谁在实际上忘记"共产党人支持一切革命运动"①，忘记我们因此也就应当**向全体人民**说明和强调**一般民主主义任务**，同时一分钟也不隐瞒自己的社会主义信念，那他就不是社会民主党人。谁在实际上忘记社会民主党人在提出、加剧和解决**任何**一般民主主义问题方

① 参看《马克思恩格斯文集》第2卷第66页。——编者注

面有责任走在**大家前头**,那他就不是社会民主党人。

没有耐心的读者会插嘴道:"这是大家全都同意的!"而联合会最近一次代表大会所通过的给《工人事业》杂志编辑部的新指示中也直接说到,"社会生活和政治生活中或者直接涉及无产阶级这一独特阶级,或者涉及无产阶级这一**作为一切争取自由的革命势力的先锋队**的一切现象和事件,都应当利用来进行政治宣传和政治鼓动"(《两个代表大会》第17页;黑体是我们用的)。是的,这些话说得很正确而且说得很好;假使《工人事业》杂志**懂得**这些话的意思,**假使在这些话之外它不说相反的话**,那我们就会很满意了。要知道,只是自称为"先锋队",自称为先进部队是不够的,还要做得使其余**一切**部队都能看到并且不能不承认我们是走在前面。所以,我们要问问读者:难道其余各"部队"的人都是些傻瓜,竟会单凭我们说是"先锋队"就相信我们吗? 不妨具体设想一下这样一种情况。假定有一个社会民主党人忽然跑到俄国有教养的激进派或自由主义立宪派的"队伍"中去说:我们是先锋队,"现在摆在我们面前的任务是要尽量赋予经济斗争本身以政治性质"。那么一个多少有点头脑的激进派或立宪派(在俄国激进派和立宪派中间有头脑的人是很多的)听了这种话,只会微微一笑,并说(当然只是自言自语,因为他们往往是有经验的外交家):"瞧,这个'先锋队'可真傻! 他甚至不了解,赋予工人经济斗争**本身**以政治性质是我们的任务,是资产阶级民主派中的先进分子的任务。要知道,我们也像西欧一切资产者一样要使工人卷入政治,**不过只是工联主义的政治,而不是社会民主主义的政治**。工人阶级的工联主义政治也就是工人阶级的**资产阶级政治**。而这个'先锋队'对自己的任务的提法正是工联主义政治的提法! 因此,甚至就让他们随便把自己叫做社会民主党人吧。说实在的,我又不是小孩子,决不会为了招牌发急! 只要他们不受那帮可恶的正统教条主义者的诱惑,只要他们能给那些不自觉地把社会民主党拖到工联主义轨道上去的人留下'批评自由'就行了!"

我们的这位立宪派一旦知道,那些空谈社会民主党是先锋队的社会民主党人在我们的运动几乎完全由自发性所统治的今天,还最害怕"轻视自发因素",最害怕"轻视平凡的日常斗争进程而偏重宣传光辉的完备的思想"等等,他就会由微笑变为哈哈大笑了! 一个"先进"部队居然害怕自觉性超过自发性,居然害怕提出一个使思想不同的人也不得不公认的大胆"计划"! 莫非是他们把先锋队和后卫队这两个词搞混了吧?

的确,请你们考虑一下马尔丁诺夫的下面这段议论吧。他在第40页上说,《火星报》的揭露策略是片面的,"不管我们怎样散布对政府不信任和仇恨的种子,但如果不能发展足够的积极的能去推翻政府的社会力量,我们就不能达到目的"。顺便说说,这也还是我们熟悉的关心提高群众的积极性而同时却力求降低自己的积极性的老调。但是现在问题不在这里。马尔丁诺夫在这里当然是指**革命**力量("推翻"政府的力量)。但他所得出的结论又是怎样的呢? 既然在平时,各社会阶层必然是各行其是,"所以很清楚,我们社会民主党人当然不能同时领导各个反政府阶层的积极行动,不能向他们提出积极的行动纲领,不能替他们指明应当用哪种方法来经常为本身的利益而斗争…… 自由派阶层自己会设法为自己的当前利益进行积极的斗争,而这种斗争就会使他们直接接触到我国的政治制度"(第41页)。由此可见,马尔丁诺夫开始说的是革命力量,是进行积极斗争来推翻专制制度,但马上就扯到工会的力量上来,扯到为当前的利益而进行积极的斗争上来了！当然,我们不能领导学生、自由派及其他人为他们的"当前利益"而斗争,但是,最可敬的"经济派",我们说的并不是这个问题！我们说的是各社会阶层可能参加而且必须参加推翻专制制度的问题;而对**这种**"各个反政府阶层的积极行动",如果我们想做"先锋队",就不仅**能够**领导并且一定要领导。至于使我国学生、我国自由派及其他人"直接接触到我国的政治制度",那么不仅他们自己会设法做到这一点,而且警察本身和专制政府的官吏本身就会首先最努力地设法做到这一点。而"我们",如果想做先进的民主主义者,就应当设法使那些只对大学现状或者只对地方自治机关[72]现状等等表示不满的人**碰到**整个政治制度不中用的问题。**我们**应当担负起组织这种**在我们党的领导下进行**全面政治斗争的任务,使各种各样的反政府阶层都能尽力帮助并且确实尽力帮助这个斗争和这个党。**我们**应当把社会民主党的实际工作者培养成政治领袖,既善于领导这种全面斗争的一切表现形式,又善于在必要时向激动的学生、不满的地方自治人士、愤怒的教派信徒和受委屈的国民学校教师以及其他各种人"提出积极的行动纲领"。所以马尔丁诺夫所说的"对于这些人,我们**只能**起一种揭露现存制度的**消极**作用……我们**只能**打消他们对各种政府委员会的种种希望"(黑体是我们用的),**是完全不正确的**。马尔丁诺夫这样说,就证明他对革命"先锋队"的真正作用问题**一窍不通**。如果读者注意到这一点,那就会懂得马尔丁诺夫所说的下面几句结束语的**真正含义**了:"《火星报》是革命反对派的机关报,它揭露我国的制度,主要是政治制度,因为它们是同各个不同的居民阶层的利益相抵触的。而我们现在和将来都要在同无产阶级斗争保持密切的有机联系的条件下为工人的事业努力。我们缩小了自己的影响范围，因而就使这种影响复杂化了。"(第63页)这个结论的真正含义就是:《火星报》想把工人阶级的工联主义政治(我们的实际工作者由于误解和缺乏修养,或者由于信念而往往局限于这种政治)**提高**为社会民主主义政治。而《工人事业》杂志则想把社会民主主义政治**降低**为工联主义政治。并且它还硬要大家相信,这是"在共同事业中完全可以相容的两种立场"(第63页)。啊,多么纯朴天真啊!

我们再讲下去吧。我们有没有力量到居民的**一切**阶级中去进行自己的宣传和鼓动呢？当然是有的。我们的"经济派"常常想否认这一点,而忽略我们的运动从1894年(大致说来)到1901年间所获得的巨大进步。他们是十足的"尾巴主义者",往往还保持着运动开始时那个早已过去的时期的观念。当时我们的力量确实非常小,当时理所当然地决意只在工人中进行工作并严厉斥责离开这项工作的一切偏向;当时全部任务就是要使自己在工人阶级中站住脚。现在则已经有巨大的力量加入到运动中来,有教养阶级的年青一代的一切优秀分子都走到我们方面来,在外省各地都有许多参加了运动或者愿意参加运动的人,有许多倾向于社会民主党的人,不得不待在那里(在1894年,俄国的社会民主党人是屈指可数的)。我们的运动在政治上和组织上的基本缺点之一,就是我们还**不善于**运用所有这些力量,还**不善于**给所有的人以适当的工作(关于这一点,我们在下一章里还要详细谈到)。这些力量绝大多数都完全没有机会"到工人中去",所以根本就谈不到什么会使力量离开我们的基本事业的危险。但是要供给工人真正的、全面的和生动的政治知识,就需要在一切地方,在一切社会阶层中,在能够了解我国国家机构内幕的各种阵地上都有"自己的人",即社会民主党人。这样的人不仅在宣传和鼓动方面需要,在组织方面尤其需要。

有没有在居民的一切阶级中进行工作的基础呢? 谁看不见这一点,那就说明他自己的觉悟又落后于群众的自发高潮了。工人运动已经促使并且还在促使一部分人产生不满情绪,促使另一部分人指望反政府态度会得到支持,促使第三部分人认识到专制制度无法维持下去和必然崩溃。如果我们不了解我们自己的任务是要利用各种各样不满的表现,是要把所有零星的哪怕是刚露头的抗议聚集起来并且加以引导,那我们就会只是口头上的"政治家"和口头上的社会民主党人(实际上这种情况是很多很多的)。更不用说,千百万劳动农民、家庭手工业者和小手工业者等等总是渴望听到较有才干的社会民主党人的宣讲的。但是,难道可以指出,在居民的某一个阶级中,没有一些人、集团和小组,对无权地位和专横暴虐感到不满,因而容易领会代表最迫切的一般民主主义要求的社会民主党人的宣讲吗? 谁想具体了解社会民主党人在居民的**一切**阶级和阶层中进行的这种政治鼓动,我们就要向他指出,广义的**政治揭露**就是这种鼓动的主要的(当然不是唯一的)手段。

我在《从何着手?》一文(1901 年 5 月《火星报》第 4 号)中写道(关于这篇文章,我们以后还要详细谈到):"我们应当在一切稍有觉悟的人民阶层中激起进行**政治揭露**的热情。不必因为目前政治揭露的呼声还显得无力、稀少和怯懦而感到不安。其所以如此,并不是因为大家都容忍警察的专横暴虐,而是因为那些能够并且愿意进行揭露的人还没有一个说话的讲坛,还没有热心听讲并且给讲演人以鼓舞的听众;他们在人民中间还完全看不到那种值得向它控诉'至高无上的'俄国政府的力量…… 现在我们已经能够并且应当建立一个全民的揭露沙皇政府的讲坛；——社会民主党的报纸就应当是这样的讲坛。"①

　　工人阶级正是政治揭露的理想听众，因为他们首先需要而且最需要全面的和生动的政治知识，因为他们最能把这种知识变成积极的斗争，哪怕这种斗争不能产生任何"显著结果"。而能够成为**全民的**揭露的讲坛的，只有全俄报纸。"没有政治机关报，在现代欧洲就不能有配称为政治运动的运动"，而俄国在这一点上无疑也是应当归入现代欧洲的。报刊在我国早已成了一种力量，否则政府就不会拿成千上万的卢布来收买它，来津贴形形色色的卡特柯夫之流和美舍尔斯基之流了。秘密报刊冲破书报检查的重重封锁，**迫使**那些合法的和保守的机关报来公开地谈论它，这在专制的俄国已不是什么新鲜的事了。在70年代，甚至在50年代已经有过这样的事情。但是，愿意阅读秘密报刊，愿意从中学习"怎样活和怎样死"——一个工人给《火星报》(第7号)的信上的话[73]——的人民阶层，现在在广度和深度上都超过过去若干倍。正如经济揭露是向厂主宣战一样，政治揭露就是向**政府**宣战。这种揭露运动愈广泛和愈有力，**为了开战而宣战**的那个社会**阶级**的人数愈多和愈坚决，这种宣战所起的精神作用也就愈大。因此，政治揭露本身就是**瓦解**敌人制度的一种强有力的手段，就是把敌人的那些偶然的或暂时的同盟者引开的一种手段，就是在专制政权的那些固定参与者中间散布仇恨和猜忌的一种手段。

　　现在，只有把真正**全民的**揭露工作**组织起来**的党，才能成为革命力量的先锋队。"全民的"这个词含有很丰富的内容。绝大多数

---

① 参看本版全集第5卷第7—8页。——编者注

非工人阶级出身的揭露者（而为了要做先锋队，就应当吸引别的阶级），都是清醒的政治家和冷静的实干者。他们清楚地知道，甚至"控诉"小官吏都不免有危险，更不要说"控诉""至高无上的"俄国政府了。所以，只有在看到向我们控诉真能发生作用，看到我们是**一种政治力量**的时候，他们才会来**向我们**控诉。我们要想在旁人眼里表现为这样一种力量，就要不断地大力**提高**我们的自觉性、首创精神和毅力；而要做到这一点，只是给后卫队的理论和实践挂上一块"先锋队"的招牌是不够的。

狂热地崇拜"同无产阶级斗争保持密切的有机联系"的人一定会质问并且已经在质问我们：既然我们应当负责组织真正全民的揭露政府的工作，那么我们运动的阶级性质又表现在什么地方呢？这就表现在这种全民的揭露工作正是由我们社会民主党人来组织的；就表现在进行鼓动时所提出的一切问题始终都要以社会民主主义的精神来加以说明，而决不宽容任何有意或无意地歪曲马克思主义的现象；就表现在进行这种全面的政治鼓动的党把下述各种活动结合成一个不可分的整体：以全体人民的名义向政府施加压力，用革命精神教育无产阶级并保持无产阶级的政治独立性，领导工人阶级的经济斗争，利用工人阶级和剥削者之间自发产生的冲突来把无产阶级中一批又一批的阶层激发起来并吸引到我们的阵营中来！

"经济主义"的最明显的特点之一，就是不了解无产阶级最迫切的要求（从政治鼓动和政治揭露中获得全面的政治教育）同一般民主主义运动的要求是相联系的，甚至是相吻合的。而这种不了解不仅表现于"马尔丁诺夫式的"词句，并且还表现于意思与这些词句相同的那种援引所谓阶级观点的论调。例如，请看《火星报》

第12号上发表的那封"经济派的"来信①的作者们关于这一点是怎样说的吧:"《火星报》的这个主要缺点〈夸大意识形态的作用〉也就是它在社会民主党对待各社会阶级和派别的态度这个问题上前后不一致的原因。《火星报》根据理论的推理〈而不是根据"党的任务随着党的发展而增长……"〉,提出关于立即转入反对专制制度的斗争的任务,但是它大概也感觉到,在目前情况下完成这个任务对于工人来说是十分困难的〈不仅感觉到,而且很清楚地知道:工人觉得这个任务并不像那些照看小孩子的"经济派"知识分子所想象的那样困难,因为工人甚至决定为那些——用大名鼎鼎的马尔丁诺夫的语言来说——并不能产生什么"显著结果"的要求而战斗〉,而它又没有耐心等待工人继续积蓄力量来进行这一斗争,所以就开始到自由派和知识分子中间去寻找同盟者……"

是的,我们的确是已经没有任何"耐心""等待"一切"调和者"早就答应赐给我们的那个幸福时刻,那时我们的"经济派"将不再把**自己**的落后性推卸到工人身上,不再用什么工人力量不足的话来为自己缺乏毅力辩护了。我们要问问我们的"经济派":"工人积蓄力量来进行这一斗争"究竟是怎么一回事呢? 就是在政治上教育工人,向他们彻底揭露我国万恶的专制制度的**一切**方面,这不是很明显的吗? **正是为了这项工作**,我们才需要有"自由派和知识分子中间的同盟者",需要这些决心同我们一起去揭露当局在政治上对地方自治人士、教师、统计人员和学生等等进攻的同盟者,这不

①　当时限于篇幅,我们不能在《火星报》上对这封最充分地反映"经济派"观点的信作出详尽的回答。这封信的出现使我们非常高兴,因为责备《火星报》不坚持阶级观点的流言早已从各个不同的方面传到我们这儿来了,而我们只是要寻找适当时机或在这种流行的责备正式出现时给以答复。但在回答攻击的时候,我们惯用的方法不是防御,而是反击。

是很清楚的吗？难道这真是一种什么难以理解的非常"巧妙的把戏"吗？难道帕·波·阿克雪里罗得不是从1897年起就已经向你们反复说明，"俄国社会民主党人在非无产阶级中争取拥护者以及直接或间接的同盟者这个任务，首先而且主要取决于在无产阶级队伍本身中的宣传工作的性质"①吗？而马尔丁诺夫之流及其他"经济派"仍然认为，**起初**工人应当用"同厂主和政府作经济斗争"的方法积蓄力量（来实行工联主义的政治），**然后才**"过渡到"——大概是从工联主义的"培养积极性""过渡到"社会民主主义的积极性！

　　"经济派"继续说道："……《火星报》在寻找同盟者的时候，它常常离开阶级观点，掩饰阶级矛盾，把对政府不满这一共同点放在第一位，尽管各种'同盟者'产生这种不满的原因和不满的程度是很不相同的。如《火星报》对地方自治机关的态度就是这样……"《火星报》似乎"答应给不满足于政府的小恩小惠的贵族以工人阶级的援助，而只字不提这些居民阶层之间的阶级纷争"。读者只要看一看《火星报》第2号和第4号上标题为《专制制度和地方自治机关》的两篇文章[74]（该信作者们所指的**想必**就是这两篇文章），就可以看到这些文章②所谈的，是**政府**对"等级官僚制地方自治机关的温和鼓动"，对"即使是有产阶级的主动性"所持的态度。文章中说，工人对政府反对地方自治机关的斗争决不能漠不关心，同时号召地方自治人士在革命的社会民主党挺身而出反对政府的时候，

---

①　帕·波·阿克雪里罗得《论俄国社会民主党人的当前任务和策略问题》1898年日内瓦俄文版第16—17页。——编者注

②　**在这两篇文章之间**（在《火星报》第3号上）还登了一篇专论我国农村中的阶级对抗的文章。（见本版全集第4卷第379—386页。——编者注

抛弃温和的言词而发表强硬和激烈的言论。该信作者们所不同意的究竟是什么呢？——不得而知。他们是不是以为工人"理解不了""有产阶级"和"等级官僚制地方自治机关"这些字眼呢？是不是以为**推动**地方自治人士抛弃温和的言词而发表激烈的言论，就是"夸大意识形态的作用"呢？他们是不是认为工人**即使**不知道专制政府对地方自治机关所持的态度，也能"积蓄力量"去同专制政府作斗争呢？所有这些还是不得而知。清楚的只有一点，就是该信的作者们对社会民主党的政治任务的认识是很模糊的。这一点从下面他们所说的话中可以更清楚地看出来："《火星报》对学生运动的态度也是这样"（就是说，也是"掩饰阶级对抗"）。我们大概不应当号召工人用公开的游行示威来表明，暴虐、专横、胡作非为的真正策源地不是学生而是俄国政府（《火星报》第 2 号[①]），反倒应当刊载《工人思想报》式的议论！这种意见竟然是社会民主党人在1901 年秋天，在二三月事件之后，在新的学潮的前夜发表的，而新的学潮表明，在这方面发生的反抗专制制度的"自发性"也超过了社会民主党对运动的自觉领导。工人为那些惨遭警察和哥萨克毒打的学生鸣不平的自发趋势，超过了社会民主党组织的自觉活动！

　　该信的作者们继续说道："然而在其他一些文章中，《火星报》却又尖锐地斥责一切妥协，比如说，替盖得派的偏激行为辩护。"有人在评论现代社会民主党人中的意见分歧时总是极端自信而轻率地说什么这些意见分歧并不重要，并不能成为分裂的理由，我们劝这些人仔细想想以上这些话的意思吧。有一种人说我们在说明专制制度同各个不同的阶级相敌对方面，在使工人认识各个不同的

---

　　① 见本版全集第 4 卷第 346—351 页。——编者注

阶层对专制制度所持的反对态度方面,工作还做得非常少,而另外有一种人却认为做这个工作就是"妥协",显然是向"同厂主和政府作经济斗争"这种理论妥协,——试问这两种人能否在同一个组织内顺利地进行工作呢?

我们在谈到农民解放四十周年时说过必须到农村去开展阶级斗争(第 3 号①),而在谈到维特秘密记事的时候说过自治制度和专制制度根本不能相容(第 4 号);我们在谈到新法令的时候抨击了土地占有者以及替土地占有者服务的政府所实行的农奴制(第 8 号②),而对不合法的地方自治人士代表大会表示欢迎,鼓励地方自治人士抛弃卑躬屈膝的请愿运动而去进行斗争(第 8 号③);我们鼓励了那些已经开始了解必须进行政治斗争并且已经转而进行政治斗争的学生(第 3 号),同时又斥责了那些主张"纯粹学生"运动而劝学生不要参加街头游行示威的人所表现的"惊人的无知"(第 3 号,评 2 月 25 日莫斯科大学生执行委员会宣言);我们揭露了《俄国报》[75]中那些狡猾的自由派的"毫无意义的幻想"和"伪善的态度"(第 5 号),同时又指出了政府刑讯室"对安分守己的作家、对老教授和学者以及对著名的自由派地方自治人士横加摧残"的暴行(第 5 号,《警察对著作界的袭击》一文)[76];我们揭穿了"国家对改善工人生活的关心"这一纲领的真正用意,而对所谓"与其等待从下面提出改革要求,不如先从上面实行改革来防止这种要求"的"宝贵的招供"表示欢迎(第 6 号④);我们鼓励了表示反抗的统

---

　　① 见本版全集第 4 卷第 379—386 页。——编者注
　　② 见本版全集第 5 卷第 77—81 页。——编者注
　　③ 同上书,第 82—83 页。——编者注
　　④ 同上书,第 70 页。——编者注

计人员(第 7 号)而斥责了甘当工贼的统计人员(第 9 号)[77]。谁把这个策略看做是抹杀无产阶级的阶级意识,看做是**同自由主义妥协**,那也就暴露出他自己完全不懂《信条》这个纲领的真正意义,并且实际上**实行的正是这个纲领**,而不管他怎样表示拒绝这个纲领!因为他**这样**就是把社会民主党拉来"同厂主和政府作经济斗争",**屈从于自由主义**,而放弃积极干预**每个**"自由主义"问题和确定社会民主党**自己**对这个问题的态度的任务。

(六) 又是"诽谤者",又是"捏造者"

读者记得,这两个动听的字眼是《工人事业》杂志在我们责备它"为使工人运动变为资产阶级民主派的工具间接准备基础"时用来回敬我们的。《工人事业》杂志由于头脑简单,竟认为这种责备不过是论战手法,说什么这些凶恶的教条主义者决意用各种各样最难听的话来骂他们。的确,还有什么比做资产阶级民主派的工具更难听的呢?于是他们就用黑体字来刊登"反驳",说这是"露骨的诽谤"(《两个代表大会》第 30 页)、"捏造"(第 31 页)、"故弄玄虚"(第 33 页)。《工人事业》杂志倒像丘必特[78]一样(虽然它还不大像丘必特),它所以发怒,正是因为它自己错了;它气急败坏地谩骂,恰巧证明它自己没有仔细思考对方思维过程的能力。其实,只要稍微思考一下,就可以了解,为什么**任何**崇拜群众运动的自发性的行为,**任何**把社会民主主义政治降低为工联主义政治的行为,都是为使工人运动变为资产阶级民主派的工具准备基础。自发的工人运动本身只能造成(而且必然造成)工联主义,而工人阶级的工联主义政治也就是工人阶级的资产阶级政治。工人阶级参加政治斗争，甚至参加政治革命，还丝毫不能使它的政治成为社会民主主义政治。《工人事业》杂志是否打算否认这一点呢？它是否打算最终在大家面前公开地直截了当地说出自己对国际社会民主党和俄国社会民主党的迫切问题的见解呢？不，它从来没有这样打算过，因为它坚决采取一种可以说是"一味抵赖"的手法。我不是我，马不是我的，我不是马车夫。我们不是"经济派"，《工人思想报》不是"经济主义"，俄国根本就没有什么"经济主义"。这是一种十分巧妙和"机灵的"手法，不过这样做也有一点令人不快的地方，就是凡采取这种手法的机关报，人们通常都给它一个"有何吩咐？"[79]的雅号。

在《工人事业》杂志看来，资产阶级民主派在俄国根本就是一种"幻影"（《两个代表大会》第 32 页）①。这些人真是有福气！他们好像鸵鸟一样，把脑袋藏在翅膀底下，就以为周围的一切都消失了。有许多自由派政论家，他们每月都要向大家唱一次凯歌，说马克思主义垮台了，甚至消灭了；有许多自由派报纸（如《圣彼得堡新闻》[80]、《俄罗斯新闻》[81]及其他许多报纸），它们鼓励自由派把布伦坦诺式的阶级斗争观[82]和工联主义的政治观传授给工人；有一大批批评马克思主义的批评家，他们的真实倾向已经由《信条》非常明显地表现出来，只有他们写出来的货色才能在全俄到处畅销，通行无阻；非社会民主党的革命派别已经活跃起来，在二三月事件之后尤其如此，——所有这些大概都是一种幻影吧！所有这些都同

---

① 这里他们又是以"俄国的具体条件必然推动工人运动走上革命道路"作为论据。他们不愿意了解：工人运动的革命道路也还可能是非社会民主主义的道路！整个西欧资产阶级在专制制度下都"推动过"，都自觉地推动过工人走上革命道路。但我们社会民主党人却不能以此为满足。而且，我们不管是用什么方式把社会主义的政治降为自发的工联主义的政治，我们也就正是帮助了资产阶级民主派。

资产阶级民主派毫不相干吧！

《工人事业》杂志以及发表于《火星报》第12号上的那封"经济派"来信的作者们应当"好好想一想，为什么这次春季事件没有使社会民主党的威信和声望提高，反而使非社会民主党的革命派别这样活跃起来了呢？"——这是因为我们没有完成自己的使命，工人群众的积极性超过了我们的积极性，我们缺乏有足够修养的革命领导者和组织者，即熟悉各个反政府阶层的情绪，善于领导运动，善于变自发游行示威为政治游行示威，善于加强游行示威的政治性等等的领导者和组织者。在这种情况下，我们的落后性也就必然会被那些比较活跃和比较积极的非社会民主党人的革命者所利用，而工人无论怎样奋不顾身积极地同军警搏斗，无论采取怎样革命的行动，他们终究只会成为支持这些革命者的力量，成为资产阶级民主派的后卫队，而不会成为社会民主主义的先锋队。就拿我们的"经济派"只想仿效其弱点的德国社会民主党来说吧。在德国，**没有一次**政治事件不是使社会民主党的威信和声望愈来愈高的，这是为什么呢？这是因为社会民主党总是走在大家的前面，用最革命的态度来估计这种事件，支持一切对专横暴虐的抗议。它不用所谓经济斗争一定会使工人碰到他们无权的问题，具体条件必然推动工人运动走上革命道路等等的议论来安慰自己。它干预社会生活和政治生活的一切领域和一切问题，例如关于威廉不批准资产阶级进步党人当市长的问题（我们的"经济派"还没有来得及开导德国人，说这其实就是同自由主义妥协！），关于颁布法令禁止"淫秽"书籍和画册的问题，关于政府对教授人选施加影响的问题以及其他等等问题。他们处处都走在大家的前面，在一切阶级中间激发政治上的不满，唤醒沉睡者，鼓励落后者，提供各方面的材料来提高无产阶级的政治意识和政治积极性。结果,甚至那些社会主义的死敌也不得不对这个先进的政治战士深表敬意;因而,不仅是资产阶级方面的重要文件,甚至官僚和宫廷方面的重要文件,不知怎么也往往会奇迹般地落到《前进报》编辑部的手里。

这就是对于那种似是而非的"矛盾"的解答,这种"矛盾"大大越过了《工人事业》杂志的理解力,以至它只好高举双手喊道:"故弄玄虚"! 的确,你们想想看,我们《工人事业》杂志**最重视的是群众性的**工人运动(并且这些我们都是用黑体字刊印的!),我们警告大家不要轻视自发因素的意义,我们想赋予经济斗争本身,**本身**,**本身**以政治性质,我们想同无产阶级斗争保持密切的有机联系!可是有人说我们是在为使工人运动变为资产阶级民主派的工具准备基础。究竟是谁在这样说呢? 原来就是那些同自由主义"妥协",干预每一个"自由主义的"问题(这是多么不了解"同无产阶级的斗争的有机联系"啊!),对于大学生,甚至(这还了得!)对于地方自治人士也十分注意的人! 原来就是那些总想要多花些力量(同"经济派"相比)到各个非无产阶级的阶级中去进行工作的人! 这不是"故弄玄虚"是什么??

可怜的《工人事业》杂志! 它能有一天搞明白这个巧妙的把戏吗?

四

经济派的手工业方式和革命家的组织

我们上面已把《工人事业》杂志说经济斗争是政治鼓动的最普遍适用的手段,说我们目前的任务是赋予经济斗争本身以政治性质等等论调,都一一分析过了。这些论调表明,它们不仅对我们的政治任务,而且对我们的**组织**任务都持有狭隘的见解。为了"同厂主和政府作经济斗争",完全不需要有(因而在这种斗争的基础上也不可能产生)一个全俄的集中的组织,即一个能把政治上的反政府态度、抗议和义愤的各种各样的表现都汇合成一个总攻击的组织,一个由职业革命家组成而由全体人民的真正的政治领袖们领导的组织。这是不言而喻的。任何一个机构的组织,其性质自然而且必然取决于这一机构的活动内容。因此,《工人事业》杂志的上述论调,不仅把政治活动的狭隘性,而且也把组织工作的狭隘性神圣化和合法化了。在这个问题上,《工人事业》杂志一如既往,是一个自觉性屈服于自发性的刊物。而崇拜自发形成的组织形式,不了解我们的组织工作多么狭隘和原始,不了解我们在这一重要方面还是怎样的一些"手工业者",在我看来,这就是我们运动的真正病症。当然,这不是衰落中的病症,而是成长中的病症。但正是在目前,在自发义愤的浪潮简直要把我们这些运动的领导者和组织者淹没时,特别需要同一切维护落后性的主张,同一切想把这方面的狭隘性合法化的企图进行最不调和的斗争,特别需要促使每一个参加实际工作或仅仅准备进行这种工作的人都对现在我们中间盛行的**手工业方式**感到不满,并且下最大的决心抛弃它。

(一) 什么是手工业方式?

为了回答这个问题,我们可以拿1894—1901年间的一个典型的社会民主党人小组的活动片断来作例子。我们已经讲过,当时的青年学生普遍倾心于马克思主义。自然,他们这样倾心并不仅仅是把马克思主义当做一种理论,甚至与其说是把马克思主义当做理论,不如说是把它当做对于"怎么办?"这一问题的回答,当做向敌人进攻的号召。于是,这些新战士就在装备和训练极差的情况下进军了。在很多场合,他们几乎没有任何装备,没有丝毫训练。他们像种地的庄稼汉那样,只操起一根木棒就去作战。这个学生小组同运动中的老的活动家们毫无联系,同其他地方的甚至本城其他地区(或其他学校)的小组也毫无联系,丝毫没有把革命工作的各个部分组织起来,根本没有一个较为长期而有步骤的活动计划,就去同工人建立联系,着手工作起来。这个小组逐步地开展了愈来愈广泛的宣传和鼓动,以自己的行动博得了相当广泛的工人阶层的同情,博得了有教养社会的一部分人的同情,他们捐出一些金钱,并且把一批又一批的青年交给"委员会"支配。委员会(或斗争协会)的感召力增长了,它的活动范围扩大了,但它扩大这种活动完全是自发的:那些一年或几个月以前在学生小组中讲过话和解决过"往何处去?"的问题的人,那些同工人建立并保持联系和印发过传单的人,现在已在同其他革命家团体建立联系,设法取得书刊,着手出版地方报纸,开始讲到举行游行示威,最后转向公开的军事行动(而且第一张鼓动传单、第一号报纸或者第一次游行示威,在不同情况下,都可以成为这种公开的军事行动)。通常是这种行动一开始,立刻就会遭到彻底的失败。其所以会立刻遭到彻底的失败,是因为这些军事行动并不是有步骤的、事先考虑好的和逐步准备的一种长期的坚决斗争的计划的结果,而只是按老一套进行的那种小组工作的自发进展;是因为警察局自然差不多总是知道所有那些领导本地运动的、在学生时代已"初露头角的"主要人物,它只是等待对它最合适的时机来围捕他们,而故意让小组充分发展和扩大，以便获得明显的犯罪构成，并且总是故意把自己所知道的几个人留下来"繁殖"（据我所知，我们的人和宪兵都使用这个术语）。我们不能不把这种战争比做一群农民操起木棒去进攻现代的军队。而令人惊奇的是，运动富有生命力，尽管作战的人这样毫无训练，但运动还是扩大起来，发展起来，并且往往获得胜利。固然，从历史的观点看来，装备的简陋在开始的时候不仅是不可避免的，**甚至是理所当然的**，因为这是广泛地吸收战士的条件之一。但是，重大的军事行动一旦开始（这种行动实际上从1896年夏季罢工时起就开始了），我们军事组织方面的缺点就愈来愈明显地暴露出来了。政府虽然在一开始表现过慌张，犯了一系列错误（例如向社会诉说社会党人如何行凶作恶，或者把工人从两个首都流放到外省工业中心去），但它很快就适应了新的斗争条件，把自己那些装备精良的奸细、暗探和宪兵队伍布置到适当的地方去。于是大暴行连连发生，牵连的人数众多，地方小组往往被一网打尽，使工人群众简直失去了所有的领导者，使运动带有非常的突变性质，使工作上的任何继承性和连贯性都无法建立起来。地方活动家们异常分散，小组的成员变换无常，人们在理论、政治和组织问题上缺乏修养和眼界狭小，这些都是上述情况的必然结果。在有些地方，由于我们缺乏镇静态度和不能保守秘密，竟使工人根本不相信知识分子而躲开他们：工人说，知识分子太粗心大意，常常遭到破坏！

至于一切有头脑的社会民主党人终于开始感到了这种手工业方式是一种病症，——这是每一个稍微了解一点运动情况的人都知道的。为了使不了解运动情况的读者不致以为运动的特殊阶段或特殊病症是我们故意"虚构"出来的，我们打算引证一下上面已经提到过的那位见证人所说的话。不过请不要因引文太长而埋怨我们。

　　波一夫在《工人事业》杂志第 6 期上写道:"如果说,逐渐向更广泛的实际行动的过渡,即直接由俄国工人运动现在所处的总的过渡时期所决定的过渡是一个特点……那么在俄国工人革命这一总的机器中还有另一个同样值得注意的特点。我们所说的就是不仅在彼得堡,而且在全俄各地都感觉到**普遍缺少能够进行活动的革命力量**①。由于工人运动普遍活跃,由于工人群众普遍进步,由于罢工事件日益频繁,由于工人的斗争日益采取公开的群众性的形式而使政府加紧采取迫害、逮捕、流放和驱逐的手段,于是**这种缺少优秀的革命力量的情形就愈来愈明显**,而且无疑也**不能不影响到运动的深度和一般性质**。许多罢工都没有受到革命组织有力而直接的影响……　鼓动传单和秘密书刊都感不足……工人小组没有鼓动员……　与此同时,经费也常感短缺。总而言之,**工人运动的增长超过了革命组织的增长和发展**。现有的革命家人数太少,不能对所有骚动的工人群众都施加影响,不能使所有的骚动多少带一点严密性和组织性……　单个的小组、单个的革命家没有集合起来,没有统一起来,没有组成一个统一的、强有力的、有纪律的、各部分都有计划地发展的组织……"　接着作者说明,旧的小组一遭到破坏马上有新的小组产生出来的事实"只是证明运动富有生命力……而并不是说明已经有足够的完全合格的革命活动家",然后作者得出结论说:"彼得堡的革命家缺乏实际修养,也反映在他们的工作结果方面。最近的审判案,特别是'自我解放社'和'劳工反资本斗争社'83审判案清楚地表明:青年鼓动员不大熟悉本工厂的劳动条件以及进行鼓动的条件,不知道秘密工作的原则,而只是领会了〈领会了吗?〉社会民主党的一般观点,所以只能做四五个月或者五六个月的工作,接着就被捕,而他的被捕往往使整个组织或至少是一部分组织遭到破坏。既然一个团体只能存在几个月,试问它的活动能有成就和效果吗? 显然,现有各组织的缺点不能完全归咎于过渡时期……显然,现有组织的成员的数量,主要是质量在这方面起着不小的作用,所以我们社会民主党人的首要任务……就是要**在严格挑选成员的条件下把各个组织切实地统一起来**。"

(二) 手工业方式和经济主义

　　现在,我们应当来谈谈每个读者大概都自然会产生的一个问

---

① 　所有的黑体都是我们用的。

题。可不可以说,作为**整个**运动所固有的成长中的病症的这个手工业方式,同俄国社会民主党内派别**之一**的"经济主义"是有联系的呢?我们认为是可以这样说的。缺乏实际修养,不善于做组织工作,这确实是**我们大家**的通病,甚至从一开始就坚持革命的马克思主义观点的人也不例外。当然,谁也不能因为实际工作者缺乏修养这一点而责备他们。但是,"手工业方式"这个概念,除了表示缺乏修养之外,还有别的含义,即整个革命工作规模狭小,不懂得在这种狭小的工作基础上是不能形成良好的革命家组织的,最后,也是最重要的一点,就是企图为这种狭隘性辩护,把它上升为一种特殊的"理论",也就是说在这一方面也崇拜自发性。这种企图一露头,无疑就说明手工业方式是同"经济主义"有联系的,就说明我们如果不摆脱一般"经济主义"观点(即对于马克思主义理论、对于社会民主党的作用及其政治任务的狭隘见解),就不能摆脱我们组织工作的狭隘性。这种企图表现在两方面。有些人说,工人群众自己还没有提出革命家"强加于"他们的那些广泛的战斗的政治任务,工人群众还是应当为**当前的**政治要求而斗争,"同厂主和政府作经济斗争"①(而同群众运动"能够胜任的"这种斗争相适应的,当然就是连最缺乏修养的青年也"能够胜任的"组织)。另一些人则根本不赞成什么"渐进主义",他们说,可以并且应当"实现政治革命",但为此完全不必建立什么用坚定而顽强的斗争来教育无产阶级的坚强的革命家组织,只要我们大家操起我们"能够胜任的"和已经用惯的木棒来干就行了。直截了当地说,就是只要我们举行总罢工②,或者

---

① 《工人思想报》和《工人事业》杂志,特别是给普列汉诺夫的《回答》。

② 小册子《谁来实现政治革命?》,载于俄国出版的《无产阶级斗争》文集**84**。这本小册子基辅委员会也翻印过。

只要用"激发性的恐怖手段"来刺激一下"萎靡不振的"工人运动就行了①。这两派人,即机会主义者和"革命主义者",都屈服于盛行的手工业方式,不相信有摆脱它的可能,不了解我们首要的最迫切的实际任务是要建立一个能使政治斗争具有力量、具有稳定性和继承性的**革命家组织**。

我们刚才摘引了波—夫的话:"工人运动的增长超过了革命组织的增长和发展"。这种"实地观察者的有价值的报道"(《工人事业》杂志编辑部对波—夫那篇文章的评语),对于我们有双重的价值。它表明,我们认为俄国社会民主党内目前危机的基本原因是**领导者**("思想家"、革命家、社会民主党人)**落后于群众的自发高潮**的这个看法是正确的。它表明,"经济派"来信(《火星报》第12号)的作者们以及波·克里切夫斯基和马尔丁诺夫所谓轻视自发因素和平凡的日常斗争的意义的危险,所谓策略—过程等等的各种论调,正好就是对手工业方式的歌颂和维护。这些人一提到"理论家"这个词就做出一副极端鄙视的怪样子,而把自己对缺乏实际经验和不开展状态的崇拜称为"对实际生活的敏感",其实他们不过是暴露自己不了解我们最迫切的**实际**任务而已。他们向那些落伍的人喊道:齐步前进! 不要抢先! 他们向那些在组织工作中缺乏毅力和首创精神,缺乏广泛而大胆地开展工作的"计划"的人高喊"策略—过程"! 我们的主要过失就是**降低**我们的政治任务和**组织**任务去适应当前"显著的""具体的"日常经济斗争的利益,而人们却继续向我们高唱什么要赋予经济斗争本身以政治性质! 再说一遍:这种"对实际生活的敏感",真同民间故事里的那个人物的"敏

---

① 《革命主义的复活》一书和《自由》杂志。

感"一样,在看到人家送葬时高喊"但愿你们拉也拉不完!"

请你们回忆一下这些才子用无与伦比的、真正是"纳尔苏修斯[85]式的"高傲态度来教训普列汉诺夫时所说的一段话吧:"切实的、**实际的政治任务**,即争取实现政治要求的适当而有成效的**实际斗争**,根本是〈原文如此!〉工人**小组**所不能胜任的。"(《〈工人事业〉杂志编辑部的回答》第24页)但是,先生们,有各种各样的小组!在手工业者还没有认识到自己的手工业方式,还没有摆脱这种方式以前,这些"手工业者"小组对于政治任务自然是不能胜任的。如果这些手工业者甚至还迷恋于自己的手工业方式,如果他们一写到"实际"一词的时候就一定要加上着重标记,以为求实精神要求他们把自己的任务降低到群众中最落后的阶层所了解的水平,那么这些手工业者当然是不可救药的,他们的确是**根本不能胜任政治任务的**。但像阿列克谢耶夫和梅什金、哈尔图林和热里雅鲍夫这样一些卓越的活动家的小组,却是能够胜任最切实最实际的政治任务的。他们所以能够胜任,正是并且只是因为他们的热烈的宣传能够获得自发觉醒起来的群众的响应,因为他们的沸腾的毅力能够得到革命阶级的毅力的响应和支持。普列汉诺夫做得万分正确,他不仅指出了这个革命阶级,不仅证明了它的自发觉醒的不可避免性和必然性,并且向"工人小组"提出了崇高伟大的政治任务。而你们却想借口从那时起发生的群众运动来**降低**这个任务,来**缩小**"工人小组"的毅力和活动范围。这不是手工业者迷恋于自己的手工业方式又是什么呢?你们爱以求实精神自夸,却没有看见俄国每个实际工作者都知道的事实,即在革命事业中不仅小组的毅力,甚至个人的毅力也能创造出多么大的奇迹。也许你们以为在我们的运动中不会有70年代那样的卓越的活动家吧?

为什么会这样呢?因为我们缺乏修养吗?但我们正在提高修养,还要继续提高修养,而且一定会具备很好的修养的!固然,不幸的是在"同厂主和政府作经济斗争"的死水上面泛起了一层泡沫,出现了一些对自发性顶礼膜拜、肃然起敬地注视着(照普列汉诺夫的说法)俄国无产阶级的"后背"[86]的人。但我们一定能除去这层泡沫。正是现在,遵循真正革命的理论的俄国革命家,他们依靠真正革命的和自发觉醒起来的阶级,终于(终于!)能够直起腰来,尽量施展自己全部的勇士般的力量。为此,只需要使一切想降低我们的政治任务和缩小我们的组织工作规模的企图,在人数众多的实际工作者中间,在人数更多的、还在学生时代就梦想做实际工作的人中间,都受到嘲笑和鄙视。先生们,放心吧,我们一定能做到这一点!

我在《从何着手?》一文中写过这样一段驳斥《工人事业》杂志的话:"在24小时内可以改变某个专门问题上的鼓动策略,可以改变党组织某一局部工作的策略,可是,要改变自己对于是否在任何时候和任何条件下都需要战斗组织和群众中的政治鼓动这个问题的看法,那不要说在24小时内,即使在24个月内加以改变,也只有那些毫无原则的人才办得到。"[①]《工人事业》杂志回答道:"《火星报》所提出的这个唯一仿佛是属实的罪状是毫无根据的。《工人事业》杂志的读者清楚地知道,我们从一开始,在《火星报》出版以前,就不仅号召进行政治鼓动"……(同时又认为不仅工人小组不能,"而且群众性的工人运动也不能把推翻专制制度当做首要的政治任务",而只能把争取当前政治要求的斗争当做首要的政治任务,认为

---

① 见本版全集第5卷第2页。——编者注

"经过一次罢工,或者最多经过几次罢工以后,当前的政治要求就会成为群众所能理解的要求了")……"并且还从国外运来了自己的出版物,供当时在俄国活动的同志们作**唯一**的社会民主主义的政治鼓动材料之用"……(顺便指出,你们在这唯一的材料中,不仅最普遍地运用了仅仅在经济斗争基础上进行的政治鼓动,并且竟把这种被缩小了的鼓动看做是"最普遍适用的"手段。先生们,难道你们还不明白,你们这种论据恰巧证明,在只有这种**唯一**的材料的情况下,就需要有《火星报》出版并且需要有《火星报》来同《工人事业》杂志进行斗争吗?)……　"另一方面,我们的出版工作在事实上准备了党在策略方面的一致"……(是说一致认定策略是党的任务随着党的发展而增长的过程吗? 多么宝贵的一致啊!)……"因而也就准备了建立'战斗组织'的可能;为了建立这样一个组织,联合会做了国外组织一般力所能及的一切"。(《工人事业》杂志第10期第15页)这种逃避问题的说法是徒劳无益的! 你们确实做过你们力所能及的一切,我根本也没有想要否认这一点。可是我曾断言并且现在还要断言,你们"力所能及的"**范围**由于你们目光短浅而被缩小了。至于谈论什么建立"战斗组织"来为"当前的政治要求"而斗争或者来"同厂主和政府作经济斗争",那就是可笑的了。

　　但是,假使读者要想看到"经济派"如何迷恋于手工业方式的绝妙例子,那自然应当撇开折中主义的不稳定的《工人事业》杂志,而去看看彻底的坚决的《工人思想报》。尔·姆·在《增刊》第13页上写道:"关于所谓革命知识分子问题,我们现在要讲几句话。固然,革命知识分子已经屡次实际表明自己有'同沙皇制度进行决战'的充分决心。不幸的是,我们遭受政治警察残酷迫害的革命知识分子,把反对这种政治警察的斗争当成了反对专制制度的政治斗争。所以,他们至今还弄不清楚'从什么地方获得力量来同专制制度作斗争?'这样一个问题。"

　　自发运动的崇拜者(贬义的崇拜者)的这种极为轻视同警察作斗争的态度不是妙极了吗? 他甘愿为我们不善于做秘密工作**辩护**,硬说在自发的群众运动的条件下,同政治警察作斗争实际上对我们来说是不重要的!! 赞成这种奇怪结论的人,一定是很少很少的,因为大家都已痛切地感觉到我们革命组织的缺点了。但是,如果有人,例如马尔丁诺夫,对这种结论也不表赞同,那只是因为他不善于或没有勇气来彻底地考虑自己的论点而已。的确,为了执行由群众提出的能产生显著结果的具体要求这样一个"任务",难道需要特别关心建立什么牢固的、集中的、战斗的革命家组织吗? 难道那些<u>丝毫不"同政治警察作斗争"</u>的群众不是也在执行这样的"任务"吗? 况且,如果除了少数领导者之外,没有那些丝毫**不能**"同政治警察作斗争"的工人(绝大多数的工人)参加,这样的任务难道是能够实现的吗? 这样的工人,这些普通的群众,在罢工中,在街头上同军警的斗争中能够表现出巨大的毅力和自我牺牲精神,能够(并且也只有他们才能够)**决定**我们整个运动的结局,可是,为了同**政治**警察作斗争,就需要有特别的品质,需要有**职业革命家**。所以我们不仅要设法使群众"提出"具体的要求,而且要设法使工人群众愈来愈多地"提出"这样的职业革命家。于是我们就接触到了职业革命家的组织同纯粹工人运动的相互关系问题。这个问题虽然在书刊上反映很少,但在我们"政治家"同那些或多或少地倾向于"经济主义"的同志们谈话和争论时却谈得很多。这个问题值得专门谈一下。不过,我们首先还要引一段话来结束我们关于手工业方式同"经济主义"有联系这个见解的说明。

N.N.先生在自己的《答复》中写道:"'劳动解放社'要求同政府进行直接的斗争,却没有考虑一下这种斗争所需要的物质力量何在,没有指出**斗争的道路何在**。"这最后几个字作者加上了着重标记,并且对"道路"一词加了这样的注释:"这种情况决不能用保守秘密来解释,因为纲领中说的不是密谋而是**群众运动**。而群众是不能走秘密道路的。难道能有秘密的罢工吗? 难道能有秘密的示威和请愿吗?"(《指南》第59页)作者把斗争的"物质力量"(举行罢工和示威的人)和斗争的"道路"都讲到了,但他还是茫然不知所措,因为他"崇拜"群众运动,即认为群众运动是使我们**不必**表现革命积极性的东西,而不是应当鼓励和**促进**我们的革命积极性的东西。罢工对于那些参加罢工以及同罢工有密切关系的人不可能是秘密的。但罢工对于俄国工人群众,却可能还是(而且多半还是)"秘密的",因为政府总是设法切断外界同罢工者的任何联系,总是设法使一切罢工消息都传不出去。于是就需要专门"同政治警察作斗争",这种斗争是永远不能由参加罢工的那样广大的群众来积极进行的。这种斗争应当由那些以革命活动为职业的人"完全按照艺术的规律"来组织。组织这种斗争的工作并不因为群众自发卷入运动而变得**不太需要**。恰巧相反,正因为如此它就变得**更加需要**,因为我们社会党人如果不能够防止警察把一切罢工和一切示威变成秘密的(而有时我们自己也没有秘密地准备),那我们就不能完成自己对群众所负的直接责任。我们所以**一定能够**做到这一点,正是因为自发觉醒起来的群众**也会从自己的队伍中选拔出**愈来愈多的"职业革命家"(只要我们不想方设法使工人始终在原地踏步不前)。

（三）工人的组织和革命家的组织

假使一个社会民主党人把政治斗争的概念和"同厂主和政府作经济斗争"的概念等同起来，那他自然也就会把"革命家的组织"这个概念或多或少地和"工人的组织"这个概念等同起来。事实上也真是这样，所以在我们谈论组织时，简直就是各讲各的话。例如，我现在还记得我同从前不认识的一位颇为彻底的"经济派"谈话的情形[87]。当时我们是在谈《谁来实现政治革命?》这本小册子，我们两人很快地就一致认为这本小册子的基本缺点是忽视了组织问题。我们满以为我们彼此是意见相同的，但是……当继续谈下去的时候才发现，原来我们两个人说的不是一回事。我的对话人责备该书作者忽视了罢工储金会和互助会等等，而我指的却是为"实现"政治革命所必需的革命家组织。在这种意见分歧一暴露之后，往下我就不记得我和这个"经济派"在任何原则问题上有过什么共同的意见了!

我们的意见分歧的根源究竟在哪里呢? 就在于"经济派"在组织任务方面也像在政治任务方面一样，总是从社会民主主义滑到工联主义上去。社会民主党的政治斗争要比工人同厂主和政府作经济斗争广泛得多，复杂得多。同样（而且因此），革命的社会民主党的组织也一定要同进行这种斗争的工人组织**不一样**。第一，工人组织应当是职业的组织；第二，它应当是尽量广泛的组织；第三，它应当是尽量少带秘密性的组织（自然，我在这里以及下文中都只是指专制的俄国而言）。相反，革命家的组织应当包括的首先是并且主要是以革命活动为职业的人（因此，我说是**革命家**组织，我指的是社会民主党人革命家）。既然这种组织的成员都有这种共同的特征，那么，**工人同知识分子之间的任何区别也就应当完全消除**，更不用说他们各种不同的职业之间的区别了。这种组织必须是不很广泛的和尽可能秘密的组织。现在我们就来谈谈这三种区别吧。

　　在有政治自由的国家里，职业组织和政治组织之间的区别也像工联和社会民主党之间的区别一样，是十分明显的。当然，后者同前者的关系，在不同的国家里不免要因历史、法律以及其他种种条件不同而有所不同，这种关系的密切程度和复杂程度等等可能是各不相同的（在我们看来，这种关系应当尽量密切些，尽量简单些），但在自由国家里，工会组织和社会民主党组织是根本不会混同的。在俄国，乍看起来，专制制度的压迫似乎是把社会民主党组织和工会之间的任何区别都消除了，因为**任何**工会和**任何**小组都被禁止，因为罢工这一工人经济斗争的主要表现和主要手段，一般被认为是一种刑事罪（有时甚至被认为是政治罪！）。因此，我国的条件一方面很能使那些进行经济斗争的工人"碰到"政治问题，另一方面也使社会民主党人"碰到"会把工联主义和社会民主主义混为一谈的问题（我们的克里切夫斯基之流、马尔丁诺夫之流及其同伙拼命谈论第一种"碰到"，而没有看到第二种"碰到"）。的确，请你们想象一下那些百分之九十九埋头于"同厂主和政府作经济斗争"的人吧。他们当中一部分人在他们活动的**整个**时期（4—6个月），一次也不会碰到必须建立更复杂的革命家组织的问题；另一部分人大概会"碰到"较为流行的伯恩施坦主义书刊，从中得到"平凡的日常斗争进程"极其重要的信念；最后，还有一部分人也许会沉醉于一种迷人的思想，即要向世人作出一个"同无产阶级斗争保持密切的有机联系"的新榜样,一个工会运动和社会民主主义运动相联系的新榜样。这种人也许认为:一个国家走上资本主义舞台,从而走上工人运动舞台的时间愈晚,社会党人也就愈能参加并帮助工会运动,非社会民主党的工会也就可能而且应当愈少。如果到此为止,那么这个推论是完全正确的,可惜这种人还走得更远,妄想把社会民主主义和工联主义完全融合起来。我们拿《圣彼得堡斗争协会章程》为例就可以马上看出,这种妄想对于我们的组织计划产生了多么有害的影响。

为进行经济斗争而建立的工人组织应当是职业的组织。每个工人社会民主党人都应当尽量帮助这种组织并在其中积极工作。这是对的。但是要求只有社会民主党人才能成为"行业"工会会员,那就完全不符合我们的利益了,因为这会缩小我们影响群众的范围。让每一个了解必须联合起来同厂主和政府作斗争的工人,都来参加行业工会吧。行业工会如果不把一切只要懂得这种起码道理的人都联合起来,如果它们不是一种很**广泛的**组织,就不能达到行业工会的目的。这种组织愈广泛,我们对它们的影响也就会愈广泛,但这种影响的发生不仅是由于经济斗争的"自发的"发展,而且是由于参加工会的社会党人对同事给以直接的和自觉的推动。但是,参加组织的成员广泛,也就不可能严守秘密(严守秘密所需要的训练,要比参加经济斗争所需要的多得多)。怎样才能解决既要成员广泛又要严守秘密这种矛盾呢? 怎样才能使行业组织尽量少带秘密性呢? 要解决这个问题,一般说来,只有两种方法:或者是使行业工会合法化(在某些国家里,先有行业工会的合法化,然后才有社会主义团体和政治团体的合法化),或者是使组织仍旧处于秘密状态,但同时又必须使它非常"自由",形式不固定，像德国人说的那样是松散的，使秘密性对于广大会员几乎等于零。

在俄国，非社会主义的和非政治的工人团体的合法化已经开始了，并且毫无疑问，我们迅速发展的社会民主主义工人运动的每一步进展，都将加强和鼓励这种合法化的企图，——这种企图主要来自拥护现存制度的人，但一部分也来自工人本身和自由派知识分子。合法化的旗帜已经由瓦西里耶夫之流和祖巴托夫之流打出来了，奥泽罗夫之流和沃尔姆斯之流的先生们也已经答应支持合法化，而且已经给以支持；在工人中间已经有了新潮流的信徒。我们今后也不能不考虑这个潮流。怎样考虑呢？对于这个问题，在社会民主党人中间未必会有两种意见。我们应当坚持不懈地把祖巴托夫之流和瓦西里耶夫之流、宪兵和神父参加这个潮流的一切事实揭露出来，把这些参加者的真正意图讲给工人听。同时我们还应当揭穿自由派活动家在公开的工人集会上演说时会流露出来的一切调和的、"和谐的"论调，不管他们提倡这些论调是由于真心认为阶级和平合作要好些，还是由于想巴结上司，或者只是由于笨拙无能。最后，我们还应当提醒工人，使他们不要落入警察经常设置的圈套中去，因为警察常在这种公开集会上和允许存在的团体内侦查"过激分子"，并企图通过合法组织把奸细也派到不合法的组织里来。

但我们这样做，并不是忘记工人运动合法化**归根到底**只会使我们获得好处，而决不会使祖巴托夫之流获得好处。恰恰相反，我们正是要用自己的揭露运动来分清莠草和小麦。关于莠草，我们已经说过了。而所谓小麦，就是吸引更广泛的和最落后的工人阶层来注意社会问题和政治问题，就是使我们革命家摆脱那些实际上是合法性的工作（如散发合法书籍，组织互助会等等），这些工作的发展必然会供给我们愈来愈多的鼓动材料。在这一点上，我们可以而且应当对祖巴托夫之流和奥泽罗夫之流说：先生们！努力干吧，努力干吧！既然你们想设置圈套来陷害工人（无论是用直接挑衅的手段也好，还是用"司徒卢威主义"来"诚实地"腐蚀工人也好），那我们就要设法揭穿你们。既然你们真正前进了一步（虽然表现的形式是极其"小心翼翼地曲折前进"，但终究是前进了一步），那我们就要说：请吧！只有真正扩大，哪怕只是稍微扩大工人的活动范围，那才是真正前进了一步。凡是这样的扩大都会有利于我们，并且会加速合法团体的出现，在这些团体里，不会是奸细抓住社会党人，而是社会党人抓住自己的信仰者。总而言之，现在我们的任务是要清除莠草。我们的任务不是在温室的瓦盆里培植小麦。我们把莠草拔掉，从而清出土地使麦种发育成长。而在阿法纳西·伊万内奇之流和普尔赫丽娅·伊万诺夫娜之流[88]从事温室栽培的时候，我们则应当训练出一些既会锄今天的莠草，又会割明天的小麦的人①。

　　总之，**我们**不能用合法化来**解决**建立尽量少带秘密性和尽量广泛的工会组织的问题（但是，假如祖巴托夫之流和奥泽罗夫之流给我们提供解决这个问题的哪怕是部分的可能性，那我们也会很

---

①　《工人事业》杂志因《火星报》清除莠草而怒气冲冲地攻击《火星报》说："在《火星报》看来，目前时局中的主要问题不是这些重大的事件（春季事件），而是祖巴托夫的奸细想使工人运动'合法化'的那些可怜的尝试。《火星报》没有看到，这种事实正是表明《火星报》的意见是错误的；这种事实正是证明工人运动已具有使政府感到十分可怕的规模。"（《两个代表大会》第27页）一切都归咎于这帮"对于实际生活的迫切要求熟视无睹的"正统派的"教条主义"。他们硬是不愿意看一尺高的小麦，却一味去同一寸高的莠草作斗争！这难道不是"对俄国工人运动的前途持错误的见解"（同上，第27页）吗？

高兴,为此我们要尽量坚决地同他们斗争!)。因此只有建立秘密的工会组织这条道路可走,而**我们应当**对于已经走上(这是我们确实知道的)这条道路的工人给以各方面的帮助。工会组织不仅能大大促进经济斗争的发展和加强,并且能大大帮助政治鼓动和革命组织工作。为了得到这种结果,为了把正在开始的工会运动引上社会民主党所希望的轨道,首先必须弄清楚彼得堡的"经济派"几乎已经鼓吹了五年之久的那个组织计划的荒谬性。这个计划既在1897年7月的《工人储金会章程》上(《〈工作者〉小报》第9—10期合刊第46页——转载自《工人思想报》创刊号)作了说明,又在1900年10月的《工人联合会章程》上(曾在圣彼得堡印成传单,《火星报》创刊号上也曾经谈到它)作了说明。这两个章程的主要缺点,就是对广泛的工人组织作了细节方面的规定并且把这种组织同革命家组织混为一谈。我们可以拿比较详尽的第二个章程来看。这个章程共**52**条,其中有23条是说明组织结构、办事细则以及"工人小组"的权限的,这些小组设在每个工厂内("每组不超过10人")并由它们来选举"(工厂)中心小组"。第2条上说:"中心小组应注意本厂所发生的一切事情,并编写本厂大事记。""中心小组每月向全体会员报告储金出纳情况"(第17条),等等。有10条专讲"区组织",有19条专讲"工人组织委员会"和"圣彼得堡斗争协会委员会"(由各区以及各"执行组"即"宣传组、外省联络组、国外联络组、贮藏组、出版组和储金组"选出的代表组成)的极为错综复杂的关系。

社会民主党等于负责工人经济斗争的"执行组"!这最清楚不过地说明"经济派"的思想已经完全离开社会民主主义而滑到工联主义上去,说明他们根本不懂得,社会民主党人首先应当考虑建立一个能够领导无产阶级的**全部**解放斗争的革命家组织。嘴上说的是"工人阶级的政治解放"，是同"沙皇政府的专横暴虐"作斗争，而写出来的却是这样的组织章程，这就说明他们丝毫不了解社会民主党的真正的政治任务。在50多条章程中间，没有一条证明他们稍微懂得必须在群众中进行最广泛的政治鼓动，来揭露俄国专制制度所有各个方面和俄国各个社会阶级的整个面貌。按照这样的章程，不仅政治的目的，甚至工联的目的也无法实现，因为工联的目的要求**按职业**组织起来，而在章程里连这一点也根本没有提到。

大概最令人注目的是这整个"体系"的惊人的烦琐，企图在三级选举制下，用千篇一律和琐碎得可笑的条例构成的固定线索，把每个工厂同"委员会"联系起来。在这里，备受"经济主义"狭小眼界限制的思想，又沉溺到充满公事程序和文牍主义的烦琐条文中了。其实，这些条文四分之三当然是永远也不会实行的，而在每个工厂中都设有中心小组的这种"秘密"组织倒使宪兵易于进行广泛破坏。波兰的同志已经经历过大家都热衷于普遍设立工人储金会这样一个运动的阶段，但是当他们弄清楚这只能使宪兵获得丰收时，他们就马上放弃了这种思想。假使我们想有广泛的工人组织，同时又不愿意遭到广泛破坏，不愿意使宪兵满意，那我们就应当设法使这些组织完全不具有什么固定的形式。这样，它们能不能执行自己的职能呢？那就看看这些职能吧："……注意工厂所发生的一切事情，并编写工厂大事记。"（章程第2条）难道这一定要有固定的组织形式吗？难道不组织任何专门的团体而用在秘密报纸上登载通讯的方法就不能把这项工作做得更好吗？"……领导工人为改善他们在工厂内的状况而斗争。"（章程第3条）这也用不着什么固定的组织形式。工人想提出什么要求，每一个头脑稍微清楚的鼓动员都可以从闲谈中确切地打听出来,而打听出来之后,就可以把这些要求告诉那个狭小的而不是广泛的革命家组织,以便印发相应的传单。"……组织储金会……每一卢布工资交纳两戈比会费"(第9条),——并且每月向全体会员报告储金出纳情况(第17条),把不交会费的会员除名(第10条),等等。在警察看来,这真是再好没有了,因为这样一来,要摸透"工厂中心储金会"的一切秘密,要没收它们的金钱,要逮捕一切优秀分子就容易极了。发行价值一戈比或两戈比的印花,盖上某个(很狭小的很秘密的)组织的图章;或者根本不用印花而实行募捐,在秘密报纸上用某种暗语把捐款账目公布出来,这岂不是更简便吗?目的同样可以达到,而宪兵要找到线索就困难百倍了。

我本来还可以拿章程作为例子继续进行分析,但是我认为讲得已经够了。一个由最可靠、最有经验、经过最多锻炼的工人组成的人数不多的紧密团结的核心,它在各主要地区都有自己的代表,并且按照严格的秘密工作的一切规则同革命家组织发生联系,这样的核心在群众最广泛的支持下,不必有任何固定的形式也能充分执行工会组织所应当执行的**一切**职能,并且执行得正像社会民主党所希望的那样。只有采用这种方法,才能使**社会民主主义的**工会运动不顾一切宪兵的破坏而得到**巩固**和发展。

有人会反驳我说:一个组织这样松散,根本就没有什么固定的形式,甚至连固定的、经过登记的成员都没有,根本就不配称为组织。也许是这样。我不追求名称。但这种"没有成员的组织"能够做到我们需要做的一切,并且一开始就能够保证我们未来的工联同社会主义发生牢固的联系。谁想在专制制度下建立一个实行选举制、报告制和全体表决制等等的**广泛的**工人组织,那他简直是一个不可救药的空想家。

道理很简单：我们如果从扎扎实实建立坚强的革命家组织开始，我们就能保证整个运动的稳定性，就既能实现社会民主主义的目的，又能实现纯粹工联主义的目的。而我们如果从建立那种好像是群众最"容易接受的"（其实是使宪兵最容易破坏的，使革命家最容易被警察逮捕的）广泛的工人组织开始，那我们就两种目的都实现不了，就摆脱不了手工业方式，就只会因自己这样涣散和这样常遭破坏而让祖巴托夫式或奥泽罗夫式的工联成为群众最容易接受的组织。

这种革命家组织的职能究竟是什么呢？关于这一点，我们现在就来详细谈谈。但是，我们首先还要分析一下我们的恐怖派的一段极其典型的议论，他在这里又成了（真是时运不佳！）"经济派"的近邻。在供工人阅读的《自由》杂志（第1期）上，载有一篇题为《组织》的文章，该文的作者想为他那些老相识，伊万诺沃-沃兹涅先斯克的工人"经济派"辩护。

他写道："群众一声不响，没有觉悟，运动不是从下层发动起来，这是很糟糕的。你们看，学生们离开大学城，各自回家过节或过夏天，于是工人运动也就停顿下来。难道这种从旁推动的工人运动能够成为一种真正的力量吗？哪里能够呢……它还没有学会用自己的腿走路，专靠人家扶着走。一切事情都是这样：学生各自回家，运动就停止；牛奶一失去精华，立刻就变酸；'委员会'被破坏，当新的委员会还没有建立起来时，又是一片沉寂；至于将要建立起什么样的委员会，还不得而知，——也许同先前的完全不一样；先前的委员会说一套，新成立的委员会又会另说一套。过去和将来之间失掉联系，过去的经验不能为将来所借鉴。这都是由于在深处，在群众中间没有根子；做工作的不是百来个蠢人，而是十来个聪明人。十来个人常常可以一网打尽，但是只要一个组织能够包括广大群众，一切事情都由群众来干，那无论谁怎样想方设法也不能伤害我们的事业了。"（第63页）

　　事实描写得倒是对的。我们的手工业方式的情景描绘得倒还不错。但结论却和《工人思想报》一样糊涂，在政治上一样不妥当。这个结论非常糊涂，因为作者把运动在"深处"的"根子"这一哲学的和社会历史的问题，同怎样更好地同宪兵进行斗争的组织技术问题混淆起来了。这个结论在政治上非常不妥当，因为作者并不是拒绝坏的领导者而去找好的领导者，而是想根本拒绝任何领导者而去找"群众"。这是一种想把我们在组织方面拉向后退的企图，正像那种主张用激发性的恐怖手段代替政治鼓动工作的思想在政治方面把我们拉向后退一样。现在我真是感到有点应接不暇，真不知从何着手来分析《自由》杂志奉送给我们的这样一大堆糊涂观念。为了清楚起见，我就先举例来说吧。就拿德国人作例子。他们的组织包括群众，一切事情都是由群众来干，工人运动已经学会用自己的腿走路，我想你们一定不会否认这一点吧？可是，这些数以百万计的群众又是多么重视自己的"十来个"经过考验的政治领袖，多么坚决拥护这些领袖啊！在国会中曾经不止一次听见敌对党的议员讥讽社会党人说："好样的民主派！你们只是口头上讲工人阶级的运动罢了，实际上出面的总是这帮首领。一年复一年，十年又十年，还是这个倍倍尔，还是这个李卜克内西。你们的那些所谓从工人中选举出来的议员，真是比皇帝册封的官吏还难得调换呢！"这是企图把"群众"与"首领"对立起来，想激发群众的劣根性和虚荣心，想以破坏群众对"十来个聪明人"的信任来使运动失去坚定性和稳定性，但是德国人对这种蛊惑人心的企图只是嗤之以鼻。德国人的政治思想的发展和政治经验的积累已经足以使他们懂得：在现代社会中，假如没有"十来个"富有天才（而天才人物不是成千成百地产生的）、经过考验、受过专业训练和长期教育并且彼此配合得很好的领袖,无论哪个阶级都无法进行坚持不懈的斗争。在德国人自己的队伍中,也有过一些蛊惑家,他们竭力奉承"几百个蠢人",把他们抬高到"几十个聪明人"之上,一味赞美群众的"筋肉条条的拳头",激发他们(像莫斯特和哈赛尔曼那样)去从事轻率的"革命"行动,散布对坚定刚毅的领袖的不信任。德国社会主义运动只是由于它同社会主义运动内部形形色色的蛊惑家不断地进行了毫不调和的斗争,才得到这样的发展和巩固。俄国社会民主党整个危机产生的原因是自发觉醒起来的群众还没有获得有充分修养的、开展的、有经验的领导者,在这样的时候,我们的才子们却像伊万努什卡那样带着深思的神情说:"运动不是从下层发动起来的,这是很糟糕的!"

　　"学生组成的委员会不中用,因为它不稳定",——完全正确。但由此应当得出的结论是:需要有职业**革命家**组成的委员会,至于能把自己培养成为职业革命家的是学生还是工人,这都一样。而你们作出的结论,却是说不应当从旁推动工人运动! 你们由于政治上幼稚,竟不知道你们的这种主张只是有利于我们的"经济派"和我们的手工业方式。请问,我们的学生"推动"我们的工人,究竟表现在什么地方呢? **唯一**的表现就是,学生把他们所具有的一些零星的政治知识和他们所获得的片断的社会主义观念(因为目前学生的主要精神食粮是合法马克思主义,而合法马克思主义只能提供一些起码知识和片断)传授给工人。在我们的运动中,**这样的**"从旁推动"不是太多,而是太少,少得出奇,少得可怜,因为我们已经过分地热衷于闭关自守,过分奴隶般地崇拜那种初步的"工人同厂主和政府作的经济斗争"了。我们职业革命家应当而且一定会百倍努力地来从事**这样的**"推动"。但正因为你们选用了"从旁推动"这样可恶的字眼,就必然会使工人(至少是那些像你们一样不开展的工人)不信任**一切**从旁给他们提供政治知识和革命经验的人,使他们对**所有**这些人都本能地表示抗拒,——这样,你们就成了**蛊惑家**,而蛊惑家就是工人阶级的最坏的敌人。

是的,是的! 你们不要马上叫喊起来,说我进行论战时采取了"非同志的方法"吧! 我根本不想怀疑你们心地纯洁。我已经说过,一个人只因为政治上幼稚,也可以成为蛊惑家。但是我也指出,你们已经堕落到了蛊惑人心的地步。而且我始终都要不停地重复说,蛊惑家就是工人阶级的最坏的敌人。其所以最坏,是因为他们激发群众的劣根性,因为不开展的工人不能识破这些以工人朋友的资格讲话,有时甚至是真心以工人朋友的资格讲话的敌人。其所以最坏,是因为在混乱和动摇的时期,在我们运动刚刚形成的时期,最容易的莫过于蛊惑人心地诱惑群众,而群众只有在经过最痛苦的教训之后才能觉悟到自己的错误。所以,现代俄国社会民主党人当前的口号应当是:进行坚决的斗争,既反对堕落到蛊惑人心的地步的《自由》杂志,又反对堕落到蛊惑人心的地步的《工人事业》杂志(这一点以后还要详细地谈到①)。

"捕捉十来个聪明人,要比捕捉百来个蠢人容易些。"这个了不起的真理(对于你们提出这个真理,百来个蠢人总是会拍手叫好的),看来好像是不辩自明的,这只是因为你们在议论时从一个问题跳到了另一个问题上去。你们开始谈论并且继续还在谈论捕捉

---

① 这里我们仅仅指出:我们谈到"从旁推动"以及《自由》杂志关于组织问题的其他各种议论时所说的一切,是**完全**适用于包括"工人事业派"在内的**一切**"经济派"的,因为他们中间一部分人积极宣传和维护这种关于组织问题的观点,另一部分人则滑到这种观点上去了。

"委员会",捕捉"组织"的问题,而现在你们却跳到捕捉运动"在深处"的"根子"这个问题上去了。当然,我们的运动所以无法捕捉,正是因为它在深处有成千上万的根子,但现在所谈的根本不是这一点。就"在深处的根子"这一点来讲,即使现在也无法"捕捉"我们,尽管我们的手工业方式非常盛行;虽然如此,我们大家都在埋怨,并且不能不埋怨**组织**被捕捉的情况,这种情况破坏了运动中的任何继承性。你们既然已经提出了**组织**被捕捉的问题,并且不愿离开这个问题,那我就要告诉你们:捕捉十来个聪明人要比捕捉百来个蠢人困难得多。无论你们怎样煽动群众来反对我,说我搞"反民主制"等等,我还是要坚持这个意见。在组织方面,正如我已经屡次讲过的那样,"聪明人"无非是指**职业革命家**,至于他们是从学生中还是从工人中培养出来的,反正都一样。因此我认为:(1)任何革命运动,如果没有一种稳定的和能够保持继承性的领导者组织,就不能持久;(2)自发地卷入斗争、构成运动的基础和参加到运动中来的群众愈广泛,这种组织也就愈迫切需要,也就应当愈巩固(因为各种蛊惑家诱惑群众中的不开展阶层也愈容易);(3)这种组织的构成主要应当是以革命活动为职业的人;(4)在专制制度的国家里,我们愈**减少**这种组织的成员的数量,减少到只包括那些以革命活动为职业并且在同政治警察作斗争的艺术方面受过专业训练的人,这种组织也就会愈难被"捕捉";(5)而且工人阶级和其他社会阶级中能够参加这个运动并且在运动中积极工作的人数也就会**愈多**。

请我们的"经济派"、恐怖派和"经济派兼恐怖派"①来反驳这

---

① 这个名词也许比前面那个名词更适用于《自由》杂志,因为它在《革命主义的复活》中所维护的是恐怖主义,而在我们分析的这篇文章中所维护的却是"经济主义"。事与愿违! ——对《自由》杂志,一般可以这样说。天赋很高,愿望

几点吧，我现在只想谈谈其中的最后两点。捕捉"十来个聪明人"和捕捉"百来个蠢人"的难易问题，可以归结到我们上面已经分析过的那个问题：在必须严守秘密的条件下，是不是可能存在群众性的**组织**。我们永远不能使广泛的组织具有高度的秘密性，而没有这样高度的秘密性就谈不到稳定的和保持继承性的反政府的斗争。把所有秘密的职能集中在数量尽量少的职业革命家手里，这并不是说他们将"代替大家动脑筋"，并不是说群众不必积极参加**运动**。恰恰相反，这些职业革命家将从群众中愈来愈多地涌现出来，因为那时群众就会知道，单是几个学生和几个从事经济斗争的工人集合起来成立一个"委员会"是不够的，还需要用多年的时间把自己培养成职业革命家；那时群众就不会一味为手工业方式"动脑筋"，而会为这种培养工作"动脑筋"了。把**组织**的秘密职能集中起来，这决不是说要把**运动**的一切职能集中起来。最广大的群众积极参加秘密书刊工作，不但不会因为"十来个"职业革命家把这方面的秘密职能集中起来而减弱下去，反而会因此而十倍地**加强起来**。这样，并且也只有这样，我们才能做到使阅读秘密书刊，为秘密书刊撰稿，在某种程度上甚至连散发秘密书刊的工作都**几乎不再是秘密的事情**，因为警察很快就会懂得，对散发的成千上万份出版物中的每一份都要履行一套司法和行政的公事程序，是很愚蠢的而且是办不到的。不仅报刊如此，而且运动方面的一切职能，

很好，结果却是一团糟。所以会一团糟，主要是因为《自由》杂志维护组织的继承性，却不愿意承认革命思想和社会民主主义理论的继承性。极力想使职业革命家复活起来（《革命主义的复活》），为此却又主张：第一，采取激发性的恐怖手段；第二，"把中等工人组织起来"（《自由》杂志第1期第66页及以下各页），使他们尽量少"被人从旁推动"，——这实际上就等于为了让自己的房子暖和而把房子本身拆掉当柴烧了。

直到游行示威为止，也都是如此。经过考验的、所受的严格专业训练不亚于我国警察的"十来个"革命家，把一切秘密工作如准备传单，规定大致的计划，为各城区、各工厂区、各学校指定领导人员等等集中起来，这不但不会使群众最积极最广泛地参加游行示威这件事受到损害，反而会使它得到很大好处（我知道有人会来反驳我，说我的观点"不民主"，我在下面就要详细来答复这个极不聪明的反驳）。革命家组织把最秘密的职能集中起来，这决不会削弱而只会扩大其他许许多多组织的活动范围和内容，这些组织既然要把广大群众包括在内，就应当是一些形式尽量不固定、秘密性尽量少的组织，如工会、工人自学小组、秘密书刊阅读小组以及其他**一切**居民阶层中的社会主义小组和民主主义小组等等。这样的小组、工会和团体必须**遍布各地**，履行各种不同的职能；但是，如果**把**这些组织同**革命家**的组织**混为一谈**，抹杀这两者之间的界限，使群众中本来已很模糊的一种认识完全消失，也就是使他们忘记要为群众运动"服务"，就需要有一些人专门献身于社会民主党的活动，而且这些人应当坚持不懈地把自己**培养成为**职业革命家，那就是荒唐和有害的了。

的确，这种认识已经极其模糊了。我们在组织方面的主要过错，就是**我们由于自己的手工业方式而败坏了俄国革命家的威信**。一个人在理论问题上软弱无力和动摇不定，眼界狭小，用群众的自发性来为自己的萎靡不振辩护，他与其说像人民的代言人，不如说像工联书记，他不善于提出广泛的大胆的计划来使敌人也肃然起敬，而且在自己的专业技巧即同政治警察作斗争方面没有经验，笨手笨脚，——对不起！这样的人决不是革命家，而只是可怜的手工业者。

请任何一个实际工作者都不要埋怨我用这个苛刻的字眼,因为这里讲的是缺乏修养的问题,我用这个字眼首先是指我自己。我曾在一个给自己提出很广泛的包罗万象的任务的小组[89]中工作,我们所有参加这个小组的人常常痛切地意识到:在这样一个历史关头,在可以把一句名言[90]改动一下,说"给我们一个革命家组织,我们就能把俄国翻转过来!"的时候,我们却表现出是一些手工业者。后来我愈是经常回想起我当时感到的内疚,就愈是痛恨那些假社会民主党人,他们用他们的宣传来"玷污革命家的称号",他们不了解我们的任务不是要为把革命家降低为手工业者辩护,而是要**把**手工业者**提高**为革命家。

(四) 组织工作的规模

我们在前面听见波—夫说道:"不仅在彼得堡,而且在全俄各地都感觉到缺少能够进行活动的革命力量。"这个事实未必有谁会否认。可是问题就在于怎样来解释这个事实。波—夫写道:

> "我们不去说明这种现象的历史原因,而仅仅指出:被长期的政治反动所败坏、被已经发生和正在发生的经济变化搞得分崩离析的社会,从自己队伍里选拔出来**胜任革命工作的人实在太少了**;工人阶级选拔出一些工人革命家来部分地补充秘密组织的队伍,但这种革命家的人数还不能满足时代的需要。况且,在工厂做11个半小时工的工人,按他的情况来说,多半只能履行鼓动员的职能;至于宣传和组织、运送和翻印秘密书刊、印发传单等等工作的重担,就不免要落在人数极少的知识分子肩上。"(《工人事业》杂志第6期第38—39页)

我们有许多地方不同意波—夫的这种意见,尤其不同意我们加上着重标记的那些话,因为这些话特别突出地表明:波—夫虽然也由于我们的手工业方式而深感痛苦(也像每一个动过点脑筋的实际工作者一样),但他由于受"经济主义"的束缚而不能找到摆脱这种令人不堪忍受的状况的出路。不,社会选拔出来的胜任"工作"的人极**多**,但我们不善于利用所有这些人。在这方面,我们运动的危急的过渡的状态可以用两句话来表述:**没有人,而人又很多**。人很多,因为工人阶级和愈来愈多的各种社会阶层都一年比一年产生出更多的心怀不满、要起来反抗、决心尽力帮助反专制制度的斗争的人,而专制制度的令人不堪忍受的状况虽然还没有被一切人意识到,但已经被愈来愈多的群众日益尖锐地感觉到了。同时又没有人,因为没有领导者,没有政治领袖,没有擅长于组织的人才来进行广泛而且统一的、严整的工作,使每一份力量,即使是最微小的力量都得到运用。"革命组织的增长和发展"不仅落后于工人运动的增长(这是波—夫也承认的),并且落后于人民各阶层中的一般民主主义运动的增长。(顺便提一下,现在波—夫想必会承认这个意见也是对他那个结论的补充吧。)革命工作的规模同运动的广泛的自发基础比较起来实在太狭小了,它受"同厂主和政府作经济斗争"这种可悲的理论的束缚实在太厉害了。但是现在社会民主党人中不仅做政治鼓动工作的人,而且做组织工作的人,也都应当"到居民的一切阶级中去"。① 未必有任何一个实际工作者会怀疑,社会民主党人是能够把自己的组织工作方面的千百种零星职能分配给属于各种各样的阶级的单个人去担任的。缺少专

---

① 例如,近来在军界可以看到民主精神显然活跃起来的现象,这里部分原因是他们愈来愈多地同工人和学生这种"敌人"进行了街头斗争。所以,只要现有力量许可,我们一定要对士兵和军官中的宣传和鼓动,对建立属于我们党的"军事组织"给予严重注意。

业化是我们技术上的最大缺点之一,对这个缺点,波—夫非常痛苦而又非常公正地表示了不满。整个事业中的各道"工序"分得愈细,也就愈容易找到能够完成这些工序的人(而且大半是完全不能成为职业革命家的人),警察也就愈难"捕捉"所有这些"干零星工作的人",愈难借小事捕人来制造"案件",以抵补国库的"治安"费用。至于那些愿意帮助我们的人的数目,我们在上一章里已指出了五年来这方面所发生的巨大变化。但是另一方面,为了把这一切零星细小的工作统一起来,为了使运动本身不会因运动职能的分散而分散,为了使履行细小职能的人确信自己的工作是必要的和重要的(没有这种信心,他就根本不会进行工作)①,总之,为了做到这一切,就需要有经过考验的革命家的坚强组织。在有了这种组织的情况下,这种组织愈秘密,人们对党的力量的信心就会愈坚定,愈普遍,——而大家知道,在战争中最重要的是不仅要使自己的军队相信自己的力量,并且还要使敌人和一切**中立**分子也相信我们的力量;友好的中立有时可以决定全局。在有了这种建立

---

① 我记得有一个同志曾转告我说,有一位愿意帮助并且确实帮助过社会民主党的工厂视察员诉苦说,他不知道他的"情报"是否传给了真正的革命中心,他的帮助究竟有多大的需要,他那种细小的零碎的帮助究竟有多少被利用的机会。当然,每个实际工作者都知道,我们的手工业方式曾经不止一次使我们失去同盟者。能够并且确实会给我们这种从个别说来很"细小"、合起来却极有价值的帮助的,不仅有工厂方面的职员和官吏,而且有邮政、铁路、税关、贵族、僧侣以及**任何**其他方面的职员和官吏,直到警察和宫廷方面的职员和官吏!假使我们已经有了真正的党,真正的战斗的革命家组织,那我们就不会使所有这些"帮手"去担风险,就不会总是急忙地一定要把他们吸收到"秘密活动"的中心里来,恰恰相反,我们会特别保护他们,甚至会专门培养一批人来担任这样的职能,因为我们知道,很多学生以"帮手"的身份,即以官吏的身份所能给党的好处,要比他们以"短期"革命家的身份所给的更多。但是,我再重复一遍,只有已经充分巩固的、不感到积极力量缺乏的组织,才可以运用这个策略。

在稳固的理论基础上并且拥有社会民主党机关报的组织的情况下,就不必害怕大量卷入运动的"局外"人会把运动引入歧途(恰恰相反,正是在现在这种手工业方式盛行的时候,我们看到,倒是有许多社会民主党人趋向于《信条》的路线,他们不过还自以为是社会民主党人罢了)。总而言之,专业化必须以集中化为前提,并且绝对需要有集中化。

波—夫自己虽然出色地描写了专业化的全部必要性,但我们认为他在上述那段议论的后半部却对专业化估计不足。他说工人出身的革命家人数不足。这话完全正确,所以我们要再一次强调指出:"实地观察者的有价值的报道"完全证实了我们对于当前社会民主党内的危机的原因以及消除这种危机的方法的意见。不仅一般说来革命家落后于群众的自发高潮,甚至工人革命家也落后于工人群众的自发高潮。这个**事实**甚至从"实践"观点上来看也十分清楚地证明,在讨论我们对工人的义务问题时我们往往被赐予的那种"教育",不仅是荒谬的,而且**在政治上是反动的**。这个事实说明,我们首要的最迫切的义务,就是帮助培养出**在党的活动方面**能够同知识分子革命家具有同等水平的工人革命家(我们所以要强调在党的活动方面,是因为在其他各方面虽然也必须把工人提高到这样的水平,但远不是这样容易,远不是这样迫切)。因此,我们**主要是**应当注意**把工人提高**为革命家,而决不是像"经济派"所希望的那样,必须把自己**降低**为"工人群众",或是像《自由》杂志所希望的那样,必须**降低**为"中等工人"(在这方面,《自由》杂志已经升到经济主义"教育"的第二级了)。我决不是否认为工人写通俗读物,为特别落后的工人写特别通俗的(当然不是庸俗的)读物的必要性。但使我感到气愤的是,人们常常把教育同政治问题、同组织问题混在一起。你们这些关心"中等工人"的先生一讲到工人政治或工人组织就想到必须**弯下腰来**，实际上这毋宁说是对工人的侮辱。你们还是直起腰来谈严肃的问题吧，你们还是把教育交给教育家，而不要把它交给政治家和组织家！难道在知识分子中就没有先进分子、"中等人"和"群众"吗？难道大家不是都认为知识分子也需要通俗读物吗？难道不是有人在写这种读物吗？但是，假定说，一个作者在他写的一篇论大学生或中学生组织问题的文章中，像有什么新发现似的再三说明，必须首先把"中等大学生"组织起来，这样的作者一定会受到讥笑，并且理应受到讥笑。人们会对他说：假如你在组织方面真有什么见解，那么就请你拿出来给我们看看吧，至于我们中间谁是"中等人"，谁高些，谁低些，到时候我们自己也是弄得清楚的。如果你在组织方面没有**自己的**见解，那么你硬要谈什么"群众"和"中等人"，就只能是些枯燥无味的玩意儿。你要知道，"政治"问题、"组织"问题，这本身就是很严肃的问题，所以谈这些问题就必须十分严肃。可以而且应当**训练**工人（以及大学生和中学生），以便**有可能**同他们**来谈**这些问题，但你既然谈到了这些问题，那就要作出真正的回答来，而不要倒退，退到"中等人"或"群众"那里去，不要拿一些花言巧语来敷衍塞责。①

　　为了作好充分的准备来从事自己的工作，工人革命家也应当

---

① 《自由》杂志第1期上所载《组织》一文（第66页）中说："工人大众将用他们沉重的脚步来支持以俄国劳动界名义提出的一切要求"——"劳动界"这个词一定要大写！该文作者又高喊道："我一点也不敌视知识分子，但是"……（这就是谢德林把它翻译成"耳朵不会高过额头"的那个**但是**！)**91**……"但是当一个人跑来讲许多非常漂亮动听的话，并且因自己的〈他的?〉漂亮和其他可取之处而要求别人接受的时候，我总是感到非常气愤。"（第62页）是的，这也使我"总是感到非常气愤"……

成为职业革命家。因此，波—夫说工人既然在工厂中要做11个半小时的工，所以其他各种革命职能（除鼓动之外）的"重担就**不免要落在人数极少的知识分子肩上**"，就是不正确的了。完全不是"不免要"这样，而是因为我们落后，因为我们没有意识到我们的义务是要帮助每一个特别有才能的工人变成**职业的**鼓动员、组织员、宣传员、交通员等等。在这方面，我们简直是在可耻地浪费自己的人才，不会爱惜我们应当精心培育的人才。请看看德国人吧：他们拥有的人才要比我们多一百倍，但是他们非常懂得，并不是经常能从"中等人"中选拔出真正能干的鼓动员等等的。所以他们总是立即设法为每一个能干的工人创造条件，使他的才能得到充分的发挥和充分的运用。他们使他成为职业鼓动员，鼓励他扩大自己的活动范围，从一个工厂扩大到整个行业，从一个地方扩大到全国。他在自己的职业中获得经验和技能，他扩大自己的眼界和自己的知识，他亲眼看见其他地方和其他政党的卓越的政治领袖，他自己也力求提高到同这些领袖一样的水平，力求做到既了解工人群众，又具备新鲜的社会主义信念，同时也具有无产阶级在同训练有素的大批敌人作顽强斗争时**不能没有**的专业技能。倍倍尔和奥尔一类的人就是这样并且也只是这样从工人群众中选拔出来的。但是，在有政治自由的国家里多半是自然而然地发生的事情，在我们这里却应当由我们的组织来有步骤地进行。凡是有些才干和"有希望的"工人鼓动员，都**不应当**在工厂内做11个小时的工。我们应当设法使他靠党的经费来维持生活，使他能够及时地转入秘密状态，使他能随时更换自己的活动地点，否则他就不能获得丰富的经验，不能扩大自己的眼界，不能同宪兵至少周旋几年之久。工人群众的自发高潮愈广愈深，他们所能提拔出来的有才干的人也就愈多,不仅有有才干的鼓动员,而且有有才干的组织员、宣传员以及褒义的"实际工作者"(这样的实际工作者,在我们那些多半带有一点俄国式的懒散和呆板的知识分子中是很少见的)。当我们有了受过专门训练、经过长期教育的工人革命家(当然是"所有各个兵种"的革命家)队伍的时候,世界上任何政治警察都不能战胜这支队伍,因为这支由无限忠于革命的人组成的队伍也一定会获得最广大的工人群众的无限信任。我们真正的**过错**,就是我们很少"推动"工人走上与"知识分子"共同的、学习革命专业技能的道路,却经常用工人群众和"中等工人""能够胜任"什么什么的愚蠢议论来把工人拉向后退。

在这几方面,也像在其他各方面一样,组织工作规模狭小,同缩小我们的理论和我们的政治任务,有明显的和密切的(固然是绝大多数"经济派"和新的实际工作者所不了解的)联系。崇拜自发性使人害怕得连一步也不离开群众"能够胜任的事情",害怕提得太高出于简单地适应群众目前的直接要求。别害怕,先生们! 请记住:我们的组织水平非常低,连我们**可能**提得**太**高这种想法都是荒谬的!

(五)"密谋"组织和"民主制"

可是,在我们中间有很多人对"生活的呼声"非常敏感,以至最怕的正是这一点,他们责备持有上述观点的人是"民意主义",是不懂"民主制"等等。我们必须谈谈这种责备,而对于这种责备,《工人事业》杂志当然也是附和的。

笔者非常清楚地知道,彼得堡的"经济派"早就责备过《工人报》是民意主义（把《工人报》同《工人思想报》比较一下，就会知道这也是可以理解的）。因此，在《火星报》创刊不久，当一个同志对我们说某城的社会民主党人称《火星报》为"民意主义"机关报的时候，我们一点都不感到奇怪。这种责备当然只会使我们感到荣幸。因为，哪一个正派的社会民主党人不曾被"经济派"指责为民意主义呢？

　　这种责备是由两种误解引起的。第一，在我国，人们很不熟悉革命运动史，竟把凡是主张建立一种向沙皇制度坚决宣战的集中的战斗组织的思想都称之为"民意主义"。但是，70年代革命家所拥有的那种我们大家应当奉为楷模的出色的组织，根本不是民意党人建立起来的，而是后来分裂为土地平分派和民意党人的那些**土地自由派**[92]建立起来的。所以，把战斗的革命组织看做民意党人特有的东西，这在历史上和逻辑上都是荒谬的，因为**任何**革命派别，如果真想作严肃的斗争，就非有这样的组织不行。民意党人的错误并不在于他们极力想把**一切**心怀不满的人吸收到自己的组织中来，引导这个组织去同专制制度作坚决的斗争。恰恰相反，这正是他们伟大的历史功绩。他们的错误在于他们依靠的理论，实质上并不是革命的理论，又不善于或者不能够把自己的运动同发展着的资本主义社会内部的阶级斗争密切联系起来。只有丝毫不了解马克思主义的人（或者按"司徒卢威主义"[93]来"了解"马克思主义的人）才会认为，群众性的自发工人运动的发生**解除**了我们建立一个像土地自由派所拥有的那样好的或者还要好得多的革命家组织的责任。恰恰相反，这个运动正是**加给**了我们这样的责任，因为无产阶级的自发斗争如果没有坚强的革命家组织的领导，就不能成为无产阶级的真正的"阶级斗争"。

　　第二,有许多人,看来波·克里切夫斯基也包括在内(《工人事业》杂志第10期第18页),对于社会民主党人一向进行的反对用"密谋主义"观点对待政治斗争的论战了解得不正确。当然,我们一向反对,并且始终都要反对把政治斗争**缩小**为密谋[①],但是,不言而喻,这决不是否认建立坚强的革命组织的必要性。例如在脚注中提到的那本小册子里,除了进行论战来反对把政治斗争归结为密谋之外,还描绘出了(作为社会民主党的理想)一种非常坚强的组织的轮廓,这种组织能够"为了给专制制度以决定性打击"而采取"起义"以及任何"其他进攻手段"[②]。在专制制度的国家里,这种坚强的革命组织按其**形式**来说也可以称为"密谋"组织,因为法文的"conspiration"("秘密活动")一词相当于俄文的"密谋",而**秘密性**是这种组织所绝对必需的。对这种组织来说,秘密性是最必要的条件,其余一切条件(如成员人数、成员的挑选、职能等等),都应当同这一条件相适应。因此,害怕别人责备我们社会民主党人要建立密谋组织,那就未免太幼稚了。这种责备,也像说我们是"民意主义"的那种责备一样,是每个反对"经济主义"的人都应当引以为荣的。

----

① 参看《俄国社会民主党人的任务》第21页,驳彼·拉·拉甫罗夫。(见本版全集第2卷第442—443页。——编者注)

② 《俄国社会民主党人的任务》第23页。(见本版全集第2卷第444页。——编者注)这里我们还要顺便举出一个例子,这个例子说明《工人事业》杂志或者是不懂得自己所讲的话,或者是"看风使舵地"改变自己的观点。在《工人事业》杂志第1期上,有一句用黑体刊印的话:"**该小册子所阐述的基本思想同《工人事业》杂志编辑部的纲领完全一致。**"(第142页)真的吗? 群众运动不能以推翻专制制度作为首要任务的观点,同《任务》这本小册子的观点一致吗? "同厂主和政府作经济斗争"的理论同《任务》这本小册子的观点一致吗? 阶段论同《任务》这本小册子的观点一致吗? 请读者判断一下,像这样独特地理解**"一致"**这个词的机关报,能否说它有什么原则坚定性呢?

　　有人会反驳我们说:这样一种把秘密活动的一切线索都集中在自己手里的强有力的严守秘密的组织,这样一种必须集中化的组织,也许会过分轻易地举行过早的进攻,也许会轻率地使运动激化起来,而当时政治不满的增长以及工人阶级怒潮的高涨等等还没有达到有可能而且有必要这样做的地步。对于这一点,我们的回答是:抽象地说,当然不能否认战斗组织**可能会**去作轻率的战斗,这**可能会**遭受在另外一种条件下决不是不可避免的失败。但是在这样的问题上决不能只作抽象的推测,因为任何一次战斗抽象地说都有失败的可能性,而除了有组织地准备战斗之外,再没有别的方法可以**减少**这种可能性。只要我们把问题提到现代俄国条件这个具体基点上,就会得出一个肯定的结论:正是为了使运动具有稳固性,**防止**轻率进攻的可能性,才绝对需要一个坚强的革命组织。而现在正是在缺乏这种组织的情况下,在革命运动迅速地自发增长的时候,**已经出现了**两个相反的极端(它们是应该"殊途同归"的):一会儿是毫无根据的"经济主义"和稳健的说教,一会儿是同样毫无根据的"激发性的恐怖手段",即企图"在虽然已发展和加强起来、但还近于开端而不近于结局的运动中,人为地引起运动结束的征兆"(维·查·的文章,《曙光》杂志第 2—3 期合刊第 353页)。《工人事业》杂志的例子表明,现在**已经有**一些社会民主党人屈从于这两个极端了。这种现象是不奇怪的,所以会有这种现象,除了其他原因之外,还因为"同厂主和政府作经济斗争"**永远**也不能使革命家感到满意,于是也就始终会时而在这里,时而在那里产生两个相反的极端。只有集中的战斗组织,坚定地实行社会民主党的政策并能满足所谓一切革命本能和革命要求的组织,才能使运动不致举行轻率的进攻而能准备好有把握取得胜利的进攻。

其次,有人还会反驳我们说:这种组织观点是同"民主原则"相抵触的。如果说前面那个责备是俄国的特殊产物,那么这个责备就带有**国外的特点**。只有国外的组织("俄国社会民主党人联合会")除向自己的编辑部发出其他指示外,还能发出下面这样的指示:

> "**组织原则**。为了社会民主党的顺利发展和统一,必须强调、发展和维护社会民主党组织的广泛民主原则,这一点所以特别必要,是因为在我们党内发现了反民主倾向。"(《两个代表大会》第18页)

关于《工人事业》杂志究竟怎样同《火星报》的"反民主倾向"作斗争,我们将在下一章中讲到。现在我们仔细地考察一下"经济派"所提出的这个"原则"。每一个人大概都会同意"广泛民主原则"要包含以下两个必要条件:第一,完全的公开性;第二,一切职务经过选举。没有公开性而谈民主制是很可笑的,并且这种公开性还要不仅限于对本组织的成员。我们称德国社会党组织为民主的组织,因为在德国社会党内一切都是公开进行的,甚至党代表大会的会议也是公开的;然而一个对所有非组织以内的人严守秘密的组织,谁也不会称之为民主的组织。试问,既然"**广泛民主原则**"的基本条件对秘密组织来说**是无法执行的**,那么提出这种原则又有什么意思呢? 这样,"广泛原则"只不过是一句响亮的空话。不仅如此,这句空话还证明人们完全不了解目前组织方面的迫切任务。大家知道,在我们这里,在"广大的"革命者中间流行的那种不守秘密的现象是十分严重的。我们已经看到波—夫怎样痛苦地抱怨这一点,他完全正确地要求"严格地选择成员"(《工人事业》杂志第6期第42页)。可是有一些以"对实际生活的敏感"自夸的人,在这种情况下**强调**的不是必须严守秘密和极其严格地(因而也就是比较狭隘地)选择成员,而是"**广泛民主原则**"! 这真是**胡说八道**。

关于民主制的第二个标志即选举制,情况也并不见得好些。这个条件在有政治自由的国家中是不成问题的。德国社会民主党的组织章程第 1 条写道:"凡承认党纲的原则并尽力帮助党的人都可以成为本党党员。"既然整个政治舞台都公开摆在大家面前,就像戏剧舞台摆在观众面前一样,那么一个人承认不承认党纲,帮助党还是反对党,大家都可以从报纸上,从公众集会上看得出来。大家都知道,某个政治活动家起初做过什么,后来又经历过什么变化;他在困难时候表现得怎样,他的品质一般说来又是如何,因此,**全体**党员自然都能胸中有数地决定是否选举这个活动家来担任党的某种职务。对于党员在政治舞台上的一举一动进行普遍的(真正普遍的)监督,就可以造成一种能起生物学上所谓"适者生存"的作用的自动机制。完全公开、选举制和普遍监督的"自然选择"作用,能保证每个活动家最后都"各得其所",担负最适合他的能力的工作,亲身尝到自己的错误的一切后果,并在大家面前证明自己能够认识错误和避免错误。

把这种情况拿到我们专制制度的国家中来试试看吧! 要所有"承认党纲的原则并尽力帮助党的人"来监督秘密革命家的一举一动,这在我国是否做得到呢? 既然革命家为了工作,**必须使**"所有的人"中的十分之九都不知道他是什么人,那怎么能要求所有的人来选举这些秘密革命家中的这个人或者那个人呢? 只要稍微考虑一下《工人事业》杂志所讲的那些响亮词句的真正意义,就可以知道在黑暗的专制制度下,在流行由宪兵来进行选择的情况下,党组织的"广泛民主制"只是一种**毫无意思而且有害的儿戏**。说它是一种毫无意思的儿戏,是因为实际上任何一个革命组织从来也没有实行过什么**广泛**民主制，而且无论它自己多么愿意这样做，也是做**不到的**。说它是一种有害的儿戏，是因为贯彻"广泛民主原则"的尝试，只会便于警察进行广泛的破坏，永远保持目前盛行的手工业方式，转移实际工作者的视线，使他们放弃把自己培养成职业革命家这种重大的迫切任务，而去拟定关于选举制度的详细的"纸上"章程。只有在国外，由于没有可能找到真正的实际工作来做的人常常聚集在一起，这种"民主制的儿戏"才能在某些地方，特别是在各种小团体中间广泛流行。

《工人事业》杂志所惯用的手段，就是提出在革命事业中实行民主制这种体面的"原则"，为了向读者表明这种手段是毫不体面的，我们还要再找一个见证人。这个见证人就是伦敦《前夕》杂志的编辑叶·谢列布里亚科夫，他非常同情《工人事业》杂志而极端仇视普列汉诺夫和"普列汉诺夫派"。《前夕》杂志在论国外"俄国社会民主党人联合会"的分裂问题的文章中，曾经坚决地站在《工人事业》杂志一边，用一大堆抱怨的话来攻击普列汉诺夫[94]。因此，这个见证人在这个问题上对我们更有价值。在《前夕》杂志第7期(1899年7月)所载的《论工人自我解放社宣言》一文中，叶·谢列布里亚科夫指出，"在严肃的革命运动中"提出什么"妄自尊大、领袖地位以及所谓阿雷奥帕格[95]"的问题是"不体面的"，他写道：

"梅什金、罗加乔夫、热里雅鲍夫、米哈伊洛夫、佩罗夫斯卡娅、菲格涅尔等人，从来也没有以领袖自居，而且谁也没有选举过他们，没有委任过他们，但他们确实是些领袖，因为无论在宣传时期或在同政府斗争时期，他们都担负最艰巨的工作，总是到最危险的地方去，并且他们的活动也最有成效。他们的领袖地位并不是他们自己要来的，而是周围同志们对他们的智慧、毅力和忠诚表示信任的结果。害怕什么可以独断独行地指挥运动的阿雷奥帕格(如果不害怕，又为什么要写它呢)，那就未免太幼稚了。谁会听从它呢?"

　　我们要问问读者:"阿雷奥帕格"同"反民主倾向"有什么区别呢? 很明显,《工人事业》杂志的"体面的"组织原则恰恰是既很幼稚,又不体面。说它幼稚,是因为谁也不会听从"阿雷奥帕格"或者有"反民主倾向"的人,除非"周围同志们对他们的智慧、毅力和忠诚表示信任"。说它不体面,是因为这是一种蛊惑人心的手段,利用一部分人爱慕虚荣,一部分人不熟悉我们运动的实际情况,一部分人缺乏修养和不熟悉革命运动的历史来投机取巧。我们运动中的活动家所应当遵守的唯一严肃的组织原则是:严守秘密,极严格地选择成员,培养职业革命家。只要具备这些品质,就能保证有一种比"民主制"更重要的东西,即革命者之间的充分的同志信任。而这种更重要的东西对我们来说是绝对必要的,因为在我们俄国是根本不可能用普遍的民主监督来代替它的。如果以为无法实行真正"民主的"监督,就会使革命组织的成员成为不受监督的人,那就大错特错了。他们没有时间去考虑民主制(一些完全相互信任的同志们所构成的狭小的核心内部的民主制)的儿戏形式,但他们非常真切地感觉到自己的**责任**,并且他们从经验中知道,真正的革命家组织是会用一切办法来清除其中的不良分子的。而且我们还拥有在俄国(以及国际)革命队伍中由来已久的相当普遍的舆论,这种舆论对于一切偏离同志关系(要知道,"民主制",真正的、不是儿戏式的民主制,正是同志关系这个总的概念的一部分!)的义务的行为,都要予以严厉的谴责。你们要是注意到这一切,那就会知道,这些关于"反民主倾向"的论调和决议散发出来的那种在国外玩弄领袖儿戏的气味,该是多么腐臭啊!

　　还必须指出,这种论调的另一种根源,即幼稚,也是由于人们对民主这个观念认识不清而造成的。在韦伯夫妇论英国工联的书里有一章《原始的民主》是很值得注意的。作者在这里写道,英国工人在他们的工会存在的初期曾认为,民主的必要特征就是要由大家来担负工会管理方面的一切工作:不仅一切问题要由全体会员表决,并且工会的职位也要由全体会员轮流担任。只有通过长期的历史经验,工人才懂得这样一种民主观念是荒唐的,才懂得必须成立代表机关和设置专职人员。只有工会的钱库遭到几次破产,工人才懂得,所交会费和所得津贴之间的比例问题不能单用民主表决来决定,还要征求保险业专家的意见。其次,你们读一读考茨基论议会制度和人民立法的那本书①,就可以知道马克思主义理论家的结论同"自发地"联合起来的工人的多年实践的教训是相吻合的。考茨基坚决斥责里廷豪森对于民主的原始见解,嘲笑那些借口实行民主而要求"人民的报纸直接由人民编辑"的人,证明为了实现社会民主党对无产阶级的阶级斗争的领导就必须有**专职的**新闻工作者和**专职的**国会议员等等,抨击"无政府主义者和著作家的社会主义",这些人为了"哗众取宠"而鼓吹直接的人民立法制,他们不懂得在现代社会中很少有采用这种制度的可能。

　　凡是在我们运动中实际工作过的人都知道,"原始的"民主观点在青年学生和工人群众中广为流行。这种观点也渗透到章程和书刊中去是不足为怪的。伯恩施坦派的"经济派"在自己的章程上写道:"第10条。与整个联合会利益有关的一切事情,都应当由全体会员的多数决定。"恐怖派的"经济派"也重复他们的话:"委员会的决议须经所有小组通过才能生效。"(《自由》杂志第1期第67页)请注意,这种普遍采用全民投票的要求,是作为按选举原则建

---

　　① 指《议会政治、人民立法和社会民主党》。——编者注

立**整个**组织的要求的**补充**而提出的! 当然,我们远没有因此而责备实际工作者的意思,因为他们认识真正民主组织的理论和实践的机会太少了。但是,妄想起领导作用的《工人事业》杂志在这种条件下只限于提出广泛民主原则的决议,我们怎么能够不说这只是"哗众取宠"呢?

(六) 地方工作和全俄工作

如果说反对这里所叙述的组织计划,认为这种组织不合乎民主制并带有密谋性质的意见已经证明是毫无根据的,那么,还有一个经常提出的问题也是值得详细探讨的。这就是地方工作和全俄工作的相互关系问题。有人担心:建立集中化的组织,会不会使重心从地方工作转移到全俄工作上去呢? 这会不会削弱我们同工人群众的联系的牢固性以及一般地方鼓动工作的稳定性,从而使运动受到损失呢? 我们回答说:近年来我们的运动恰恰是由于地方活动家过分埋头于地方工作而受到损害;因此,把重心稍稍转移到全俄工作上去是绝对必要的;这种转移不会削弱,而会既加强我们的联系的牢固性又加强我们的地方鼓动工作的稳定性。我们就拿中央机关报和地方机关报问题来谈吧,同时请读者不要忘记:我们不过是把报纸工作当做一个**例子**来说明更广泛更复杂得多的一般革命事业。

在群众运动的第一个时期(1896—1898 年),地方活动家曾试图创办全俄的机关报《工人报》;在下一个时期(1898—1900 年),运动前进了一大步,但领导者的注意力却完全放在地方机关报的工作上了。假使把所有的地方机关报加在一起,那么大致说来每月只出一号。① 这难道不是清楚地表明了我们的手工业方式吗？这难道不是明显地说明我们的革命组织落后于运动的自发高潮吗？假使**同样多**号数的报纸不是由各个分散的地方团体而是由统一的组织来出版，那么我们就不仅可以节省大批人力，并且可以使我们的工作具有大得多的稳定性和继承性。但无论是几乎专为地方机关报**积极**工作的实际工作者（可惜，直到现在多半还是这样），还是在这个问题上表现出惊人的唐·吉诃德精神**97**的政论家，都往往忽略这个简单的道理。实际工作者通常满足于这样的看法：地方活动家要办全俄报纸是"困难"的②，有地方报纸总比没有任何报纸要好些。后面这个意见当然是完全正确的，而在承认地方报纸**一般**是有重要作用和很大好处这一点上，我们并不亚于任何一个实际工作者。但现在所说的并不是这一点，而是能否摆脱全俄国两年半出版30号地方报纸所明显地反映出来的分散状态和手工业方式。请你们不要只是停留在地方报纸一般有好处这种毋庸置辩、但是过于笼统的议论上面，应当也有勇气公开承认两年半的经验所暴露出来的地方报纸的消极方面。这种经验证明：在我国现在的条件下，地方报纸往往在原则上不坚定，在政治上无意义，在消耗革命力量方面代价太高，在技术方面丝毫不能令人满意（我指的当然不是印刷的技术，而是出版的次数和定期性）。所有这些缺点都不是偶然现象，而是分散状态的必然结果，这种分散状态一方面是地方报纸在这个时期中占优势的原因，另一方面它又

① 见《向巴黎代表大会的报告》**96**第14页："从那时（1897年）起到1900年春止，在不同的地方总共出版了30号不同的报纸…… 平均每个月出版一号以上。"
② 这种困难只是表面上的。其实，**没有**一个地方小组不能积极地担负起全俄的工作的某一职能。"不要说'我不能'，而要说'我不想'。"

靠这种优势而**得以维持下去**。单个的地方组织简直**无力**保证自己的报纸具有原则上的坚定性和把它提到政治机关报的高度，**无力**收集和利用充分的材料来说明我国的全部政治生活。在自由国家里，通常主张必须出版许多地方报纸，理由是报纸由地方工人印刷，价格便宜，并且可以更全面更迅速地为当地居民提供消息，而在我们俄国，正像经验所证明的那样，这种**理由**却成了**反对**地方报纸的根据。地方报纸在消耗革命力量方面代价太高，出版次数又**特别**少，其原因很简单：办**秘密**报纸，无论规模多么小，总要有庞大的秘密机构，而这种机构又需要有工厂大工业，因为在手工作坊中是产生不出这种机构来的。秘密机构的原始性，往往(每个实际工作者都知道许多这样的实例)使警察利用一两号报纸的出版和散发就造成**大规模的**破坏，结果往往把一切都搞得精光，使我们不得不再从头开始。良好的秘密机构，要求革命家有很好的专业训练和极严格的分工，而这两个要求对于单个的地方组织来说，无论当时力量多么强也是根本办不到的。不要说我们整个运动的总的利益(对工人进行原则坚定的社会主义教育和政治教育)，就是专门的地方利益，也**不是地方机关报能够给予**更好照顾的。这乍看起来似乎不合情理，但实际上我们上面指出的那两年半的经验已十分确凿地证明了这一点。谁都会承认，假使把出版了30号报纸的全部地方力量都用来办一个报纸，那么这个报纸就会很容易地出60号，甚至100号，因而也会更充分地反映出运动的纯粹地方性质的一切特征。这种创建工作当然是不容易的，但是必须使我们大家都了解这种工作是必要的，必须使每个地方小组都考虑并且**积极从事**这种工作，不要等待外力的推动，不要迷信地方机关报容易办和接近地方，其实，根据我们的革命工作经验来看，这些优点大都是虚幻的。

所以，那些自以为特别接近实际工作者的政论家实际上对实际工作起着不好的作用，他们看不见这种虚幻性，却用一种极其廉价和极其空洞的议论来支吾搪塞，说什么需要有地方报纸，需要有地区报纸，需要有全俄报纸。当然，一般说来，所有这些都是需要的，但既然是要解决具体的组织问题，也就需要想一想环境和时间的条件。例如，《自由》杂志(第1期第68页)在专门"谈论**报纸问题**"的时候竟说："我们觉得，一切稍大的工人聚居地点都应当有本地的工人报纸，不是从别的地方运来而是本地出版的工人报纸。"这难道不是地道的唐·吉诃德精神吗？假使这位政论家不愿意考虑他自己所说的这些话的意思，那就请读者来替他考虑考虑吧：俄国有几十个，甚至几百个"稍大的工人聚居地点"，如果真是每个地方组织都来创办本地的报纸，那就会使我们的手工业方式永世长存了！这种分散状态会使我国的宪兵轻而易举地——不费"稍大的"力气就在地方活动家一开始活动时把他们抓走，而不等他们发展成为真正的革命家！该文作者继续写道：在全俄的报纸上叙述"本城以外的各个城市的"工厂主的卑鄙勾当和"工厂的生活琐事"是没有趣味的，而"奥廖尔人读到奥廖尔本城的消息时，就一点也不会感到枯燥无味了。他每次知道把谁'骂了一顿'，把谁'揍了一顿'，精神就会振作起来"。(第69页)不错，奥廖尔人是会精神振作起来的，可是我们的这位政论家的思想也未免太"振作"了。这种为舍本逐末习气辩护的态度是否适当呢？——这才是他应当好好考虑一下的问题。在承认工厂揭露工作的必要性和重要性这方面，我们并不亚于任何人，可是要记住，我们现在已经弄到这种地步，甚至彼得堡人读到彼得堡出版的《工人思想报》上的彼得堡通

讯时也都感到枯燥无味了。为了在各地进行工厂揭露工作,我们
一向都印发传单,并且**将来也一直要印发**,但是**报纸**这种出版物,
我们应当把它提高,而不应当把它降低到工厂传单的水平。我们
在"报纸"上所要揭露的主要不是"琐事",而是工厂生活中重大的
典型的缺点,这种揭露用的是特别突出的事例,所以它们能够使**全
体**工人和所有领导运动的人都感兴趣,能够真正丰富他们的知识,
扩大他们的眼界,能够促使新的地区和新的行业的工人觉醒起来。

　　"其次,在地方报纸上能把工厂主管或其他当局的一切卑鄙勾
当立即当场揪住。可是共同的报纸离得很远,等一个消息传到的
时候,本地方的人早已把它忘记了:'究竟是什么时候发生的呢?
咳,记不起来了!'"(同上)是啊,记不起来了! 我们从这同一个材
料中知道:两年半出版的 30 号报纸是在 6 个城市印行的。这就是
说,平均一个城市**半年出版一号报纸**! 即使我们的这位轻率的政
论家在自己的设想中把地方工作的效率**提高两倍**(这对中等城市
来说是绝对不正确的,因为在手工业方式范围内是无法大大提高
效率的),那么结果也不过是两个月出版一号,也就是说,根本算不
了什么"当场揪住"。但是,如果十个地方组织联合起来,派遣自己
的代表去积极筹办一个共同的报纸,那就可以把**全俄各地**发生的
一些并非琐事而是真正突出的典型的丑恶现象每两星期"揪住"一
次。这是任何一个熟悉我们各地组织实际情况的人都不会怀疑
的。至于要在犯罪的现场揪住敌人,假如说的是正经话而不是哗
众取宠,那就根本不是秘密报纸所能做到的事情。这样的事情只
有通过暗中散发传单才可以做到,因为要做到在现场揪住的最长
期限往往是不超过一两天的(例如普通的短期罢工,或工厂中的格
斗,或游行示威等等)。

"工人不仅是在工厂内生活，并且是在城市内生活"，——我们的这位作者继续写道，他用一种连波里斯·克里切夫斯基也自愧不如的彻底性从局部问题上升到了一般问题。于是他就指出城市杜马、城市医院、城市学校等问题，要求工人报纸不要用缄默来回避城市的一般情况。这个要求本身是很好的，但它特别明显地表明人们在谈论地方报纸问题时往往只限于发表空洞、抽象的议论。第一，如果真是"在一切稍大的工人聚居地点"都出版一种辟有《自由》杂志所要求的详细的本城消息专栏的报纸，那么这在我们俄国的条件下，就不免要变成真正的舍本逐末了，不免要削弱人们对于向沙皇专制制度发动全俄革命攻击的重要性的认识，不免要加强一个派别（它责备革命家过多地谈论不存在的议会而过少地谈论现在存在的城市杜马[98]，这一名言使它声名大振）的幼芽，这种幼芽还很有生命力，现在只是隐藏着或被压抑着，但远没有连根拔除。我们所以说"不免"，是要借以着重指出：《自由》杂志显然并不愿意有这种结果，而愿意有相反的结果。可是，只有善良的愿望是不够的。为了使说明城市情况的工作的方向适应我们的整个工作，**首先**就要把这个方向全部拟定出来，不仅要通过议论，而且要通过大量实例把这个方向明确地规定下来，使它成为牢固的**传统**。我们现在还远没有做到这一点，而这一点却**首先**需要做到，然后才能想到和谈到广泛的地方报刊的问题。

第二，要真正很好地、很有趣味地描写城市情况，就要很好地了解而不是仅仅从书本上了解这些情况。但具有这些知识的社会民主党人，**在全俄**几乎根本没有。要在报纸上（而不是在通俗小册子上）谈城市和国家的情况，就需要有新鲜的、各方面的、由能干的人收集并整理过的材料。而为了收集和整理这样的材料，靠那种大家一起管理一切、以全民投票的儿戏作为消遣的原始小组所实行的"原始的民主",当然是不够的。为此就需要有专门的作家、专门的通讯员组成的大本营;需要有社会民主党人记者组成的大军,这些记者到处建立联系,善于打听到各种各样的"国家机密"(俄国官吏常以知道这些机密自傲,并且随便泄露出去),善于钻到各种各样的"幕后",——需要有"因职务关系"而必须无孔不入和无所不知的人所组成的大军。我们这个反对**任何**经济、政治、社会和民族压迫的党,能够而且应当去寻找、召集、训练、动员并调动这支无所不知的人所组成的大军去作战,——但这一切都还是有待于我们去做的事! 我们在绝大多数地方不仅在这一方面没有采取任何步骤,甚至常常没有**认识到**这样做的必要性。如果你们到我们社会民主党的报刊上去找找有关我国外交、军事、教会、市政、金融以及其他等等方面的各种大小事情的生动有趣的论文、通讯和揭露文章,那么你们会发现**几乎根本没有**,或者说是绝无仅有。① 所以"当一个人跑来讲许多非常漂亮动听的话",说什么必须"在一切稍大的工人聚居地点"都出版一个揭露工厂、城市以及国家的丑恶现象的报纸的时候,"我总是感到非常气愤"!

地方报刊比中央报刊占优势,这既可以是贫乏的表现,也可以是富裕的表现。当运动还没有创造出从事大生产的力量时,当运

---

① 正因为如此,甚至那些最好的地方机关报的例子,也可以完全证明我们的观点正确。例如《南方工人报》**99**是一个很好的报纸,它在原则坚定性方面完全是无可非议的。但是,它想给予地方运动的东西,由于出版次数很少并且遭到广泛破坏而没有办到。目前党的最迫切的工作,即从原则上提出运动的根本问题和进行全面的政治鼓动,是地方机关报不能胜任的。而《南方工人报》所提供的特别好的东西,如关于矿业主代表大会、关于失业等等问题的文章,却又不是纯粹地方性的材料,不仅南方需要,**而且全俄各地都需要**。这样的文章在我们社会民主党的所有报刊上都没有见过。

动还拘泥于手工业方式，还几乎完全沉溺于"工厂生活琐事"中的时候，这就是贫乏的表现。而当运动**已经完全能够执行**全面揭露和全面鼓动的任务，因而除了中央机关报之外，还需要有许多地方机关报的时候，这就会是富裕的表现。现在我们的地方报纸占优势的情况究竟表明什么，让每个人自己去解答吧。而我只是把自己的结论确切地表述出来，以免引起误解。我们的大多数地方组织到现在为止还都是几乎只想到地方机关报，几乎专为地方机关报积极工作。这是不正常的。应当恰恰相反：大多数地方组织主要应当想到全俄机关报，主要应当为全俄机关报工作。在没有做到这一点以前，我们就办不成**任何一家**多少能够用刊物上的**全面**鼓动来真正为运动服务的报纸。而如果这一点做到了，必要的中央机关报同必要的地方机关报之间的正常关系也就自然会建立起来。

＊　　　＊　　　＊

乍看起来，关于必须把工作重心从地方工作转移到全俄工作上去的结论，似乎不能适用于专门的经济斗争的范围，因为工人在这里的直接敌人是单个的企业主或单个的企业主集团，这些人没有结成组织，丝毫不像我们在政治斗争中的直接敌人俄国政府那样，拥有一个十分集中的、连极琐碎的事情都由统一意志来指挥的纯粹军事组织。

但实际上并不是这样。我们已经多次指出：经济斗争是一种工会斗争，因此它要求按工人的职业而不只是按工人的工作地点联合起来。我国的企业主愈是迅速地联合成各种公司和辛迪加，工人的这种职业性联合也就愈加迫切需要。我们的分散状态和手工业方式直接妨碍着这种联合，而为了这种联合就必须有能够领导全俄一切工会的全俄统一的革命家组织。我们上面已经讲了为此目的所应当建立的那种组织，现在只想就我们的报刊问题补充几句。

　　在每个社会民主党报纸上都应当有工会斗争（经济斗争）栏，这未必有谁会怀疑。但是工会运动的发展，也使人不得不想到工会报刊的问题。然而我们觉得，除了极少的例外，在俄国暂时还谈不到工会报纸的问题。这是一种奢侈品，而我们往往连糊口的面包都没有。在我国，适合于秘密工作条件并且现在就很需要的工会报刊形式，应当是**工会小册子**。在这种小册子里，应当把**公开的**①和秘密的材料，如有关本行业的劳动条件，本行业的劳动条件在俄国各地的区别，本行业工人的主要要求，本行业的立法的各种缺点，本行业工人的经济斗争中的突出事件，他们的工会组织的萌芽、现状和需要及其他等等问题的材料，都收集起来，并加以系统整理。这种小册子，第一，能使我们的社会民主党报刊不必登载许

---

　　① 在这方面，公开的材料特别重要，而我们却特别不善于有系统地收集和利用这些材料。可以毫不夸张地说：单是根据公开的材料，还可以勉强写一本工会小册子，而单是根据秘密材料，就办不到了。我们要从工人那里收集像《工人思想报》印发的那些问题100的秘密材料，就会白白浪费革命家很多力量（在这方面，公开的活动家很容易代替革命家），而且始终得不到好的材料，因为工人往往只知道大工厂中某一部门的情况，差不多总是只知道自己的劳动的经济结果，却不知道自己的劳动的一般条件和定额，所以他们根本无法获得工厂职员、视察员和医生等等所具有的那些知识，无法获得大量散见于零碎的报纸通讯上的和工业、卫生以及地方自治机关等等方面的专门出版物上的那些知识。
　　我很清楚地记得那个我永远也不会去重复的"初次尝试"。我曾经费了好几个星期的工夫，"寻根究底地"询问一个常到我这里来的工人，要他把他做工的那个大工厂里的一切情形都告诉我。不错，我费了很大的气力，总算勉勉强强写了一篇关于这个工厂（仅仅关于一个工厂！）的文章，可是这个工人在我们谈话结束时有时一面擦汗，一面微笑着说："回答你的问题，比加班干活还累！"
　　我们愈是积极进行革命斗争，政府也就愈会被迫承认一部分"工会"工作为合法工作，这样就能解除我们的一部分负担。

多只能引起某一行业工人注意的工会的详细情况；第二，这种小册子能把我们的工会斗争的经验的结果记载下来，能把收集起来的、现在可以说散见于大量的传单和片断通讯中的材料保存下来，并且加以概括；第三，这种小册子能成为鼓动员的一种工作指南，因为劳动条件的变化是比较缓慢的，某一行业的工人的基本要求是非常稳定的（请比较一下1885年莫斯科地区纺织工人的要求和1896年彼得堡地区纺织工人的要求）[101]，这种要求和需要汇集起来，在若干年内都可以成为在落后的地区或落后的工人阶层中进行经济鼓动的很好的参考材料；一个地区罢工取得胜利的例子，一个地区生活水平较高、劳动条件较好的材料，都能鼓励别的地方的工人去进行一次又一次的斗争；第四，社会民主党如果最先担负起推广工会斗争的责任，从而使俄国工会运动同社会主义的联系巩固起来，它就会同时注意使我们的工联工作在我们社会民主党的全部工作中所占的分量，既不太大，也不太小。地方的组织如果同其他城市中的组织隔离，在这方面就很难甚至几乎不能保持恰如其分的比例（《工人思想报》的例子就说明在这方面能够把工联主义夸大到多么荒唐的地步）。而全俄的革命家组织，由于具有坚定的马克思主义的观点，领导着全部政治斗争，并且有职业鼓动员的大本营，所以在确定这种恰如其分的比例时就决不会感到困难。

五

全俄政治报"计划"

波·克里切夫斯基责备我们有"使理论脱离实践而把它变为

死教条"的倾向,他写道(《工人事业》杂志第 10 期第 30 页):"《火星报》在这方面的最大错误"就是"它那个全党组织的'计划'"(即《从何着手?》一文①)。马尔丁诺夫也附和他说:"《火星报》有轻视平凡的日常斗争进程的意义而偏重宣传光辉的完备的思想的倾向……结果就在第 4 号上所载的《从何着手?》一文中提出了党的组织的计划。"(同上,第 61 页)最后,尔·纳杰日丁近来也出来响应对这个"计划"(引号想必是表示对这个计划的讽刺)表示愤慨的人们。他在我们刚刚收到的《革命前夜》一书(这本书是我们已经熟知的那个"革命社会主义**自由社**出版的)中说道:"现在来谈什么由全俄报纸牵线的组织,就是培植脱离实际的思想和脱离实际的工作"(第 126 页),就是"文人习气"的表现等等。

我们的恐怖派和"平凡的日常斗争进程"的拥护者志同道合,这并不使我们感到奇怪,因为我们在论述政治和组织的那两章里已经考察了他们这种互相接近的根源。但是现在我们也应当指出:尔·纳杰日丁,并且只有他一个人,打算诚心诚意地来研究一下他所不喜欢的这篇文章的思路,打算从实质上来回答这篇文章,而《工人事业》杂志却没有从实质上讲过任何一句话,只是竭力用一大堆无聊的蛊惑人心的胡言乱语来搞乱问题。于是,无论我们怎样不乐意,也不得不费些时间来首先打扫一下这个奥吉亚斯的牛圈**102**。

(一) 谁因《从何着手?》一文而生气了?②

让我们把《工人事业》杂志用来攻击我们的那一大堆用语和感

---

① 见本版全集第 5 卷第 1—10 页。——编者注
② 在《十二年来》文集中,列宁略去了第 5 章第 1 节,并加了如下注释:"本版略去

叹词句摘录一下吧。"不是报纸能够建立党的组织，而是相反……"
"一个凌驾于党之上、**不受党的监督**、因拥有自己的代办员网而离
开党独立存在的报纸……""《火星报》忘记了它自己所属的那个
党的实际存在的社会民主党人组织，这岂非咄咄怪事？……"
"拥有坚定的原则和相应的计划的那些人，也就是党的实际斗争的
最高支配者，他们可以命令党去执行他们的计划……""这一计划
把我们的活跃的和富有生命力的组织都赶入阴间，而想把一个幻想
的代办员网呼唤到人世间来……""《火星报》的计划如果实现，就
会把我们这个已在形成起来的俄国社会民主工党的痕迹都一扫而
光……""一个宣传性的机关报成为整个实际革命斗争中不受监
督的、专制的立法机关……""我们的党对于强迫它**完全**服从一个
自主的编辑部这一点应当采取什么态度"，如此等等。

　　读者从上述这些引文的内容和口气中可以看出，《工人事业》
杂志是**生气**了。但它之所以生气，并不是为了自己，而是为了我们
党的那些组织和委员会，仿佛《火星报》想把它们赶入阴间，甚至把
它们的痕迹都要一扫而光。你想，多可怕呀！不过，有一点是很奇
怪的。《从何着手？》一文发表于1901年5月，《工人事业》杂志上
的那些文章发表于1901年9月，而现在已经是1902年1月中旬
了。在这整整五个月里（无论是在9月以前或在9月以后），党内
既没有一个委员会，也没有一个组织提出过正式抗议来反对这个
想把各个委员会和组织都赶入阴间的恶魔！要知道，在这期间，无

<hr>

了第1节《谁因〈从何着手？〉一文而生气了？》，因为它的内容完全是同《工人
事业》杂志和崩得就《火星报》企图'指挥'……的问题进行的论战。在这一节
中顺便还谈到，正是崩得自己曾邀请(1898—1899年)《火星报》的成员恢复党
的中央机关报和组织'写作实验所'的。"——俄文版编者注

论是在《火星报》上，还是在许多其他的地方出版物或非地方出版物上，却发表了几十篇、几百篇来自俄国各地的通讯。为什么要被人家赶入阴间的那些人居然没有觉察到这一点，也没有因此生气，而生气的却是第三者呢？

所以会这样，是因为各个委员会以及其他组织都在从事真正的事业，而不是玩弄什么"民主制"的儿戏。各个委员会都读了《从何着手？》一文，都认为这是想"制定出一定的组织计划，**以便能够从各方面着手建立组织**"的一种尝试。同时，因为它们都很清楚地知道和看到，这个"各方面"中的**任何一方面**在没有确认建立组织的必要性和建筑计划的正确性以前，是不会想到要"着手建立"的，所以它们也就自然没有想到要对有人胆敢在《火星报》上说出下面的话而"生气"："鉴于问题的迫切重要性，我们想提出一个计划草案来请同志们考虑。关于这个计划，我们在准备出版的一本小册子里将作更详细的发挥。"①如果同志们**采纳**这个提请他们考虑的计划，那么他们执行这个计划就不是由于"被迫服从"，而是由于相信它是我们的共同事业所必需的；如果他们**不采纳**这个计划，那么这个"草案"（这不是个极端狂妄的字眼吗？）就会始终不过是个草案，——难道这不是每个诚恳地对待问题的人都能理解的事情吗？如果在反对一个计划草案时不只是"大骂"这个计划并劝同志们拒绝这个计划，而且还**唆使**那些缺乏革命工作经验的人去攻击计划起草人，**其理由只是这些起草人竟敢**"立法"，**竟敢**充当"最高支配者"，即竟敢**提出**一个计划草案，——难道这不是蛊惑人心吗？？如果因为有人想把地方活动家**提高**到更广泛的见解、任务、计划等等

———————
① 见本版全集第5卷第6页。——编者注

的水平上来而要加以反驳,并不只是由于认为这种见解不正确,而是由于对别人"要""**提高**"我们而感到"生气",——试问,这样我们的党还能够发展,能够前进吗?要知道,尔·纳杰日丁也曾经"大骂"我们的计划,然而他并没有堕落到采用不能单用政治见解幼稚或肤浅来解释的蛊惑手段,他从一开始就坚决排斥所谓"监督党"的罪名。因此,我们可以并且应当从实质上来回答尔·纳杰日丁对于计划所作的批评,而对于《工人事业》杂志,那只能表示鄙视。

但是,我们对一个堕落到叫喊"专制"和"被迫服从"的作者表示鄙视,并不是说我们就不必去澄清这种人带给读者的糊涂观念了。我们现在就可以向大家清楚地表明,这种空谈"广泛民主制"的时髦词句究竟是什么货色。有人责备我们,说我们忽略了各个委员会,说我们希望或试图把它们赶入阴间等等。既然按保密条件,**几乎任何一件**涉及我们同各个委员会之间的真实关系的**事实都不能**向读者说明,试问我们该怎么来回答这种责难呢?那些信口提出刻薄的、能够刺激群众的责难的人,居然走到我们前面去了,这只是因为他们肆无忌惮,因为他们无视革命者的责任是必须把自己所保持的、建立的或力图建立的那些关系和联系都小心翼翼地隐蔽起来。当然,我们永远不会在"民主制"方面去同这帮人竞争。至于说到那些对党内的一切事务都不熟悉的读者,那么履行我们对这种读者的义务的唯一办法,就不是叙述现有的和处于形成过程中的情况,而是叙述**一小部分**已经过去的、可以当做往事来叙述的情况。

崩得影射我们"擅自称王称霸"[①],国外"联合会"责备我们企

---

① 《火星报》第8号上俄罗斯和波兰犹太工人总联盟中央委员会对我们论民族问题的文章的答辩。

图把党的痕迹一扫而光。好吧，先生们。我们只要向读者叙述一下过去的**四件事实**103，就能使你们心满意足了。

第一件①事实。一个"斗争协会"的几个成员，曾直接参与我们党的成立并直接参与派代表出席党的成立代表大会，他们曾经同《火星报》小组的一个成员商定，要出版一套适应整个运动需要的工人丛书。工人丛书没有出成。但是为这套丛书而写的两本小册子《俄国社会民主党人的任务》和《新工厂法》②却几经周折而由第三者带到国外去出版了。

第二件事实。崩得中央委员会的几个委员向《火星报》小组的一个成员建议共同成立一个像崩得当时所说的"写作实验所"。同时他们还指出，假如这件事情办不到，那么我们的运动就会大大地后退。谈判的结果是写了《俄国的工人事业》这本小册子③。

第三件事实。崩得中央委员会通过一个外省市镇同《火星报》的一个成员接洽，建议他负责编辑准备复刊的《工人报》，结果当然是获得了同意。后来这一建议有所变动，改成了请他撰稿，因为编辑部的人员有了新安排。这当然也获得了同意。接着就寄去了以下几篇文章（这几篇文章保存下来了）：《我们的纲领》，内容是直接反对伯恩施坦主义，反对合法书刊和《工人思想报》所表现的转变；《我们的当前任务》（"创办一个能正常出版并同一切地方团体密切联系的党的机关报"；目前盛行的"手工业方式"的弊病）；《迫切的

---

①　我们故意不按这些事实发生的先后排列。
②　见本版全集第2卷第428—451、335—378页。——编者注
③　顺便说说，这本小册子的作者托我声明一下，说这本小册子也像他以前所写的几本小册子一样是寄给"联合会"的，因为他以为"联合会"出版物的编辑仍是"劳动解放社"（由于某些条件，他在当时，即在1899年2月不可能知道编辑部的变动情况）。这本小册子很快就会由同盟104再版。

问题》(分析批判那种认为在着手出版共同的机关报以前必须**先**开
展各个地方团体的活动的反对意见;坚持"革命组织"有头等重要
意义,坚持必须"使组织、纪律和秘密活动的技术达到最完善的地
步")。[1]《工人报》复刊的建议没有实现。于是这几篇文章也就没
有发表。

　　第四件事实。一个委员会的负责筹备我们党的第二次(例行)
代表大会的一个委员,把代表大会的程序通知《火星报》小组的一
个成员,并推举该小组负责编辑准备复刊的《工人报》。他采取的
这个所谓预备步骤,随后又经他本人所属的那个委员会以及崩得
中央委员会正式批准;《火星报》小组接到了关于代表大会召开的
地点和时间的通知,但是担心由于某些原因不能派遣代表去参加
这次代表大会,所以也给代表大会写了一个书面报告。在这个报
告里表达了这样的意思:在目前这个十分混乱的时期,我们只选出
一个中央委员会不仅解决不了统一问题,而且还会冒损害伟大的
建党思想的风险,因为在目前不保密的现象十分流行的情况下一
定很快又会全部遭到破坏;所以,第一步工作应当是邀请所有的委
员会及其他一切组织来支持恢复起来的共同的机关报,这个机关
报将通过**实际的**联系把所有的委员会**真正**连在一起,并**真正**培养
出一个领导整个运动的领导者集团,而一旦这样一个由各委员会
所建立的集团充分成长和巩固起来,各委员会和党也就能很容易
把它变成中央委员会了。可是,代表大会由于发生一系列的破坏
事件而没有召开,这个报告也由于考虑到保密而销毁了,读到这个
报告的只有很少几位同志,其中包括一个委员会的几位全权代表。

***

　　① 　见本版全集第4卷第160—174页。——编者注

　　现在请读者自己来判断一下,像崩得影射我们擅自称王称霸,或《工人事业》杂志硬说我们想把各个委员会赶入阴间,想用传播一个报纸的思想的组织来"代替"党的组织这样一些手法究竟是什么性质。其实,我们正是**根据各委员会的再三请求**才向它们作报告说必须采取一定的共同工作计划的。我们在寄给《工人报》的文章以及提交党代表大会的报告中详细订出了这个计划,正是为了党的组织,并且我们这样做,也是根据那些在党内极有影响的、担负着倡导恢复(事实上恢复)我们党的责任的人们提出的请求。只是在党组织**和我们一同正式恢复**党中央机关报的**两次**尝试都遭到失败以后,我们才认为自己真正有责任创办一个**非正式的**机关报,以便同志们在作**第三次**尝试时有相当的**实验**结果可以参考,而不只是凭空推测。现在这一实验的某些结果已经是有目共睹了,所以全体同志都能判断:我们对自己的责任理解得究竟是否正确;对于那些因不满意被我们指出他们当中有人在"民族"问题上不彻底、有人产生不可容忍的无原则的动摇而力图把不了解近况者引入迷途的人,究竟应当怎样看待。

(二) 报纸能不能成为集体的组织者?

　　《从何着手?》一文的全部关键,**就**在于提出了这个问题并且给以肯定的回答。据我们所知,只有尔·纳杰日丁一个人曾经试图从实质上分析这个问题,并证明必须给以否定的回答。我们现在把他的论据全部转引如下:

　　"……我们很欣赏《火星报》(第4号)提出必须创办全俄报纸的问题,但我们绝对不能同意说这种提法同《从何着手?》一文的标题是符合的。这无疑是一种极重要的工作,但是能为革命时期的战斗组织奠定基础的并不是这种工作,并不是一大批通俗传单,并不是一大堆宣言。必须在各地着手建立强有力的政治组织。我们还没有这种组织,我们过去主要是在有知识的工人中进行工作,而群众几乎只是进行经济斗争。**如果不在各地培植起强有力的政治组织,那么即使有办得很好的全俄报纸,又有什么意义呢?** 烧不灭的荆棘老是在那里燃烧,总烧不完,但是它也不会烧着任何人!《火星报》以为人民一定会在全俄报纸的周围,为创办全俄报纸的事情而集合起来,组织起来。**其实,人民在更具体的事情周围会更紧密得多地集合起来和组织起来!** 这种更具体的事情可以而且应当是普遍创办地方报纸,立刻准备工人的力量去游行示威,由地方组织在失业工人中经常进行工作(经常在他们中间散发传单,召集他们开会,号召他们反抗政府,等等)。我们要在各地着手进行生动的政治工作,而当在这个实际的基础上的统一成为必要的时候,那它就不会是人为的统一,不会是纸上的统一了。要把各地方的工作统一成为全俄的事业,这决不是报纸可以办到的!"(《革命前夜》第54页)

我们在这一大段娓娓动听的议论中加上着重标记的那些地方,最突出地表明该文作者对我们的计划的估计是不正确的,他在这里用来反对《火星报》的全部观点也是不正确的。如果不在各地培植起强有力的政治组织,那么有办得极好的全俄报纸也没有什么意义。——这句话完全正确。但问题就在于除了利用全俄报纸之外,**再没有别的方法可以培植起强有力的政治组织**。作者忽略了《火星报》**在说明它的"计划"以前所作的那个极重要的声明:必须"号召建立革命组织,这一组织不仅在名义上而且在实际上能够统一一切力量,领导运动,即随时准备支持一切抗议和一切发动,并以此来扩大和巩固可供决战之用的军事力量"。《火星报》继续写道:现在,在二三月事件之后,在原则上大家都会同意这一点了,但我们需要的不是在原则上而是在实际上解决问题,需要的是立刻提出一个明确的建设计划,使大家能够立刻从各方面着手进行这种建设。但人们又把我们拉向后退,使我们不去实际解决问题,而去空谈那个原则上正确的、不容置辩的、伟大的、然而是完全不够的、广大工作人员完全不能理解的真理："培植强有力的政治组织"！可敬的作者啊，现在问题并不在这里，而在于**究竟怎样**来培植和培植起这种组织！

"我们过去主要是在有知识的工人中进行工作，而群众几乎只是进行经济斗争"，这种说法是不正确的。这种说法同《自由》杂志上常见的那种把有知识的工人同"群众"对立起来的根本错误的观点倒是一致的。近几年来，我们的所谓有知识的工人也"几乎只是进行经济斗争"。这是一方面。另一方面，只要我们不帮助有知识的工人和知识分子**把自己培养成**政治斗争的领导者，群众就永远也学不会进行政治斗争；而为了培养出这种领导者，又**只有**通过经常不断地随时估计我国政治生活的**一切**方面，估计各个阶级由于各种原因而进行抗议和斗争的**一切尝试**才能做得到。所以，一方面说"培植政治组织"，同时又把政治报纸的"纸上的事情"同"各地方的生动的政治工作"**对立起来**，这简直是可笑的！而《火星报》正是要把自己的办报"计划"变成适应于培养这种"战斗决心"的"计划"，来支持失业工人的运动、农民的骚乱、地方自治人士的不满以及"人民对胡作非为的沙皇暴吏的义愤"等等。凡是熟悉运动实际情况的人都知道得很清楚：绝大多数地方组织**连想也没有想到过**这一点；这里拟定的许多"生动的政治工作"是任何一个组织**连一次也没有**进行过的；例如，当有人提请大家注意地方自治机关的知识分子中的不满和反抗情绪在增长时，无论是纳杰日丁（他说，"天哪，这个机关报岂不是为地方自治人士办的吗？"——《革命前夜》第129页），还是"经济派"（《火星报》第12号上发表的那封来信），还是许多实际工作者，都感到惊慌失措，困惑莫解。在这种情况下，也就**只能**这样来"着手"工作，即首先促使人们**想到**这一切，促使人们来归纳和综合所有一切风潮和积极斗争的表现。在当前社会民主党的任务被降低的条件下，"生动的政治工作"也**只能**从生动的政治鼓动**着手**，而生动的政治鼓动又非有经常出版并且正常发行的全俄报纸不可。

把《火星报》的"计划"看做是"文人习气"的表现的人，完全不懂得计划的实质，竟把提出来作为目前最适当的手段的东西当成了目的。这些人没有用心想一想那两个清楚地说明了这个计划的比喻。《火星报》上说过，创办全俄政治报应当是我们使这个组织（即随时都准备支持一切抗议和一切发动的革命组织）得以不断发展、加深和扩大的**一条基线**。当石匠建造一座前所未见的巨大建筑物而在不同的位置上砌石头的时候，总要拉一根线来帮助找准砌石头的位置，指明整个工程的最终目标，不仅使每一整块石头而且使每一小块石头都能用得上，使它们相互衔接起来，形成完整而统一的大厦的轮廓，请问，这算不算是"纸上的"事情呢？目前我们党的生活的状况，岂不正是既有石头，又有石匠，但就是缺少一条使大家都能看得见、都可以遵循的引线吗？让他们去叫喊，说我们拉一条引线就是想发号施令吧！先生们，假使我们真想发号施令，那我们就不会写成"《火星报》创刊号"，而会写成"《工人报》第3号"了，正如有些同志曾经劝我们这样做的，并且我们在上面讲的那些事情发生后**本来是有充分理由这样做的**。但我们并没有这样做，因为我们希望不受束缚地同一切假社会民主党人作不调和的斗争；我们希望我们的引线（如果这条引线拉得正确的话）受到人们尊重是因为它拉得正确，而不是因为它是由一个正式的机关报拉的。

尔·纳杰日丁教训我们说："把地方活动统一到中央机关里来

的问题,真是在迷宫里兜圈子;要统一,就需要成分的一致,而这种
一致本身又只能由某种具有统一作用的东西造成,但这种具有统
一作用的东西,又只能是强有力的地方组织的产物,而目前各个地
方组织又是并不一致的。"这个真理,也像什么要培植强有力的政
治组织的真理一样可敬,一样不容争辩。这个真理同样又是没有
意义的。**任何**问题都可以说是"在迷宫里兜圈子",因为全部政治
生活就是由一串无穷无尽的环节组成的一条无穷无尽的链条。政
治家的全部艺术就在于找到并且牢牢抓住那个最不容易从手中被
打掉的环节,那个当前最重要而且最能保障掌握它的人去掌握整
个链条的环节。① 假使我们有一大批老练的石匠,能够彼此非常协
调地工作,即使不拉引线也能把石头恰到好处地砌在需要的地方
(抽象地说来,这并不是不可能的),那么我们也许又可以去掌握另
一个环节了。但不幸的是我们现在还没有一批老练的而且能够彼此
协调地工作的石匠,石头往往砌得完全不是地方,不是按一条共同
的引线来砌,而是乱砌,敌人一吹就倒,好像这不是石头而是沙子。

　　另一个比喻:"报纸不仅是集体的宣传员和集体的鼓动员,而且
是集体的组织者。就后一点来说,**可以把报纸比做脚手架**,它搭在
施工的建筑物周围,显示出建筑物的轮廓,便于各个建筑工人之间的
来往,有助于他们分配工作和观察有组织的劳动所获得的总成绩。"②

----

① 克里切夫斯基同志和马尔丁诺夫同志! 请你们注意"专制"、"不受监督的权
　　威"、"最高支配权"等等的这种可恶的表现吧。你们看,有人竟想**掌握**整个链
　　条!! 赶快写一份控诉书吧。你们可以用这个现成的主题给《工人事业》杂志
　　第 12 期写两篇社论了!

② 马尔丁诺夫在《工人事业》杂志上引证了这段话的第一句(第 10 期第 62 页),
　　就是不引第二句,好像是要借此着重说明他不愿意触及问题的实质或者不能
　　理解这个实质。

这岂不像文人,即脱离实际工作的人在夸大自己的作用吗？脚手架对于住房本身并不需要,它是用次木料搭起来的,使用的时间不长,只要建筑物大体完成,就会扔到炉子里去烧掉。至于革命组织的建筑问题,那么经验证明,有时候即使没有脚手架,也能够把它建筑成功,70年代的情况就是一个证明。但是现在,我们没有脚手架就根本不能建造我们所需要的房屋。

纳杰日丁不同意这一点,他说:"《火星报》以为人民一定会在全俄报纸的周围,为创办全俄报纸的事情而集合起来,组织起来。**其实,人民在更具体的**事情周围**会更紧密得多地**集合起来和组织起来！"对的,对的,"在更具体的事情周围会更紧密得多……"　俄国有句谚语说:不要往井里吐痰,你也许要喝水的。但是也有人甘愿喝吐了痰的井水。为了这种更具体的事情,我们那些了不起的合法的"批评马克思主义的批评家"和不合法的《工人思想报》崇拜者,真是什么坏话也说得出口！你看,我们的整个运动已被我们的狭隘眼界、消极态度和怯懦心理压抑到了何等地步,竟有人用什么"在更具体的事情周围会更紧密得多"的传统理由来为这些现象辩护！纳杰日丁自以为对"实际生活"特别敏感,他特别严厉地斥责"脱离实际的"人,责备(自以为很俏皮地责备)《火星报》爱把什么都看做"经济主义",他自以为比正统派和批评派双方都高明得多,却没有发觉他提出这些论据只是助长了使他感到愤慨的那种狭隘性,没有发觉他喝的正是吐满了痰的井水！假使一个人没有明确的方向,像70年代的革命家那样"自发地"乱搞"激发性的恐怖手段",乱搞"土地恐怖手段",乱敲"警钟"等等,那么,即使他极其诚恳地对狭隘性表示愤慨,极其热烈地想把崇拜狭隘性的人们拯救出来,那也是无济于事的。请看看他认为人民将在其周围"更紧密得多地"集合起来和组织起来的那些"更具体的"事情吧：1. 地方报纸；2. 准备游行示威；3. 在失业工人中进行工作。一眼就可看出，所有这些事情都是完全偶然和随便抓来说说的，因为无论我们怎样来观察这些事情，要把它们看做特别能使人民"集合起来和组织起来"的东西，都是毫无道理的。要知道，就是这位纳杰日丁，在两页以后又说道："现在我们只需指出一件事实：地方的工作做得非常差，各个委员会甚至没有做到它们所能够做到的十分之一……而现在我们所有的那些应起统一作用的中央组织却只是一种虚构，是革命的文牍主义，是互封领袖的把戏，在强有力的地方组织成长起来以前，情况会一直是这样。"这些话里除了夸张之处，无疑也含有许多痛苦的真理；但是，难道纳杰日丁竟看不见，地方工作做得非常差是同活动家的眼界狭小和活动范围狭小（这种现象在局限于地方组织范围内的活动家缺乏修养的情况下是不可避免的）有联系的吗？难道他也像《自由》杂志上那篇论组织问题的文章的作者一样，忘记了随着转向广泛的地方报刊的工作（从 1898年起），"经济主义"和"手工业方式"也特别加强起来的事实吗？即使创办"广泛的地方报刊"能够做得比较令人满意（我们在上面已经指出，除了极个别的特殊情况外，这是不可能做到的），这些地方机关报也还是不能把革命家的**一切**力量"集合起来和组织起来"去对专制制度发动**总**攻击，去领导**统一的**斗争。不要忘记，这里所谈的**只是**报纸的"集合"作用，组织作用，所以我们也可以请维护分散状态的纳杰日丁回答他自己所提出的那个讽刺性问题："我们有没有从什么地方得到过 20 万个革命组织人才这种遗产呢？"其次，决不能**把**"准备游行示威"同《火星报》的计划**对立起来**，因为这个计划正是把最广泛的游行示威当做**目标之一**；而问题却在于选择实践**手段**。在这里,纳杰日丁又弄糊涂了,他看不到只有已经"集合起来和组织起来"的军队才能"准备"游行示威(游行示威到目前为止绝大多数都是完全自发地进行的),而我们现在正是**不善于**去集合和组织。"在失业工人中进行工作",这也同样是糊涂观念,因为这个工作也是已经动员起来的军队的一种军事行动,而不是动员军队的计划。纳杰日丁在这里怎样忽视我们的分散状态和缺乏"20万个人才"所造成的危害,这从下面的事实中就可以看出。许多人(包括纳杰日丁)责备《火星报》,说它很少登载有关失业工人的消息,说它只是偶尔登载一些农村生活中最平常的现象的通讯。这种责备是正确的,但是《火星报》在这方面真是"无辜的罪人"。我们极力想"把引线拉到"农村去,但是那里几乎根本没有石匠,于是我们**只好**鼓励**每一个**即使只能告诉我们一些平常事情的人,希望这样会增加这方面的撰稿人数,而最后总可以**教会我们大家**来选择真正突出的事实。但是可供学习的材料非常少,如果不把全俄各地获得的材料综合起来,那就完全没有什么可供学习的东西。毫无疑问,多少具有像纳杰日丁那样的鼓动才能和熟悉游民生活的人,是能通过他在失业工人中进行的鼓动来为运动作出无可估量的贡献的,但是这样的人如果不设法把自己的每一步工作都告诉**全体**俄国同志,从而教育那些大部分还不会从事新的工作的人,给他们作出榜样,那他就是埋没了自己的才能。

现在所有的人毫无例外地都在谈论统一的重要性,都在谈论"集合起来和组织起来"的必要性,但是人们对于究竟应当从何着手和怎样进行统一这件事却往往没有任何明确的观念。想必大家都会同意:如果我们要把一个城市中各单个小组,比如说各区的小组"统一起来",那就需要有**共同的机构**,这就是说,不仅要有"联合会"这个共同的名称,并且要有真正的**共同的**工作,要互相交换材料、经验和人员,不仅按区来分配任务,而且要按全城各种专业工作分配任务。每个人都会同意,巨大的秘密机构所要花的"本钱"(当然是既指物力又指人力)不是一个区可以支付得了的(假使可以用商业用语来表达的话),同时,专家的才能在这样狭小的场所也是无法施展的。几个城市联合起来的情况也是如此,因为即使是像单个地区这样的场所也**显得**过分狭窄,而且在我们社会民主主义运动史上已经出现过这样的情况。这一点我们在上面已经用政治鼓动和组织工作方面的例子详细地证明过了。必须,绝对必须而且首先必须扩大这个场所,在**经常的共同**工作的基础上来建立城市之间的**实际联系**,因为分散状态压制着人们,使他们"好像是坐井观天"(用寄给《火星报》的一封信的作者的说法),不知道世界上发生了什么事情,不知道向谁去学习,不知道怎样获得经验,怎样满足广泛开展活动的愿望。所以我要继续坚持说:这种**实际联系**只有依靠共同的报纸才能**着手**建立,这种报纸作为唯一经常进行工作的全俄事业,把各种各样的工作综合起来,因而**推动**人们沿着**所有的**许许多多条通向革命的道路(像条条道路通罗马一样)不断前进。假如我们不只是口头上说愿意统一,那就要使每个地方小组**立刻分出**比如四分之一的力量来**积极**参加**共同的**事业,而报纸立刻就会向它指明①这种事业的概况、范围和性质,就会指明,在整个全俄工作中究竟哪些缺点最突出,什么地方没有进行鼓

---

① **附带条件**:如果它同情该报的方向,认为参加该报的工作对事业有好处,同时把这种参加理解为不仅是参加文字工作,而且是参加任何革命工作的话。**给《工人事业》杂志加的注**:在重视事业而不是重视民主制儿戏的革命家看来,在不把"表示同情"同最积极最实际地参加工作分开的革命家看来,这个附带条件是不言而喻的。

动,什么地方联系差,在整个这部大机器中有哪些小齿轮是自己这个小组能够修理,或者能拿更好的齿轮来替换的。现在还没有做过工作而只是在找工作做的小组,在开始工作时就能不是以既不知道先前"工业"的发展情况、又不知道这种工业生产方式的概况的单个小作坊手工业者的身份,而是以**反映**对专制制度举行全面革命总攻击的广泛事业的参加者的身份来从事工作。每个小齿轮修整得愈好,为共同事业干零星工作的人愈多,我们的网也就会愈密,而不可避免的破坏在我们队伍中引起的慌乱也就会愈小。

单是发行报纸的工作(假使这种报纸真是名副其实,即定期出版,不像厚本杂志那样每月只出一次,而是每月出三四次),就能开始把**实际的**联系建立起来。现在,各城市之间因革命事业的需要而发生联系是极为罕见的,至少也是一种例外;而那时,这种联系就会成为一种常见的事情,自然,它不仅能保证报纸的发行,并且还能保证(这更加重要得多)经验、材料、人员以及经费的交流。组织工作的规模也就会马上扩大许多倍,而且一个地方的成就往往会鼓励在另一个地方活动的同志进一步改进工作,会推动他去利用现成的经验。地方工作就会比现在丰富得多、涉及面广得多:从全俄各地收集起来的政治揭露和经济揭露材料,将为各种职业和**各种发展水平**的工人提供精神食粮,将为举行各种各样问题的座谈和讲演提供材料和机会,而这些问题往往是合法刊物上的暗示、社会上的议论、政府"羞羞答答的"报道中提出来的。每一次发动,每一次游行示威,都会在全俄各地得到各方面的评价和讨论,都会使大家不愿意落后于别人而要求比别人做得更好(我们社会党人并不笼统反对任何竞赛,任何"竞争"!),自觉地准备那种在第一次是自发地发生的行动,利用当地或当时的有利条件来改变进攻计划等等。同时，地方工作的这种活跃也就不会造成现在常见的情况，即每举行一次游行示威或每出版一号地方报纸，都会使**所有的**力量紧张到"拼死拼活的"地步，都会使**所有的**人去担风险。这是因为一方面，警察机关不知道"根子"在什么地方，想找到"根子"要困难得多；另一方面，经常的共同工作能训练人们习惯于使**每一次**进攻的力量同整个军队中的这支部队的实力相适应（现在，几乎谁也没有想到过这样做，因为进攻十之八九都是自发的），不仅便于从其他地方"调来"书刊，而且也便于"调来"革命力量。

现在这些力量在狭隘的地方工作上往往消耗殆尽，而那时就有可能并且常常有机会把比较有才干的鼓动员或组织员从甲地调到乙地。人们起初是为了党的事务，用党的经费作短途来往，以后他们就会习惯于完全由党供给，变成职业革命家，把自己培养成为真正的政治领袖。

如果我们真能使所有的或绝大多数的地方委员会、地方团体和小组都来积极从事共同的事业，那么我们在不久的将来就能创办一个周报，每期出版数万份，定期在全俄各地发行。这种报纸就会成为巨大的鼓风机的一部分，这个鼓风机能够使阶级斗争和人民义愤的每一点星星之火，燃成熊熊大火。在这个本身还很平常、还很细微、但是连续进行的真正**共同的**事业周围，就会经常不断地挑选和训练出一支由久经考验的战士组成的常备军。在这个共同组织的建筑物的脚手架上，很快就会从我们的革命家中间涌现出和提拔出一些社会民主党的热里雅鲍夫，从我们的工人中间涌现出和选拔出一些俄国的倍倍尔，他们会率领已经动员起来的军队，唤起全体人民去铲除俄国的耻辱和祸害。

这就是我们应当幻想的事情！

＊　　　＊　　　＊

"应当幻想！"我写了这几个字之后，不觉吃了一惊。我仿佛是坐在"统一代表大会"的会场里，坐在我对面的是《工人事业》杂志的编辑和撰稿人。这时马尔丁诺夫同志站起来，咄咄逼人地质问我："请问，如果不事前向党的各个委员会征求意见，自主的编辑部有权去幻想吗？"接着，克里切夫斯基同志站了起来，并且（从哲学上来深化早已深化了普列汉诺夫同志的意见的马尔丁诺夫同志的意见）更加咄咄逼人地接着说："我进一步问你，如果一个马克思主义者没有忘记，按照马克思的看法，人类总是提出可能实现的任务，没有忘记策略是党的任务随着党的发展而增长的过程，那么从根本上来说，他是不是有权幻想呢？"

想到这种咄咄逼人的问题，我真是不寒而栗，只想找个地方躲起来。我就试试躲在皮萨列夫背后吧。

皮萨列夫在谈到幻想和现实之间的不一致的问题时写道："有各种各样的不一致。我的幻想可能超过事变的自然进程，也可能完全跑到事变的任何自然进程始终达不到的地方。在前一种情形下，幻想不会带来任何害处；它甚至能支持和加强劳动者的毅力……　这种幻想中并没有任何会败坏或者麻痹劳动力的东西。甚至完全相反。如果一个人完全没有这样幻想的能力，如果他不能在有的时候跑到前面去，用自己的想象力来给刚刚开始在他手里形成的作品勾画出完美的图景，那我就真是不能设想，有什么刺激力量会驱使人们在艺术、科学和实际生活方面从事广泛而艰苦的工作，并把它坚持到底……　只要幻想的人真正相信自己的幻想，仔细地观察生活，把自己观察的结果同自己的空中楼阁相比较，并且总是认真地努力实现自己的幻想，那么幻想和现实之间的不一致就不会带来任何害处。只要幻想和生活多少有些联系,那么一切都会顺利的。"①

可惜,这样的幻想在我们的运动中未免太少了。对这种情况应当负最主要责任的,是那些以头脑清醒和"熟悉""具体情况"自夸的合法批评和不合法"尾巴主义"的代表者。

(三) 我们需要什么样式的组织?

读者从上文中可以看到,我们的"策略-计划"是反对立刻**号召**举行冲击,而要求组织好"对敌人要塞的正规围攻",换句话说,就是要求用全力来集合、组织和**动员**常备军。我们由于《工人事业》杂志从"经济主义"跳到高喊冲击(1901 年 **4** 月在《〈工人事业〉杂志附刊》[105]第 6 期上)而嘲笑了它,当然,它也就猛烈攻击我们,说我们是"学理主义",说我们不懂革命的职责,说我们不该号召大家谨慎从事,等等。当然,这样的责备出自一些毫无原则、只会用深奥的"策略-过程"支吾搪塞的人之口是丝毫不会使我们惊奇的;同样,对坚定的纲领原则和策略原则一概抱着极其高傲的藐视态度的纳杰日丁重复这种责备,也是不会使我们惊奇的。

据说历史是不会重演的。但是纳杰日丁却拼命想使它重演,极力模仿特卡乔夫,大骂"革命文化主义",高喊什么"敲警钟",什么特别的"革命前夜的观点"等等。他显然忘记了一句名言:如果说历史事变的原本是一出悲剧,那么它的抄本就只是一出笑剧[106]。用特卡乔夫的说教准备起来的、用"吓人的"并且真正吓了

---

① 引自德·伊·皮萨列夫的《幼稚想法的失策》一文(见《皮萨列夫全集》1956 年俄文版第 3 卷第 147、148、149 页)。——编者注

人的恐怖手段实行过的夺取政权的尝试,曾经是了不起的,然而小特卡乔夫的"激发性的"恐怖手段却只能使人觉得可笑,尤其是再加上一个组织中等人的主张,就更显得特别可笑了。

纳杰日丁写道:"假使《火星报》跳出它那文人习气的圈子,它就会看见,这〈像《火星报》第7号上一封工人的来信等等现象〉是一种征兆,它说明很快很快就会有'冲击'开始,所以现在〈原文如此!〉来谈什么由全俄报纸牵线的组织,就是培植脱离实际的思想和脱离实际的工作。"瞧,这是多么令人难以置信的糊涂观念:一方面,主张实行激发性的恐怖手段和"组织中等人",同时又认为人们在"更具体的事情"如地方报纸的周围会"更紧密得多地"集合起来;另一方面,认为"现在"来谈全俄的组织就是培植脱离实际的思想,更直截了当地说,就是"现在"已经迟了! 请问最可敬的尔·纳杰日丁,"普遍创办地方报纸"现在岂不是也迟了吗? 请把这一点同《火星报》的观点和策略比较一下吧。《火星报》认为,激发性的恐怖手段不值一提,至于说什么正是要把中等人组织起来和**普遍**创办地方报纸,这就是替"经济主义"大开方便之门。其实,应当谈统一的全俄革命家的组织,并且一直到真正的而不是纸上的冲击开始以前,谈这个组织都不算迟。

纳杰日丁继续写道:"的确,我们在组织方面的情况非常不妙。《火星报》说我们的军事力量大部分都是志愿兵和起义者,这话完全正确…… 你们清醒地估计我们的实力,这很好。但同时你们为什么忘记,**群众不是我们的**,因此**他们不会来向我们请示**什么时候开始军事行动,就会'骚乱起来'…… 群众自己以自发的破坏力量发动起来,就**可能扰乱**和排挤我们一直准备、但还没有**来得及**把极有条理的组织性灌输进去的那个'常备军'。"(黑体是我们用的)

奇怪的逻辑! 正因为"群众不是我们的",所以现在高喊"冲击"是不聪明和不恰当的，因为冲击是常备军的攻击，而不是群众自发的爆发。正因为群众**可能**扰乱和排挤常备军，所以我们一定要把"极有条理的组织性灌输"到常备军中去，使自己的工作能"来得及"赶上自发的高潮，因为我们愈能"来得及"灌输这种组织性，就愈能使常备军不被群众所扰乱，而走在群众前面，领导群众。纳杰日丁所以糊涂，是因为他以为这种有条理地组织起来的军队所从事的是一种使它脱离群众的工作，而事实上，它所从事的却正是一种非常全面的无所不包的政治鼓动，也就是一种使群众的自发的破坏力量同革命家组织的自觉的破坏力量**接近起来并融为一体的**工作。先生们，你们真是嫁祸于人，因为正是由于"自由社"把恐怖手段写**在纲领中**，这也就是在号召建立恐怖派的组织，而这种组织确实会使我们的军队不去同群众接近，可惜这些群众还不是我们的，可惜他们还不向我们请示或者很少向我们请示什么时候和怎样开始军事行动。

纳杰日丁继续恐吓《火星报》说："我们会把革命本身也错过去的，就像我们把目前这些突如其来的事件错过去了一样。"把这句话和上面所引的那一段话联系起来，就会使我们很清楚地看到，"自由社"臆想出来的独特的"革命前夜的观点"[①]是很荒谬的。直截了当地说，独特的"观点"无非就是认为"现在"来议论和准备已经迟了。既然如此，那我就要问问最可敬的反对"文人习气"的先生，您为什么要写 132 页"论述理论问题[②]与策略问题"的文章呢？

----

① 《革命前夜》第 62 页。

② 顺便说说，尔·纳杰日丁在他的"理论问题评论"中，几乎没有拿出半点关于理论问题的东西来，只是说了下面一段从"革命前夜的观点"看来十分奇怪的议论："在我们所处的时期，伯恩施坦主义就其整体而言已经失去其尖锐性，正像不管是阿达莫维奇先生能够证明司徒卢威先生应当隐退也好，或者相

您是不是以为出版 132 000 份简单地号召"杀呀!"的传单,就更符合"革命前夜的观点"呢?

　　最不会把革命错过去的,正是像《火星报》那样把全民政治鼓动放在自己全部纲领、**策略和组织工作**的首位的人。在全俄各地从事编织以全俄报纸为中心的组织网的那些人,不仅没有把春季的事件错过去,反而使我们能预料到这些事件。《火星报》第 13 号和第 14 号上所记载的那些游行示威[107],他们也没有错过。恰恰相反,他们参加了这些游行示威,他们明确意识到自己有义务去帮助群众的自发高潮,同时用报纸来帮助所有的俄国同志了解这些游行示威并利用它们的经验。只要他们活着,他们就不会把革命错过去的,革命首先和主要是要我们善于进行鼓动,要我们善于支持(以社会民主党的方式支持)一切抗议,善于指导自发的运动,使之既不为朋友的错误所干扰,又不中敌人的诡计!

　　于是我们就讲到了最后一个理由,这个理由使我们特别坚决主张围绕全俄报纸即通过一齐为共同的报纸而努力的办法来建立组织的计划。只有这样来建立组织,才能确保社会民主党的战斗组织所必需的**灵活性**,即能够立刻适应各种各样迅速变化的斗争条件,善于"一方面在敌人把全部力量集中于一点的时候避免同这个占绝对优势的敌人公开作战,另一方面又利用这个敌人的迟钝,

---

　　反,司徒卢威先生能够驳倒阿达莫维奇先生而不同意辞职也好,那都是毫无关系的,因为革命的'时刻'到来了。"(第 110 页)尔·纳杰日丁极端忽视理论,在这里表现得再明显不过了。我们既然已经宣告了"革命前夜",**所以正统派是否能彻底击败批评派,那是"毫无关系"的!!** 我们的这位才子竟不知道:正是在革命时期我们需要利用同批评派作理论斗争的成果来同他们的**实践立场作坚决的斗争!**

在他最难料到的地点和时间攻其不备"。① 专为应付爆发和街头斗争,或者专为应付"平凡的日常斗争进程"来建立党的组织,那是极大的错误。我们应当**时刻**进行我们的日常工作,同时又应当时刻准备着应付一切情况,因为爆发时期和平静时期的交替往往是几乎无法预料的,而在可能预料的场合,也不能利用这种预料来改造组织,因为这种交替在专制制度的国家里发生得异常迅速,有时竟会由于沙皇的扬尼恰尔**108**一个晚上的袭击而发生。并且也决不能把革命本身想象为单一的行动(显然,纳杰日丁之流就是这样想象的),而应当看做是比较激烈的爆发和比较沉寂的平静的若干次迅速交替的过程。因此,我们党组织的活动的基本内容,这种活动的中心,应当是不论在最激烈的爆发时期,还是在完全沉寂的平静时期都可能进行又必须进行的工作,这就是阐明实际生活的各方面、深入广大群众并在全俄范围内统一进行的政治鼓动工作。在当前的俄国,没有一个经常出版的全俄报纸,要进行这种工作**是不可想象的**。在这个报纸周围自然地形成起来的组织,由这个报纸的**同事**(按这个词的广义来说,即指一切为这个报纸工作的人)构成的组织,就会真能**应付一切**:从在革命最"低沉"的时期挽救党的名誉、威望和继承性起,一直到准备、决定和实行**全民武装起义**。

---

① 《火星报》第 4 号所载《从何着手?》一文。纳杰日丁写道:"不是站在革命前夜的观点上的革命文化派,是丝毫也不会因长期的工作而感到不安的。"(第 62 页)关于这一点,我们要指出:假使我们不能制定出一种政治策略和组织计划,以确定**很长时期的工作**,同时利用**这种长期工作的过程**,使我们党在任何意外情况下,在事变进程无论怎样加速的情况下,都能坚守自己的岗位,履行自己的职责,那我们就简直会成为可怜的政治冒险家。只有从昨天起自命为社会民主党人的纳杰日丁才会忘记,社会民主党的目的是要根本改造全人类的生活条件,因此社会民主党人决不应当因长期工作的问题而"感到不安"。

　　事实上,可以想一想我们时常遇到的在一个地方或几个地方全部遭到破坏的情况。在**所有的**地方组织缺乏**一种**共同的经常工作时,这样的破坏事件往往会使工作中断好几个月。如果所有的组织有了一种共同的工作,那么即使遭到最严重的破坏,也只要有两三个有干劲的人进行几个星期的工作,就能使新的青年小组同总的中心取得联系,大家知道,这种青年小组甚至目前也在很迅速地产生;而当这种共同事业虽然遭到破坏,但是大家仍然可以看到它的时候,新的小组就会更加迅速地产生,并且更加迅速地同中心取得联系。

　　另一方面,再想一想人民起义。现在大概所有的人都会同意:我们应当考虑起义并且准备起义。但是**怎样准备呢?** 当然不能由中央委员会指定代办员到各地去准备起义! 即使我们已经有了中央委员会,那它在俄国目前的条件下采用这种指定办法,也不会得到丝毫结果的。相反,在创办和发行共同的报纸的工作过程中自然形成起来的代办员网①,却不需要"坐待"起义的口号,而会进行那种保证它在起义时最可能获得成功的经常性工作。正是这种工作会巩固同最广大的工人群众及一切不满专制制度的阶层的联系,而这对于起义是十分重要的。正是在这种工作的基础上会培养出一种善于正确估计总的政治形势,因而也就善于选择起义的

————————

① 咳,真糟糕! 我又脱口说出了"代办员"这个刺激马尔丁诺夫之流的民主主义耳朵的可怕名词! 我很奇怪,为什么这个名词没有使70年代的卓越的活动家们感到生气而使90年代的手工业者们感到生气呢? 我喜欢这个名词,因为它明确地指出了一切代办员都应当尽心竭力为之服务的共同事业;假如必须用另一个名词来代替它,那我也许只会选择"同事"这个名词,只是可惜这个名词会使人感到有点文人习气,并且意思上有点模糊不清。我们所需要的是一个军事化的代办员组织。不过,那些为数甚多的(特别是在国外)、喜欢"互封领袖"的马尔丁诺夫之流,尽可以不说"办护照的代办员",而说"革命家护照供给事务局总办"等等。

适当时机的能力。正是这种工作会使**所有的**地方组织都习惯于同时对那些激动整个俄国的同样的政治问题、事件和变故作出反应,并且尽可能有力地、尽可能一致地和适当地对这些"变故"作出回答,而事实上起义也就是全体人民对政府的最有力、最一致和最适当的"回答"。最后,正是这种工作会使全俄各地的所有革命组织都习惯于彼此发生一种能使党**在实际上**统一起来的最经常而又最秘密的联系,而没有这种联系,就不可能集体讨论起义计划,不可能在起义前夜采取应该严守秘密的必要的准备措施。

总而言之,"全俄政治报计划"不但不是沾染了学理主义和文人习气的人脱离实际工作的产物(就像那些对它没有很好考虑的人所认为的那样),恰恰相反,它是一个从各方面立刻开始准备起义、同时又丝毫不忘记自己日常的迫切工作的最切实的计划。

结 束 语

俄国社会民主党的历史，可以明显地分为三个时期。

第一个时期包括大约十年，大致是 1884—1894 年。这是社会民主党的理论和纲领产生和巩固的时期。当时俄国拥护新派别的人还寥寥无几。社会民主党是在没有工人运动的条件下存在的，它作为一个政党当时还处在胚胎发育的过程中。

第二个时期包括三四年，即 1894—1898 年。这时，社会民主党已经是作为社会运动，作为人民群众的高潮，作为政党出现了。这是它的童年和少年时期。知识分子普遍地热衷于反民粹派的斗争，纷纷到工人中去，工人普遍地热衷于罢工，这就像流行病迅速蔓延一样。运动取得了很大的成绩。大多数领导者都是些很年轻的人，远远不到尼·米海洛夫斯基先生认为是一种天然界限的那个"三十五岁的年纪"。因为年轻，他们对实际工作缺乏修养，很快就退出了舞台。但他们的工作范围大都是很广的。他们中间有许多人开始具有革命思想，是同民意党人一样的。他们在青春早期，差不多全都热烈地崇拜过从事恐怖活动的英雄。当时要抛弃这种英雄传统的令人神往的印象，必须进行斗争，而且必须同那些始终忠于"民意党"而深受年轻的社会民主党人敬重的人决裂。斗争迫使人们学习，阅读各种派别的秘密著作，努力研究合法的民粹主义的问题。在这个斗争中训练出来的社会民主党人参加到工人运动中去，他们"一分钟也"没有忘记启发他们的思想的马克思主义理论以及推翻专制制度的任务。1898 年春党的成立，是这一时期社会民主党人所做的最突出的、同时也是**最后的**一件事情。

　　第三个时期(1898—?),我们已经看到,是在 1897 年就开始准备的,而在 1898 年完全代替了第二个时期。这是混乱、瓦解和动摇的时期。人在少年时期,嗓子要发生变化。同样,俄国社会民主党在这个时期,嗓子也发生了变化,它发出一种假嗓,这种假嗓一方面出自司徒卢威和普罗柯波维奇、布尔加柯夫和别尔嘉耶夫等先生的著作,另一方面出自弗·伊—申和尔·姆·、波·克里切夫斯基和马尔丁诺夫的著作。但是向四面走散和向后退却的只是领导者,而运动本身还是继续发展,大步向前迈进。无产阶级的斗争把愈来愈多的工人阶层卷进来了,并且扩展到整个俄国,同时,又间接地促使学生以及其他居民阶层中的民主精神活跃起来。但是领导者的自觉性却在广泛的强大的自发高潮面前屈服了;这时在社会民主党人中间占优势的已经是另外一批活动家,他们几乎纯粹是靠"合法"马克思主义的书刊培养出来的,而群众的自发性要求他们具备的自觉性愈高,这样的书刊也就愈显得不足。领导者不仅在理论方面("批评自由")和实践方面("手工业方式")都落在后面,并且还企图用各种冠冕堂皇的理由来为自己的落后辩护。社会民主主义被合法书刊上的布伦坦诺派和秘密书刊上的尾巴主义者降低为工联主义。《信条》纲领开始实现,特别是在社会民主党人的"手工业方式"使那些非社会民主党的革命派别活跃起来的时候。

　　因此,假使读者责备我把一个《工人事业》杂志谈得太详细了,那我就要回答说,《工人事业》杂志所以具有"历史"意义,是因为它本身最突出地反映了这第三个时期的"精神"。① 真正能够代表混

---

　　① 我还可用一句德国谚语来回答:Den Sack schlägt man,den Esel meint man(打

乱和动摇以及无论对"批评"、对"经济主义"或者对恐怖主义都准备让步的,并不是始终一贯的尔·姆·,而正是随风转舵的克里切夫斯基之流和马尔丁诺夫之流。这个时期的特点并不是什么"绝对原则"的崇拜者傲然轻视实践,而是狭隘的实际主义同完全不关心理论的态度相结合。这个时期的英雄们所干的事情,与其说是直接否认"伟大的字眼",不如说是把它们庸俗化:科学社会主义已经不再是完整的革命理论,而变成了人们"自由地"把各种德国新教科书里的液体掺进去的大杂烩;"阶级斗争"的口号不是推动人们向前去从事日益广泛、日益有力的活动,却成了安慰人心的手段,因为据说"经济斗争是同政治斗争不可分割地联系在一起的";政党的观念不是号召人们去建立战斗的革命家组织,而是去替某种"革命的文牍主义"和玩弄"民主"形式的儿戏作辩护。

第三个时期什么时候完结,第四个时期什么时候开始(不管怎样,现在已经有许多征兆预示着它的到来),我们还不知道。这里我们已经从历史的领域转入现在的、一部分是将来的领域。但是我们坚信,第四个时期一定会使战斗的马克思主义巩固起来,俄国社会民主党一定会度过危机而变得更加坚强和更加壮大,机会主义者的后卫队一定会被最革命的阶级的真正的先进部队所"代替"。

作为实现这种"代替"的号召,同时也为了把上述一切加以归纳,我们对于"怎么办?"这个问题,可以作这样一个简单的回答:
结束第三个时期。

的是麻袋,指的是驴子。——编者注)用俄国谚语说就是:打猫吓媳妇。不仅一个《工人事业》杂志,而且**大批的**实际工作者**和理论家**都醉心于时髦的"批评",在自发性问题上颠三倒四,在对于我们的政治任务和组织任务的理解上离开社会民主主义的观点而陷入工联主义的观点。

附　　录[109]
《火星报》同《工人事业》杂志
实行统一的尝试

我们还要把《火星报》在组织方面对《工人事业》杂志所采取的并且一贯执行的策略说明一下。这个策略在《火星报》创刊号上《国外俄国社会民主党人联合会的分裂》①一文中,已经作了充分的说明。我们当时立即认定,**真正的**"国外俄国社会民主党人联合会"这个为我们党的第一次代表大会所承认的党的国外代表机关,**已经分裂**成为两个组织,党的代表机关问题成了一个悬案,至于在巴黎国际代表大会上由俄国方面选出两个代表,即由已经分裂的"联合会"的每一部分各选一人参加常设的社会党国际局[110],这只是使这一问题得到暂时的和相对的解决。我们已经声明,《工人事业》杂志实际上是**不正确的**,我们在原则上坚决地站在"劳动解放社"一边,但同时我们不谈分裂的详细情况,并指出了"联合会"在纯粹实际工作方面的功绩。②

由此可见,当时我们的立场在某种程度上是观望等待。我们对当时在大多数俄国社会民主党人中流行的意见作了让步,这种

---

① 见本版全集第4卷第339—340页。——编者注
② 我们对分裂作出这样的估计,不仅是以我们所看到的书刊为根据,并且是以我们组织中某些到过国外的人在国外所收集的材料为根据。

意见认为,最坚决反对"经济主义"的人也可以去和"联合会"同心协力地工作,因为"联合会"曾经屡次声明,说它原则上同意"劳动解放社"的立场,似乎并不想在理论和策略的根本问题上保持什么独立的面貌。我们所采取的这种立场的正确性,已经由下面的事实间接证实:差不多在《火星报》创刊号出版的同时(1900年12月),有三个成员退出"联合会"而组成一个所谓"发起团",并向1.《火星报》组织国外部、2."社会民主党人"革命组织**111**、3."联合会"提出建议,说他们愿意充当和解谈判的中介人。前两个组织马上表示同意,**第三个组织却表示拒绝**。固然,去年"统一"代表大会上在一个发言人叙述这些事实的时候,"联合会"的一个主管人曾经声明说,他们拒绝这个建议**只是**由于"联合会"不满意这个发起团的成员。我认为我有责任把这种解释提一下,但我不能不指出,我认为这种解释是不能令人满意的,因为"联合会"既然知道两个组织已经同意进行谈判,那它可以通过另一个中介人或者直接去同这两个组织接洽。

1901年春天,《曙光》杂志(4月,第1期)和《火星报》(5月,第4号)都同《工人事业》杂志进行了直接论战。①《火星报》着重抨击《工人事业》杂志的《历史性的转变》,因为这个杂志在它**4月**的附刊上,即在春季事件已经发生之后,对醉心于恐怖手段和"流血的"号召的倾向表现了动摇。尽管发生了这次论战,"联合会"还是表示同意通过新的"调解团"**112**来恢复和解谈判。于是上述三个组织的代表在6月举行了预备代表会议,并制定了以极详细的"原则协议"为基础的协定草案,这个"原则协议"已经由"联合会"在《两个代表大会》一书中,由同盟在《"统一"代表大会文件汇编》一书中公布出来了。

---

① 见本版全集第5卷第1—10页。——编者注

　　这个原则协议(或者像大家时常称呼的:六月代表会议决议)的内容极其清楚地表明,我们当时提出了**最坚决地**排斥一般机会主义包括俄国机会主义的一切表现作为实行统一的必要条件。第1条写道:"我们反对把机会主义带进无产阶级阶级斗争的任何尝试,这种尝试的表现就是所谓'经济主义'、伯恩施坦主义、米勒兰主义等等。""社会民主党的活动范围包括⋯⋯同一切反对革命马克思主义的人进行思想斗争"(第4条第3项);"社会民主党在一切组织活动和鼓动活动范围内,一分钟也不应当忽视俄国无产阶级当前的任务——推翻专制制度"(第5条第1项);"⋯⋯不仅要根据雇佣劳动同资本的日常斗争来进行鼓动"(第5条第2项);"⋯⋯不承认⋯⋯纯粹经济斗争和为局部政治要求而斗争的阶段"(第5条第3项);"⋯⋯我们认为,批判那些把运动的低级形态的原始性⋯⋯和狭隘性推崇为⋯⋯原则的思潮,对运动来说是重要的"(第5条第4项)。即使是完全无关的局外人,只要他稍微仔细地读过这些决议,也能从它们的表述中看出,这些决议所反对的正是机会主义者和"经济派",正是那些即使只是一分钟忘记了推翻专制制度的任务的人,正是那些承认阶段论,把狭隘性等等推崇为原则的人。谁只要稍微了解"劳动解放社"、《曙光》杂志和《火星报》对《工人事业》杂志进行的论战,那他就一分钟也不会怀疑,这些决议逐条驳斥的正是《工人事业》杂志所陷入的那些错误观点。所以,当"联合会"的一个成员在"统一"代表大会上发表声明,说《工人事业》杂志第10期上的文章并不是由于"联合会"发生了新的"历史性的转变",而是由于这些决议内容过分"抽象"①所引起的时候,一个发言人就完全有权

————————

　　①　这种断语在《两个代表大会》第25页上也重复说过。

讥笑这种说法。他当时回答说,决议的内容不但不抽象,而且非常具体。只要把这些决议瞧一眼,就可以看出这里是"捉什么人"了。

最后这句话在代表大会上引起了一段颇有代表性的插曲。一方面,波·克里切夫斯基马上抓住了"捉人"这两个字,认为这是把我们这方面的恶意("设置圈套")泄露出来的一种失言,并高声叫喊道:"究竟是在捉什么人呢?"当时普列汉诺夫就以讽刺的口吻问道:"真的,是在捉谁呢?"波·克里切夫斯基当时回答说:"让我来帮不善猜测的普列汉诺夫同志猜测一下吧;我可以向他说明,这里是在捉**《工人事业》杂志编辑部**(全场哈哈大笑)。可是我们没有让人家捉住!"(左边有人插嘴说:这对你们更不利!)另一方面,"斗争"社(调解团)的一个成员发言反对"联合会"对决议提出的修正,想替我们那位发言人辩护,他声明说:"捉人"这个说法显然是在论战激烈时脱口而出的。

至于我,那么我认为,这种"辩护"对使用了这个说法的那位发言人是不利的。我认为"在捉什么人"这句话"开的是玩笑,说的是真话",因为我们向来都责备《工人事业》杂志不坚定和动摇,所以我们当然**是应当**设法把它**捉住**,使得往后再不会发生动摇。这里根本谈不到有什么恶意,因为问题关系到原则上的不坚定性。于是我们就用这样一种同志态度①"捉住了""联合会",以至波·克

---

① 其表现就是:我们在六月决议的导言中说,俄国社会民主党整个说来一直是坚持"劳动解放社"的原则的,"联合会"的功绩特别表现在它所进行的出版和组织活动方面。换句话说,我们表示完全愿意忘掉过去的一切,并承认我们那些参加"联合会"的同志们所进行的工作有益处(对事业有益处),**只要他们完全停止我们"捉住"的那种动摇态度就行了**。每一个公正的人,读过六月决议以后,都只会这样理解这些决议。如果目前"联合会"用自己重新转向"经济主义"的行为(第10期的文章以及它所提出的修正)**引起了分裂之后**,郑重其事地责备我们,说我们讲他们的功绩的话是**撒谎**(《两个代表大会》第30页),那么这种责备当然只能令人发笑。

里切夫斯基本人以及"联合会"的另一个主管人签署了六月决议。

《工人事业》杂志第 10 期上的那些文章（我们的同志只是在到达代表大会开会地点的时候，即在代表大会开幕前几天，才看到这一期杂志的）清楚地表明，在从夏天到秋天这段时间里，"联合会"中已经发生了新的转变："经济派"又占了上风，随"风"转舵的编辑部又来为"最明显的伯恩施坦派"和"批评自由"辩护，为"自发性"辩护，并通过马尔丁诺夫之口来鼓吹缩小我们的政治影响范围的"收缩论"了（据说是为了使这种影响本身复杂化）。这就又一次证明了帕尔乌斯所说的一句很中肯的话：无论用什么公式都很难捉住机会主义者，机会主义者很容易赞成**任何**公式，同时也很容易背弃这个公式，因为机会主义恰恰在于缺乏任何明确和坚定的原则。今天机会主义者排斥了**任何**灌输机会主义的企图，排斥了**任何**狭隘性，郑重其事地答应说"一分钟也不忘记推翻专制制度"，说"不仅要根据雇佣劳动同资本的日常斗争来进行鼓动"等等。明天他们又会改变说法，借口维护自发性，维护平凡的日常斗争进程，推崇能产生显著结果的要求等等，来玩那套老把戏。"联合会"继续断言说，在第 10 期上的那些文章中，"'联合会'过去和现在都看不出有什么背离代表会议草案的一般原则的异端行为"（《两个代表大会》第 26 页），这种说法只是暴露它完全不能或者不愿意了解意见分歧的实质。

在《工人事业》杂志第 10 期出版以后，我们只好作这样一个尝试：举行一次普遍的讨论，弄清楚是不是整个"联合会"都对这些文章和它那个编辑部表示同意。"联合会"对我们这种做法特别不满，责备我们企图在"联合会"中散播不和，说我们干涉旁人的事情等等。这种责备显然是没有道理的，因为在一个有点微风就会"转舵"的选举产生的编辑部里，一切都是由风向决定的，而我们当时就在秘密会议上确定这个风向，参加这种会议的除了打算实行统一的那些组织的成员之外，没有任何旁人。用"联合会"名义对六月决议提出的修正，使我们对达成协议所抱的最后一线希望也消失了。这种修正确凿地证明"联合会"已经重新转向"经济主义"，证明"联合会"的大多数是对《工人事业》杂志第10期的内容表示同意的。他们要求从有关机会主义表现的文句中删去"所谓经济主义"（理由似乎是这几个字"意思不明确"，虽然根据这个理由只能得出结论说，必须把这个广泛流行的错误思想的实质更明确地规定一下），还要求把"米勒兰主义"也删掉（虽然波·克里切夫斯基在《工人事业》杂志第2—3期合刊第83—84页上维护过这个主义，并且在《前进报》上更加公开地维护过这个主义①）。尽管六月决议已经明确地指明，社会民主党的任务是要"领导无产阶级为反对**各种**形式的政治压迫、**经济**压迫和社会压迫而进行的斗争的**一切**表现"，因而要求使斗争的所有这一切表现都具有计划性和统一性，然而"联合会"却还加进一些绝对多余的字句，如说"经济斗争是对群众运动的强有力的刺激"（这些字句本身是无可争论的，但是在狭隘"经济主义"存在的条件下，却只会给人用做种种曲解的借口）。并且，他们还对六月决议提出一种简直是直接**缩小**"政治"概念的修正，要求删去"一分钟也"（不应当忘记推翻专制制度的目标）这几个字，又要求加上"经济斗争是吸引群众参加积极的政治斗争的**最普遍**适用的手段"这句话。当然，这样一些修正提出之后，我们这方面的所有发言人都相继拒绝发言，认为继续同这些

---

① 该报现在的编辑部、考茨基和《曙光》杂志就这个问题已在《前进报》上展开了论战。我们一定会使俄国读者了解这次论战的**113**。

重新转向"经济主义"方面去，并要求保证自己有动摇的自由的人进行谈判，是毫无益处的。

　　"正是'联合会'认为是保证未来协议的稳固性，即保持《工人事业》杂志的独立面貌及其自主地位的绝对必要条件的东西，《火星报》却认为是阻碍达成协议的绊脚石。"(《两个代表大会》第25页)这种说法是很不确切的。我们从来也没有侵犯过《工人事业》杂志的自主地位。① 至于《工人事业》杂志面貌的独立性，如果把它理解为在理论和策略的原则问题上的"独立面貌"，那我们确实是**无条件地排斥过**的。六月决议中正是无条件地反对**这种**独立面貌的，因为这种"面貌的独立性"在实践上始终是意味着——我们再说一遍——各种各样的动摇，并以这种动摇来维护我们这里盛行的、在党内关系中所不能容忍的混乱状态。《工人事业》杂志通过它第10期上的那些文章和它提出的"修正"，清楚地表明它想要保持的正是这种面貌的独立性，而这种愿望也就自然地和必然地导致了决裂和宣战。但是，如果《工人事业》杂志的"独立面貌"是意味着把它的作用集中在一定的写作职能上，那么我们大家都是愿意承认的。这种职能的正确分工自然是：1.学术杂志，2.政治报纸，3.通俗的文集和通俗的小册子。《工人事业》杂志只有同意这种分工，才能证明它**真心**愿意彻底抛弃它那些为六月决议所斥责的错误思想；也只有这种分工，才能消除任何发生摩擦的可能性，真正保证协议的稳固性，同时又能成为保证我们的运动达到新高潮和获得新成就的基础。

---

　　①　如果为建立统一组织的共同最高委员会而召集的编辑会议不算是对自主地位的一种约束的话，因为《工人事业》杂志在6月份也曾经表示赞成召集这种编辑会议。

现在,任何一个俄国社会民主党人都不会怀疑,革命派所以同机会主义派最终决裂,并不是由于什么"组织上的"情况,而正是由于机会主义者想要坚持机会主义的独立面貌,企图继续用克里切夫斯基之流和马尔丁诺夫之流的议论来搞乱人们的头脑。

1902年3月在斯图加特印成
单行本

译自《列宁全集》俄文第5版
第6卷第1—190页

对《怎么办?》一书的一个更正[114]

我在小册子《怎么办?》第 141 页①上提到的那个"发起团",要求我对他们愿意在国外社会民主党人组织中间进行调解的那段叙述,作如下更正:"该团的三个成员中只有一人在 1900 年底退出了'联合会',其余两人是在 1901 年才退出的,那时他们已经深信已无法使'联合会'同意去和《火星报》国外组织及'社会民主党人革命组织'举行代表会议,而这正是'发起团'建议的。对于这一建议,'联合会'的管理机构起初表示拒绝,说它拒绝举行代表会议的理由是从中调停的'发起团'成员'不够格',并表示愿意去同《火星报》国外组织直接接洽。可是过了不久,'联合会'的管理机构却又通知'发起团'说,它读了《火星报》创刊号上关于'联合会'的分裂的短评之后,已经改变了自己的决定而不愿同《火星报》接洽了。既然如此,那么'联合会'管理机构的一个成员所说'联合会'拒绝举行代表会议**只是**由于不满意'发起团'的成员这番话,又应当作何解释呢? 事实上,'联合会'的管理机构在去年 6 月同意举行代表会议也是令人难以理解的,因为那时《火星报》创刊号上的那篇短评仍然有效,并且《火星报》对'联合会'所持的'否定'态度在六月代表会议以前出版的《曙

---

① 见本卷第 175 页。——编者注

光》杂志第 1 期和《火星报》第 4 号上表现得更明显。"

尼·列宁

载于 1902 年 4 月 1 日《火星报》
第 19 号

译自《列宁全集》俄文第 5 版
第 6 卷第 191—192 页

关于俄国社会民主工党纲领的文献[115]

(1902年1—3月)

对普列汉诺夫的
第一个纲领草案的意见[116]

(1月上旬)

普列汉诺夫的原文	列宁的意见
一、现代社会的主要经济特点,是**资本主义生产关系**在其中占统治地位,	第1页。 第1点——资本主义不是现代社会的"特点",而是它的经济**制度**,经济**结构**等等。
即生产资料和商品流通手段归一个人数很少的**资本家**阶级所有,	第2点——生产资料不仅属于资本家,而且也属于土地占有者和小生产者。
而居民的大多数是**无产者**,	第3点——无产阶级在许多国家里不是居民的大多数。
他们除了自己的劳动力以外一无所有,他们只能靠出卖自己的劳动力过活。	第4点——无产阶级有某些消费品(部分的也有生产资料)。

因此,他们处于**雇佣工人**的依附地位,以自己的劳动为**资本家**创造**收入**。

　　二、**资本主义生产关系的统治范围随着下列情况而日益扩大**:技术的不断改进

提高大企业的经济作用并因而

减少独立的小生产者的人数,缩小他们在社会经济生活中的作用,

在某些地方直接把他们变成大企业主的附庸和纳贡者。

　　三、**资本主义生产关系对工**

第2页。

第5点。＋土地占有者。

接第2页。

不是技术的改进,而是私有制剥夺小生产者和使他们贫困化。

　　第6点——"并因而"?? 技术发展本身不能**提高**大企业的经济作用。技术的发展(＋一系列诸如销售条件等等的经济改革)使小生产受到大生产的排挤。

　　第6—7点:资本主义并不总是"**减少小生产者的人数**"(特别在俄国是相对的而不一定是绝对的)。

　　〔资本主义剥夺小生产者,使他们受屈辱和贫困化……〕

　　第7点——缩小小生产者的作用＝提高大企业的经济作用(一回事)。

　　第8点——"直接"两字可以删去。没有指出生产者同生产资料的分离过程。

　　草案初稿第3页。

人阶级的压迫随着下列情况而**愈来愈厉害**：技术的进步提高了劳动生产率，不仅为资本家不断提高对工人的剥削程度提供了物质**可能性**，而且把这种可能性变成了**现实**，使对劳动力的**需求**相对减少，同时，劳动力的**供应**却相对地和绝对地增多。

四、劳动生产率的提高不仅没有提高**劳动力价格**，反而常常成了劳动力价格**被降低**的直接原因。
这样一来，意味着**社会财富**增长的技术进步，在资本主义社会却**使社会不平等加剧，使有产者和无产者贫富更加悬殊，使工人经济上更加依附于资本家。**

五、资本主义社会的这种情况和资本主义国家在世界市场上日益加剧的相互竞争，使商品的**销售**必然落后于商品的**生产**，这就周期性地引起相当尖锐的**工业危机**，随之而来的是相当长的**工业停滞时期，**

第9点。＋和对小生产者〔关于全体农民应当专门论述〕。

第10点——引起或产生。

第3页——说得太不通俗，太抽象。爱尔福特纲领[117]说得好得多："……过剩的工人大军日益扩大"，——"生活日益贫困"。

第4页——"劳动力价格"常常被降低（说得也很抽象；＝剥削、压迫、贫困和屈辱的加剧）。

"这样一来"，使不平等加剧。照这样说，似乎不平等的加剧只是由于雇佣工人受到的**剥削加剧**（加重），可是不平等的加剧却是由于：（1）小生产者被剥夺＋（2）小生产者贫困化＋（3）剥削加剧＋（4）后备军增多。

第5页。

在纲领中是否需要指出危机的**原因**？

如果需要，单单指出下面两个原因是不够的：（1）社会不平等的加剧（"这种情况"，第4页）＋（2）竞争日益加剧。

没有指出危机的基本原因＝社会生产中的无计划性和私人占有。

第5—6页：使小生产者的**"经济作用**更加缩小"——术语太抽象。

{被剥夺（＝使人数减少？）和贫困化。

第 6 页——雇佣**"劳动"**？用**工人**不是更好吗？

第 6 页——危机的后果——**状况的相对恶化和绝对恶化**。直接指出工人和小生产者的失业和贫困不是更好吗？

第 7 页——**"不满"**改为**愤怒**。

第 7 页——把意识的传播（γ）与愤怒的增长（α）和斗争的尖锐（β）**相提并论**。但是

α 和 β 是自发的，而

γ——应当由**我们**来进行。

第 7 页——**"只有靠本身的努力"**。

使小生产者的人数更加减少,使他们的经济作用更加缩小,

使雇佣劳动更加依附于资本

并更加迅速地引起**无产阶级**和小生产者**状况的相对恶化**,而某些地方是**绝对恶化**。

六、但是,在资本主义这些不可避免的矛盾增长和发展的同时,工人阶级对现状的不满也在增长,工人阶级同资本家阶级的斗争日益尖锐,而在工人阶级内部日益广泛日益迅速地传播这种意识:

工人阶级只有靠本身的努力才能摆脱压在自己肩上的经济依附的压迫,要摆脱这种压迫必须进行

社会革命,

即**消灭**资本主义生产关系,剥夺剥削者,把生产资料和产品流通手段变为**公有财产**。

七、这个无产阶级革命将解放现在全体被压迫受苦难的人类,因为它将消灭人压迫人和人剥削人的一切形式。

八、为了组织社会主义的**产品生产代替资本主义商品生产以**满足社会需要和保证社会全体成员的福利,为了完成自己的革命,无产阶级应该掌握**政权**,

因为政权会使他们成为生活的主宰,使他们能够无情地排除走向自己伟大目的道路上所遇到的一切障碍。在这个意义上说来,**无产阶级专政**是**社会革命**的必要**政治条件**。

讲得笼统些更好:**只能是工人阶级的事业**等等。

第7—8页。

(1)消灭资本主义生产关系?——商品生产**代之**①以社会主义生产②,

(2)剥夺剥削者,
(3)把生产资料变
　　为**公有财产**
}? 把私有制变为公有制。

第9页——"以满足社会需要"((不清楚))"和保证社会全体成员的福利"。

这还不够:(参看爱尔福特纲领:"最高的福利和全面协调地改善物质生活")。

第9页——"生活的主宰","无情地排除","专政"???(对我们来说,社会革命就够了。)

---

① 第8—9页也这样说。
② 应当说清楚,这种社会主义生产是什么样的生产。

九、但是,国际交换和世界市场的发展在文明世界各民族之间建立了密切的联系,因此这个伟大目的只有靠全世界无产者的共同努力才能达到。因此,现代的工人运动一定会成为而且早已成为**国际的**运动。

十、俄国社会民主党把自己看做是全世界无产阶级大军中的一支队伍,看做是**国际社会民主党的一部分**。

十一、它所追求的**最终目的**是和其他各国社会民主党人提出的目的相同的。

它向工人揭示他们的利益同资本家的利益之间的不可调和的对立,向他们阐明行将由无产阶级完成的那个社会革命的历史意义、性质和条件,并组织他们的力量来同他们的剥削者进行不断的斗争。

第10页——没有什么。

第11页——"最终目的是和……相同的"。为什么重复?

第11页——"最终目的是和……相同的"——这里又并列着社会民主党的**任务**(这岂不是搞混了吗?):

(1)**向**(?)工人揭示他们的利益同资本家的利益之间的不可调和的对立。

(2)**向**他们阐明社会革命的意义、性质和条件[＋革命的必要性?]。

德国人说得更有力些:指出自然必要的目的。

(3)组织他们的力量来同**他们的剥削者**(注意?＋同政府?)进行

不断的斗争＋? **领导**无产阶级的斗争。

(2)包括(1)。

(1)——太狭窄。

⎧ 应当是：
⎨ (α)指出最终目的，
⎩ (β)建立**领导**无产阶级斗争的革命家组织。

十二、但是，它的最近目的由于下列情况而大大改变了：我国资本主义以前的——**农奴制的**——社会制度的许多残余可怕地压在全体劳动居民身上，是阻止俄国工人运动取得胜利的所有障碍中的最大障碍。

第12页——"农奴制的残余……可怕地压在全体劳动居民身上"

⎧ ＋阻碍生产力的发展
⎨ ＋使生活状况恶化
⎩ ＋使全体人民处于愚昧无知和受压迫的境地

——最大的障碍(＝残余)? (这是些什么残余? 专制制度＋所有其他一切? 这在**下面**谈到了。)

俄国社会民主党人还不得不仅仅争得这样一些法律设施：这些设施是资本主义生产关系的自然的法的补充物,在先进的资本主义国家已经存在了,

第12—13页——必须争得在先进国家**已经**(?)**存在的那些**(?)**法律**设施。

[应当说得直截了当一点。不通俗。]

并且是**充分地和全面地**开展雇佣

第13页——雇佣劳动?——

劳动同资本的阶级斗争所必需的。

既然沙皇专制制度是对社会进一步发展的最大的和最有害的旧农奴制残余，是完全同这些法律设施不相容的，而且，既然沙皇专制制度就其本性来说不能不是无产者的解放运动的最凶恶和最危险的敌人，那么俄国社会民主党人的最近的政治任务就是推翻**君主制**，代之以建立在民主宪法基础上的**共和国**……

工人，工人阶级为了争取自己的彻底解放同资本家阶级的斗争。

第13页。专制制度是同这些法律设施不相容的。

（同政治自由呢??）

第14页。既然**专制制度**是不相容的——推翻**君主制**（（前后不一致））。

俄国社会民主工党纲领草案①

（1月8日和2月18日
〔1月21日和3月3日〕之间）

[A]

一、在俄国，商品生产日益迅速地发展，资本主义生产方式在俄国愈来愈占完全的统治地位。

二、技术的不断改进使小生产日益受到大生产的排挤。生产资料的最重要部分（土地和工厂、工具和机器、铁路和其他交通工具）集中在人数不多的资本家和大土地占有者手里，成为他们的私有财产。独立的小生产者（农民、手工业者、手艺人）日益破产，失去生产资料并因此变为无产者，或者成为资本的奴仆和纳贡者。愈来愈多的劳动者不得不靠出卖自己的劳动力过活，成为依附于私有者和以自己的劳动为他们创造财富的雇佣工人。

三、技术进步愈向前发展，劳动力就愈供过于求，资本家就愈有可能提高对工人的剥削程度。生活的毫无保障和失业，剥削的压迫和各种屈辱，成为愈来愈广泛的劳动居民阶层的厄运。

---

① 这个草案的原则部分是编辑部的一个委员弗雷提出的草案（他是根据格·瓦—奇的草案初稿拟定的）。而实践部分（从下面指明的地方起到最后）是由整个委员会即由编辑部的五个委员提出的。

四、资本主义的基本矛盾所必然引起的工业危机，使这个过程更加加剧。一方面是群众的穷苦和贫困，另一方面是由于生产出来的商品找不到销路而造成社会财富的浪费。

五、这样，社会的和日益社会化的劳动的生产力大大发展的同时，这种发展的全部主要好处却为极少数居民所垄断。社会财富增加的同时，是社会不平等的加剧，私有者阶级（资产阶级）同无产阶级之间的鸿沟加深和扩大。

[B]

六、但是，随着资本主义所有这些不可避免的矛盾的增长和发展，无产者的人数在增加，团结在增强，不满和愤怒在增长，工人阶级同资本家阶级的斗争日益尖锐，工人阶级力求摆脱不堪忍受的资本主义压迫的愿望也在增长。

七、工人阶级的解放只能是工人阶级本身的事业。现代社会的其余一切阶级都主张保存现存经济制度的基础。工人阶级要获得真正的解放，必须进行资本主义全部发展所准备起来的社会革命，即消灭生产资料私有制，把它们变为公有财产，组织由整个社会承担的社会主义的产品生产代替资本主义商品生产，以保证社会全体成员的充分福利和自由的全面发展。

八、这个无产阶级革命将彻底消灭社会的阶级划分，因而也将彻底消灭由这种划分所产生的任何社会不平等和政治不平等。

九、要完成这个社会革命，无产阶级应当夺取政权，因为政权会使他们成为生活的主宰，使他们能够排除走向自己伟大目的道路上的一切障碍。在这个意义上说来，无产阶级专政是社会革命的必要政治条件。

十、俄国社会民主党的任务是:向工人揭示他们的利益同资本家的利益之间的不可调和的对立,向无产阶级阐明行将由他们完成的那个社会革命的历史意义、性质和条件,组织能够领导无产阶级的一切斗争形式的革命的阶级政党。

十一、但是,国际交换和为世界市场的生产的发展在文明世界各民族之间建立了密切的联系,因此现代的工人运动一定会成为而且早已成为国际的运动。俄国社会民主党把自己看做是全世界无产阶级大军中的一支队伍,看做是国际社会民主党的一部分。

十二、但是,俄国社会民主党的最近目的由于下列情况而大大改变了:我国资本主义以前的,即农奴制的社会制度的许多残余极严重地阻碍着生产力的发展,使无产阶级的阶级斗争不能充分地和全面地发展,使劳动居民的生活水平降低,使千百万农民处于亚洲式的野蛮的垂死境地,使全体人民处于愚昧无知、毫无权利和受压迫的境地。

十三、这些农奴制残余中的最大残余,所有这一切野蛮行为的最强有力的支柱就是沙皇专制制度。它是无产阶级的解放运动和全体人民的文化发展的最凶恶和最危险的敌人。

[C]

因此①,俄国社会民主工党的最近的政治任务是推翻沙皇专制制度,代之以建立在民主宪法基础上的**共和国**,民主宪法应保证:

(1)建立人民专制,即国家的最高权力全部集中在立法会议手

①　从这里开始是由整个委员会通过的。

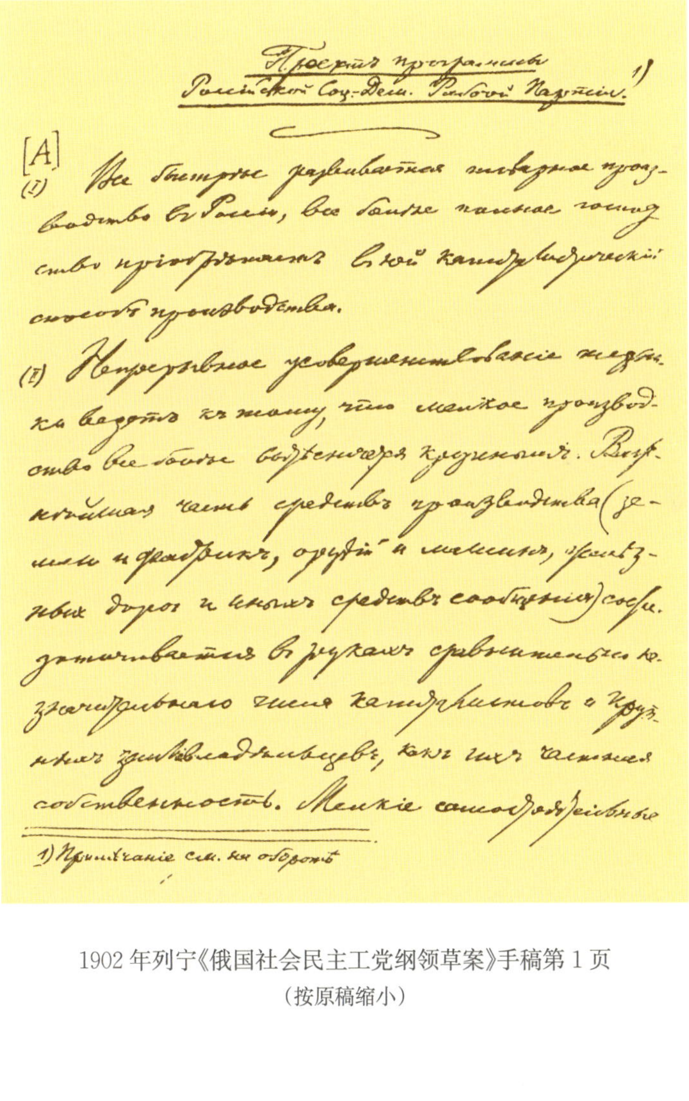

Проектъ программы
Россійской Соц.-Дем. Рабочей Партіи. 1)

[A]

(I) Все быстрѣе развивается товарное производство въ Россіи, все больше господство пріобрѣтаетъ въ ней капиталистическій способъ производства.

(II) Непрерывное усовершенствованіе техники ведетъ къ тому, что мелкое производство все более вытѣсняется крупнымъ. Важнѣйшая часть средствъ производства (земли и фабрики, орудія и машины, желѣзныхъ дорогъ и иныхъ средствъ сообщенія) сосредоточивается въ рукахъ сравнительно незначительнаго числа капиталистовъ и крупныхъ землевладѣльцевъ, какъ ихъ частная собственность. Мелкіе самостоятельные

1) Примѣчаніе см. на оборотѣ

1902 年列宁《俄国社会民主工党纲领草案》手稿第 1 页

（按原稿缩小）

里,立法会议由人民代表组成;

(2)无论选举立法会议还是选举各级地方自治机关,凡年满21岁的公民都有普遍、平等和直接的选举权;一切选举都采取无记名投票;每个选民都有权被选入各级代表会议;人民代表领取薪金;

(3)公民的人身和住宅不受侵犯;

(4)信仰、言论、出版、集会、罢工和结社的自由不受限制;

(5)有迁徙和从业的自由;

(6)废除等级制,全体公民不分性别、宗教信仰和种族一律平等;

(7)承认国内各民族都有自决权;

(8)每个公民都有权向法院控告任何官吏,不必向上级申诉;

(9)用普遍的人民武装代替常备军;

(10)教会同国家分离,学校同教会分离;

(11)对未满16岁的儿童一律实行免费的义务教育;由国家供给贫苦儿童膳食、服装、教材和教具。

[D]

为了保护工人阶级和增强他们的战斗能力①,俄国社会民主工党要求:

(1)一切雇佣工人的工作日应限制为一昼夜8小时;

(2)由法律规定,国民经济各部门的男女雇佣工人,每周连续

---

① 弗雷建议:把本段开头一句话改成这样:
　　"为了保护工人阶级不致在肉体上和精神上衰退,同时为了增强工人阶级争取自己解放的斗争能力……"

休息时间不得少于 36 小时；

　　(3)绝对禁止加班加点；

　　(4)国民经济各部门禁止做夜工(晚 9 时至翌晨 5 时)，由于技术原因绝对必须做夜工的部门除外；

　　(5)禁止企业主雇用年龄未满 15 岁的童工；

　　(6)禁止在只对妇女身体有害的部门使用女工；

　　(7)由法律规定，工人由于不幸事故或有害的生产条件而完全或部分丧失劳动能力时，雇主应负民事责任；工人无须证明上述丧失劳动能力的情况是由雇主的过错造成的；

　　(8)禁止用商品支付工资[①]；

　　(9)国家对失去劳动能力的老年工人发放养老金；

　　(10)增加工厂视察员的人数；在女工占多数的部门设女视察员；由工人选出并由国家支付薪金的代表监督工厂法的执行，以及由工人选出的代表监督工资标准的制定和商品的验收；

　　(11)地方自治机关在工人代表的参与下共同监督企业主拨给工人的住宅的卫生状况，以及监督这些住宅的内部规章和租用条件，使雇佣工人作为私人和公民的生活和行动不受企业主的干涉；

　　(12)在一切使用雇佣劳动的企业内对劳动条件建立正规的、全面的卫生监督；

　　(13)把工厂视察机关监督制推广到手艺业、家庭工业、手工工业和国营企业中去；

　　(14)规定破坏劳动保护法应负刑事责任；

---

　　①　弗雷建议：
　　　　在这里(即本项)加上："在一切雇工合同上应由法律规定每周发放工资"。

（15）禁止企业主以任何理由和为了任何目的（罚款、检验等等）克扣工资；

（16）在国民经济各部门设立职业法庭，由对等的工人代表和企业主代表组成。

[E]

此外，为了俄国国家财政民主化，俄国社会民主工党要求取消一切间接税，征收累进所得税。

为了肃清旧农奴制残余，俄国社会民主工党将力求①：

（1）取消赎金、代役租118以及目前农民这个纳税等级所承担的一切义务；

（2）废除连环保119和一切限制农民支配自己土地的法律；

（3）用赎金和代役租方式从人民那里勒索的钱应归还人民；为此没收寺院的财产和皇族的田产，同时对享有赎金贷款的大贵族土地占有者的土地课以特别税；把这样获得的款项作为村团120的文化和慈善事业的特别国民基金；

（4）设立农民委员会，以便：

（a）把废除农奴制时从农民那里割去的和成为地主盘剥工具的那些土地归还村团（用剥夺的办法，或者——在土地已经转手的情况下——用赎买的办法等等）；

（b）消灭在乌拉尔、阿尔泰、西部边疆区和国内其他地区

_____

① 弗雷建议：
　　在这里加上："和为了使农村阶级斗争自由发展"；
　　全段这样表达：
　　"为了肃清旧农奴制残余和为了使农村阶级斗争自由发展，俄国社会民主工党将力求："

保留下来的农奴制残余；

(5)授权法庭降低过高的地租和宣布盘剥性契约无效。

[F]

俄国社会民主工党力求达到自己最近的政治目的和经济目的①，支持任何反对俄国现存社会政治制度的反政府运动和革命运动，同时坚决摒弃所有那些把警察对劳动群众的监护的每一次扩大都说成是解决社会问题的步骤的改良方案②。

俄国社会民主工党自己坚信，只有推翻专制制度并召开由全民自由选举的立宪会议，才能完全、彻底、可靠地实现上述各种政治改革和社会改革。

---

① 弗雷建议:本段开头改成这样:
　　"俄国社会民主党为实现上述要求"等等。
② 弗雷建议:本段末改成这样:
　　"……会使警察—官吏对劳动群众的监护稍微扩大或巩固的……方案。"

对纲领草案的三个修正案

（1月8日和2月18日
〔1月21日和3月3日〕之间）

三个修正案

第一个修正案。（A）二、"技术的不断改进使小生产日益受到大生产的排挤"改为：

"技术不断改进，大生产日益蓬勃地发展，小生产日益受到排挤或日趋衰落。"

第二个修正案。（B）七、"现代社会的其余一切阶级都主张保存现存经济制度的基础"后面加上：

"在资本主义压迫下日趋毁灭的小生产者，只有当他们意识到自己的处境没有出路并转到无产阶级的立场上来时，才是真正革命的"

下面的话另起一行。

第三个修正案。（B）十二、"使千百万农民处于亚洲式的野蛮的垂死境地"改为：

"使千百万农民受到亚洲式的野蛮的剥削和处于痛苦的垂死境地"。

对普列汉诺夫的
第二个纲领草案的意见

（3 月 14 日〔27 日〕以前）

对纲领草案的意见

　　我认为，使这个草案不能被采用的最一般和最主要的缺点，是纲领的**整个形式**：这不是实际进行斗争的党的纲领，而是原则宣告，这毋宁说是**教学**提纲（特别是说明资本主义特点的最主要章节），而且是一年级的教学提纲，其中所谈的只是一般的资本主义，还不是**俄国**的资本主义。这个主要缺点也造成了许多重复，而且使**纲领**变成了**解释**。我想通过逐条分析来证明这一点，然后再作出总结。

　　"国际交换的发展"等等到"早已成为国际的运动"（这算做第1节——为了引用方便，我把每一段，即另起的一行叫做 passus——节，依次编号）。

　　就实质来说是无可反驳的。只是"我们时代的伟大的解放运动"一语是多余的，因为关于工人运动的解放性质下面谈得很多，并且谈得很具体。

　　其次，我认为这一段放在这里不合适。俄国社会民主党的纲领应当从评述（和控诉）俄国资本主义写起，然后再强调运动的国

1902 年列宁《对普列汉诺夫的第二个纲领草案的意见》手稿第 1 页
（按原稿缩小）

际性质，这一运动，照《共产党宣言》的说法，就形式来说首先是一国范围内的运动。**121**

第2节。**"同其他各国的社会民主党人一样，俄国社会民主党人站在国际的立场上。他们把自己的党看做是全世界无产阶级大军中的一支队伍，看做是国际社会民主党的一部分。"**

我加上着重标记的字是多余的，因为这些字根本没有为这句话的上文和下文补充任何意思。这些多余的字只能削弱"队伍"和"一部分"这两个词所表达的十分完备十分明确的思想。

第3节。**"他们所追求的最终目的，也正如其他各国社会民主党人。"**

也是多余的，在下面第13节（"国际社会民主党一切努力的最终目的"等等）和第17节（"共同的最终目的是统一的"）重复了**两**·**次**。大军的"队伍"之所以为队伍，就是因为追求同一个目的。

第4节。**"各国社会民主党人的这个共同的"**（又是多余的重复）**"最终目的是由资产阶级社会发展的性质和进程决定的"**。

也是多余的，因为下面讲的正是资产阶级社会发展的性质和进程**如何**"确定"这个最终目的。这一节有点像一章的标题或名称。但是，标题只在教科书或文章中是必需的，在纲领中就完全不需要了。在纲领中是多余的一切，会削弱纲领（恩格斯对爱尔福特纲领草案的意见）。①

第5节和第6节（以及第7节开头）引起了一个一般的和带根本性的反对意见（撇开对措辞的意见不谈），这个反对意见是针对纲领草案的整个形式的。

---

① 参看《马克思恩格斯文集》第4卷第408页。——编者注

我首先谈谈这个一般的反对意见（为此有必要为反草案稍加辩护），然后再谈对措辞的意见。

第5节对一般的"发达的"资本主义下了**定义**；第6节谈了资本主义生产关系随着下列情况而"**扩大**"：技术的进步，大企业靠损害小企业（或者靠牺牲小企业）发展，即小生产受到大生产的排挤。

这种叙述方法不合逻辑，并且是不正确的。

所以不正确，是因为进行斗争的无产阶级在学习什么是资本主义时并不是从定义学起（像学教科书那样），而是从实际了解资本主义的**矛盾**，了解社会的**发展**及其各种后果学起。因此，我们应当在自己的纲领中**说明**这种发展，尽可能简短明确地谈一谈**情况是怎样发展的**。至于为什么正是这样而不是那样的各种说明，以及关于基本趋向的表现形式的各种细节，我们应当写在解释中。什么是资本主义，——这会自然从我们对情况（或者情况发展）的表述中得到解答。

所以不合逻辑，是因为小生产受大生产排挤的过程（第6节）和社会分裂为私有者和无产者的过程（第5节）是**同一个过程**。而这一点，草案的条文没有表达出来。按照草案，可以得出这样的结论：**第一个论点**，发达的资本主义在于绝大部分独立的小生产受到有雇佣工人的大生产的排挤。**第二个论点**，资本主义的统治随着小生产受到大生产的排挤而日益扩大……

我认为，根据上述原因，这两段应该合并为一段，并且这样来表达发展过程：技术的发展——小生产受到大生产排挤——生产资料集中在资本家和土地占有者手里——独立的小生产者破产，即变成无产者或依附于资本。

有人反对这样的条文（提出这种条文的意图已在反草案中说

明了)，他们认为：

(1)这种条文会把事情说成这样：似乎俄国农民的破产(或者俄国大土地所有制的形成等等)**仅仅**取决于资本主义的发展。

我认为，这个反对意见是毫无根据的。在有关的地方(即在纲领的末尾)十分清楚地写道：我们有很多的农奴制残余，这些残余使发展过程"野蛮化"。但是，既然我们认为资本主义的发展过程是俄国的社会经济演进的**基本**过程，我们应当一开头就表述**这个**过程、**它的**矛盾和后果。只有这样，我们才能明确地表达我们的思想：资本主义的发展、小生产受排挤和财产积聚等等的过程，正在**不顾农奴制的一切残余**并**通过**这一切残余前进，并且将继续前进。

(2)有人说，"小生产日益受到大生产排挤"的论点"太肯定"、"太公式化"等等。

因此，我应当说明一下，我是根据什么理由认为这个条文的**正确性不但不亚于**前面分析的草案的条文，**而且还要合适得多**。前面分析的草案条文如下："大企业的经济作用提高，小企业的相对数量减少，它们在国家社会经济生活中的作用缩小。"

从纯理论来说，这两种条文的意义**完全相同**，因此要在这两种条文之间划出**实质上的区别**的任何企图全是胡来。[①] "大企业的作用提高和小企业的作用缩小"——这也就是**排挤**。排挤的含义无非就是这样。关于小生产受大生产排挤的问题之所以复杂混乱，**决不在于**某人能够(诚心诚意地能够)不了解排挤意味着"大企业的作用提高和小企业的作用缩小"，而**完全在于，并且仅仅在于**

[①] 谁不同意这一点，我们就请他举出或者甚至哪怕是想出一个唯一的例子来证明，**这种**"大企业的经济作用提高和小企业的作用缩小"并**不是**众所周知的小企业受大企业**排挤**。

很难就**选择**排挤，或作用提高，或作用缩小的**指标和标志**取得一致意见。

从最一般的形式来看，资本主义在这方面的发展过程可以说明如下：

开始时期：

全部生产＝100。

大生产＝a。小生产＝100－a。

下一个时期：

全部生产＝200。

大生产＝2a＋b。小生产＝200－2a－b。

可以大胆地保证，关于大生产和小生产相互关系的所有资料都可以套用这个公式。任何一个愿意了解发展过程的人都不会怀疑这就是**排挤**。无论 **200－2a－b**，按数量来说是大于 **100－a**（相对排挤），还是小于 **100－a**（绝对排挤），**总之这是排挤**。只有不愿意了解的"批评家"才会"不了解"这一点，对这些人可以不理。同时在解释中要用直截了当的办法揭露他们。

问题的全部困难决不在于了解上述的变化是"排挤"，而在于该**如何确定这些数量：100，a** 等等。这是具体问题，实际问题，而这个问题的解决，丝毫不能从"作用的提高和作用的缩小"的提法中得到进展。

例如，欧洲的一切工业统计**在绝大多数情况下**，都是根据工人的**人数**（而农业统计是根据**土地的数量**）来确定这种"作用"的。还没有谁敢怀疑工人（或土地）**比例数的减少**就是**排挤**。但是，全部困难在于：工人的人数（或土地的数量）这种标志往往不足以说明问题。很可能，小企业**受排挤**的同时，它们的工人（或土地）的比例数在**增加**——比如说,如果这些工人替**别人的**材料加工,如果这种土地由劣等牲畜和生活很差的劳动者耕种,耕种不力,施肥不足,以及其他等等。大家知道,对"马克思信条"的"批评"论据中,**这种"误解"俯拾即是**,**而用**"作用的提高和作用的缩小"代替"排挤"**丝毫没有消除这种"误解"**,因为单纯用工人的人数和土地的数量来表达"作用"大小的做法是很"通行"的。

谁也不会怀疑,下列过程(农业方面)恰恰就是小生产受大生产**排挤**,如农民分化,特别是大业主使用的机器增多,大业主使用优等耕畜,小业主使用劣等耕畜(用母牛代替马等等),在大企业中对雇佣工人的"要求"愈来愈高,延长工作日,或者小农的消费量缩减,大业主改善对土地的经营,追加肥料,小业主对土地经营不善,施肥不足,大业主在借贷和协作方面胜过小业主,等等,等等。所有这些过程都是"排挤",这决不难于证明(甚至也用不着证明),——难于证明的倒是,为什么**正是**这些过程应当引起注意,这些过程实际上正在怎样**产生**。光说"作用的提高和作用的缩小",丝毫不能减少这种困难,要减少这种困难,**只能靠解释**,只能靠举例说明人们怎样**不善于确定**(不愿意确定)对排挤(=作用的提高和作用的缩小)过程的正确表达。

如果认为"作用的提高和作用的缩小"这种说法似乎要比"排挤"这个"狭义的"、"公式化的"字眼深刻些、有内容些、广泛些,那纯粹是一种错觉。这种说法丝毫没有加深对过程的理解,而只是把这一过程表达得**更模糊**、**更模棱两可**。我之所以这样坚决地反对用这种说法,并不是因为它理论上不正确,恰恰是因为它貌似高深而**实际模糊**。

"上过中学"和懂得比例数减少(不一定是绝对减少)就是排挤

的人,都会看出这种模糊说法是想掩盖被批评家们玷污的"马克思信条"的真相。① 没有上过中学的人只能对着难以理解的"高深学问"叹息,——但是,"排挤"二字会使每个工匠和每个农民想起几十个、几百个他们所熟悉的例子。如果他远不能一下子理解这种表达法的全部意义,那也无妨:即使用上个把外国字或者不是一读就能把握其全部意义的句子,那也无妨。集会上的口头报告和报刊上的文字说明将使所必需的一切得到弥补,而言简意赅的句子,一经理解,就能牢牢记住,变成口号;这是冗长的论述绝对做不到的。(恩格斯对爱尔福特草案的批评)②

从文风来说,不用排挤而用"作用的提高和作用的缩小"也是不妥当的。这不是革命政党的语言,而是《俄罗斯新闻》的语言。这不是社会主义宣传的术语,而是统计汇编的术语。这种说法像是故意挑选出来给读者造成这样的印象:似乎所表述的过程是一个不急剧的、不产生什么一定后果的过程,是没有痛苦的过程。既然在实际生活中这一切情况恰好相反,**因此**这种说法是完全不正确的。我们不能够也不应当选择**非常抽象**的条文,因为我们写的不是驳斥批评家的文章,而是向手工业者和农民群众发出号召的战斗的党的纲领。我们向他们发出号召时,应当清楚而明确地说明资本"使他们成为奴仆和纳贡者",使他们"破产",把他们"排挤到"无产阶级队伍中去。只有这样的条文,才会准确地说明每个手工业者和每个农民知道的成千个例子的含义。而且只有从这样的

---

① 人们愈知道这种明确的条文——例如爱尔福特纲领的条文:"……分散的小企业日益受到规模宏大的大企业的排挤……"——对这种模糊说法作这样的**解释**就愈不可避免。

② 参看《马克思恩格斯文集》第 4 卷第 407 页。——编者注

条文中才能得出**必然的**结论：你们唯一的出路就是靠拢无产阶级的政党。

现在来谈谈对第5节和第6节措辞的意见，我的意见如下：

第5节谈了"发达的"资产阶级社会，同时又说在这个社会中还保留了"手艺人阶层"和"小农"。这是不确切的。如果从严格的理论意义上来理解"发达的"几个字，那么在这种社会中既不会有手艺人，也不会有小农。甚至就流行的说法来理解这些字，即在**最**发达的国家里，例如在英国，"小农"作为一个单独的社会阶层实际上几乎已经不存在了。

"**以**资本主义生产关系**为基础**的商品生产占统治地位。"这也是不怎么恰当的。当然，**十分**发达的商品生产只有在资本主义社会才是可能的，但是一般的"商品生产"无论从逻辑上或者从历史上来说都是先于资本主义的。

"资本主义生产关系"这个术语在草案中没有一直使用下去。有时候把它改成了"资本主义生产方式"（第11节）。在我看来，为了减少理解纲领的困难，应该通篇使用一个术语，即后一个术语，因为前者侧重于理论性，而且不加上（关系的）"体系"等等字样，就不能指出某种完整的概念。

"封建的手工业时期……" 这里像是故意选上这个对俄国最不合适的说法，因为"封建制度"这一术语是否适用于我国中世纪，时有争议。然而**从实质上说**，对"发达的"资产阶级社会的表述，恰好也适合于俄国（"还保留了"独立的小生产者和小农，他们"定期或一直"出卖"自己的劳动力"等等）。这样，草案本身的条文就驳斥了下面这个意见：直接和明确地讲俄国，就不能写清楚资本主义的发展特点。

"小生产者－手艺人为订货而工作……" 是为消费者的订货而工作,还是为买卖人的订货而工作呢? 想必是前者。但是在俄国,工业中的大多数小生产者恰巧不是为订货工作,而是为市场工作。

"……最重要的消费品"……(为什么不包括"生产资料"?)……"的生产是为了**在国内或国际市场上销售**……" 加上着重标记的字是多余的重复,因为第1节已经指出国际交换的发展了。

"……生产资料和"商品"**流通手段**。"我认为,应当把加上着重标记的字从纲领移到解释中去,因为在商品经济社会中,生产资料归资本家所有就能**引申出流通手段**归资本家所有。

"……**除了自己的劳动力以外**,没有任何生产资料和流通手段的人……" 不能这样说。

指出"一直或定期——整年或几个月"——出卖劳动力,是多余的细节,这种细节应当写在解释中。

(第6节)"……提高大**工业**企业的经济作用",下面则笼统地说缩小独立的小生产者的作用。是偶然把**农业的**大企业漏掉了呢,还是说提高的**只是**工业中的大企业的经济作用,而缩小的**既是**工业中的也是农业中的小企业的作用? 如果是指后一种情况,那么这是**完全错误的**。在农业中"大企业的经济作用"也在提高(只要举出机器一个例子就足以说明了,——而上面举的还有其他例子)。当然,这里的过程要**无比复杂**,但是这一点(和具体说明),应当放到解释中去。

……"在或大或小的程度上陷入完全地、明显地、深深地"依附于……——在我看来,这是多余的、**削弱**意义的说法。草案初稿上"奴仆和纳贡者"的表达法要有力些、突出些。

第7节的开头作了多余的重复,又一次指出"使小生产者变成无产者"，虽然这在第5节和第6节已经谈过了。

第7节对劳动力的供过于求，作了广泛的说明。在这里，"广泛的"说明未必有什么好处。自然，要全面地**说明过程**无论如何是做不到的（例如，这里提到了女工和童工的使用愈来愈多，而没有提到劳动强度的加强等等）。因此，更正确的做法是把**一切**说明（和具体例子）都放到解释中去，而在纲领中只表述资本主义的矛盾表现**在哪里**，它的趋向**如何**。

有人反对说，如果讲"技术进步愈向前发展，劳动力就愈供过于求"，那是与事实不符的；"供应增多"决不只是由于"技术进步"。这种反对意见是没有根据的，因为"愈……就愈"和"因为……所以"完全不是同一个意义。"供应增多"的**原因**何在，这在上一段（"破产"，"排挤"等等）已经阐明了，而在解释中将作出更具体的说明。

"……工人阶级在他们的劳动所创造出来的物质财富总额中所占的份额不断减少……" 这些字写在谈论提高剥削程度的那一段里（参看紧接引文前面的话）。因此可以认为，所谓"份额"是指 v 与 $v+m$ 的比例。但这是多余的而且和"财富总额"几个字不符合。

如果总额＝$c+v+m$，那么首先，把 $c+m$（与 v 相比）称为"份额"不完全恰当，因为"份额"，指的是本身可以划分的东西即消费品。其次，就内容来说，这个论点可以放到谈论社会财富（$c+v+m$）的增多和社会不平等的加剧的下一段去。因此，上面摘引的那些字是多余的重复，最好删去。

此外，这些字表述的是这样一个**发达的**社会，其中**只有**雇佣工人和资本家［因为，小生产者的份额也在减少］，而这和第5节也不符合，因为该节说到就在"发达的"社会中也保留了小生产者。

第8节应当放在第9节和第10节的**后面**，因为这两节谈的是危机，即资本主义的矛盾之一，而第8节是对资本主义的**一切**矛盾和资本主义发展的一切趋向作总结。

在"提高劳动生产率"的"劳动"两字前面应当加上"社会的和日益社会化的"几个字。草案中指出劳动社会化的过程，放的地方不合适（第11节），而且讲得太狭窄（"技术改进的过程日益把工人的劳动联合起来"）。资本主义使劳动社会化，不仅仅表现在"把工人的劳动联合起来"。

"使社会不平等加剧"后面写上"使有产者和无产者贫富更加悬殊"是多余的重复。而为了表述资本主义的上述一切矛盾的主要社会后果，以及为了转到阶级斗争，必须指出无产阶级和资产阶级之间的"鸿沟加深"。

顺便谈谈。关于资本主义的社会后果的表述，应该说，草案在这方面的毛病是谈得特别**抽象**，只用了这样一个十分不充分的论点："争生存的困难和一切与争生存有关的贫穷和苦难增加了"。我认为，**更明确地**指出特别沉重地压在工人阶级身上和小生产者身上的那些社会后果是绝对必要的。

有人反对反草案中对这些后果的表述，例如，说"各种屈辱"这几个字是不正确的。我认为这些字是正确的，它们包括了这样一些现象，如**卖淫**，把"知识分子"变成普通的雇工，使工人鬻妻卖儿，屈从于资本的铁的纪律，利用经济力量进行政治压迫、压制舆论自由，以及其他等等。我同样认为，指出资本主义制度下"群众的穷苦和贫困"是十分必要的。我不主张说穷苦和贫困的绝对增长，但是我完全赞同考茨基的下列意见："从这个详细的社会民主党纲领中看不出资本主义必然造成群众的穷苦化和贫困化,这个纲领没有把反对这种穷苦化和贫困化的斗争看做是社会民主党要求的内容,——这个纲领避而不谈我们运动中最有决定意义的东西,因此存在着严重的缺点。"(反对奥地利的草案)

在我看来,指出"生产力发展过程的全部主要〈就是说并不是绝对所有〉好处却为极少数居民所垄断",也是同样必要的。

第9节和第10节谈的是危机。就实质来说,在这里对于改变了的表述没有什么反对意见。但是就形式来说,这两节又犯了重复的毛病(又是"世界市场",又是"资本主义生产关系")。最好是完全打消在纲领中**说明**危机的想法,只要**断定**危机的不可避免性就可以了,至于说明和进一步的发挥可以放到解释中去做。否则,比如说,即使指出了危机,也指出了"停滞时期",而总的说来,资本主义工业的整个周期还是无法全包括进去。

这里指出危机的社会后果又有重复(说说过程的"加剧"等等就行了),而且又太无力,因为危机不仅使小生产者的处境困难,不仅使他们的状况相对地和绝对地恶化,而且直接使他们破产并把他们排挤到无产阶级的队伍中去。

我对第11节和第12节有极重要的原则性的反对意见:这两节对无产阶级同小生产者的关系的描述十分片面和不正确(因为"被剥削劳动群众"正是由无产阶级和小生产者组成的)。这两节同《共产党宣言》、国际章程[122]和社会民主党的大多数现代纲领的基本论点直接矛盾,而且为民粹派的、"批评派的"和各种小资产阶级的误解敞开大门。

"……被剥削劳动群众的不满在增长"——这是对的,但是像这里所做的那样,把无产阶级的不满和小生产者的不满相提并论、混为一谈是十分不正确的。小生产者的不满常常产生（而且必然在小生产者中间或者在相当大的一部分小生产者中间产生）**保全自己作为小私有者存在**的意图，也就是力求保全现存制度的基础，甚至还把现存制度拉向后退。

"……他们的斗争，首先是他们的先进代表——无产阶级的斗争日益尖锐……"　当然，小生产者的斗争也在日益加剧。但是他们的"斗争"**常常是反对**无产阶级的，因为小生产者本身的地位在很多情况下使他们的利益同无产阶级的利益**截然对立**。一般说来，小资产阶级的"先进代表"**决不是**无产阶级。如果是，那么也只是在小生产者意识到自己不可避免地要灭亡，在他们"**离开**自己的立场而站到无产阶级的立场上来"的时候。还没有离开"自己的立场"的**现代**小生产者，他们的先进代表常常是反犹太主义者和大地主，民族主义者和民粹派，社会改良主义者和"批评马克思主义的批评家"。正是现在，一方面是小生产者的"斗争加剧"，另一方面是"社会主义的吉伦特派"对"山岳派"的"斗争加剧"，这时，把各种各样斗争的加剧混在一起是最不妥当的。

"……国际社会民主党领导**被剥削劳动群众**的解放运动……"根本不是。它领导的**只是工人阶级**，只是**工人运动**，如果其他分子加入这个阶级，那么他们只是分子，而不是阶级。而且**只有**在他们"离开自己原来的立场"的时候，他们才能完全加入这个阶级。

"……它组织**它**的兵力……"　这也不对。社会民主党在任何地方都没有组织小生产者的"兵力"。它组织的只是工人**阶级**的兵力。**愈是不注意**到俄国，**愈是局限于叙述**（参看第5节）"**发达的**"资产阶级社会，草案中的表述也就愈不成功。

总结。草案**肯定了**小资产阶级的革命性（既然小资产阶级"支持"无产阶级,难道这不就是说明它是革命的吗?)而只字未提它的保守性(甚至反动性)。这完全是片面的和不正确的。

我们能够(并且必须)肯定地指出小资产阶级的**保守性**。我们**只应当有条件地**指出**它的革命性**。只有这样的表述,才能准确地符合马克思学说的整个精神。例如,《共产党宣言》直接指出:"同资产阶级对立的一切阶级中,只有无产阶级是真正革命的阶级。……小工业家、手工业者、农民……**不是革命的,而是保守的**。不仅如此,他们甚至是反动的……　如果说他们是革命的〈"如果说"!〉,那是鉴于他们行将转入无产阶级的队伍……他们就**离开**自己原来的立场,而站到无产阶级的立场上来。"①

不用说,从《共产党宣言》发表到现在的半个世纪中,情况有了重大变化。然而恰恰在这方面没有任何变化:理论家始终不渝地承认这个原理(例如,恩格斯在1894年正是从这个立场出发驳斥法国人的土地纲领的。他直截了当地说,**当小农没有离开自己的立场时,他们不是我们的**,他们的地位是在反犹太主义者那里,让那些人去磨炼他们吧,他们愈受到资产阶级政党的欺骗,就愈会靠近我们)**123**,并且直到现在为止的历史,直到我们亲爱的朋友,即"批评家"先生们为止的历史,都以许许多多的事实证明了这个理论。

顺便说说。在草案中,把初稿中原有的**无产阶级专政**字样漏掉了。即使这是由于疏忽而偶然发生的,但是,有一点毕竟还是不能怀疑的,这就是"专政"这个概念同**肯定地**承认他人支持无产阶级是不相容的。如果我们的确**肯定地**知道小资产阶级在无产阶级

---

①　参看《马克思恩格斯文集》第2卷第41—42页。——编者注

完成自己的无产阶级革命时一定支持无产阶级,那就根本用不着谈论"专政"了,因为那时完全能够保证我们获得如此压倒的多数,以至专政大可不要了(正像"批评家"想要别人相信的一样)。承认无产阶级**专政**的必要性,是同《共产党宣言》提出的**只有无产阶级是真正革命的阶级**这一原理**最密切地不可分割地**联系着的。

(附带谈一点,恩格斯对这部分"偏爱"到何种程度,可以从他批判爱尔福特草案那段话中看出来。恩格斯援引了草案中说的"广大人民阶层的破产",同时指出:"这种慷慨激昂的词句会使人觉得,似乎我们还在为资产者和小资产者〈!!〉的破产感到惋惜,要是我,就不这样说,而只讲一个简单的事实:由于城乡中间等级、小资产者和小农的破产,使有财产者和无财产者之间的鸿沟更加扩大了或加深了"。①)②

有人反驳我说,在反草案中肯定地指明了小生产者的保守性("现代社会的其余一切阶级都主张保存现存经济制度的基础"),而关于革命性,**甚至没有有条件地加以指明**。

这种反驳是完全没有根据的。在反草案中,小生产者的有条件的革命性已恰如其分地指明了,即**表述在对资本主义的控诉中**。小生产者的有条件的革命性是通过下面的文字表示出来的:

---

① 参看《马克思恩格斯文集》第4卷第410—411页。——编者注

② 在爱尔福特纲领草案中有这样一段话:"在这个解放斗争中,社会民主党不仅作为雇佣工人的保护者(或代表——《新时代》杂志第9年卷第2册第789页),而且作为全体被剥削被压迫的人的保护者(或代表)进行斗争,捍卫能够改善全体人民特别是工人阶级的状况的一切要求、措施和设施。"恩格斯**肯定地**建议**删去**这一整段话,同时没有忘记嘲笑说:"全体人民(究竟是谁?)。"根据恩格斯的建议,这段话**全部**删去了。"工人阶级的解放只能是工人阶级的事业,因为**其余一切**阶级依靠的是生产资料的私有制,他们的共同目的是保存现代社会的基础",——这一节**在恩格斯的直接影响下**,以比草案初稿**更明确的**形式通过了。

（1）资本主义**排挤**他们，使他们**破产**。我们无产阶级控诉资本主义通过农民**破产**来进行大生产。由此可以直接得出结论说，**如果农民懂得这种过程的不可避免，他们就应当"离开自己的立场而接受我们的立场"**。

（2）"生活的毫无保障和失业，剥削的压迫和各种屈辱，成为"（不仅是无产阶级，而且是）"愈来愈广泛的劳动居民阶层的厄运"。——这种表述已经说明了无产阶级是全体劳动居民的**代表**，我们正是作为这种代表请求（和**迫使**）一切人离开**他们的**立场，站到我们的立场上来，而不是相反，不是我们离开自己的立场，不是我们把自己的阶级斗争同各种骑墙派混在一起。

代表的思想就是这样表明的。

（3）**群众**（全体群众，不只是工人）的穷苦和贫困。

革命阶级的政党也**只能用这种形式**来表明其他阶级的有条件的革命性，以便向他们说明**自己**了解他们的灾难和使他们摆脱灾难的方法，在**自己**对资本主义的宣战中不仅代表自己，而且代表全体"日益穷苦化和日益贫困化"的群众。由此自然可以得出结论，谁接受这种学说，谁就应当靠近我们。要是我们还想在纲领中单独指出这一点，并且声称：**如果某些不可靠的分子逐步转到我们的立场上来，他们就会是革命的**，那就简直可笑！这是破坏那些本来就对我们不够信任的、不彻底的和软弱的同盟者对我们信任的最好方法。①

---

① 我们在自己纲领的实践部分对小生产者（例如对农民）表现得愈"仁慈"，我们在纲领的**原则**部分就应当愈"严厉地"对待这些不可靠的和有两面性的社会分子，丝毫不能离开**自己**的立场。可以这样说，如果你接受我们这个立场，那么对你一切都是"仁慈"的，如果你不接受，那就对不起了！我们在"专政"的情况下就会对你说：在应当使用权力的时候，用不着大谈空话……

　　除了对第 11 节和第 12 节这个原则性的反对意见以外,我对第 11 节还有一点小小的措辞上的意见。在这一节谈"消灭资本主义的**物质**条件"是不合适的,因为这节谈的恰好**不是**消灭资本主义的物质前提,**而是**思想前提。如果提到物质前提,就应当加上思想(精神等等)前提。但是,如果把这种"物质条件"不列在论述阶级斗争的一节,而列在论述资本主义的演进和趋向的一节,那就要正确得多。

　　第 12 节谈到行将到来的社会革命,但是直到第 15 节才来谈这个革命本身和它的必要性,这是不合逻辑的。应当"反过来"。

　　我认为,第 13 节中用"剥夺剥削者"代替"消灭(或废除)私有制"是不恰当的。这不大清楚也不大确切。本节末尾说"有计划地组织社会生产过程来满足整个社会及社会各个成员的需要",也不恰当。这不够。托拉斯大概也能这样组织。如果说"由**整个**社会承担"(因为这既包括计划性又指出计划的指导者),不仅满足社会成员的需要,而且保证社会**全体**成员的**充分**福利和自由的**全面**发展,这会更明确些。

　　在我看来,第 14 节不明确(我还不知道,我们是否能解放"全体"被压迫的"人类",比如说,是否能解放那些受性格极坚强的人压迫的性格软弱的人)。最好采用马克思在批判哥达纲领时的提法:消灭阶级划分和由此划分产生的不平等①。恩格斯在批判爱尔福特纲领时也坚持说,消灭阶级是我们的基本要求②。我们只有**确切而直接地指出**这个"基本要求",才能使我们许下的解放一切人和使一切人摆脱一切灾难的诺言具有**十分明确的**(和不夸大的)意义。

---

① 参看《马克思恩格斯文集》第 3 卷第 442 页。——编者注
② 参看《马克思恩格斯文集》第 4 卷第 411 页。——编者注

第 15 节——关于"其他居民阶层支持无产阶级"和遗漏了"无产阶级专政",上面已经谈过了。

第 16 节——完全是奇谈,十分不合适。无产阶级的"政治教育"就在于我们教育他们,组织他们,领导他们的斗争,——关于这一点,第 12 节已经讲过了(只要在该节加上"领导他们的斗争"就行了)。

在我看来,第 17 节也是废话。为什么泛泛地谈最近的任务取决于社会政治环境的不同呢? 这一点让人们在专论中去谈吧,我们应当直截了当地说明某某特点(农奴制残余、专制制度和其他等等)是如何改变我们最近的任务的。

第 18 节:"在俄国,资本主义日益**成为**主要的生产方式……"这显然不够。资本主义已经**成了**主要的生产方式(——如果我说60 已经多于 40,这决不是说 40 不存在,或者只是无关紧要的小数目)。我们还有这么多的民粹派、民粹主义化的自由派和迅速倒向民粹派的"批评家",因此在这里丝毫不能含糊。如果资本主义甚至还没有成为"主要的"生产方式,那么就不急于成立社会民主党了。

"……把社会民主党提到**最主要的地位**……" 刚刚还是资本主义**日益成为**主要的生产方式,而我们就已经占"最主要的"地位了…… 我认为,根本不用谈最主要的地位,因为这从整个纲领看来是不言而喻的。这用不着我们自我表白,让历史去为我们作证吧。

看来,草案不同意说旧的**农奴制**社会制度,认为"农奴制"这种说法只适用于**法律**制度。我认为,这样区分是没有根据的:"农奴制"当然是法律制度,但是它同单独的地主(和农民)**经济**制度也是相适应的,它也表现在不是由"法律"固定下来的大量的生活关系中。因此，未必应当回避"资本主义以前的农奴制社会制度"的说法。

在我们纲领中"描写"农奴制（说群众是受过洗礼的私有物）是十分不合适的，并且是多余的。

关于农奴制残余的影响，只说这些残余沉重地压在劳动群众身上是不够的。必须把阻碍国家生产力的发展以及农奴制的其他社会后果都指出来。①

第19节。我觉得，下面的话是完全多余的：对我们来说，民主（或政治自由）是"过渡阶段"（向什么过渡？要知道，关于建立共和国，我们在下面把它作为**最近的**实际要求直接提出来了），宪法是"资本主义生产关系的自然的法的补充物〈草案中写成"财产"，这显然是抄写员的笔误〉"。这写在纲领中是十分不妥当的。我们只要说专制制度阻碍或束缚"**整个社会发展**"就足够了，这就是说，资本主义的发展也是与专制制度不相容的。关于这个问题的详细论述应当放到解释中去做，否则，甚至会削弱纲领中我们对专制制度宣战的意义，使纲领带有某种书本式的抽象的性质。

我们既然在下面更加直接得多，更加明确得多地提出建立共和国，这里又何必这样泛泛地谈论资本主义的法的补充物和"法律制度"（第20节）呢？（顺便谈一点：第20节有"旧的农奴制"一词，这就是说，草案本身在这里已使"农奴制"这个词含有比仅仅是法律意义更加广泛的意义了。）

既然现在提出了推翻专制制度并代之以共和国这个要求，也就用不着说什么专制制度是同法律制度不相容的。最好是更明确地说明人民在专制制度下"毫无权利"等等。

---

① 顺便谈谈：在反草案中，"使农民处于亚洲式的野蛮的**垂死境地**"一语不妥。可以说消亡的境地，或者类似的说法。

"……专制制度是工人阶级解放要求的最凶恶的敌人……"，在"解放要求"后面应当加上"和全体人民的文化发展"或者类似的词句。这样，我们也就能够说明（而不是空谈什么"代表"）社会民主党不仅代表工人阶级的利益，而且代表整个社会发展的利益。

————

综上所述，我认为草案存在着使它不能被采用的四个主要缺点：

（1）许多表述非常**抽象**，好像不是供战斗的党使用的，而是供讲课用的；

（2）对特殊的**俄国资本主义**问题避而不谈或含糊其词，是一个尤其严重的缺点，因为纲领应该是反对俄国资本主义的鼓动总则和指南。我们应当对俄国资本主义作出直接评价，并且正是对它公开宣战；

（3）关于**无产阶级同小生产者的关系**的叙述是十分片面和不正确的，这会使我们无论同"批评家"还是同其他许多人作战时失去根基；

（4）总是力求在纲领中**说明**过程。说明又不得当，而叙述又十分冗长，大量重复，纲领常常变成了解释。

对普列汉诺夫的
第二个纲领草案的批评

（3月14日〔27日〕以前）

整个草案有四个主要缺点，因此，我认为它根本不能被采用：

（1）就说明资本主义特点的最重要章节的写法来说，这个草案不是正在同特定的资本主义的极其实际的表现**作斗争**的无产阶级的纲领，而是一般阐述资本主义的经济**教科书**提纲。

（2）这个纲领对**俄国**无产阶级政党尤其不适合，因为它采用了那种说明一般资本主义的方法，而对俄国资本主义的演进、俄国资本主义所产生的矛盾和社会灾难几乎完全避而不谈和含糊其词。俄国无产阶级政党应当在自己的纲领中毫不含糊地控诉俄国资本主义，向俄国资本主义宣战。这所以特别需要，是因为俄国的纲领在这方面不可能和欧洲的纲领一样：欧洲的纲领在谈到资本主义和资产阶级社会时，可以不指出这些概念既适用于奥地利，也适用于德国，等等，因为这是不言而喻的。对俄国则不能这样说。

只说说"发达的"资本主义具有某些**一般的**特点，而在俄国，资本主义"日益成为主要的"，——这就是**避开**具体的控诉和宣战，而这种控诉和宣战对实际上进行斗争的党来说，是最重要的。

因此，草案没有达到纲领的一个主要目的，即成为党就俄国资本主义的种种表现进行日常宣传和鼓动的指针。

（3）草案中某些最重要条文的表述不准确，以至必然要产生一系列最危险的误解，给我们的理论斗争和宣传造成困难。例如，大

生产的发展,只是指"工业"企业而言。关于农业资本主义的演进
不是含糊其词,就是完全避而不谈。其次,用"无产阶级在受资本
主义剥削的其他居民阶层的支持下行将完成的革命"代替"无产阶
级专政",甚至用"被剥削劳动群众的斗争"代替无产阶级的阶级斗
争。这种表述是同国际的下列基本原则相矛盾的:"工人阶级的解
放只能是工人阶级本身的事业。"除了无产阶级以外,其他部分的
"被剥削劳动群众"(即主要是小生产者)在同资产阶级的斗争中**只
有部分的革命性**。只有当他们"行将转入无产阶级的队伍","**站到
无产阶级的立场上来**"(《共产党宣言》)时,他们才是革命的。在草
案中,根本没有着重指出小生产者的反动性,因此**整个说来**,关于
无产阶级同"被剥削劳动群众"的关系的描述**是不正确的**。(例如,
草案写道:"他们[被剥削劳动群众]的斗争,首先是他们的先进代
表无产阶级的斗争日益尖锐。"小生产者的"斗争日益尖锐",既表
现在反犹太主义中,也表现在凯撒主义[124]中,也表现在反雇农的
农民协会中,甚至表现在社会主义的吉伦特派反对山岳派的斗争
中。在纲领中,应当这样来说明无产阶级是全体被剥削劳动群众
的代表:我们**控诉**资本主义使**群众**贫困[不仅使工人阶级贫困],使
"愈来愈广泛的劳动居民阶层"[不仅使工人阶级]失业。)

(4)草案常常把本来意义上的纲领变成**解释**。纲领应当提出
简短的、其中一个多余字都没有的**原理**,而**说明**可以放到解释、小
册子、鼓动等等中去做。因此,恩格斯指责爱尔福特纲领,说它由
于冗长、烦琐和重复而变成了解释,这是十分公正的。[125]

在草案中,这个缺点更加严重,重复的地方多得出奇,试图在
纲领中**说明**过程(不是只指出过程的**特点**)还是没有达到目的,反
而把纲领搞得冗长不堪。

对纲领草案的土地部分的修正案[126]

（3月22日〔4月4日〕以前）

注意：**修正案**

我建议把我们土地纲领的第四项修改如下：

删去：

"设立农民委员会，以便：（一）把……那些土地归还村团（用剥夺的办法，**或者在土地已经转手的情况下用赎买的办法等等**）"

改为：

"设立农民委员会，以便：（一）把那些……土地归还村团（用剥夺的办法）"等等，

就是说，**把加上着重标记的字删去**。

我认为，应当作这样的修改，理由如下：

1.在土地纲领中，我们提出了我们的"最高要求"，即我们的"社会革命的要求"（见我的解释[127]）。允许赎买是同整个要求的社会革命的性质相矛盾的。

2.就历史传统（1861年的赎买[128]）和内容（参看名言"赎也就是买"[129]）来说，"赎买"带有一种虚情假意的资产阶级措施的特殊气味。如果我们**允许**赎买，不是不可能玷污我们要求的整个实质（而干这种勾当的卑鄙小人多不胜数）。①

---

① 我们允许赎买，就会使归还割地这一非常革命的措施**降**到最普通的"改革"。

3.有人担心，从花钱买下割地[130]的人那里剥夺割地"不公正"。这种担心是没有根据的。我们本来就有两个严格的条件[(1)"1861年割去的土地"，(2)"**现在**成为盘剥工具的土地"]限制这个归还割地的措施。无偿没收用来进行**农奴制**剥削的财产是完全公正的。（以后就让购买割地的人同出卖割地的人去打官司吧，这不是我们的事。）

4.如果我们允许"赎买"，就会使恰恰因工役制[131]而最深地陷于自然经济状态的农民负担**货币**支付。一下子转到**货币支付**，会使农民的破产**特别迅速**，而这是同我们纲领的整个精神相矛盾的。

5.如果**作为例外**，需要"补偿"购买割地的人，那么无论如何也不应该由农民来支付，因为无论从道义上和历史上来说农民都有权占有这些割地。可以用边缘地区某块相应的土地来"补偿"等等；但是这不关我们的事。

请大家表示自己的意见：**同意**＝赞成取消关于赎买的话，即赞成删去我加上着重标记的几个字。

反对＝赞成保留原样。

(1)格·瓦·——

(2)帕·波·——

(3)维·伊·——

(4)贝尔格——

(5)亚·尼·——

(6)弗雷——同意。

对委员会的纲领草案的意见[132]

(3月30日〔4月12日〕)

委员会的草案原文	列宁的意见
	问号表示希望注意修辞。
1.国际交换的发展在文明世界各民族之间建立了密切的联系,因此伟大的无产阶级解放运动一定会成为而且早已成为国际的运动。	
2.因此,俄国社会民主党人把自己的党看做是全世界无产阶级大军中的一支队伍,看做是国际社会民主党的一部分,<u>他们所追求的最终目的,也正如其他各国社会民主党人。</u>	文字希加修饰。 "正如"两字不合俄国说法,文字不通。改为"他们所追求的最终目的是和其他各国社会民主党人提出的目的相同的"或其他等等。
3.这个最终目的是由资产阶级社会发展的性质和进程决定的。	"性质和"是多余的字,建议删去。**最终目的**是由**进程**决定的,而不是由"发展的性质"这一概念所说明的这个总"进程"的

这个社会的特点是在资本主义生产关系下的商品生产占统治地位，即最重要的和很大部分的<u>消费品的</u>

生产是<u>为了在国内</u>或国际市场上销售，

而<u>这些消费品</u>——商品的最重要的和很大部分的生产资料和流通手段

归一个相对说来人数不多的

阶级V所有，绝大多数居民中的一部分人

没有任何生产资料和<u>流通手段</u>（无产者），

种种特点决定的。因此，这些多余的字也是不完全确切的。

为什么只是"消费品"？生产资料呢？说"产品"等等要好些。

依我看，这些字应该删去。是多余的重复。

这些字应该删去。商品不仅仅是消费品。

（"相对说来不多的"可以改成**极少的**，因为"**最重要的和很大部分的**"这些字都是表示相当高的限度。但是这并不重要。）

V应该加上："资本家和土地占有者"。否则**太抽象**，与下面的"农民和手工业者"显得特别**不对称**。

"和流通手段"应该删去，因为纯粹的无产者可能有并且现在就有那些交换**消费品**的"流通手段"。

另一部分人只有不能<u>保证</u>他们生活的很少生产资料(某些小生产者阶层,例如小农和手工业者)。 } ?

文字希加修饰!

"生产资料"保证(?)生活。

所有这些人都由于自己的经济地位不得不一直出卖或定期出卖自己的劳动力,即受雇于生产资料和商品流通手段的所有者,并以自己的劳动为他们创造收入。

4.资本主义生产关系的统治随着下列情况而日益扩大:技术的不断改进提高大企业的经济作用,同时使独立的小生产者受到排挤,就是说,使他们的人数相对地减少,一部分变成无产者,其余部分在社会经济生活中的作用日益缩小,某些地方还使他们在或大或小的程度上陷入完全地、明显地、深深地依附<u>于大</u>企业主的地位。

"依附于资本"——不仅仅依附于大资本。

5.<u>这种</u>技术的<u>改进</u>使一部分 ? 独立的小生产者变成无产者,使劳动力的供应大大增多,使企业主能够在商品的生产和流通过程中愈来愈多地使用女工和童工。另一方面,既然<u>这种技术</u>(机器)<u>改进的过程</u>本身使企业主对工人 ? 的活劳动的需要相对减少,劳动力也就必然供过于求,因此雇佣劳动愈来愈依附资本,雇佣劳动受资本剥削的程度不断提高。

工人阶级在自己劳动所创造的社会收入总额中所占的份额不断减少。

这些话的意思在上面的论点中已经有了,是多余的重复,应该删去。

总的说来,草案这种**冗长**而又不必要的**延伸**的一般性缺点,在第 5 节中尤为突出。顺便谈谈,这就会引起恩格斯在批判爱尔福特纲领草案时所说的"误解的可能"。比如说,似乎使用女工和童工的增多**只是**由于独立的小生产者"变成"无产者引起的,而事实并非如此,因为在独立的小生产者"**变成**"无产者**以前**就常有这种情况。第 5 节的开头是多余的重复。

漏掉字了。

6.资产阶级社⋯⋯内部的这种情况

生产过剩引起相当尖锐的工业危机(接着危机而来的是相当长的工业停滞时期),是生产力在标志着商品生产特征的无计划性和现社会特有的资本主义生产关系的情况下发展的必然后果。危机和工业停滞时期又使独立的小生产者的处境更加困难,更加迅速地引起无产者状况的相对恶化,而有些地方是绝对恶化。

又是重复!!

不仅如此。不仅"使他们的处境更加困难",而且直接使很多人**破产**。

把第 6 节第一部分写得简

略些要好得多。

7. 这样一来,意味着劳动生产率提高和社会财富增长的技术改进,在资产阶级社会却使社会不平等加剧,使有产者和无产者贫富更加悬殊,使生活更无保障,使失业和各种贫困加剧。

"**各种贫困加剧**"——这样来借用我草案中的话是不够恰当的。我没有说过贫困**加剧**。"各种"就包含着"**绝对的**"意思。因此,谈到**群众的贫困**,就应当稍有不同。

8. 但是,随着资本主义生产方式所固有的这一切矛盾的增长和发展,<u>被剥削劳动群众</u>对现状的<u>不满也在增长</u>,他们的先进代表——无产阶级同维护现状的人的斗争日益尖锐。

第 8 节表明委员会**坚决不愿意遵守**它在刚"诞生"时所提出的明确的、毫不含糊的**条件**。**根据这个条件**应该作一个增补(这个增补,委员会在第 **10** 节作了),**同时**在增补前面,应该只谈无产阶级**一个阶级**的阶级斗争。调解协议上说得很清楚的最后一个要求,委员会**没有执行**,我认为我有权要求加以执行。**133**

第 10 节末尾**以前**就谈全体劳动群众的不满和把无产阶级称为他们的"先进代表"是**不正确的**,因为这只有在第 10 节末尾所谈的**条件下**才是对的。委员会把有条件的事情说成无条件的事情。关于小生产者的不彻底性，他们的**半反动性**，委员会**只字未提**，这是完全不能容许的。结果是：把这种小生产者（或者这一阶层的**一部分人**）**可能是在原则上**"维护现状的人"（就是第8节里的话!!）这一点完全**忘记了!!** 而这种可能在我们眼前**常常**就是现实。

要想有权谈无产阶级运动、无产阶级阶级斗争、甚至**阶级专政**，必须**首先把这一个**阶级**划出来**，然后再来谈他们的代表作用。否则在草案中就没有连贯性；第8节不论是**同下文**（为什么不是"劳动群众专政"??）**还是同开头几句话**（一切社会矛盾日益尖锐，**就是说两个阶级**的斗争日益尖锐，这一点委员会却忘了讲!!）**都没有**严密的逻辑**联系**。不能自圆其说。

同时，技术改进使**工厂内部**

劳动的社会化决不限于工

劳动过程社会化,使生产集中化,

于是日益迅速地造成社会革命的可能性,这种革命是<u>无产阶级阶级运动</u>的自觉体现者国际社会民主党的全部活动的最终目的。

9. 这个社会革命将<u>消灭</u>资本主义生产关系并代之以社会主义生产关系,即剥夺剥削者,把生产资料和产品的流通手段转为公有财产,有计划地组织社会生产过程来满足整个社会及其各个成员的需要。

实现这一目的将解放全体被压迫的人类,因为它将消灭社会上一部分人对另一部分人的一切形式的剥削。

10. 为了完成自己的社会革命,无产阶级必须夺取政权(<u>阶级专政</u>),因为政权会使他们成为生活的主宰,使他们能够排除一切障碍。为了这个目的,<u>无产阶级组织成一个同一切资产阶级政党对抗的独立的政党</u>,

厂内部,这个地方必须修改。

+"和"(社会革命的)"必要性"。

为了对照。注意

?

不确切。资本主义也能"**做到**"这种"**满足**",不过**不是**满足社会的**全体**成员,并且满足的**程度**也**不相同**。

——我已经提出了自己的反对意见——注意①

?

"同**一切**资产阶级政党对抗",——这就是说,也同**小资产阶级**政党对抗,是不是这样呢??但是要知道,小资产者中的**大多**

---

① 见本卷第 218 页。——编者注

号召其他一切受资本主义剥削的居民阶层参加自己的队伍，

指靠他们的支持，因为他们意识到自己在现代社会中的处境是毫无希望的，并且正在站到无产阶级的立场上来。

11. 正在进行斗争的无产阶级的政党，即社会民主党，领导无产阶级各种形式的阶级斗争，向全体被剥削劳动群众揭示剥削者的利益同被剥削者的利益之间的不可调和的对立，向他们阐明行将到来的社会革命的历史意义和必要条件。

12. 尽管在整个文明世界占统治地位的同一种生产方式给各国

数是"被剥削劳动者"。联不上。

是**社会民主党在组织和号召**。"无产阶级号召……阶层参加**自己的**〈！〉"——根本不可能！

"指靠他们的支持"应该删去。这些字是**多余的**（如果说号召，就是指靠的意思），并且有误解的可能。号召那些有一定觉悟程度的人，这就够了。

改成"他们的（全体被剥削劳动群众的）利益同资本主义存在本身的不可调和性"或其他等等。并不是一切劳动者都处于这种情况：他们的"利益"同剥削者的利益之间有"不可调和的"对立。在劳动农民那里，同大地主有**某种**，有一些，有$\frac{a}{n}$的**共同性**。应该说得**一般些**、广泛些，否则就是错误，就成了**空话**。

社会民主党人确定的共同的最终目的是统一的,但是他们给自己提出的**最近**任务是不同的,因为<u>这种方式</u>的发展程度不是到处都一样,它在各国发展的社会政治环境也各不相同。

13. 在俄国,与资本主义迅速扩展自己的统治范围和日益成为主要的生产方式的同时,到处还有以地主、国家或国家元首奴役劳动群众为基础的我国资本主义以前的旧社会制度的残余。这些残余极严重地阻碍着生产力的发展,使无产阶级的<u>阶级斗争</u>不能全面发展,使劳动居民的生活水平降低,使千百万农民处于<u>亚洲式的野蛮的破产和没落</u>的境地,使全体人民处于愚昧无知、毫无权利和受压迫的境地。

14. 沙皇专制制度是我国农奴制一切残余中的最大残余和所有

? 文字!!

第12节末尾。应当设法缩短。把这一节压缩一下要好得多。能不能用"民族特点"或别的什么说法把这一节大大压缩一下呢?

第13节开头。我为向我靠近小小的一步而鞠躬致谢。但是说什么"**日益成为,主要的**"……嘘……嘘——呸,呸!

注意

? 文字!

第13节末尾。最好修改一下:**至于怎样修改**,我已经提出意见了(我对自己草案的修正案①),如果不加修改,岂不成了"……野蛮的破产和没落……"吗?

? 文字。

------

① 见本卷第199页。——编者注

这一切野蛮行为的最强有力的支柱，它同政治自由和公民自由是根本不相容的，这种自由在资本主义<u>生产</u>的先进国家内早已存在，是资本主义生产的自然的法的补充物。

"**自然的**法的补充物"——把正确的意思表达得很不恰当。对资本主义来说，自由的"自然性"由于1001个社会历史因素而日益难于表现，"自然的"这个词没有把上述情况表达出来。而这个词却散发着某种自由主义的臭气。尽可以大致这样说："专制制度因资本主义的**整个**发展**必然**注定死亡，因为这种发展必须要求公民自由和政治自由以反映日益复杂的利益"，或者其他等等，总之，在说明**必然性**的思想时，不要引起把这种必然性归在"自然"之内的误解。

就其本性来说，<u>它</u>一定要镇压<u>一切社会运动</u>，不能不是反对无产阶级一切解放要求的最凶恶的敌人。

?

不妥当，**并不是**一切社会运动，复本位制[134]（和拉斐尔前派[135]）也是"社会运动"。应当修正。

　　　　因此,俄国社会民主党的最
　　近的政治任务是推翻沙皇专制制
　　度,代之以建立在民主宪法基础
　　上的共和国,民主宪法应保证
　　　　等等

　　总的说来,愈细读委员会的草案,就愈觉得这个草案**没有经过
反复推敲**。我敢预言,如果我们把草案照**这种**样子发表出来,那么
这个草案的质量将会招来许多公正的指责。**大家**会看到,这是一
个从外面"拼凑起来的东西"。

　　如果由于我们的罪过,上帝惩罚我们必须发表"不伦不类的"草
案,我们至少应当竭尽**全力**来**减少**由此产生的可悲后果。因此,那
些**最**希望"尽快了事"的人是完全不正确的,可以保证,在**现在**这种
情况下,匆忙只能坏事,而我们编辑部的草案将是不能令人满意的。
草案是否一定要在《曙光》杂志第4期上刊载出来并不重要,我们可
以登在第5期上,并且在第5期出版**以前**出单行本。这样做,即使
推迟个把月发表,也不会使党受到一点损害。如果崇高的委员会能
更好地工作、考虑和推敲,给我们提供一个不是拼凑起来的而是**自
己的**完整的草案,那确实要好一些。我再重复一遍:如果这个任务
实现不了,那么采用公布两个草案的办法要有益得多(我们完全可
以实行这个办法,不会感到**任何**"难为情":普列汉诺夫用自己的名
字在《曙光》杂志上刊登他的草案,我用随便哪一个名字在"别处",
在日内瓦刊登我的草案)。敬祈崇高的委员会**详察**"一切情由"。

　　1902年4月12日于车上。写得很潦草,请原谅。如果来得
及,我再抄一遍,写得清楚些。

对委员会的纲领草案的补充意见

（3 月 31 日〔4 月 13 日〕）

对写在草案上的意见，我再作如下的补充：

第 3 节。"社会（资产阶级的）的特点是**在资本主义生产关系下**的商品生产占统治地位，**即**……"下面写的是资本主义的基本特征。用"**即**"把下面两个不是一类的不同概念结合在一起是不合适的：（1）由资本主义生产关系占统治地位所决定的那种商品生产的**形态变化**；（2）产品在市场上销售和许多居民出卖自己的劳动力。

这种不合适的做法，这种把一般商品生产和一般资本主义的**基本的**和最一般的特征同以资本主义生产关系为基础的商品生产的形态变化（这时商品已经不**单单**是按价值进行交换）等同起来的做法，清楚地表明格·瓦·的表述不恰当（而委员会采用了这种表述，只是换了换形式）。在只谈资本主义最一般的和基本的特征，**甚至不谈剩余价值理论**的纲领中，我们却突然对柏姆-巴维克提出"指责"，指出"以资本主义为基础的商品生产"不完全是简单商品生产！既然这样，那为什么在纲领中不对米海洛夫斯基、别尔嘉耶夫等等也进行一番专门的指责呢？　一方面，甚至对马克思关于资本剥削劳动的全部学说只用一个最一般的社会主义的说法，即"以自己的劳动为他们创造收入"（第 3 节末尾）来表述，而另一方面，却专门指出在"以资本主义生产关系为基础的商品生产"下剩余价值转化为利润。

格·瓦·完全正确,他说,"以资本主义生产关系为基础的商品生产"几个字说明了第3卷[136]的基本思想。但是仅此而已。在纲领中用不着描述这种思想,正如在纲领中用不着描述构成第2卷的基本思想的实现机制,也如在纲领中用不着描述超额利润转化为地租。在纲领中只要**指出**资本剥削劳动=剩余价值的形成就够了,而谈论这种剩余价值的形式的各种**转化**和形态变化是不合适的(而且用一两句话也讲不清楚)。

对阶级斗争问题的补充

我完全同意维·德米·的下列思想:我们可能吸收多得多的小生产者加入社会民主党的队伍,并在时间上早得多(比西欧);为了做到这一点,我们应当**全力**以赴;在纲领中应当反映这个"愿望","**反对**"马尔丁诺夫及其同伙。我完全同意这一切。我**赞同**第10节末尾所作的补充——为了避免误会,我着重指出这一点。

但是,不应该像维·德米·所做的那样,走到另一个极端去!不应该把"愿望"同**现实**,同正是我们的原则宣告所阐述的那种具有内在必然性的现实混在一起。当然,能吸收**全体**小生产者是好事。但是我们知道,这是一个单独的阶级,虽然它同无产阶级有千丝万缕的联系和处在过渡阶段,但毕竟是一个单独的阶级。

必须**首先**把自己同一切人**划清界限**,即仅仅把无产阶级一个阶级**专门单独地**划出来,**然后**再说无产阶级解放一切人,号召一切人,邀请一切人。

我同意这个"然后",但是我要求先来这个"首先"!

在我们俄国,当"一小群"工厂工人还没有开始进行斗争即阶级斗争的时候,"被剥削劳动群众"所受的骇人听闻的苦难未曾引起过任何人民运动。也只有这个"一小群"才保证了阶级斗争的进行、继续和发展。正是在俄国,正是在批评家们(布尔加柯夫)指责社会民主党人得了"恐农症",而社会革命党人[137]叫喊必须以"全体被剥削劳动群众的斗争"这个概念来代替阶级斗争这个概念(《俄国革命通报》杂志[138]第2期)的俄国,我们应当首先最明确地确定唯一的无产阶级一个阶级的阶级斗争,来把自己同这一切败类划清界限,——然后再说我们号召一切人,承担一切工作,做好一切工作,向一切方面发展。而委员会在"发展"时却忘了划清界限!! 人们所以指责我狭隘,是因为我要求把这种"划清界限"作为发展的前提?! 先生们,要知道,你们把事情搞颠倒了!!

我们明天必然面临的同联合的批评家们+《俄罗斯新闻》和《俄国财富》杂志[139]的左倾先生们+社会革命党人的斗争,一定要求我们恰恰在无产阶级的阶级斗争和"被剥削劳动群众的斗争"(是斗争吗?)之间划清界限。空谈被剥削劳动群众,是一切不可靠的人手中的主要王牌,而委员会帮助他们,夺去我们同不彻底性作斗争的武器是为了强调一半! 但别忘了另一半!

载于1924年《列宁文集》俄文版
第2卷

译自《列宁全集》俄文第5版
第6卷第193—256页

评国家预算

（1902 年 1 月 15 日〔28 日〕）

我国的报纸，同往年一样，公布了财政大臣关于 1902 年国家收支预算的奏折。这位大臣断言，一切都像往年一样顺利，"财政情况非常好"，预算"一直保持平衡"，"铁路事业正在继续顺利发展"，甚至"人民的福利也在不断提高"！尽管国家财政问题十分重要，我国对这些问题感兴趣的人却很少，这是不足为奇的，因为这种兴趣已被习以为常的官方颂词冲淡了，谁都知道，纸上是什么都能写的，官方变财政魔术的后台，观众"反正"是"不准入内"的。

但是这回有一个情况特别引人注目。魔术师以惯常的灵巧动作向观众空手一摊，然后双手一挥，金币就一个接一个地变出来了。观众拍手叫好。但是魔术师本人却开始竭力为自己辩解，差点儿没有掉下眼泪，他要人相信他不是在骗人，他没有赤字，他的债务要比财产少。俄国公众深谙衙门规矩，他们在一旁看着觉得有点不好意思，但是只有少数人自言自语地嘟哝着法国谚语："谁为自己辩护，谁就是自己招认。"

我们来看看，我们的维特是怎样"辩护"的。将近 20 亿（194 600 万）卢布的巨额开支所以能全部得到抵补，全靠从有名的国库"闲置现金"中动用了 14 400 万卢布，而这笔闲置现金包括去年所借的利息为 4％的 12 700 万卢布外债（全部债款是 14 800

万卢布，其中有2100万卢布还没有收到）。这不是说明赤字是靠外债来弥补的吗？魔术师要我们相信，根本没有这回事，"借外债决不是为了弥补没有列入预算的开支"，因为还有"完全闲置的"11400万卢布可以用来抵补这笔开支，借外债是为了**修筑新铁路**。好极了，维特先生！可是，第一，你这样说并不能否认赤字，因为即使用"完全闲置的"11400万卢布也抵补不了14400万卢布的开支。第二，在闲置现金（11400万卢布）中有6300万卢布是超过1901年正常收入概算的额外收入，我国的报刊早已指出，你**故意打低**概算的收入，以便虚假地增加"闲置现金"，不断地提高税收。例如，去年就提高了印花税（新的印花税条例），把官卖烧酒的价格从每桶7卢布提高到7卢布60戈比，关税提高后一直没有降下来（关税是1900年提高的，当时似乎是"暂时的"，是为了对华战争[140]），如此等等。第三，你赞扬铁路的"文明作用"，但对铁路工程中那种纯粹俄国式的、极不文明的**盗窃国库**的风气，却谦虚地一字不提（更不用说铁路承包人对工人、对挨饿的农民那种惨无人道的剥削了！）。例如最近一家报纸报道，西伯利亚铁路的造价起初定为35000万卢布，但实际上已经花了**78000万**卢布，看样子，总数将**超过10亿**卢布（关于西伯利亚铁路工程中的盗窃情况，《火星报》已经有所披露，见第2号）。维特先生，你对于收入计算得很正确，分文不漏，但是**实际支出多少**，你也来算算看吧！

　　其次，也不应当忽略，1902年修筑铁路部分是为了"爱好和平的"我国政府的军事目的（如长达1000多俄里的博洛戈耶—谢德尔采大干线[141]），部分是由于绝对必须多少"帮助"一下不振的工业，因为工业的状况同国家银行有直接的利害关系。国家银行不仅慷慨地贷款给各种行将倒闭的企业，而且实际上还把其中许多企业完全接管了。工业企业的破产必将导致国家的破产！最后，我们也不能忘记，在"天才的"维特的管理下，尽管所有储金局的资金都被用来支援国家信贷，而且总数已经超过8亿卢布，可是外债和税收还是不断增加。只要注意到这一切，就能了解，维特是在进行掠夺式的管理，专制制度正在缓慢地、但不可避免地走向破产，因为税收的增加不能永无止境，法国资产阶级也不会永远这样来救济俄国沙皇。

维特对增加国债的责难作了辩驳，但是提出的论据只能令人发笑。他把债务同"财产"作对比，把1892年和1902年国债的数目同这两年中官办铁路的价值作了比较，并得出结论说，"纯粹"债务减少了。而且我们还有其他的财产，如"要塞和军舰"（真的！奏折上就是这样说的！）、港口和官办工厂、代役租收入和森林。妙极了，维特先生！但是你不觉得你很像一个商人，因破产而被传到法院，并且开始在准备清点他的财产的人们面前替自己辩护吗？要知道，如果企业真的十分巩固，那谁也不会想到借款要有专门的抵押品。当然，谁也没有怀疑俄国人民有许多"财产"，但是这种财产愈多，那些不管财产怎么多，一味靠多借外债、提高税收来管理的人的罪过就愈大。你这样只是证明，人民应该尽快地赶走支配他们财产的强盗。事实上，拿国家的专门财产当做国债抵押品的，到现在为止，在所有的欧洲国家中还只有土耳其一国。这种做法自然而然会使**外国债主控制**那些作为还债抵押品的财产。把"伟大的俄国"的经济置于路特希尔德和布莱希勒德的代理人监督之下，维特先生，你给我们开辟了多么光明的前途啊！①

---

① 维特自己也感到关于"财产"的论断不妥当，因此在奏折的另一部分力求"更正"，他说国家财产价值的增加"在用做俄国国库的保证这方面没有特殊意

先不说拿要塞和军舰当抵押品没有一个银行家愿意接受,这些东西在我国国民经济中不是一个正数,而是一个负数。就是铁路,也只有在赢利时,才能当抵押品。我们从维特的这份奏折中知道,直到最近,俄国所有的铁路总的来说都是亏本的。只有1900年这一年,西伯利亚铁路没有亏空,而且还获得了"少许纯利",但是少得连维特也谦虚地未提具体数字。关于1901年头8个月欧俄铁路在危机时收入减少的情况,他也是只字未提。如果不仅把修筑铁路中官方公布的投资数字计算在内,而且把工程中被盗窃的实际钱数也计算在内,那我国铁路经营的平衡表将会成什么样子呢?把这份确实宝贵的财产真正交给更可靠的人来掌管的时候不是已经到了吗?

关于工业危机,维特自然用极镇静的语调说:"暂时的停滞","无疑不会影响到总的工业成就,过一段时间,新的工业复苏时期大概〈!!〉就会来到"。这对于深受失业和降低工资之苦的工人阶级的千百万人是多么好的安慰啊!如果你想从国家支出项目中找到一点线索,看看国库为了直接和间接地扶持因危机而"受害的"工业企业,究竟抛出了几百万还是几千万,那是徒劳的。而在这方面不惜抛出大量金钱的情况,可以从报纸报道的下述事实看出:从1899年1月1日到1901年1月1日,国家银行的贷款总额已由25 000万卢布增加到44 900万卢布,其中工业贷款额由870万卢布增加到3 880万卢布。甚至工业贷款赔了400万卢布,也丝毫没有使国库感到为难。而对工人怎样呢?工人为了"工业的成就"献出的不是钱财,而是自己的生命,是千百万以他们的工资为生的

义,因为俄国信贷不需要有专门的抵押品"。那当然喽!可是这些专门抵押品的详细清单仍然保存着,以防万一!

人的生命，然而国库对工人的帮助只是把他们数以千计地从工业城市"免费"疏散到饥饿的农村！

　　维特完全回避了"饥荒"这两个字，他在奏折中担保说："由于对贫民进行了慷慨的救济，歉收的严重影响……将会减轻。"据他说，这种慷慨的救济相当于 **2 000 万**卢布，但是粮食歉收的损失是 **25 000 万**卢布（按一普特 50 戈比的极低价计算，而这是同丰收年相比的）。难道这不是真正的"慷慨"吗？假定歉收的损失只有一半落到贫苦农民身上，我们说政府把贷款削减了**五分之四**（关于西皮亚金的通令，见《火星报》第 9 号）①，还是低估了俄国政府的吝啬。俄国沙皇的慷慨不在于帮助农民，而在于采取警察措施来迫害那些真正愿意帮助饥民的人们。他还慷慨地拿出千百万的金钱，为的是在中国割取一块更肥的肉。维特说：两年来用于对华战争的非常开支有 **8 000 万**卢布，"**此外还有相当大的一笔钱是从正常预算中**开支的"。这就是说，总数大概有**上亿的卢布**，甚至更多！失业的工人和挨饿的农民可以拿满洲一定是我们的……来安慰自己了。

　　由于篇幅有限，奏折的其余部分只好扼要地提一提。对于国民教育经费太少的责难，维特也作了辩驳，他把国民教育部的预算开支 3 600 万卢布和其他各部门用于教育事业的开支加在一起，把总数"凑满" 7 500 万卢布。但是对于整个俄国来说，即使这个数字（是否可靠，值得怀疑）也是微乎其微的，它还不到整个预算的百分之五。维特认为，"我们的国家预算主要以间接税制度为基础"，这是一大优点，他重弹资产阶级的陈词滥调，说什么这样可以

---

① 见本版全集第 5 卷第 251—257 页。——编者注

"使纳税产品的消费同福利水平相适应"。事实上,大家知道,对群众的消费品征收间接税是极不公平的。间接税的全部重担都压在穷人身上,而给富人制造特权。一个人愈穷,就愈要把自己更大一部分收入以间接税形式交给国家。少产和无产的群众占全国人口十分之九,他们消费十分之九的纳税产品,交纳十分之九的间接税。但在全部国民收入中,他们所获得的只不过十分之二三。

最后,还有一件有趣的"小事"。从1901年到1902年,哪几项开支增加得最多呢?开支总数从178 800万卢布增加到194 600万卢布,也就是说增加不到十分之一。但是以下**两项**开支**几乎**增加了**四分之一**:"皇室供养费"从980万卢布增至1 280万卢布……"独立宪兵团经费"从396万卢布增至494万卢布。这就回答了"俄国人民"究竟哪些"需要"最迫切这个问题。沙皇和宪兵的"团结"是多么感人啊!

载于1902年1月15日《火星报》第15号

译自《列宁全集》俄文第5版第6卷第257—263页

政治鼓动和"阶级观点"

(1902 年 2 月 1 日〔14 日〕)

我们从一个例子谈起。

读者大概还记得,奥廖尔省贵族代表米·亚·斯塔霍维奇在传教士代表大会上所作的关于法律必须承认**信仰自由**的报告引起了怎样的轩然大波。以《莫斯科新闻》[142]为首的保守派报刊,暴跳如雷地指责斯塔霍维奇先生,简直不知道怎样骂他才好,由于奥廖尔省全体贵族又选了斯塔霍维奇先生当代表,差点儿没有指控这些贵族犯了叛国罪。这次选举确实是一个很值得注意的现象,它在某种程度上带有贵族反对警察专横暴虐的示威性质。

《莫斯科新闻》断言:"斯塔霍维奇与其说是贵族代表,还不如说是米沙·斯塔霍维奇、滑稽家、社交界的主角、饶舌妇……"(1901 年第 348 号)维护棍棒的先生们,这对你们更糟糕。如果连滑稽家-地主也谈起了信仰自由,那就说明我们的神父和我们的警察所干的丑事确实数不胜数了。——"……我们那一群使斯塔霍维奇之流的先生们应运而生并为他们拍手叫好的轻率的'知识分子',同我们的圣物即正教、同我们对待正教的虔诚态度有什么关系呢?……" 维护专制制度、正教、民族性的先生们,这对你们同样更糟糕。假如我们的警察专制制度甚至使宗教也浸透了牢狱气味,以至连"斯塔霍维奇之流"(他们对宗教问题根本没有什么坚定的信念,但是对宗教的巩固持久是关心的,这一点我们在下面可以看到)也对这个臭名昭彰的"人民的"圣物非常冷淡(甚至敌视),那么这个专制制度就简直太好了!——"……他们认为我们的信仰是误入迷途!!他们嘲笑我们,说我们由于'误入迷途'而害怕和躲避罪恶,说我们毫无怨言地履行自己的义务而不管它多么艰巨;他们嘲笑我们,说我们在寻找忍受痛苦和困苦的力量和勇气,说我们在成功和走运的时候也不骄傲……" 这正是实质所在!正教的圣物之所以宝贵,就是由于它教导人们"毫无怨言地"忍受痛苦!的确,这是多么有利于统治阶级的圣物啊!既然社会制度使得极少数人有钱有势,而群众经常忍受"困苦"并且承担着"艰巨的义务",那么剥削者同情宗教是十分自然的,因为宗教教导人们为了升入所谓的天堂而"毫无怨言地"忍受尘世间的地狱之苦。《莫斯科新闻》由于一时冲动而说漏了嘴,甚至**无意中道破了真相**。请往下看:"……他们也不怀疑,同样由于'误入迷途',他们,斯塔霍维奇之流的先生们,才吃得饱饱的,睡得香香的,过得好好的。"

真是颠扑不破的真理!正因为如此,正因为在人民群众中大力散布了宗教的"迷途",无论斯塔霍维奇之流,还是奥勃洛摩夫[143]之流,或者所有那些靠人民群众的劳动过日子的资本家以及《莫斯科新闻》本身,才能"睡得香香的"。但是教育在人民中愈普及,宗教偏见愈被社会主义意识所排挤,无产阶级胜利的日子就愈近,这个胜利将把一切被压迫阶级从现代社会的奴役下拯救出来。

但是,《莫斯科新闻》说漏了这一点之后,却过于轻松地回避了另一个有趣的问题。他们认为,斯塔霍维奇之流"不怀疑"宗教的上述意义并要求进行自由主义的改革仅仅是出于"轻率",很明显,这是误解。这样解释敌对的政治派别,既幼稚又天真!斯塔霍维奇先生在这里恰恰是整个自由派的代言人,《莫斯科新闻》自己就最好不过地证明了这一点。不然为什么要对一个报告大肆讨伐呢？为什么不说斯塔霍维奇,而说斯塔霍维奇**之流**、说"一群知识分子"呢？

《莫斯科新闻》的这种误解当然是一种自私的误解。不言而喻,《莫斯科新闻》与其说是不会用阶级观点来分析他们所痛恨的自由主义,不如说是不愿意这样做。如果是不愿意,也就没有什么可说的了。如果是不会,那对我们来说就有了很大的普遍意义,因为很多革命者和社会主义者都有这个毛病。《火星报》第12号上的一封信的作者们就有这样的毛病,他们指责我们缺乏"阶级观点",原因是我们在自己的报纸上竭力不放过自由派的不满和抗议的一切表现;《无产阶级斗争》文集的作者们和《社会民主主义丛书》**144**的某些小册子的作者们也有这样的毛病,他们以为我们的专制制度就是资产阶级的专制统治;还有马尔丁诺夫之流,他们号召我们脱离反对专制制度的全面揭露运动(也就是脱离最广泛的政治鼓动),而主要进行争取经济改良的斗争(给工人阶级"实惠",代表他们提出"能够产生某种显著结果"的立法和行政措施方面的"具体要求");还有纳杰日丁之流,他们就我们报道统计人员冲突这件事困惑莫解地问道:"天哪,这个机关报岂不是为地方自治人士办的吗？"**145**

所有这些社会主义者忘记了,专制制度的利益仅仅在某些情况下并且仅仅同有产阶级的某些利益相一致,而且往往不是同所有这些阶级的利益相一致,而是同它们的个别阶层的利益相一致。资产阶级其他阶层的利益,**整个**资产阶级的更广泛的利益,以及整个资本主义发展的利益,必然要产生反对专制制度的自由主义反政府派。例如,如果说专制制度保证资产阶级有可能采用最粗暴的剥削方式,那么另一方面,专制制度却给生产力的广泛发展和教育的普及设置无数障碍,因此不仅引起小资产阶级起来反对它,有时还引起大资产阶级起来反对它。如果说专制制度保证(?)保护资产阶级防备社会主义,那么另一方面,这种保护在居民无权的情况下必然要变成警察专横,从而激怒所有的人。这两种对立趋势的结果怎样,资产阶级保守情绪或保守派和自由主义情绪或自由派这时的关系怎样,是不能从几个一般原则得出结论的;这取决于当时社会政治情况的一切特点。要确定这些,就必须详细地了解这种情况,密切注意任何一个社会阶层同政府发生的各种各样的冲突。正是由于"阶级观点",才**不允许**社会民主党人对"斯塔霍维奇之流"的不满和抗议漠不关心。

　　上面提到的那些社会主义者,不论是他们的议论或行动,都证明他们对自由派漠不关心,从而暴露出他们不懂得《共产党宣言》这个国际社会民主党的"福音书"的一些基本原理。例如,我们还记得这样的话:资产阶级自己用它夺取政权的斗争,用它的各阶层和集团之间的冲突等等,给无产阶级提供了政治教育材料。① 只有在政治上自由的国家里,无产阶级才能自然而然地得到这种材料(而且还只是一部分)。而在奴隶式的俄国,我们社会民主党人应该积极地帮助工人阶级获得这种"材料",也就是说,应该**承担起**反对专制制度的全面政治鼓动即全民揭露运动的任务。这个任务在政治动荡时期尤其迫切。应该记住,在政治活跃时期无产阶级一年所能受到的革命教育,比平静时期几年所能受到的还要多。

---

① 参看《马克思恩格斯文集》第2卷第41页。——编者注

因此,上述社会主义者有意无意地**缩小政治鼓动**的范围和内容的倾向是特别有害的。

其次,我们还记得这样一句话:共产党人支持**一切**反对现存制度的革命运动。① 这句话往往被理解得太窄,不把支持自由主义反政府派包括在内。但是不应该忘记,常常有这样的时期,在进步的社会利益基础上同政府发生的一切冲突,不论它本身多么小,在一定条件(**我们的支持就是这些条件之一**)下都可以燃成熊熊大火。俄国大学生因学院的要求而同政府发生冲突,或者法国所有进步分子因一起用伪造手段解决的案件146而同军阀发生冲突,只要想一想这些冲突发展成了怎样的社会运动就够了。因此,我们的直接责任就是向无产阶级进行解释,设法扩大并用工人积极参加的方法来支持自由派和民主派的一切抗议活动,而不管它是由地方自治人士同内务部的冲突发展成的,还是由贵族同警察正教部门的冲突,统计人员同彭帕杜尔147的冲突,农民同"地方官"的冲突,教派信徒同巡官的冲突等等发展成的。谁要是轻蔑地嗤之以鼻,认为这些冲突中有一些是微不足道的,或者认为想把这些冲突变成熊熊大火是"没有希望"的,那他就是不懂得,全面的政治鼓动正是一个焦点,在这个焦点上,对无产阶级进行政治教育的迫切利益同整个社会发展和全体人民(指人民中的全体民主分子)的迫切利益一致起来了。我们的直接责任就是要过问自由派的每一个问题,确定自己即社会民主党人对这些问题的态度,采取措施使无产阶级积极参加解决这些问题,并且迫使问题按照我们的意图解决。谁要是躲在一旁不去过问,那他实际上(不管他的意图如何)

---

① 参看《马克思恩格斯文集》第2卷第66页。——编者注

就是在自由派面前甘拜下风,把对工人进行政治教育的事业交给自由派掌握,把政治斗争的领导权让给那些归根结底是资产阶级民主派首领的人。

社会民主运动的阶级性质不应当反映在把我们的任务局限于"纯粹工人"运动的直接和最近的需要上,而应当反映在对无产阶级这个现代社会唯一的真正革命阶级的伟大解放斗争的一切方面和一切表现的领导上。社会民主党应当始终坚持不懈地扩大工人运动对现代社会的一切社会生活领域和政治生活领域的影响。它不仅应当领导工人的经济斗争,而且应当领导无产阶级的政治斗争,它应当时刻不忘我们的最终目的,随时进行宣传,保卫无产阶级的意识形态——科学社会主义学说,也就是马克思主义——不被歪曲,并使之继续发展。我们应当坚决地同一切资产阶级意识形态作斗争,不管它披着怎样时髦而华丽的外衣。我们上面谈到的社会主义者之所以背离了"阶级"观点,还因为他们对同"批评马克思主义"作斗争这个任务漠不关心。只有瞎子才看不到,这种"批评"在俄国所以流行得最快,俄国自由主义政论界对此所以反响得最热烈,正因为它是正在形成的俄国资产阶级民主(现在已经是自觉的资产阶级民主)的要素之一。

至于特别说到政治斗争,那正是"阶级观点"要求无产阶级把一切民主运动**推**向前进。在政治要求方面,工人民主并不是在原则上而只是在程度上与资产阶级民主有所区别。在为经济解放,为社会主义革命而进行的斗争中,无产阶级则站在另一个原则基础上,而且只有这一个阶级站在这个基础上(小生产者只是鉴于他们正在转入或者行将转入无产阶级的队伍,才给予无产阶级以帮助)。在争取政治解放的斗争中,我们有许多同盟者,对他们漠不关心是不容许的。可是我们的资产阶级民主派同盟者在为自由主义的改革而进行斗争时,总是向后看,竭力把事情安排得使他们能够像以前那样靠别人的血汗"吃得饱饱的,睡得香香的,过得好好的",而无产阶级却向着终点勇往直前,决不反顾。当尔·恩·斯·(维特记事序言的作者)**148**之流的先生们就拥有权力的地方自治机关的权利或宪法问题同政府讨价还价时,我们却要为民主共和国而斗争。只是我们不要忘记,为了推动别人,就要始终把手放在他的肩上。无产阶级政党应当善于在任何一个自由派打算移动一寸的时候及时抓住他,强迫他移动一尺。如果他固执不动,我们就抛开他,越过他而继续前进。

载于 1902 年 2 月 1 日《火星报》   译自《列宁全集》俄文第 5 版
第 16 号   第 6 卷第 264—270 页

答"一读者"

（1902 年 2 月 1 日〔14 日〕）

我们收到一封给编辑部的信，信的全文如下：

"《火星报》在谈到鼓动问题的时候（如果我没有记错，是在第 13 号上），反对政治性的鼓动快报（二三页的小册子）。编辑部认为，这种出版物完全可以由报纸来代替。办报纸当然是件好事情。这一点谁也不会反对。但是报纸是不是能够代替这种快报，代替它在群众中广泛传播的特殊作用呢？编辑部已经接到一封俄国来信，信中有一批工人鼓动员就这个问题发表了意见。《火星报》对这封信的答复是出于明显的误会。鼓动问题现在同游行示威问题同样重要。所以希望编辑部重新提出这个问题，希望这一次能对这个问题持比较审慎的态度。

一读者"

在看这封信的同时，只要下点功夫仔细重读一下我们在《火星报》第 13 号上给"南方工人"的答复①，就不难相信，出于明显的误会的恰恰是写信人。说《火星报》"反对鼓动快报"，根本没有这回事；谁也没有想用报纸来"代替""快报"。写信人没有觉察到，所谓快报，就是传单。而传单这种出版物**是什么也代替不了的**，是始终**绝对需要的**，——在这一点上，"南方工人"和《火星报》的意见完全一致。但是他们还一致认为，仅有这种出版物是**不够的**。如果我们说工人要有好住宅，同时认为他们只有好食品是不够的，那么这

---

① 见本版全集第 5 卷第 337 页。——编者注

恐怕不能说,我们"反对"好食品。试问,什么是更高级的**鼓动**出版物呢?"南方工人"提出了这个问题,但是**根本没有提到报纸**。这当然可能是由于当地的条件决定的,我们丝毫不想同给我们来信的人"争论",但是自然也不能不提醒他们,无产阶级也应当像居民中其他阶级已经做的那样,创办自己的报纸;还有,光靠分散的工作是不够的,各地必须经常地、积极地、共同地进行工作,来办好革命的机关报。

至于"三四页的小册子",我们也**绝对没有表示**"反对",我们只是怀疑想把这种小册子办成"在全俄各地同时"发行的**定期**出版物的计划是否切实可行。所谓三四页的小册子,其实就是传单。我们在俄国各地看到过很多写得很出色、丝毫不难懂的传单,其中有大学生写的,也有工人写的,其篇幅甚至相当于小开本书的 6—8 页。一本真正**通俗**的小册子要向一个完全没有素养的工人**阐明**哪怕是任何一个问题,所需的篇幅大概要大得多,而且"在全俄各地同时"发行既不可能,也不必要(因为它没有时间性)。一切形式的政治出版物,不管它是新形式还是旧形式,只要它确实是好的政治出版物,我们都赞成,但是我们奉劝人们不要杜撰介乎快报和通俗小册子之间的中间形式,而要办好**名副其实的**定期的(不是一月出一次,而是至少一月出二次至四次)和**全俄性**的革命机关报。

载于 1902 年 2 月 1 日《火星报》第 16 号

译自《列宁全集》俄文第 5 版第 6 卷第 271—272 页

破产的征兆

(1902 年 2 月 15 日〔28 日〕)

卡尔波维奇的一颗子弹打中了博哥列波夫，给政府在大学政策方面的"新方针"扫清了道路，从那时到现在才刚刚一年。在这一年中间，我们一步一步地看到，先是群情异常激愤，接着是我们执政者讲话的调子异常温和，这些新的论调吸引了社会，也吸引了一部分大学生，但可惜吸引力太小了，最后，随着万诺夫斯基冠冕堂皇的诺言的实现，大学生的抗议又爆发了。那些去年春天期待过"新纪元"到来，并且真正相信过沙皇军曹会使大学生和社会的期望哪怕实现一小部分的人，一句话，俄国的自由派，现在总该明白了：他们再次给政府以信任，这是多么不正确；他们中止了春天开始变得声势浩大的改良运动，并在政府塞壬[149]的甜蜜歌声催眠下沉睡不醒，这又是多么没有道理。在答应去年开除的全体学生复学的诺言被破坏之后，在一切要求真正改革学制的人受到一系列新的反动措施的挑衅之后，在示威者要求万恶的破产者履行许诺的义务而遭到一系列新的暴力镇压之后，——在所有这一切之后，表示要"竭诚保护"的政府颁布了关于大学生团体的《暂行条例》[150]以示"安抚"，结果……"安抚"未成，反而引起一场重新延烧所有学府的"骚动"大火。

我们革命者一分钟也没有相信过万诺夫斯基所许诺的改良是

真的。我们一直不停地向自由派反复说明：专制制度同"内敌"，即同俄国的一切进步分子斗争了40年，推行自由主义政策很老练，而"竭诚的"将军的通令和尼古拉·奥勃曼诺夫[151]的圣谕只不过是这种自由主义政策的翻版。我们警告过自由派，要他们放弃那些在政府按"新方针"精神采取第一批步骤之后所抱的"毫无意义的幻想"。我们揭穿了政府诺言的十分明显的虚伪性，并且正告社会：如果你的对手被第一次严重的进攻打懵了，那就要不停地再打，而且要重打快打……　《暂行条例》现在赠送给大学生的那种不伦不类的结社权利，革命者在一开始谈到政府的这件新礼物时就作过预告了。我们知道，从专制制度及其改良主义的挣扎中可能而且应该期待些什么。我们知道，万诺夫斯基"安抚"不了任何人和任何事情，满足不了任何进步的希望，"骚动"不可避免地会以这种或那种形式复活。

一年过去了，社会仍然陷于停滞状态。设施完善的国家应有的高等学校又停止发挥作用了。数以万计的青年又脱出了常轨，社会又面临"往后怎么办？"这个问题。

大多数大学生拒绝接受《暂行条例》，并拒绝参加这个条例所恩准的团体。教授们以异乎寻常的明确态度对政府这件礼物表示公开不满。的确，无须是革命者，无须是激进派，任何人都会承认，这种所谓"改良"，不但不会给大学生以任何类似自由的东西，而且也丝毫无助于保持大学生活的某种安宁。这个《暂行条例》给大学生和当局之间的冲突预先设下了一条条导火线，难道不是一目了然的吗？这个条例的施行，会使每一个出于最和平的动机**合法**召开的会议都难免成为新的"骚动"的起点，难道不是显而易见的吗？例如，对行使警察职能的视察机关担任会议主席，总会有人感到恼火,有人提出抗议,有人怕得要命,噤若寒蝉,难道还用得着怀疑吗?俄国的大学生决不会容忍当局来粗暴地"核定"这些会议的讨论内容,难道还不明显吗?

其实,政府恩赐的、《暂行条例》规定的那种荒唐可笑的集会"权利"和结社"权利",是专制制度之为专制制度所能给予大学生的**最高限额的东西**。朝这个方向每再前进一步,都会意味着当局和"臣民"之间的均势遭到自杀性的破坏。要么同政府所能给予的最高限额的东西妥协,要么加强自己抗议的**政治性**和**革命**性,——这就是大学生必须作出的抉择。大多数大学生作出了第二种抉择。在大学生的宣言和决议中,革命的调子比以往任何时候都更高昂。残酷镇压和犹大之吻[152]交替使用的政策,产生了效果,使大学生群众革命化了。

是的,大学生总算解决了摆在他们面前的问题,并且声明,他们决心重新拿起(在催眠曲声中)扔在一旁的武器。但是,在这些包藏祸心的歌声中已经昏昏欲睡的社会打算怎么办呢?为什么它继续沉默和只是"暗中同情"呢?为什么一点也听不到**它**的抗议,听不到**它**对风潮再起表示积极支持呢?难道它情愿"安心"等待过去每次学生运动都要遭到的不可避免的悲剧重演吗?难道它只想充当一个可怜的统计员,算算斗争中牺牲了多少人,充当一个消极的旁观者,看看惊险的斗争场面吗?为什么当"孩子们"毫不含糊地宣布自己决心为俄国自由作出新的牺牲的时候,还听不见"父辈"的声音呢?为什么我们的社会甚至没有像工人那样支持大学生呢?要知道,在高等学校学习的并不是工人子弟,并不是无产者子弟,然而,无论在基辅,在哈尔科夫,或者在叶卡捷琳诺斯拉夫,工人们都已经公开声明同情抗议者而不顾警察当局采取的种种

"预防措施",不顾警察当局要动用武力对付示威者的威胁。俄国无产阶级这一革命理想主义的表现,难道不会影响同大学生的命运血肉相连、休戚相关的社会动向,不会促使社会提出强烈抗议吗?

今年大学生的"骚动"是在相当良好的预兆下开始的。这些"骚动"一定会得到"群氓"和"市井小民"的同情。假如自由派人士不竭尽全力**及时**支持大学生彻底打掉政府的威风,并迫使政府作出真正的让步,那么它就是犯了不可饶恕的错误。

最近的将来就可以证明,我们的自由派人士能够在这方面起多大作用。目前学生运动的结局,在颇大程度上要看这个问题解决得怎样。但是不管这个结局如何,有一点是毫无疑问的:全体大学生经过这么短促的平静时期以后就再次开始骚动,正是现存制度政治上破产的征兆。三年以来,大学生活无法走上正轨,教学时断时续,国家机器的一个齿轮不再转动,而且,在无力地转了一阵子以后,就又长时间地停下来了。在现存政治制度的范围以内没有灵药根治这个痼疾,现在已经不能有任何怀疑了。已故的博哥列波夫曾经企图从尼古拉的陈旧医术武库中借用"神"药来拯救祖国。结果如何,大家都清楚。很明显,再朝**这个**方向前进不行了。讨好学生的政策现在一败涂地。可是,除了暴力和讨好而外,又别无第三条路可走。现存制度的这种毫无疑义的破产的每次新表现都会愈来愈深地挖掉它的基础,使政府在旁观者的心目中威信扫地,使认识到必须同政府斗争的人不断增加。

是的,专制制度的破产是毫无疑问的,而且它正在急于把这种破产通报全世界。宣布在帝国足足三分之一的地方"加强警戒",俄国各地地方当局同时发布"命令",要对俄国法律本来就已禁止的违法行为严惩不贷,这难道不是宣告破产吗? 使一般法律失效的一切非常条例,按其实质来说,只是在一定的时间和地点有效。比如说,在非常情况下要求在一定的地点暂时采取非常措施,是为了建立被破坏了的均势,而只是在保持这种均势的情况下,一般法律才可以不受阻碍地发生效力。这就是现存制度的代表们的议论。关于加强警戒的条例,已经施行20多年了。20年来,在帝国的主要中心城市施行这个条例,并没有能"安抚"国家,恢复社会秩序。这个强有力的药方用了20年,结果发现"疑心"病(这个药方专治"疑心"病)传播得这样远,根扎得这样深,以致必须把这个药方推广到一切稍微大些的城市和工厂中心去! 这不是破产者自己公开宣告破产吗? 坚决捍卫现存制度的人(这种人无疑是有的),只要想到居民已经渐渐习惯于这个强有力的药方,已经不在乎在这个药方中加大剂量,一定会大吃一惊。

　　同时,政府的**经济**政策的破产,已经不以政府意志为转移而暴露出来。专制制度的掠夺性经济,就是建立在对农民的骇人听闻的剥削上。这种经济的必然结果,就是这个或那个地区的农民经常不断地闹饥荒。每当这种时候,国家这个掠夺者总想在居民面前卖好,把自己打扮成被它洗劫一空的人民的衣食父母这个光彩角色。从1891年起,每次饥荒,就饿死的人数来说,都是大饥荒。从1897年起,饥荒差不多接二连三没有间断过。1892年,托尔斯泰尖刻地嘲笑说:"靠植物汁液为生的寄生虫,打算喂养这种植物。"[①]这的确是一种荒唐的念头。现在,时代变了,饥荒成为农村的常态,我们的寄生虫已不是一味空想喂养被它掠夺的农民,而是

---

① 列宁引自列·尼·托尔斯泰《论饥荒》一文(见《托尔斯泰全集》1954年俄文版第29卷第104页)。——编者注

把这种想法本身宣布为危害国家的罪行。目的达到了——目前的大饥荒正处在即使在我国也属罕见的死一般的沉寂状态。听不见挨饿农民的呻吟,社会没有去发起赈灾,报纸对农村情况默不作声。多么难得的沉默啊,但是西皮亚金之流的先生们,你们是不是感到了这种宁静特别像暴风雨前的沉寂呢?

历来依靠千百万农民消极支持的国家制度,把农民弄得年年食不果腹。奥勃曼诺夫老爷们的君主制的这种**社会破产**,其教训并不亚于它的**政治破产**。

我们恶毒的破产者的事业的末日究竟会在什么时候到来呢?他天天靠剥人民身上的皮来填补自己政治和财政预算中的窟窿,还能活得长久吗?历史给予我们破产者苟延残喘的时间,其长短将由许多因素决定;而最重要的因素之一,就是要看意识到现存制度完全破产的人们所表现的革命积极性有多高。现存制度的分崩离析已经非常严重,它大大超过了社会上那些势必成为现存制度掘墓人的人们进行的**政治动员**。这种政治动员无疑将由革命的社会民主党来完成,只有革命的社会民主党才能给专制制度以致命的打击。大学生同政府的新搏斗,使我们大家有可能并有责任来加速这种动员一切仇视专制制度的社会力量的工作。从历史的角度看,在政治生活中,战争时期几个月抵得上平时几年。而我们所处的时期正是战争时期。

载于 1902 年 2 月 15 日《火星报》
第 17 号

译自《列宁全集》俄文第 5 版
第 6 卷第 273—279 页

俄国经济生活

（1902年2月15日〔28日〕）

在这个总标题下，我们想随着材料的积累，定期刊登一些用马克思主义观点评述俄国经济生活和经济发展各个方面的文章和短评。现在，《火星报》已经开始每月出版两次，就尤其感到缺少这样一个专栏。但是，我们应当请全体同志和一切同情我们出版物的人严重注意：要（比较正常地）办这样一个专栏，就要有特别丰富的资料，而我们编辑部在这方面情况却非常不妙。一个合法作者甚至无法想象，"地下"作者的心愿和意图有时会因一点点最小的障碍而不能实现。先生们，请不要忘记，我们进不了帝国公共图书馆，那里有几十种、几百种专门出版物和地方报纸供新闻工作者使用。比较适合于"报纸"的经济专栏，即比较生动、及时、能引起读者和作者兴趣的经济专栏，所需要的正是散见于地方小报和专门出版物的资料，而这些出版物的大部分，要么买不起，要么根本不卖（如政府的，地方自治机关的，医学界等等的出版物）。因此，要把经济专栏办得比较正规，**只有依靠秘密报纸的全体读者**本着"集腋成裘"的精神行事。《火星报》编辑部应当不耻于承认自己在这方面几乎是一无所有。我们相信，我们广大的读者有可能"为了自己"去注意各种各样的专门出版物和地方出版物，而且实际上正在这样做。只有**每一个**这样的读者**每一次**遇到有意义的材料时，都能自问一下：**我们报纸的编辑部有没有这个材料？我是否向编辑部推荐了这个材料？**——只有这样，我们才能够做到：对俄国经济生活中一切突出现象的评价，不仅只有官方的吹捧、新时报的吹捧[153]和维特的吹捧，不仅只有由来已久的自由主义民粹派的牢骚，而且也有革命社会民主党的看法。

好吧，我发了一通这种非自由主义的牢骚，现在就言归正传吧。

1. 储金局

储金局是近来最常用的吹捧根据之一。单单利用这一点来吹捧的不仅有维特，而且还有"批评家"。大卫和赫茨之流，切尔诺夫和布尔加柯夫之流，普罗柯波维奇和托托米安茨之流，——总之，一切拥护对"马克思主义"进行时髦"批评"的人（更不用说卡布鲁柯夫和卡雷舍夫之流的大教授了），千腔百调地大肆叫嚷："这些正统派说什么资本积聚！而现在单单储金局就已经向我们表明了资本的分散。说什么贫困在加剧！而事实上我们看到的是小额人民储蓄在增长。"

我们现在就以一位好心人寄给我们的关于1899年俄国储金局的官方资料[154]为例来仔细研究一下。1899年，俄国总共有4 781个国家储金局，其中包括3 718个邮电储金局和84个工厂储金局。在五年（1895—1899年）中，储金局增加了1 189个，即增加了⅓。同一时期，储户从1 664 000人增加到3 145 000人，即增加了将近150万人（增加了89％），存款总额从33 000万卢布增加到 60 800 万卢布,即增加了 27 800 万卢布,或者说增加了 84%。这大概就是"人民储蓄"的巨大增长吧!

　　然而最引人注目的情况又是什么呢?有关储金局的文献表明,在 80 年代和 90 年代初,存款总额增长**最快的**是**荒年**,即 1891 年和 1892 年。这是一方面。另一方面,我们知道,在 80 年代和 90 年代合在一起的这一整个时期,"人民储蓄"增长的同时,农民贫困化、破产和挨饿的过程也在极其迅速、极其剧烈地发展。要了解这两种矛盾现象怎么能同时存在,只需要提醒一点:在这个期间,俄国经济生活的最主要特点,是**货币经济增长**。储金局存款增加本身,根本不能说明一般"人民"储蓄增长,而只能说明**货币**"储蓄"增长(有时候甚至只能说明货币向中心机构集中)。例如,农民从自然经济向货币经济过渡的时候,就完全可能是货币储蓄**增加**而"人民"储蓄总额**减少**。旧式农民把自己的储蓄(如果是货币储蓄)放在钱罐中,但是大部分的储蓄还是粮食、饲料、麻布、木柴及其他"实物"。现在,破了产的和正在破产的农民,既没有实物储蓄,也没有货币储蓄,而极少数发了财的农民则积蓄着货币,并且开始把它存入国家储金局。因此,我们完全可以说清楚为什么在饥饿增长的情况下存款反而增长了。这种增长不是标志着人民富裕程度的提高,而是标志着旧的独立农民遭到新的农业资产阶级的排挤,即遭到那些不雇用长工或日工就不能经营的富裕农民的排挤。

　　储户的职业分类资料是上述情况一个很有意义的旁证。这个资料包括近 300 万(2 942 000)储户,存款总额达 54 500 万卢布。平均每户 185 卢布,显然,这个数字清楚地表明,在储户中占绝大多数的是俄国人民中为数极少的"幸运儿",他们不是拥有祖产,就是自己置有家产。最大的储户是**僧侣**:存款总额 4 600 万卢布,**储**户 137 000 个,平均每户 **333** 卢布。看来,关心拯救信徒灵魂,并不是无利可图的事情…… 其次是**土地占有者**:存款总额 900 万卢布,储户 36 000 个,平均每户 268 卢布;再其次是**商人**:存款总额 5 900 万卢布,储户 268 000 个,平均每户 222 卢布;下面是军官:平均每户 219 卢布;民政官:平均每户 202 卢布。占第六位的才是"从事农业和农村手工业的":储户 64 万个,存款总额 12 600万卢布,平均每户 197 卢布;接着是"在私人企业中办事的":平均每户 196 卢布;"从事其他职业的":平均每户 186 卢布;从事城市手工业的:平均每户 159 卢布;"仆役":平均每户 143 卢布;**在工厂做工的**:平均每户 136 卢布;最后是"士兵":平均每户 86 卢布。

可见,工厂工人的存款数量实际上居于**末**位(除了由公家养活的士兵以外)!甚至仆役的平均存款也比工厂工人高(每户 143 卢布比每户 136 卢布),他们的储户数量也多得多。仆役有 333 000个储户,存款总额 4 800 万卢布,而工厂工人只有 157 000 个储户,存款总额 2 100 万卢布。无产阶级为我国的显贵们和我国的大亨们创造全部财富,而景况却不如他们的私人仆役!在所有俄国工厂工人中(不下 200 万人),只有大约**六分之一**[155]的人能够在储金局存一点点钱,——况且,工人们的全部收入都是货币,并且他们往往还必须养活农村中的家庭,因此,他们的存款大部分根本不是名副其实的"储蓄",而只是**存放**到下一次再寄回家去的钱,等等。更不用说"在工厂做工的"这一栏中,想必还包括办事员、工头、监工,总之根本不是真正的工人。

至于农民——如果认为他们主要是包括在"从事农业和农村手工业的"这一栏的话——我们看到,他们的平均存款甚至比那些在私人企业中办事的人的存款还要高,并且大大超过了"城市工业者"(想必是指店主、手艺人、小客栈老板等等)的平均存款。显然这些在储金局中有 12 600 万卢布存款的 64 万个农民(农户总数约 1 000 万),全都是**农民资产阶级**。关于农业的进步、机器的推广、耕作技术和生活水平的提高等等的材料,只同这些农民有关,也许还同那些与他们最接近的农民有关;而维特之流的先生们却抛出这种材料来反对社会主义者,以证明"人民福利在增长",自由派(和"批评家")先生们则抛出这种材料来反驳认为农业中的小生产在毁灭和衰落的"马克思主义教条"。这些先生没有觉察到(或者假装没有觉察到),小生产的衰落恰恰表现在:从小生产者中产生了一小撮靠多数人破产而发财的人。

　　按存款多少划分全部储户的资料更有意思。按整数计算是这样划分的:在 300 万个储户中,有 100 万个储户的存款**不到 25 卢布**。他们的存款总额是 700 万卢布(全部存款总额为 54 500 万卢布,也就是说,在存款总额的每 10 卢布中他们只有 12 戈比!)。每户平均 **7 卢布**。这就是说,占全部储户**三分之一**的真正小储户,只占存款总额的$\frac{1}{83}$。其次,有 25 到 100 卢布的储户占储户总数$\frac{1}{5}$(60 万户),共有存款 3 600 万卢布,平均每户 55 卢布。这两类储户加起来占全部储户**一半以上**(在 300 万储户中占 160 万户),而他们的存款则只占总数 54 500 万卢布中的 4 200 万,即$\frac{1}{12}$。在余下的富裕储户中,存款在 100 到 500 卢布之间的有 100 万户,他们的存款总额是 20 900 万卢布,每户平均 223 卢布。40 万储户每户都有 500 卢布以上,他们的存款总额是 29 300 万卢布,每户平均 762 卢布。因此,这些显然已经是富人的人,虽然**不到**全部储户的$\frac{1}{7}$,他们的存款却占总数一半以上(54%)。

可见，现代社会的**资本积聚**，居民群众的贫困化，甚至在这个专门适应"小兄弟"、适应不太富裕的居民的机构中也表现得极其明显，因为法定的最高存款额不得超过 1 000 卢布。我们还要指出，尽管先进国家的储金局"民主化"程度很高，但是这种为一切资本主义社会所固有的财产积聚，在这些国家更厉害。比如，法国截至 1899 年 12 月 31 日，在储金局内存款的有 1 050 万户，存款总额 433 700 万法郎（1 法郎略小于 40 戈比）。每户平均 412 法郎或者大约 160 卢布，也就是说，**少于俄国储金局的平均存款额**。法国的小储户也比俄国多：将近$\frac{1}{3}$储户（330 多万户）的存款都在 20 法郎（8 卢布）以下，每户平均 13 法郎（5 卢布）。这些储户的存款一共只有 3 500 万法郎，占总额 433 700 万法郎的$\frac{1}{125}$。存款在 100 法郎以下的储户占全部储户的一半稍多一点（530 万户），他们的存款只有 14 300 万法郎，即占总额的$\frac{1}{33}$。相反，存款在 1 000 法郎以上（400 卢布以上）的储户还**不到储户总数的$\frac{1}{5}$**（18.5％），而他们的存款却占全部存款的**$\frac{2}{3}$以上**（68.7％），即在 433 700 万法郎中他们有 297 900 万法郎。

这样，读者现在要评价我国"批评家"的议论就有一些材料了。储金局存款大量增长，特别是小储户增加，——事实同一个，解释各不同。"批评马克思主义的批评家"说，这是人民福利在增长，资本在日益分散。社会党人说，这是"实物"储蓄正在变为货币储蓄，富裕农民正在增加，他们正在变成资产阶级，正在把自己的存款变成资本。沦为无产阶级的农民人数在更加无比迅速地增加，他们靠出卖自己的劳动力为生，把自己菲薄的收入的一小部分存入（虽然是暂时地）储金局。小储户多，恰恰证明资本主义社会穷人多，因为这些小储户在存款总额中所占的比重是微不足道的。

试问：这样的"批评家"和最平庸的资产者有什么不同呢？

再往下谈。我们来看看储金局的钱是干什么用的，究竟怎样用的。在俄国，这些钱首先加强了资产阶级军事警察国家的威力。沙皇政府（我们在《火星报》第 15 号的社论①中已经指出过）使用这笔钱不受任何监督，正像它使用其他一切落入它手中的人民财产一样。它心安理得地从这些钱中"挪用"数以亿计的卢布来支付它的中国远征军**156**的费用，施舍给资本家和土地占有者，重新武装部队，扩充海军，等等。比如在 1899 年，储金局存款总额是67 900 万卢布，其中 61 300 万卢布是有息证券，即：**23 000 万卢布是公债**，21 500 万卢布是土地银行的抵押券，16 800 万卢布是铁路债券。

国库常常做一种非常有利可图的"小生意"：第一，它填补储金局的全部开支并获得纯利（而纯利总是转化成储金局的预备资本）；第二，它**迫使**储户来填补我们国家财政的亏空（迫使他们贷款给国库）。从 1894 年到 1899 年，储金局收入的款额平均每年为25 000 万卢布，支出的款额为 20 000 万卢布。因此，每年有**5 000万卢布**以借债方式来填补国库这个只有懒汉才不来盗窃的钱袋上的窟窿。花钱打仗，施舍给宫廷侍从、地主和工厂主，即使有亏空，又有什么可怕的呢！"人民储蓄"总是可以填补一大笔亏空的！

附带再指出一点，国库之所以能做有利可图的小生意，部分原因是它不断降低存款的利息，使这种利息低于有息证券的利息。例如，在 1894 年，存款的利率为 4.12%，而有息证券的利率则为

---

① 见本卷第 240—245 页。——编者注

4.34％；在 1899 年，前者为 3.92％，后者为 4.02％。大家知道，降低利息是一切资本主义国家的普遍现象，它最清楚最突出地表明**大资本和大生产靠剥削小生产**而增长，因为利息的多少最终决定于利润总额和投入生产的资本总额之间的比例。还有一件事，也不能不谈一下，国库剥削邮电官员的劳动愈来愈厉害：从前他们只管邮件，后来又管电报，现在连收支储金的业务也都压在他们身上了（我们提醒一下：在 4 781 个储金局中就有 3 718 个邮电储金局）。对于广大邮电小职员来说，这意味着工作极度紧张，工作日延长。至于给他们的工资，国库则像爱财如命的吝啬鬼一样吝啬：付给刚刚参加工作的最低级职员的工资简直**不能果腹**，而后在这级上面又规定了无尽头的等级制，每晋升一级增加 25 戈比或 50 戈比，而辛辛苦苦拉了 40—50 年套以后能够得到小小一笔养老金这个前景，必定更厉害地奴役着这个真正的"官吏无产阶级"。

不过我们还是回过来继续谈储金局款项的使用。我们知道，储金局（按照俄国政府的意志）以 21 500 万卢布投资于土地银行的抵押券，以 16 800 万卢布投资于铁路债券。这一事实又给资产阶级的……不对，"批评家的"深奥思想在最近一次非常广泛的表现提供了借口。伯恩施坦之流，赫茨之流，切尔诺夫之流，布尔加柯夫之流，以及诸如此类的人对我们说，这一事实实质上本来就意味着储金局的小储户正在成为**铁路的所有者**和土地**抵押券的占有者**。他们说，事实上，甚至像铁路和银行这样一些纯粹资本主义的大企业，也愈来愈分散，愈来愈化小，并且由于小私有者购买股票、债券和抵押券等等而正在转入他们手中，事实上，有产者的人数、私有者的人数正在增长，然而这些狭隘的马克思主义者却一味醉心于过时的积聚理论和贫困化理论。例如，据统计，俄国的工厂工人在储金局存款的有 157 000 户,存款总额达 2 100 万卢布,其中大约 500 万卢布投资于铁路债券,大约 800 万卢布投资于土地银行的抵押券。这就是说,俄国的工厂工人是整整 500 万卢布的铁路所有者,是整整 800 万卢布的土地占有者。这就是你们谈来谈去的无产阶级!可见,工人是在剥削土地占有者,因为他们以抵押券利息的形式得到一部分地租,即一部分剩余价值。

是的,批评马克思主义的现代批评家们正是这样议论的⋯⋯你们可知道?我倒是正准备同意那种广为流传的意见,说什么"批评"是应当欢迎的,因为批评给似乎处于停滞状态的学说带来了活力,——这就是我准备同意的条件。法国社会主义者当年曾经靠分析巴师夏的诡辩来磨炼自己的宣传鼓动能力,德国社会主义者靠的是搞清楚舒尔采-德里奇的诡辩,而我们俄国社会主义者看来**目前**只能同这伙"批评家"打交道了。所以,我准备高呼:"批评万岁!",**但条件是**使我们社会主义者在**向群众**进行宣传**鼓动**时**尽量广泛地**分析时髦"批评"的一切资产阶级诡辩。你们同意这个条件吗?——那就一言为定!顺便提一下,我国的资产阶级愈来愈装聋作哑,他们宁愿要沙皇的天使长们保护,而不愿要资产阶级理论家保护,这样我们就可以很方便地把这些"批评家"作为"恶魔的辩护人"来对付了。

通过储金局,愈来愈多的工人和小生产者正在成为大企业的股东。这是毫无疑问的事实。但是这个事实所证明的并不是私有者人数增加,而是证明(1)资本主义社会中劳动社会化增长和(2)小生产日益从属于大生产。我们就用俄国贫穷的储户来作例子吧。我们已经指出,存款在 100 卢布以下的储户占全部储户一半以上,即 1 618 000 户,存款总额 4 200 万卢布,每户平均 **26** 卢布。就是说，这种储户用6卢布来"占有"铁路，用9卢布来"占有""地产"。他是否会因此成为"有产者"或"私有者"呢？不会的，他还是无产者，不得不出卖自己的劳动力，也就是去受生产资料所有者的奴役。他在"铁路和银行"事业中"入股"，只证明资本主义使单个社会成员和单个阶级相互之间更紧密地交织在一起了。单个生产者之间的相互依赖性在宗法式经济下是微乎其微的，而现在这种相互依赖性却愈来愈多了。劳动日益社会化，企业日渐减少"私有性"，然而企业却仍然**几乎全部**掌握在私人手中。

小储户在大企业入股，无疑同这个大企业**交织在一起**了。这样交织，谁得到好处呢？大资本。大资本扩大自己的业务，而付给小储户的利息并不多于（常常少于）付给任何债主的利息，而且这些储户**愈小**，愈分散，大资本就**愈不依赖**于他们。我们已经指出，小储户甚至在储金局款额中所占的比重也是极小的。它在铁路大王和银行大王的资本中所占的比重不是更微不足道了吗？小储户把自己的一星半点存款交给这些大王，他就又陷入对大资本的**新的依赖**。他休想支配这一大笔资本。他获得的"利润"少得可笑（26卢布年利4%＝每年1卢布！）。而一旦破产，他连这可怜的一星半点存款也要全部丢光。这些小储户为数众多，并不意味着大资本分散，而意味着大资本**实力加强**，连"人民"储蓄中的这一星半点存款也能加以支配。小储户在大企业入股，不仅没有成为更加独立的业主，反而成了**更加依赖**大业主的人。

小储户人数增加，不能得出有产者人数增加这种宽慰人心的庸俗结论，而只能得出革命的结论，即小储户对大储户的依赖加强了，企业愈来愈社会化的性质同保持生产资料私有制之间的矛盾尖锐化了。储金局愈发展，小储户对无产阶级的社会主义胜利就愈关心，因为只有这种胜利才能使他们成为真的而不是假的社会财富的"股东"和支配者。

载于 1902 年 2 月 15 日《火星报》
第 17 号

译自《列宁全集》俄文第 5 版
第 6 卷第 280—291 页

《火星报》编辑部向俄国社会民主工党各委员会会议(代表会议)的报告[157]

1902年3月5日

同志们！我们前天才接到定于3月21日召开会议的通告,同时接到完全出人意料的通知说,原定召开代表会议的计划改为召开党代表大会的计划。这个不说明理由的突然改变是谁决定的,我们不知道。就我们来说,我们认为这个改变极不妥当,我们反对这样匆忙地改变这种对党来说非常复杂并且又很重要的步骤,我们坚决主张召开代表会议的原定计划不变。

要使人们确信这样做是必要的,我们认为,只要比较仔细地研究一下也是前天才发给我们的代表大会议程(Tagesordnung)就够了。这个议程草案是否只是一个组织或几个组织提出来的,我们也不知道。议程规定提交代表大会讨论的有九个问题,程序如下(我把这些问题的内容压缩了一下):(1)经济斗争;(2)政治斗争;(3)政治鼓动;(4)五一;(5)对待反政府派的态度;(6)对待没有加入党的革命团体的态度;(7)党的组织;(8)中央机关报;(9)国外代表机关和党的国外组织。

第一,这个议程就其本身的结构和各个问题的编排来看,无可辩驳地给人一种"经济主义"的印象。当然,我们并不认为提出这个议程的组织至今还坚持"经济主义"观点(虽然这**在某种程度上**不是完全不可能的),但是我们请同志们不要忘记:应当考虑国际革命社会民主党的舆论,应当注意在我们这里还广为流行的"经济主义"残余。请想一想,进行政治斗争的先进政党,在国内一切革命力量和反政府力量开始直接冲击专制制度的最紧张时刻召开代表大会,而我们却突然把"经济斗争"提到首位,在这**之后**才是"政治"!!难道这不是重犯我国"经济派"的传统错误,认为政治鼓动(或斗争)应当在经济鼓动之后吗?难道可以设想,有哪一个欧洲社会民主党居然想在革命关头把工会运动问题提到一切问题的首位吗?其次,再看看把政治鼓动问题同政治斗争问题分开这种做法吧!难道这里不是表现出把政治鼓动当做某种有原则区别、某种属于不同阶段的东西而同政治斗争对立起来的常见错误吗?最后,在议程中把游行示威**首先**当做**经济斗争手段**,这又作何解释!??不要忘记,现在的确有**许多**敌视社会民主党的分子在指责整个社会民主党搞"经济主义",如《前夕》、《俄国革命通报》、《自由》等杂志都在这样指责,甚至(甚至!)《俄国财富》杂志也在这样指责。不要忘记,不管代表会议作出怎样的决议,议程本身将成为历史文件,人们将根据它判断我们全党的政治发展水平。

第二,议程使人感到惊奇的是,它提出的(在代表大会前几天!)这些问题,只有在经过充分准备,在有可能通过真正明确、真正可以理解的决议时才应当讨论,否则最好暂时根本不讨论。例如,第5项和第6项关于对待反政府派和其他革命派的态度问题就是如此。必须事先全面地讨论这些问题,起草关于这些问题的报告,阐明现有各种派别的差异,——只有在这种情况下通过的决议,才能真正提供某些新的东西,才能成为全党的实际**指南**,而不只是重复某些传统的"套话"。请实事求是地想一想,在对待"革命社会主义'自由社'"或对待新出现的"社会革命党"这些问题上,我们能不能几天之内就制定出详细的、说明理由的和估计到运动的一切实际需要的决议?我们且不说,在提到没有加入党的革命团体的同时,避而不谈如何对待崩得和修改党的第一次代表大会决议中论述崩得的条款这种重要问题,这至少会给大家留下多么奇怪的印象?

第三(而且这是主要的),议程有一个不可饶恕的缺陷,即完全闭口不谈现代俄国革命的社会民主党的**原则立场**和它的**党纲**。在全世界都在叫喊"马克思主义危机",全俄国的自由派政论家甚至叫喊马克思主义崩溃了**和消灭了**的时候;在"俄国社会民主党党内两派"这个问题不仅提上了日程,而且甚至已经列入了各种系统的教学大纲,列入了宣传员的报告提纲和自学小组的学习提纲的时候,——在这样的时候,闭口不谈上述问题是根本不行的。同志们,我们的对手已经**在刊物上**(见纳杰日丁的《革命前夜》)挖苦我们说,我们习惯于"作作报告,一切顺利"!……

我们认为,议程的上述一切缺点令人信服地证明:把已经决定召开的代表会议改为代表大会是不合理的。我们当然懂得,大家对1898年以来没有召开党的代表大会这件事的反应是多么强烈;把筹备代表会议所作的一切努力用来结束"没有党的机关的党"这种现状的思想是多么吸引人。但是,为了这些实际理由而忘记下述情况就大错特错了:现在大家都在期待俄国社会民主工党的代表大会作出真正符合于当前**一切**革命任务的决议;如果我们在**现在**这样的真正紧要关头做不到这一点,我们就会把社会民主党想在政治斗争中取得领导权的一切希望葬送掉;最好不要舍不得花几千卢布和几个月时间搞组织筹备工作，并且要利用这次代表会议来筹备将在夏天召开的真正**全党的**代表大会，以便能够彻底解决理论方面（原则纲领）和政治斗争方面的一切迫切问题。

请看一看社会革命党人吧，他们愈来愈善于利用我们的缺点，并且靠损害社会民主党求发展。他们刚刚成立了"党"，又是办**理论性**机关刊物，又是决定出政治性**月刊**。如果社会民主党人**在这种事件以后**不能在自己的代表大会上取得**至少是这样的**成绩，人们会怎样谈论社会民主党人呢？难道我们不怕使人产生这样一种印象：从纲领的明确性和组织的革命性来看，社会民主党人还不如这个明明把各种不坚定分子、未定型分子、甚至身份不明分子集结在自己周围的"党"吗？

由于这一切，我们认为，不应当把只有各委员会代表参加的这次大会宣布为俄国社会民主工党第二次（例行）代表大会，而应当宣布为**非正式的代表会议**，并规定这个代表会议的**主要的和直接的任务**是组织和筹备将在夏天召开的真正**全党的代表大会**，这次代表大会既要能批准党纲，又要能彻底调整好党的政治周刊，还要能在原则坚定性即忠于革命的社会民主党的原则、并为政治**攻势**作好实际战斗准备的基础上，做到把社会民主党人的一切委员会、甚至一切小组（印刷小组等等）真正地全部团结起来。

从这个基本思想出发，我们提出代表会议的下列议程请同志们考虑：

1. **原则性决议**。在这个决议中，必须十分明确地反对不久以前广为流行的企图缩小我们的理论和我们的任务的那些令人痛心的做法。党的代表会议如果坚决驳斥这一切企图，就为在原则基础上把全体社会民主党人团结起来做了一件重要的事情，并且会提高曾经被动摇过的革命的马克思主义的威信。可能会有一些同志担心，讨论原则性的决议要占去大量时间，要影响实际问题的讨论。我们完全不赞成这样的看法，我们认为，在秘密报刊上进行的长期辩论已经把问题谈清楚了，我们一定会很快很容易地在革命的社会民主党的原则上取得一致意见。没有原则性的决议无论如何是不行的。

此外，即使从代表会议的议程上取消了这个问题，实际上也取消不了，因为在讨论经济斗争、政治斗争等等决议时，这个问题同样必然会出现，不过比较零散就是了。因此，首先解决这个问题，不是把我们关于政治鼓动、罢工等等的决议割裂开来，而是有联系地叙述对我们基本任务的看法，这样做要好得多。

至于我们，我们打算草拟一个这样的决议案，把它作为这个报告的附件（如果来得及这样做的话）。

2.俄国社会民主工党第二次（例行）代表大会。这里，我们指的是初步（在某种程度上当然是暂定）解决下列问题：代表大会的时间（夏天，或至迟秋天，因为最好在下一个"季节"到来之前结束代表大会）；代表大会的地点（而且应当仔细考虑保密条件）；召开代表大会所必需的经费（从我们来说，《火星报》现在就准备为此目的从它得到的一笔特别捐款中拨出500卢布；可能我们很快还会搞到一笔同样数目的款项或者甚至更多。应当讨论，召开这次大会大约需要几千卢布，不足之数怎样筹集）；最后，关于选举代表的一般原则和尽可能广泛的代表性（就是说，要使事先已经明确确定的俄国社会民主党人的各委员会、某些团体，甚至某些小组都有代表参加，至于确定社会民主党两个国外组织的代表这一比较容易的任务，就不用谈了；还必须确定一项议程，讨论关于邀请在代表会议和代表大会间隔时间内所产生的组织参加代表大会的问题，以及其他等等）。

3. **选举组织委员会**。一般说来，这个组织委员会的任务是执行代表会议的决议，筹备和召开代表大会，最后确定代表大会的日期、地点，代表大会的实际组织工作，筹备运输工作，在俄国设立党的印刷所（在《火星报》的协助下，在俄国已经有了两个同情我们刊物的地方印刷小组[158]，这两个小组在自己两个印刷所中印出了《火星报》第 10 号和第 11 号，印出了《今后怎样？》、《莫罗佐夫工厂罢工十周年》、《彼得·阿列克谢耶夫的演说》、《奥布霍夫事件的起诉书》等许多小册子，以及一些传单。我们希望，这些地方小组的代表能够参加代表会议的工作，并尽力协助全党任务的实现），以及协助各种地方组织、工会（工人）组织、学生组织等等。这个组织委员会在各个组织的支持下，要能够在三四个月的时间内充分准备条件，来成立能够事实上领导我们党的一切政治斗争的真正的中央委员会。

我们认为，由于组织委员会的任务又多又杂，它的组成人员不能太少（5—7 人），建议他们选出一个常务委员会，分分工，并在代表大会召开前开几次会。

4. **选举党纲起草委员会**。因为《火星报》编辑部（"劳动解放社"也包括在内）从事这项困难的工作历时已久，所以我们愿向同志们提出这样的计划。我们已经完成了纲领实践部分的全部草案，其中包括土地纲领草案，此外还草拟了纲领的原则部分的**两个**方案。如果大家认为有必要，如果我们的代表没有遇到阻力，他将向代表会议介绍这些草案。现在，我们正在根据这两个方案拟定一个总的草案，我们当然不希望在这项工作完成之前，用草稿的形式予以公布。如果代表会议选出几个人同我们的编辑部一起来制定纲领,这可能是解决问题的最实际的办法。

至于我们,至少现在可以向同志们正式保证,再过几个星期就能提出党纲草案的定稿,并且想预先在《火星报》上发表,供**全体**同志研究和提出意见。

5.**中央机关报**。由于创办正常出版的、在文字和技术方面都很完善的定期刊物困难很大,代表会议可以按党的第一次代表大会的先例行事,指定一个现有刊物为机关报。这个问题是这样解决,还是确定办一个全新的机关报,不管怎样,都应该委托一个专门委员会,最好还是委托组织委员会,来筹备这项工作,并会同现有的编辑部或新选的编辑部加以全面讨论。

我们认为,必须吸收"劳动解放社"参加讨论,因为没有"劳动解放社"的参加和领导,我们就不能办好又坚持原则又可以满足运动的一切需要的政治性机关报。

既然在代表会议以前就有办双周刊的意图,那么党应该规定最近的任务是办**周报**。只要**全体**俄国社会民主党人真正**共同**来办这种刊物,这是完全可能的。

6.**草拟党代表大会的议程和关于各项议程的报告**。代表会议应当部分地由自己拟定这个议程,部分地委托组织委员会承担,并且**必须**指定(或挑选)每个问题的报告人。只有预先指定报告人,才能保证真正全面地讨论问题(某些报告可以先发表全文或摘要,并在报刊上展开讨论,例如,我们希望很快就把编辑部一个成员几乎已经完成的关于俄国社会民主党土地纲领的报告①等等发表出

---

① 见本卷第281—320页。——编者注

来）。并且在代表大会上正确地解决这些问题。

7. **运动的当前实际问题**。例如，（一）讨论和通过五一传单（或讨论《火星报》和其他组织提出的传单草稿）；

（二）五一游行示威——举行游行示威的时间和方式；

（三）委托组织委员会协助举行抵制、游行示威等等，使党员在思想上、使党在人力物力上对全民起义逐步有所准备；

（四）关于组织委员会的经费**和其他等等的**各种财务问题。

————

关于我们代表大会的任务和议程问题的报告就到此结束，我们只指出一点：由于时间非常少，我们根本不可能起草关于《火星报》活动的详细报告。因此，我们只能提出下面这个简要的草稿。

（注意）决议草案

1. 代表会议坚决反对企图把机会主义引进无产阶级的革命阶级运动的种种行径，其表现就是所谓"批评马克思主义"、伯恩施坦主义和"经济主义"。在全世界资产阶级为臭名远扬的"社会主义危机"而欢欣鼓舞的时候，代表会议以俄国社会民主工党的名义宣布自己同革命的国际社会民主党团结一致，并坚信：社会民主党经过这次危机将更加巩固，并决心为实现自己的伟大理想进行无情的斗争。

2. 代表会议宣布自己赞同俄国社会民主工党的宣言，并确认，党的最近的政治任务是推翻专制制度。代表会议宣布，为了实现这个最近的任务和自己的最终目的，社会民主党认为自己的工作重点是开展全面的和全民的政治鼓动，号召无产阶级进行斗争，反对强加于任何一部分居民的一切经济、政治、民族和社会的压迫。代表会议宣布，党将支持反对现存政治和社会制度的一切革命运动和进步的反政府运动。代表会议特别推荐举行抵制、在戏院等处示威、以及有组织的群众性游行示威这样一些实际的斗争手段。代表会议建议党的一切委员会和团体重视为举行全民武装起义推翻沙皇专制制度所必须采取的准备措施。

3.代表会议宣布，俄国社会民主党将一如既往领导无产阶级的经济斗争；关心这个斗争的扩大和深入发展，在思想上和组织上加强这个斗争同社会民主主义工人运动的联系；竭力利用这个斗争的各种表现来提高无产阶级的政治意识和吸引无产阶级参加政治斗争。代表会议宣布，首先只在经济方面进行鼓动，或者认为经济鼓动是吸引群众参加政治斗争的最广泛适用的手段，是没有任何必要的。

〔注意：在这里再次揭露《工人事业》杂志是很重要的！！〕

4.（是否需要按我们的土地纲领的精神谈一谈农民？

我尽力设法写出，随后送上。）

载于1923年《列宁全集》俄文　　　　　　　译自《列宁全集》俄文第5版
第1版第5卷　　　　　　　　　　　　　　　第6卷第292—302页

俄国社会民主党的土地纲领[159]

(1902年2月—3月上半月)

一

俄国社会民主党需要有一个"土地纲领",这一点未必需要详加论证。所谓土地纲领,我们是指在土地问题上,也就是在对待农业,对待农村居民的各个阶级、阶层、集团的态度方面,确定社会民主党的政策的指导原则。在俄国这样的"农民"国家,社会党人的土地纲领自然主要是,甚至完全是"农民的纲领",即确定对农民问题所持态度的纲领。大土地占有者、农业雇佣工人和"农民",这就是包括俄国在内的一切资本主义国家的农村居民的三个主要组成部分。社会民主党人对上述三个组成部分的前两部分(土地占有者和工人)的态度不言而喻是非常明确的,可是,"农民"这个概念本身却很不明确,因而我们对待农民生活和农民演进的基本问题的政策,也就更不明确了。如果说在西欧,社会民主党人土地纲领的关键正是"农民问题",那么在俄国,这应该尤其如此。最明确地确定自己在农民问题上的政策,对于我们俄国社会民主党人更加必要,因为在俄国,我们这个派别还十分年轻,而俄国整个旧的社会主义归根到底是"农民"社会主义。当然,那批自以为继承了我国形形色色民粹派社会主义者遗产的俄国"激进派",几乎连一点社会主义的气息也没有。但是,"工人"问题已经被推到俄国社会政治生活的前台,在这个问题上,这些人没有任何固定的原则,他们有十分之九的人实质上都是最庸俗的资产阶级社会改良主义者,他们愈是喜欢抹杀这一事实,他们就愈加乐意把自己同我们在"农民"问题上的意见分歧提到首位。最后,许多在"工人"问题上几乎完全同俄国激进派(或自由派?)合流的"批评马克思主义的批评家",拼命强调的也正是农民问题,据说在这个问题上,伯恩施坦之流、布尔加柯夫之流、大卫之流、赫茨之流以及……切尔诺夫之流的"最新著作",似乎已经使"正统马克思主义"丢尽了脸!

其次,除了理论上的困惑莫解和各"先进"派别的论战而外,运动本身的纯粹实际需要,最近也提出在农村进行宣传和鼓动的任务。但是,没有原则上坚定的和政治上适当的纲领,就不可能比较认真、比较广泛地进行这项工作。俄国社会民主党人作为一个独立的派别一产生,就认为"农民问题"十分重要。可以提醒一下,"劳动解放社"草拟并于1885年发表的俄国社会民主党人的纲领草案,就提出了"彻底改变土地关系(赎买和把土地分给农民的条件)"[①]的要求。格·瓦·普列汉诺夫在《俄国社会党人同饥荒作斗争的任务》(1892年版)这本小册子中,也谈到社会民主党人在农民问题上的政策。

所以,《火星报》在出版初期有一号(1901年4月第3号)对土

---

① 见帕·波·阿克雪里罗得《论俄国社会民主党人的当前任务和策略问题》(1898年日内瓦版)一书的附录。

1902 年列宁《俄国社会民主党的土地纲领》手稿第 1 页

（按原稿缩小）

地纲领作了概述，即在《工人政党和农民》①一文中确定了自己对俄国社会民主党人土地政策原则的态度，这是十分自然的。这篇文章曾使许多俄国社会民主党人困惑莫解；我们编辑部收到了许多关于这篇文章的意见和信件。主要的反对意见是由归还割地这一项引起的，我们本来打算在《曙光》杂志上就这个问题展开辩论，恰好这时候《工人事业》杂志第10期出版了，上面有马尔丁诺夫的一篇文章，其中除别的问题外也分析了《火星报》的土地纲领。《工人事业》杂志综合了许多流行的反对意见，因此我们**暂时**只答复马尔丁诺夫一个人，希望写信给我们的人不要抱怨。

我强调**暂时**二字，是由于下面这些情况。《火星报》的这篇文章是编辑部的一个成员写的，编辑部的其他成员在问题总的提法上同作者看法一致，但是在局部问题，在个别条文上自然可能有不同的意见。同时我们整个编辑委员会（也就是说，包括“劳动解放社”在内）忙于集体草拟我们党的纲领草案。这一起草工作拖下来了（部分原因是党务繁杂和秘密环境有所不便，部分原因是必须召开专门的代表大会来全面讨论这个纲领），直到最近才结束。既然归还割地这一条文只是我个人的意见，我也就不急于替这一条文来辩护，因为在我看来，关于我党土地政策问题的总提法比这一个别条文重要得多，这一条文在我们的总的草案中还可能被否决，或者作重大修改。现在我要辩护的就是这个总的草案。“读者朋友”不厌其烦地把他们对我们土地纲领的批评意见告诉我们，我们现在就请他们来批评我们的总的草案。

---

① 见本版全集第4卷第379—386页。——编者注

二

我们在下面援引这个草案的"土地"部分的全文。

"为了肃清旧农奴制残余，为了使农村阶级斗争自由发展，俄国社会民主工党将力求：

1.取消赎金、代役租以及目前农民这个纳税等级所承担的一切义务；

2.废除连环保和一切限制农民支配自己土地的法律；

3.用赎金和代役租方式从人民那里勒索的钱应归还人民；为此必须没收寺院的财产和皇族的田产，同时对享有赎金贷款的大贵族土地占有者课以特别税；把这样获得的款项作为村团的文化和慈善事业的特别国民基金；

4.设立农民委员会，以便：

　　(a)把废除农奴制时从农民那里割去的和成为地主盘剥工具的那些土地归还村团(用剥夺的办法，或者——在土地已经转手的情况下——用赎买的办法等等)；

　　(b)消灭在乌拉尔、阿尔泰、西部边疆区和国内其他地区保留下来的农奴制残余；

5.授权法庭降低过高的地租和宣布盘剥性契约无效。"

读者可能感到奇怪：为什么在"土地纲领"中没有任何为农业雇佣工人提出的要求。关于这一点，我们要说明一下，这样的要求已经列入纲领的前一部分，其中包括我党"为了保护**工人阶级**不致在肉体上和精神上衰退，同时为了增强工人阶级争取自己解放的斗争能力"所提出的要求。我们加上着重标记的那几个字,包括**所有的雇佣工人**,其中也包括农业雇佣工人,而且纲领这一部分**所有的16项**都同**农业工人**有关。

把工业工人和农业工人合并为一部分,在纲领的"土地"部分中只剩下"农民的"要求,这的确不方便,使得为农业工人提出的要求不引人注目,乍看起来很不显著。如果只是粗略地读一下纲领,甚至可能得出十分错误的看法,仿佛我们故意冲淡为农业雇佣工人提出的要求。不用说,这种看法是根本错误的。上面说的那种不方便,其实纯粹是表面性的。只要比较细心地阅读纲领和有关解释(显然,我们党的纲领要"到民间去",不但要作书面解释,而且更重要的是,非作口头解释不可),这种不方便是容易消除的。如果某个团体要专门向农业工人作说明,它就应当从为工人提出的所有要求中单独抽出那些对雇农、日工等等最重要的要求,并在专门的小册子、传单或一系列口头介绍中加以说明。

从原则上讲,这里所谈的纲领各部分的**唯一正确的**表达方法,就是把为国民经济**一切部门**的雇佣工人提出的一切要求合并在一起,把为"农民"提出的要求严格地分出来,单独列为一个部分,因为在前后两种场合,我们能够要求什么和应当要求什么,其基本准则**是完全不一样的**。在草案中,这里所分析的纲领的两个部分的原则区别在每一部分的导言中都已反映出来。

为了雇佣工人的利益,我们要求实行那些"保护他们不致在肉体上和精神上衰退和增强他们斗争能力"的**改革**;为了农民的利益,我们只要求实行那些有助于"肃清旧农奴制残余,使农村阶级斗争自由发展"的**改造**。由此可见,我们为农民提出的要求狭窄得多,这些要求的条件也低得多,仅限于比较狭小的范围。对于雇佣工人，我们有责任维护他们**作为现代社会的一个阶级**的利益；我们这样做，因为我们认为他们的阶级运动是唯一**真正革命**的运动（参看纲领的原则部分关于工人阶级对待其他阶级的态度的那段文字），我们力求组织、指导和用社会主义意识来启发的正是这个运动。但是对于农民，**我们决没有责任**维护他们**作为现代社会的小土地占有者和小农阶级**的利益。这里不能相提并论。"工人阶级的解放只能是工人阶级本身的事业"，所以社会民主党**直接**和**完全**代表的只是无产阶级一个阶级的利益，只是力求同它的阶级运动融合成一个不可分割的整体。现代社会的其余一切阶级都主张保存现存经济制度的基础，所以社会民主党只是在某种情况下，在某种特定的条件下，才有责任维护这些阶级的利益。例如，小生产者阶级，包括小农在内，在他们反对资产阶级的斗争中是**反动的**阶级，所以"想用保护小经济和小私有制不受资本主义侵犯的办法来拯救农民，就是徒劳无益地阻碍社会的发展，就是用人们在资本主义制度下也能够安居乐业的幻想欺骗农民，就是分散劳动阶级的力量，牺牲多数人的利益来建立少数人的特权地位"（《火星报》第3号）[①]。正因为如此，我们的纲领草案提出"农民的"要求，受到**两个十分狭窄的条件**的制约。我们认为社会民主党纲领中"农民的要求"只有符合以下两个条件才是合理的：第一，这些要求导致农奴制残余的消灭；第二，这些要求促进农村阶级斗争的自由发展。

《火星报》第3号对这两个条件已经作了简要说明，现在我们来对每一个条件作比较详细的分析。

---

① 见本版全集第4卷第381页。——编者注

"旧农奴制残余"在我国农村还非常之多。这是众所周知的事实。工役制和奴役制依然存在,农民没有充分的等级权利和公民权利,农民从属于手执鞭子的享有特权的土地占有者,日常生活中受屈辱使农民变成真正的野蛮人,——所有这一切在俄国农村中都不是例外,而是常规,所有这一切归根到底都是农奴制的直接残余。在农奴制还占统治地位的场合和关系中,——而且正因为它还占统治地位,——它的敌人就是作为**一个整体的全体农民**。对于农奴制,对于农奴主-地主以及为他们效劳的国家来说,农民还仍然是一个阶级,不过不是资本主义社会的而是农奴制社会的一个**阶级**,也就是说仍然是等级的阶级。① 正因为在我国农村还保存着农奴制社会所特有的这种"农民"同享有特权的土地占有者之间的阶级对抗,**所以**工人政党无疑应当站在"农民"这边,应当支持他们的斗争并**推动他们**同农奴制的一切残余**进行斗争**。

我们把农民一词放在引号内,为的是表明在这种场合存在着一种不容置疑的矛盾:在现代社会中,农民当然已经不是一个单一的阶级。但是,谁因这种矛盾而惶惑不安,他就是忘记了,这并不是叙述的矛盾,也不是学说的矛盾,而是生活本身的矛盾。这并不是臆造的矛盾,而是活生生的辩证的矛盾。**正因为**在我国农村中

---

① 大家知道,在奴隶社会和封建社会中,阶级的差别也是用居民的**等级**划分固定下来的,同时还为每个阶级确定了在国家中的特殊**法律**地位。所以,奴隶社会和封建社会(以及农奴制社会)的阶级同时也是特别的等级。相反,在资本主义社会中,即在资产阶级社会中,所有公民在法律上一律平等,等级划分已被消灭(至少在原则上已被消灭),所以阶级已经不再是等级。社会划分为阶级,这是奴隶社会、封建社会和资产阶级社会共同的现象,但是在前两种社会中存在的是等级的阶级,在后一种社会中则是非等级的阶级。

农奴制社会正在受到"现代"（资产阶级）社会的排挤，**所以**农民就不再是一个阶级，而是分裂成为农村无产阶级和农村资产阶级（大资产阶级、中等资产阶级、小资产阶级和最小的资产阶级）。**正因为**农奴制关系还保存着，**所以**"农民"还仍然是一个阶级，也就是说，我们重说一遍，这不是资产阶级社会的阶级，而是农奴制社会的阶级。这两种"正因为——所以"的情况，在现实中，是以现代俄国农村中的农奴制关系同资产阶级关系**极其错综复杂地**交织在一起的形式存在的。用马克思的术语来说，工役地租、实物地租、货币地租和资本主义地租在我们这里极为奇妙地交织在一起。我们所以要特别强调为俄国所有的经济调查已经肯定了的这一情况，是因为这种情况必然地、不可避免地会使我们某些"土地"要求显得复杂，紊乱，甚至牵强，许多人一看就大吃一惊。谁在反驳时只对上述解决办法的这种复杂性及其"奥妙"**笼统地**表示不满，谁就是忘记了，对这样错综复杂的问题**根本不可能**采取简单的解决办法。我们必须反对农奴制关系的一切残余，——这对社会民主党人说来是不能有任何怀疑的，而既然这些关系同资产阶级关系极其错综复杂地交织在一起，我们就**必须**深入这个所谓紊乱的中心，而不要害怕任务复杂。"简单"解决这个任务的办法**只能有一种**，就是回避掉，绕过去，让"自发因素"来收拾这个乱摊子。而这样"简单"从事，是形形色色的资产阶级的和"经济派的"崇拜自发性的人都喜欢的，社会民主党人不该这么做。在农民反对农奴制一切残余的斗争中，无产阶级政党不仅应该支持农民，而且应该推动农民前进，而为了推动农民前进，仅仅有一般的愿望是不够的，必须给以明确的革命的指示，必须善于**帮助**农民**把**错综复杂的土地关系**弄清楚**。

三

为了使读者更清楚地认识到一定要用复杂方法来解决土地问题,我们请读者在这一方面把纲领中的工人部分和农民部分比较一下。在前一部分,一切解决办法都非常简单,连很少知道底细、很少动脑筋的人都理解,而且"自然"、熟悉、易于实行。在后一部分则相反,大多数解决办法都非常复杂,乍一看"不理解",而且牵强、不大可能、难于实行。这种差别怎样解释呢?是不是纲领起草人在前一场合头脑清醒,思考认真,而在后一场合就头脑糊涂,陷入浪漫主义,夸夸其谈起来了呢?老实说,这种解释过于"简单",而且简单得有些幼稚,马尔丁诺夫紧紧抓住这种解释不放,我们并不奇怪。他没有考虑到,经济发展本身使一些小的工人问题的实际解决容易极了,简单极了。在资本主义大生产的领域内,社会经济关系已经变得(并且愈来愈变得)如此显著、明了、简单,以致最近的前进步子不言自明,一目了然。反之,农村中资本主义对农奴制的排挤,却使社会经济关系变得如此错综复杂,以致要(用革命社会民主党的精神)解决最近的实际问题,必须很动一番脑筋,而且可以十分有把握地预断,"简单的"解决办法是想不出来的。

顺便说一句,既然我们已经开始拿纲领中的工人部分同农民部分作比较,我们就还要指出这两者之间的一个原则差别。简单说来,这个差别可以表述如下:在工人部分中,我们无权超出社会改良的要求的范围,而在农民部分中,我们不应当在社会革命的要求面前停下来。换句话说,在工人部分中,我们无条件地局限于最低纲领的范围,在农民部分中,我们却可以而且应当提出最高纲领。① 我们来解释一下。

在前后两部分中,我们阐述的都不是我们的最终目的,而是我们的最近要求。所以在前后两部分中,我们应当以现代的(=资产阶级的)社会为基础。这是两部分相同的地方。两者的根本差别在于:工人部分包含的要求,目的是反对**资产阶级**,而农民部分包含的要求,目的是反对**农奴主-地主**(如果封建主这个名词是否适用于我国的领地贵族这个问题不是一个引起争论的问题②,我就要说,反对封建主)。在工人部分中,我们应当限于对现存资产阶级制度进行**局部的**改善。在农民部分中,我们应当力求**完全**清除这个现存制度中的一切农奴制残余。在工人部分中,我们不能提出其意义无异于彻底摧毁资产阶级统治的要求:如果我们达到我们的这个最终目的,即达到纲领其他部分十分强调的、我们在争取实现最近要求时"一分钟"也不忽视的最终目的,我们无产阶级政党就不会限于研究企业主负有什么责任或研究什么工厂住宅这些问题,而是要一手掌握全部社会生产以及分配的**一切**管理权和支配权。相反,在农民部分中,我们可以而且应当提出其意义无异于彻底摧毁农奴主-地主统治、完全清除我国农村中农奴制的一切痕

---

① 有人反对说,归还割地的要求远不是我们为农民提出的最近要求(或者说我们总的土地要求)中的最高要求,所以它是不彻底的,对于这种反对意见,我们将在下面谈到我们所辩护的纲领的具体条文时加以分析。我们断定,并且将力求证明,"归还割地"的要求,是我们在自己的土地纲领中目前就可以提出的最高要求。

② 我个人倾向于对这个问题作肯定的解答,但是在目前这种场合,自然没有那么多篇幅和时间来论证甚至提出这种解答,因为现在谈的是要替整个编辑部集体制定的土地纲领草案辩护。

迹的要求。在提出最近要求的工人部分中，我们不能提出社会革命的要求，因为推翻资产阶级统治的社会革命，已经是实现我们**最终**目的的无产阶级革命了。在农民部分中，我们则提出社会革命的要求，因为推翻农奴主-地主统治的社会革命（也就是像法国大革命那样的资产阶级社会革命），在现存资产阶级制度的基础上也是可能的。在工人部分中，我们还是停留在（虽然是暂时的和有条件的，有自己独立的意图和打算，但毕竟还是停留在）社会改良的基础上，因为我们在这里所要求的只是资产阶级在还没有丧失自己统治的条件下可以（原则上）给我们的东西（即桑巴特之流、布尔加柯夫之流、司徒卢威之流、普罗柯波维奇之流的先生们及其同伙因此而预先劝告资产阶级明智而诚心地给我们的东西）。而在农民部分中，我们应当**不同于社会改良主义者**，我们所要求的是农奴主-地主永远不会给也不可能给我们（或农民）的东西，是农民革命运动只有用暴力才能夺得的东西。

四

由此可见，马尔丁诺夫用来如此"轻易地""斥责"我们土地纲领的那个"简单的""实现"标准，是不完全、不中用的。这种可以最近直接"实现"的标准，一般只适用于我们纲领中明显带有改良性质的部分和条文，而绝不适用于革命政党的总纲领。换句话说，这个标准之适用于我们的纲领，只是作为一种例外，绝不是作为一种常规。我们的纲领一定能实现，这只是从这个词的广义即哲学意义上来说的，也就是说，我们的纲领没有一个字同整个社会经济演进的方向相抵触。既然我们已经正确地肯定了这个方向(从整体和从局部),我们就应当为实现自己的革命原则和自己的革命职责,始终不渝地尽**一切力量**争取实现我们的**最高要求**。在斗争还没有终结、还正在进行的时候,企图预先断定我们恐怕达不到**全部的最高要求**,——那就是十足的庸人习气。这种想法总是要导致机会主义的,纵然有这种想法的人并不希望这样。

　　马尔丁诺夫认为《火星报》的土地纲领是"浪漫主义","因为在目前条件下,**能不能吸引农民群众加入我们的运动是大成问题的**"(《工人事业》杂志第10期第58页,黑体是我用的),这种议论实际上难道不是庸人习气吗? 这是把俄国社会民主主义简单化为"经济主义"的那些很"体面"很廉价的议论中的一个好例子。但是,只要把这种"体面的"议论好好分析一下,就会发现它原来是个肥皂泡。"我们的运动"是社会民主主义工人运动。"吸引"农民群众"加入"这个**运动**是根本不可能的:这不是成问题,而是**不可能**,根本谈不上。而反对农奴制一切残余(也反对专制制度)的"运动",农民群众则**不可能不参加**。马尔丁诺夫没有仔细考虑反对资产阶级的运动和反对农奴制的运动两者的性质有本质上的不同,因而用"我们的运动"这几个字把问题弄糊涂了。①

---

① 马尔丁诺夫对他所要论述的问题考虑得多么肤浅,从他文章的下面这句话可以看得特别清楚,他说:"我们纲领的土地部分**在今后很长一段时期内具有较小的实际意义**,所以它只是为革命空谈大开方便之门。"加上着重标记的这句话,正好包含了正文所指出的糊涂观念。马尔丁诺夫听说,在西方,只有在工人运动非常发展的时候才提出土地纲领。在我国,工人运动刚刚开始。因此,还有"很长一段时期"! ——我们的政论家急忙作了这种推论。他忽略了一件小事情,就是西方拟订土地纲领是为了吸引**半农民、半工人**来参加反对**资产阶级的社会民主主义运动**,在我国,则是为了吸引农民**群众**来参加反对**农奴制残余的民主主义运动**。所以,在西方,农业资本主义愈发达,土地纲领

　　成问题的绝不是能不能吸引农民群众参加反对农奴制残余的运动，而只是参加的**程度**如何，因为在农村中，农奴制关系同资产阶级关系极其错综复杂地交织在一起，作为资产阶级社会一个阶级的农民（小农），与其说是革命分子，不如说是保守分子（特别是因为农业关系方面的资产阶级演进在我国还刚刚开始）。所以，在政治改革时期，政府分裂农民（例如，比分裂工人）要容易得多，它通过对为数不多的小私有者作小小的无足轻重的让步来削弱（最坏的情况甚至是麻痹）农民的革命性要容易得多。

　　整个情况就是这样。但由此应该得出什么结论呢？政府愈容易同农民中的保守分子步调一致，我们就应该愈努力、愈迅速地同农民中的革命分子步调一致。我们的责任就是要以尽可能科学的准确性来决定，我们究竟应当采取什么**方针**来支持这些分子，然后**推动**他们坚定不移地同农奴制的一切残余作斗争，而且要在任何时候，任何情况下，用一切可能的手段来推动他们。企图预先"规定"我们的推动会有**几分成就**，这难道不是庸人习气吗？结果如何，以后生活会决定这一点，历史会记录这一点，我们现在要做的事情，就是无论如何要进行斗争，一直斗争到底。难道一个正在冲锋陷阵的士兵会考虑我们也许不全歼敌人的兵团，而只歼灭它五分之三吗？照马尔丁诺夫的说法，像建立**共和国**这样的要求，不也

的意义就愈大。我们的土地纲领，就其绝大部分要求来讲，农业资本主义**愈**发达，它的实际意义就愈小，因为这个纲领所反对的农奴制残余不仅在自行消亡，而且在政府政策的影响下日趋消亡。所以我们的土地纲领实际上主要是针对最近的将来，即专制制度崩溃**以前**的时期。俄国的政治变革无论如何必然会引起我们最落后的土地制度的根本改革，到那时候，我们就必须修改我们的土地纲领了。而马尔丁诺夫只是牢牢记住一点：考茨基的书[160]很好（这是公正的），只要重复和照抄考茨基的书就够了，用不着考虑俄国在土地纲领方面的根本特点（这是很不聪明的）。

是"成问题的"吗？对政府来说，用部分款项支付**这张**期票，比支付农民要求消灭农奴制一切痕迹这张期票，更容易办到。但是这同我们有什么相干呢？部分款项我们当然要放在口袋里，但是决不停止争取**全部**款项的殊死斗争。我们应当更广泛地传播这种思想：只有建立了共和国，才能进行无产阶级同资产阶级的决战，我们应当在俄国所有的革命者中间，在尽量广泛的俄国工人群众中间**树立**①和巩固争取建立共和国的风气，我们应当用"共和国"这个口号来表示，我们在争取国家制度民主化方面将斗争到底，决不回头——而斗争本身将会决定，我们能够夺得多大一部分款项，究竟在什么时候、用什么方式夺得这部分款项。在我们没有让敌人尝到我们打击的全部力量，我们自己没有领教过敌人打击的全部力量以前，就企图计算这部分款项有多少，那是愚蠢的。在农民要求方面，我们的任务也是如此，就是要根据科学的材料确定这些**最高**要求，并帮助同志们争取实现这些最高要求，让那些冷静的合法的批评派和欣赏显著结果的不合法的"尾巴主义者"去讥笑最高要求"大成问题"吧！②

----

① 我们说"树立"，是因为俄国旧的革命者从来没有认真注意过共和国问题，从来没有把这个问题当做"实际"问题，——民粹派、骚乱派**161**等等之所以如此，是因为他们以无政府主义者的轻视态度对待政治；民意党人之所以如此，是因为他们想从专制制度直接跳到社会主义革命。在群众中传播建立共和国的要求和在俄国革命者中树立争取建立共和国的风气这个任务，落到了我们社会民主党人肩上了（如果不谈十二月党人的早被遗忘了的共和思想的话）。

② 关于社会民主党纲领的要求是否可能"实现"的问题，提醒大家注意一下卡·考茨基1896年同罗·卢森堡的论战，也许不无好处。罗·卢森堡写道：把波兰复国的要求列入波兰社会民主党人的实践纲领是不合适的，因为这个要求在现代社会中不可能实现。卡·考茨基反驳说：提出这个论据"是由于对社会主义纲领的实质惊人的无知。我们的实际要求，不管是纲领中的明文规定，还是默认的'假设'，适宜与否（werden……darnach bemessen），不是看这

五

现在来谈谈另一个总的原则,这个原则决定了我们为农民提出的一切要求的性质,它表现在"……**为了使农村阶级斗争自由发展**……"这句话中。

这句话无论是对于整个土地问题的原则性提法,还是对于个别土地要求的评价,都是非常重要的。消灭农奴制残余,这个要求是我们和所有彻底的自由派、民粹派、社会改良主义者、土地问题上批评马克思主义的批评家等等的共同要求。我们提出这样的要求,同所有这些先生没有原则上的不同,而只有程度上

些要求在目前力量对比的情况下是否可以**实现**,而是看这些要求是否同现存社会制度**相符合**,是否能促进无产阶级的阶级斗争,推动这个斗争发展(fördern),为无产阶级取得政治统治扫清(ebnen)道路。在这里我们丝毫不考虑目前的("den")力量对比。社会民主党的纲领不是为目前时期制定的,——它应当尽可能(ausreichen)对现代社会的任何情势作出指示。纲领不仅应当为实际行动(der Aktion)服务,而且应当为宣传服务,它应当用具体要求的形式,比抽象的议论更清楚地指出我们想要遵循的前进方向。并且,只要我们不失之于空想主义的思辨,能为自己提出的实际目标愈远大愈好。这样,群众,甚至那些不能理解(erfassen)我们的理论论断的群众,也会更加明白我们所遵循的方向。纲领应当说明我们向现代社会或现代国家**要求**的东西,而不是**等待**它给我们的东西。拿德国社会民主党的纲领来说吧。它要求由人民选举官吏。如果用罗·卢森堡的尺度来衡量这个要求,那么它也像建立波兰民族国家的要求一样是一种空想。谁也不会幻想,在现代政治对比的情况下,人民选举国家官吏的要求能在德意志帝国实现。有理由可以预料,波兰的民族国家只有在无产阶级夺得政权以后才可能出现,关于人民选举国家官吏的要求,也同样有理由可以这么说。但是,难道这就是不该把这项要求列入我们的实践纲领的充分根据吗?"(《新时代》杂志第14年卷第2册第513页和第514页。黑体是卡·考茨基用的。)

的不同：他们在这一点上也不可避免地总是要停留在改良的范围之内，而我们则不会在社会革命的要求面前停下来（在上述意义上）。相反，我们要求保证"农村阶级斗争自由发展"，在这一点上我们同所有这些先生，**甚至**同一切非社会民主党人的革命者和社会主义者有**原则**上的矛盾。后两者在土地问题上并没有在社会革命的要求面前停下来，但是他们恰恰不愿使这些要求服从农村阶级斗争自由发展这一条件。这个条件是革命马克思主义理论在土地问题方面的基本点和中心点①。承认这个条件，就是承认农业的演进——不管它多么错综复杂，不管它的形式如何纷繁——也是资本主义的演进，承认这种演进（像工业的演进一样）也产生着无产阶级同资产阶级的阶级斗争，正是**这种**阶级斗争应当是我们关心的首要的和基本的对象，应当是我们今后用来检验原则问题、政治任务以及宣传、鼓动和组织等方式的试金石。承认这个条件，就是必须在小农参加社会民主主义运动这个特别重要而难于解决的问题上也坚定地站在阶级立场上，决不为小资产阶级的利益而离开无产阶级的立场，相反，要求受现代整个资本主义压榨而破产的小农离开**自己的**阶级立场而站到无产阶级的立场上来。

我们提出这个条件，就不仅坚定不移地同**自己的敌人**（即那些直接或间接地，自觉或不自觉地拥护资产阶级的人，他们在反对农奴制残余的斗争中是我们暂时的和局部的同盟者）划清了界限，而

---

① 实质上，批评马克思主义的"批评家"所以在土地问题上左右徘徊，误入歧途，正是由于他们不懂得这一点，他们中间最勇敢、最彻底的（因而也是最诚实的）布尔加柯夫先生在自己的"研究性著作"中公开宣称，阶级斗争的"学说"完全不适用于农业关系的领域。《资本主义和农业》第2卷第289页）

且同**不可靠的朋友**划清了界限，这些朋友由于自己对土地问题的提法模棱两可，会给无产阶级的革命运动带来（事实上正在带来）很多危害。

我们提出这个条件，就贯彻了一项指导原则，一个社会民主党人只要坚持这项原则，即使处在任何穷乡僻壤，即使面临着最错综复杂的、把**一般**民主主义任务提到首位的土地关系，也能在解决这些任务时强调和坚持自己的无产阶级立场，就像我们在解决**一般**民主主义的政治任务时，仍然是社会民主党人一样。

我们提出这个条件，也就回答了许多人在草草读过我们土地纲领的具体要求以后所提出的那种反对意见……　他们说，"把赎金和割地归还给**村团**"！？——这哪里有我们无产阶级的特殊性和我们无产阶级的独立性呢？这实质上难道不是送给农村资产阶级的礼物吗？？

当然是的，——但只是从农奴制的崩溃本身也是送给"资产阶级的礼物"这个意义上讲的，因为这正是为资产阶级的发展，而不是为其他别的什么发展解除农奴制的羁绊和束缚。无产阶级和其他受资产阶级压迫并同资产阶级相对抗的阶级的差别，恰恰就在于，它把自己的希望不是寄托在阻碍资产阶级的发展上，不是寄托在削弱或缓和阶级斗争上，而是相反地寄托在最充分、最自由地发展阶级斗争上，寄托在加速资产阶级的进步上。① 在发展着的资

① 当然，无产阶级不是拥护加速资产阶级进步的任何措施，而仅仅拥护其中**直接**有助于增强工人阶级争取自己解放的斗争能力的措施。而"工役制"和奴役制加在无产的和接近于无产阶级的那部分农民身上的痛苦，要比加在富裕农民身上的痛苦厉害得多。

本主义社会中，不这样来加强和巩固资产阶级，就**不能**消灭阻碍资本主义发展的农奴制残余。对这一点"惶惑不安"，就是重犯某些社会主义者的错误：他们说，我们不需要政治自由，因为政治自由会加强和巩固资产阶级的统治。

六

　　上面考察了我们土地纲领"总的方面"，现在来分析纲领的各项要求。我们不从第1条，而从第4条（关于割地）开始分析，因为这是最重要的、中心的、使土地纲领具有独特性质的一条，同时也是最敏感的一条（至少评论《火星报》第3号上那篇文章的大多数人的意见是如此）。提醒大家一点，这一条的内容有以下几个组成部分：1.要求成立农民委员会，并由农民委员会全权重新调整那些带有直接的农奴制残余的土地关系。选用**"农民委员会"**这个名称是为了明确表示：和1861年"改革"连同它的贵族委员会[162]相反，新的调整应当由农民来掌握，而不应当由地主来掌握。换句话说，彻底消灭农奴制关系的使命，不是让压迫者而是让受这些关系压迫的居民来完成，不是让有关者的少数，而是让有关者的多数来完成。其实，这无非是对**农民改革**进行一次**民主的修改**（也正是"劳动解放社"起草的第一个纲领草案所要求的东西）。我们没有用后一种说法，那仅仅是因为它不太明确，没有十分清楚地指出这种修改的真正性质和具体内容。因此，比如说，马尔丁诺夫如果确实想就土地问题发表自己的某种主张，他就应当明确地声明，他是不是否定对农民改革进行民主修改这个主张本身，如果不否定，**他**对这个主张又是怎么看的。①

　　其次,2.农民委员会有权剥夺和赎买地主土地,进行土地的交换,等等(第4条第2项),但这种权力只限于处理直接的农奴制关系残余。就是说(3),只有对下述土地才有剥夺和赎买的权力:第一,"废除农奴制时从农民那里割去"的土地(这些土地当然向来是农民经济的必要附属物,是农民经济整体中的一部分,这些土地是通过伟大的农民改革这一合法化的掠夺人为地从农民那里夺走的);第二,"成为地主盘剥工具"的土地。

　　这第二个条件把赎买和剥夺的权力限制得更小了,使这种权力不适用于所有的"割地",只适用于现在仍然作为盘剥工具的割地,也就是《火星报》所说的"**仍然被利用来保持强迫的、奴役性的、徭役制的劳动,实际上还是农奴制的劳动**"的割地②。换句话说,凡是由于我国农民改革的不彻底,农奴制经济形式仍然依靠从农民那里割去的土地而保留到现在的地方,农民有权甚至用剥夺的方法立刻彻底消灭这些农奴制残余,有权"**归还割地**"。

---

　　① 这里再提一提纳杰日丁的不彻底(或吞吞吐吐?),他在自己的土地纲领草稿中看来接受了《火星报》关于农民委员会的主张,但是,他把这个主张表述得极不妥当,说什么应该"设立由人民代表组成的特别法庭,来审理农民对于伴随'解放'而来的一切措施提出的**控诉**和申请"(《革命前夜》第65页,黑体是我用的)。可以提出**控诉**的只是**违法**案件。2月19日的"解放"及其一切"措施"本身就是一种**法律**。在某一种法律还没有被废除,还没有用新的立法准则来代替(或部分废除)之前,设立特别法庭来审理对这个法律的不公正所提出的控诉,是毫无意义的。不仅应当授权"法庭"受理对割去牧场的"控诉",而且应当授权"法庭"归还(或者赎回等)这种牧场,如果是这样,那么第一,有全权制定法律的"法庭"就不再是法庭了;第二,必须明确指出,这种"法庭",究竟有哪些剥夺、赎买等权力。但是,不管纳杰日丁的表述多么不妥当,而对于农民改革进行民主修改的必要性,他却了解得比马尔丁诺夫正确得多。

　　② 见本版全集第4卷第383页。——编者注

这样我们就可以让我们好心的马尔丁诺夫放心了,他曾经忧心忡忡地问道:"现在在地主手中,在购买割地的平民知识分子手中,都有一些割地在按典型的资本主义方式经营,怎么处理这些割地呢?"最尊敬的先生,这里谈的不是这些个别的割地,而是成为农奴制经济残余至今得以继续存在的基础的那些典型的(并且为数极多的)割地。[163]

最后,4. 第4条第2项授权农民委员会消灭在我国个别地方还保留下来的农奴制残余(地役权[164],土地没有完全分出,没有划定地界,等等)。

可见,为简便起见,第4条的全部内容用"归还割地"这几个字来表明就行了。试问,提出这种要求的主张是怎样产生的呢?这是从我们应当帮助农民,应当推动农民尽量彻底地消灭农奴制一切残余这一总的基本原则中得出的直接结论。这一点不是"大家都同意"吗?既然同意走这条路,那就请你们自动沿着这条路前进,不要叫人家拖着你们走,不要因为这条路"异乎寻常"就望而却步,在许多地方你们根本找不到有人走过的道路,你们将不得不攀悬崖、爬峭壁、穿丛林、越深壑,但不要因此而不安。不要抱怨无路可走,这种抱怨将是于事无补的沮丧,因为你们应当预料到,你们走的不会是由社会进步的全部力量所铺好的笔直而平坦的康庄大道,而是穷乡僻壤的羊肠小道,这些羊肠小道走得通,但是笔直好走的捷径,你们也好,我们也好,其他什么人也好,都永远找不到,——说"永远"找不到,是指只要这些衰亡着的,这些缓慢而痛苦地衰亡着的穷乡僻壤还存在,就永远找不到。

你们要是不愿到这些穷乡僻壤去,那就直截了当地说不愿去,不要用空话来支吾搪塞。①

　　你们同意为消灭农奴制残余而斗争吗？那很好。不过请记住，任何表现或肯定这些残余的统一的法律设施都是**不存在**的，——我说的当然完全是我们现在所探讨的土地关系方面的农奴制残余，而不是有关等级、财政等立法方面的农奴制残余。被俄国所有的经济研究无数次证明了的直接的徭役经济残余，并不靠某种专门保护它们的法律来维持，而靠实际存在的土地关系的力量来维持。这是千真万确的，连一些见证人也直截了当地对著名的瓦卢耶夫委员会¹⁶⁵说：如果农奴制不受法律明文禁止，它无疑会重新复活起来。这就是说，二者必居其一。要么完全不涉及农民和地主之间的土地关系，这样一来，其余一切问题解决起来就很"简单"了，但是这样一来，你们连农村中农奴制经济一切残余的主要根源也触及不到，这样一来，你们就会"简单地"回避同农奴主和受盘剥的农民有切身利害关系的最紧要问题，回避在明天或后天很可能成为俄国最迫切的社会政治问题之一的问题。要么你们也想涉及土地关系这个"落后形式的经济盘剥"的根源，这样一来，你

---

①　例如，《火星报》向马尔丁诺夫说明了自己土地政策的一般原则（"把阶级斗争引进农村"），也说明了关于具体纲领要求问题的实际解决办法，然而他却指责《火星报》"空谈"。马尔丁诺夫没有用任何别的原则来代替这些一般原则，甚至根本没有仔细考虑这些原则，没有打算制定明确的纲领，却用下面冠冕堂皇的空话来支吾搪塞："……我们应当要求保护他们〈作为小私有者的农民〉……免受各种落后形式的经济盘剥……"　这不是廉价的空谈吗？你能否试给我们直截了当地指出**哪怕**能免受**一种**（更不用说"各种"了！）落后形式的盘剥（大概还有不落后"形式的盘剥"吧！！）的**哪怕一种**保护方法？要知道，连小额借贷、牛奶收购协作社、信用社、小业主联合会、农民银行、地方自治机关农艺师，所有这些也都是"免受各种落后形式的经济盘剥的保护方法"。就是说，你认为所有这些"我们都应当要求"吗？？最可爱的先生，应该先想一想，然后再来谈纲领！

们就应当考虑到这些关系极其错综复杂，根本不容许用简易的办法来解决问题。既然你们不满意我们对这个错综复杂问题所提出的具体解决办法，你们就**无权**以笼统地"抱怨"问题的复杂性来支吾搪塞了事，而**应当**设法独立弄清这个问题，提出别的具体解决办法。

割地在现代农民经济中有什么意义，这是一个事实问题。值得注意的是，不管民粹主义（就其广义而言）同马克思主义在对俄国经济制度和经济演进的评价方面分歧多么深刻，两个主义在**这个问题**上却没有分歧。这两派的代表都一致认为：在俄国农村中有大量农奴制残余，都认为（请注意）在俄国中部各省盛行的私有经营方式（"工役经济制度"）是农奴制的直接残余。其次，他们还一致认为：把农民土地割给地主——就是说不论是直接意义上的割地，还是剥夺农民放牧、利用森林、饮马场、牧场等等的权利，——是工役制最主要的基础之一（**甚至是最主要的基础**）。只要提醒一点就够了，即根据最新的材料，地主经济的工役制**至少在欧俄的17个省占主要地位**。有些人把关于割地的条文看做纯粹是人为的，"搜索枯肠想出来的"、别出心裁的臆造，让这些人来试试反驳这个事实吧！

工役经济制度的实质如下。实际上，即不是就所有权，而是就经营来说，地主和农民的耕地以及其他农业用地没有彻底划清地界，而是继续混在一起。例如，农民的一部分土地被用来养牲口，这些牲口并不是农民耕地所必需的，而是地主耕地所必需的；地主的一部分土地（如饮马场、牧场等）对于邻近的农民经济在其现行制度下是绝对必需的。土地使用的这种实际交叉，**不可避免地**会产生（确切些说，会保存上千年的历史所产生的）农夫和老爷之间在农奴制下存在的那种关系。农夫事实上仍然是农奴，照旧用自己历来的农具、历来的老一套三圃制为自己历来的"世袭领主老爷"干活。农民自己也常常把这种工役制叫做"徭役制";地主自己在谈到他的田庄时也说:"我那些过去的……"(其实,不仅是过去的,而且也是现在的!)"……农民"用自己的农具给我耕地,以抵偿他们租用我的牧场的租金;这你们还有什么可说的呢?

在解决某个错综复杂的社会经济问题时,起码的一条,就是要求首先抓住最典型、最不受局外的和复杂的环境影响的情况,在弄清情况之后,再深入一步把这些局外的和复杂的环境一一加以考虑。这里就拿一个最"典型的"情况来说吧:过去的农奴的子女替过去的老爷的儿子干活,以抵偿租用过去的老爷的牧场租金。工役制造成技术停滞和农村中**一切**社会经济关系停滞,因为这种工役制阻碍货币经济的发展和农民的分化,使地主不受(比较而言)竞争的促进影响(地主不去提高技术,却降低对分制佃农的份额,顺便说一下,在改革以后的许多年以来,许多地方都确有这种降低份额的情况),把农民束缚在土地上,从而阻碍迁徙和外出做零工的发展,等等。

在这种"纯粹的"情况下,剥夺地主相应部分的土地给农民使用,是十分自然的,是合乎愿望的,是切实可行的,试问,一个社会民主党人能够对此怀疑吗? 这种剥夺将震动奥勃洛摩夫,迫使他在自己变得少了一些的土地上改用更完善的经营方法,这种剥夺将破坏(我不说消灭,而说破坏)工役制,将提高农民的独立性和民主精神,提高他们的生活水平,将有力地推动货币经济的进一步发展和农业中资本主义的进一步发展。

总之:既然大家都承认,割地是工役制最主要的根源之一,而工役制是阻碍资本主义发展的农奴制的直接残余,那么,对于归还割地会破坏工役制和加速社会经济的发展,怎么能表示怀疑呢?

七

可是,有很多人对这一点还是有怀疑的,现在我们就来分析一下怀疑这一点的人所提出的各种论据。这些论据可以归纳为以下几点:(一)归还割地的要求是不是符合马克思主义的理论原理和社会民主党的纲领原则? (二)既然历史上的不公平现象的意义随着经济的逐步发展在日渐缩小,那么从政治上是不是妥当来考虑,提出纠正这种现象的要求是明智的吗? (三)这种要求实际上是不是实现得了? (四)既然承认,我们可以而且应当提出这种要求,并且在我们的土地纲领中不是提出最低要求,而是提出最高要求,那么从这个观点来看,归还割地的要求是不是彻底? 这样的要求实际上是不是最高要求?

根据我的判断,**所有"反对归还割地"的意见**,都可以归结为这四项中的某一项,而且大多数反对者(马尔丁诺夫也包括在内)对所有这四个问题的回答都是否定的,认为归还割地的要求在原则上不正确,在政治上不妥当,在实践上实现不了,在逻辑上前后不一贯。

我们按照所有这些问题的主次,来逐一加以考察。

(一)认为归还割地的要求在原则上不正确,有两个理由。第一,据说这会"触犯"资本主义农业,也就是说,会阻止或妨碍资本主义的发展;第二,据说这不仅会加强而且会直接增加小私有制。第一个论据(马尔丁诺夫特别强调这个论据)是完全站不住脚的,因为典型的割地恰恰相反,是在阻碍资本主义的发展,归还割地则会加强这种发展;至于非典型的情况(不用说,例外随时随地都有可能,但是例外只是证实常规的正确),《火星报》和纲领都作了附带说明("……割去的……和成为盘剥工具的土地……")。这种反对意见纯粹是由于不了解割地和工役制在俄国农村经济中的实际意义而产生的。**166**

第二个论据(这个论据在几封私人信件中发挥得特别详细)则重要得多,总的来说,它是反对我们所维护的纲领的最有力的论据。一般说来,发展、支持、巩固,尤其是增加小经济和小私有制,根本不是社会民主党的任务。这样说是完全正确的。但是问题在于:这里我们所看到的恰好不是小经济的"一般"例子,而是**特殊**例子。这种特殊性在我们土地纲领的引言中**说得很清楚:**"消灭农奴制残余和使农村阶级斗争自由发展"。**一般说来,**支持小私有制是反动的,**因为**这种支持是反对大**资本主义**经济的,因而阻碍社会发展,模糊和缓和阶级斗争。但是,在目前情况下,我们要支持小私有制,恰恰不是反对资本主义,而是反对农奴制,——在目前情况下,我们支持小农就能大大推动阶级斗争的发展。事实上,我们这样做是作**最后的**尝试,设法燃起农民对农奴主-地主的阶级(等级)仇恨的余烬,这是一方面。另一方面,我们也是为农村中资产阶级阶级对抗的发展扫清道路,因为这种对抗现在还被农奴制残余对全体农民共同的、似乎是同样的压迫**掩盖着**。

世界上一切事物都有两面。西方的私有者农民在民主运动中已经完成了自己的使命,现在正在捍卫自己的特权地位(同无产阶级相比而言)。俄国的私有者农民,现在还处在他们不能不寄予同情的决定性的和全民性的民主运动前夕。他们还更多地向前看,而不是向后看。他们反对目前在俄国还十分厉害的等级农奴制特权，比维护自己的特权地位要卖力得多。在**这样的**历史关头，我们正应当支持农民，力求对他们这种还是模糊含混的不满情绪加以引导，使他们去反对他们的真正敌人。如果在下一个历史时期，目前这种社会政治"局势"的特征已经消失，假定说，农民满足于极小部分私有者的小恩小惠，而"大吼大叫"坚决反对无产阶级，如果到那时候，我们从自己的纲领中删去同农奴制残余作斗争的条文，我们也决不会自相矛盾。那时候，我们大概还要从纲领中删去同专制制度作斗争的条文，因为决不能设想，在获得政治自由**以前**，农民能够摆脱最可恶和最沉重的农奴制压迫。

在资本主义经济占统治地位的情况下，小私有制阻碍生产力发展，把劳动者束缚在一小块土地上，固守着陈旧的技术，使土地难以投入商业周转。在工役经济占统治地位的情况下，小土地所有制只要一摆脱工役制，就能推动生产力向前发展，使农民摆脱那种把他束缚在一个地方的奴役制，不再替地主"义务"服劳役，杜绝用无限加重"宗法式"剥削的办法来代替技术改良的可能，使土地易于投入商业周转。总之，小农在农奴制经济和资本主义经济交界线上所处的矛盾地位，证明社会民主党给予小私有制以特殊的和暂时的支持是完全正确的。我们再说一遍：这并不是我们的纲领文字表达上的矛盾，而是实际生活中的矛盾。

有人会反驳我们说："无论工役经济多么不甘心屈服于资本主义的进攻，但毕竟是屈服了，不仅如此，它注定要完全消灭；大的工役经济正在和将要直接让位给大的资本主义经济。而你们呢，却想用实质上是分散（虽然是局部地，但毕竟是分散）大经济的办法来加速农奴制的消灭过程。这样，你们不是为了目前的利益而牺牲将来的利益吗？你们为了农民在最近的将来举行反对农奴制的起义(能否举行还是问题),而给农村无产阶级在比较遥远的将来举行反对资本主义的起义造成困难!"

这种论断乍看起来很有说服力,但是有很大的片面性。因为第一,小农也会屈服于资本主义的进攻,虽然他们并不甘心,但是一定会屈服的,小农归根到底也是注定要被排挤掉的;第二,大工役经济并不一定总是"直接"让位给大资本主义经济,而往往是形成半独立农民、半雇农、半私有者阶层,然而像归还割地这种革命措施,哪怕有一次能用公开的革命转变"方法"来代替使农奴制依附关系向资本主义依附关系不知不觉逐渐转变的"方法",那就是办了一件大好事:这对于全体农村劳动者的反抗精神和独立斗争精神**不能不产生极其深刻的影响**;第三,我们俄国社会民主党人将设法利用欧洲的经验,我们吸引"乡下佬"来参加社会主义的工人运动会比我们的西欧同志早得多,热心得多,西欧的同志们在争得政治自由之后,还长期"摸索"过产业工人运动的道路:在这方面我们将"从德国人那里"得到许多现成的东西;可是在土地问题方面,我们也许要搞出点新东西来。为了使我国的雇农和半雇农以后容易过渡到社会主义,最要紧的是社会主义政党**现在就**应当开始"维护"小农,"尽可能"帮助他们,不拒绝参与解决"别人的"(非无产阶级的)各种迫切而复杂的问题,教育全体被剥削劳动群众把社会主义政党看做自己的领袖和代表。

其次,(二)有人认为归还割地的要求在政治上不妥当:要党重视纠正一切已经失去现实意义的历史上的不公平现象,而忽视无产阶级同资产阶级的斗争这个日益迫切的基本问题,是考虑欠周的。马尔丁诺夫挖苦说:有人想"在晚了40年以后的今天重新解放农民"。

这种议论只是乍看起来显得冠冕堂皇。历史上的不公平现象有各种各样的。有些不公平现象可以说同历史的主流无关,不阻止也不妨碍它的流动,不阻碍无产阶级阶级斗争的深入和扩展。着手纠正这种历史上的不公平现象,那的确是不明智的。就拿德国兼并阿尔萨斯—洛林来说吧。哪一个社会民主党都不想在自己的纲领中提出要纠正**这种**不公平现象,尽管同时哪一个党都不回避自己有责任抗议这种不公平现象,并为此谴责一切统治阶级。如果我们提出归还割地这个要求的理由是而且仅仅是:你看,这里出现了不公平的现象,让我们来纠正它吧,——那就是空洞的民主主义词句。但是,我们提出我们这个要求的理由并不是为历史上的不公平现象抱不平,而是认为有必要消灭农奴制残余,为农村的阶级斗争扫清道路,就是说这种必要性对无产阶级是很"实际的",也是很迫切的。

这里我们看到**另一种**历史上的不公平现象的例子,那就是还在继续**直接阻碍**社会发展和阶级斗争的不公平现象。不肯设法纠正**这种**历史上的不公平现象,就等于说"鞭笞是历史现象,所以要保护鞭笞"。把我国农村从"旧制度"残余的压迫下解放出来的问题,是各党各派(农奴主的政党除外)所提出的当前最迫切的问题之一,所以拿"晚了"作借口,是根本不适当的,而且出自马尔丁诺夫之口,简直滑稽可笑。事实上是俄国资产阶级执行**自己**扫除旧制度一切残余的任务"晚了",因此,只要这个缺点还没有纠正,只要我们还没有获得政治自由,只要农民的状况还会引起几乎整个有教养的资产阶级社会的不满(如我们在俄国所看到的),而不是使这些人因貌似强大的反社会主义堡垒"不可摧毁"而产生保守的自满情绪(如我们在西方所看到的,那里,各种秩序党——从大地主和纯粹的保守派起,一直到自由主义的和自由思想的资产者,甚至一直到……说出来,请切尔诺夫之流的先生们和《俄国革命通报》杂志别生气!……甚至一直到土地问题上时髦的"批评马克思主义的批评家"为止,都有上面这种自满情绪),我们就一定要纠正这个缺点。其次,那些在原则上当运动的尾巴、只抓"能产生显著结果"的问题的俄国社会民主党人,当然也"晚了":这些"尾巴主义者"在土地问题上也迟迟不提出明确的指示,那只是把最有力、最可靠的武器交给了非社会民主主义的革命派别。

至于说(三)归还割地的要求在实践上"实现不了",这种反对意见(马尔丁诺夫特别强调这种意见)是经不起一驳的。至于究竟在什么情况下和究竟怎样来进行剥夺、赎买、交换、划地界等等问题,只要有政治自由,农民委员会解决起来会比少数人的代表组成的专为少数人办事的贵族委员会容易十倍。只有惯于过分低估群众革命积极性的人,才会重视这种反对意见。

这里提出了第四个也是最后一个反对意见。既然寄希望于农民的革命积极性,既然为农民提出的不是最低纲领,而是最高纲领,那就应该贯彻到底,或者要求农民的"土地平分",或者要求资产阶级的土地国有化! 马尔丁诺夫写道:"如果我们想为少地农民群众找到真正的〈原文如此!〉阶级的口号,那我们就应当更进一步——我们应当提出'土地平分'的要求,但是这样我们就不得不同社会民主党的纲领告别了。"

这种议论非常突出地暴露了"经济派"的真面目,使人想起了一句谚语:叫他们去祷告上帝,他们就磕破头皮。

既然你们赞成实现某一小生产者阶层的**某些**利益的**一种**要求,**那就是说**,你们应当离开自己的立场而站到这一阶层的立场上来!! 其实根本不是这么回事;只有把制定符合某一阶级所广泛理解的利益的纲领同逢迎这个阶级的行为混为一谈的"尾巴主义者"才这样推论。我们是无产阶级的代表,但是我们公开谴责不开展的无产者的偏见:仿佛我们只应该为那些"能产生显著结果"的要求而斗争。我们支持农民的进步的利益和要求,而坚决拒绝他们的反动要求。"土地平分"是旧民粹主义的一个最突出的口号,这个口号恰恰使革命的成分和反动的成分交织在一起。社会民主党人曾经几十次肯定说:他们决不像一个蠢人那样,把整个民粹主义直截了当地一概抛弃,而是从中提取革命的、一般民主主义的成分,并把这些成分变成自己的东西。在土地平分这个要求中,把小农生产普遍化和永久化的空想是反动的,但是,这个要求(除了似乎"农民"能成为**社会主义**革命的体现者这种空想以外)也有革命的一面,即希望用农民起义来铲除农奴制的一切残余。我们认为,归还割地的要求,从农民的所有两面性的、自相矛盾的要求中,恰恰抽出了在整个社会发展方面能够起革命作用、因而应该得到无产阶级支持的东西。马尔丁诺夫要我们"更进一步",实际上只会使我们陷入荒唐的境地:让我们根据农民**真正**的偏见,而不是根据无产阶级**真正理解的**利益,来决定农民"**真正的**"阶级口号。

　　土地国有化则是另一回事。这个要求(如果从资产阶级意义上,而不是从社会主义意义上理解)比归还割地的要求的确"更进一步",因此在原则上我们完全赞同这个要求。在一定的革命时期,我们当然不会拒绝提出这个要求。但是,我们制定自己目前的纲领,不仅是为了革命起义时代,甚至与其说是为了革命起义时代,不如说是为了政治奴役的时代,即为了政治自由以前的时代。在这样的时代,用土地国有化的要求来表现反农奴制的民主运动的直接任务**就太软弱无力了**。设立农民委员会和归还割地的要求能直接激发当前农村中的阶级斗争，因而这个要求不会让任何以国家社会主义精神进行实验的人找到借口。相反，土地国有化的要求在某种程度上却会使人忽视农奴制的最突出的表现和最厉害的残余。因此，我们可以而且应当立刻提出我们的土地纲领，把它当做推动农民民主运动的一种手段。可是，不仅在专制制度下，而且在半立宪君主制下，提出土地国有化的要求也是完全错误的，因为在没有十分牢靠的、深深扎根的民主政治制度的情况下，提出这个要求与其说有助于"农村阶级斗争的自由发展"，不如说会使人热衷于国家社会主义的荒谬试验。①

正因为如此，我们认为，在现代社会制度的基础上，我们土地纲领的最高要求，不应超出对农民改革进行民主修改的范围。土地国有化的要求虽然在原则上完全正确，在一定时期完全适用，但是目前，在政治上不妥当。

值得指出的是，纳杰日丁在自己一心想提出正是土地国有化这个最高要求时误入了迷途（部分原因是他决定在纲领中仅仅提出"农夫所**理解**所需要的要求"）。纳杰日丁把土地国有化的要求表述如下："把国家的、皇族的、教会的、地主的土地变为人民的财产，变为国有的土地，以最优惠的条件分给劳动农民长期租用。"这个要求无疑能为"农夫"所理解，但是大概不能为社会民主党人所理解。土地国有化的要求，只有作为资产阶级的措施而不是作为社会主义的措施，才是社会民主党纲领的原则上正确的要求，因为

---

① 考茨基在一篇驳斥福尔马尔的文章中很正确地指出："在英国，先进工人可以要求土地国有化。可是，在德国这样一个军事和警察国家里，如果全部土地都变成国家的财产（eine Domäne），这会导致什么后果呢？实现这种国家社会主义的情况，我们至少在相当大的程度上可以在梅克伦堡**167**看到。"（《福尔马尔和国家社会主义》，《新时代》杂志第 10 年卷(1891—1892)第 2 册第 710 页）

从社会主义的意义上来讲，我们要求的是**一切**生产资料的国有化。既然我们停留在资产阶级社会的基础上，我们就只能要求将地租转交给国家；这种转交本身不仅不会阻碍，反而甚至会加速农业的资本主义演进。因此，社会民主党人在支持资产阶级土地国有化的同时，第一，决不应当像纳杰日丁所做的那样，把农民的土地排除在外。如果我们保留土地上的**私人**经营制，而只消灭土地私有制，那么**在这方面**把小私有者排除在外，完全是反动的。第二，在实行**这种**土地国有化的情况下，社会民主党人应坚决反对把国有土地宁愿租给"劳动农民"，而不租给农业中的资本家企业主的做法。在资本主义生产方式占统治地位或依然保存的情况下，这种做法也是反动的。如果有一个民主国家实行了资产阶级的土地国有化，这个国家的无产阶级既不应当给小租地者，也不应当给大租地者以特别优待，而应当无条件地要求**一切**租地者一律遵守关于劳动保护（关于限制最高工作日、关于遵守卫生规章等等）以及关于合理使用土地和牲畜的法定条例。在实行资产阶级的土地国有化的情况下，无产阶级的这种行动实际上自然等于加速大生产对小生产的胜利（正如工厂立法在工业中加速这种胜利一样）。

纳杰日丁一心想做到无论如何"能为农夫所理解"，结果在这里陷入了反动的小资产阶级空想的迷宫。[168]

总之，在对归还割地这个要求的各种反对意见进行分析之后，我们深信这些反对意见都是站不住脚的。我们应当提出对农民改革，也就是对农民改革中的土地改革进行民主修改的要求。为了把这种修改的性质、范围和实行的方法都明确规定下来，我们应当提议设立农民委员会，授权它用剥夺、赎买和交换等办法处理农奴制经济残余赖以存在的"割地"。

八

同我们的土地纲领草案第 4 条有密切关系的是第 5 条,这一条要求"授权法庭降低过高的地租和宣布盘剥性契约无效"。这一条同第 4 条相同的地方是,两条都反对盘剥;同第 4 条不同的地方是,这一条要求的不是对土地制度进行一次性的改变和改革,而是对公民的法律关系进行经常性的修改。**这种修改工作由"法庭"来进行**,当然,这里指的不是像地方官(或者哪怕甚至是有产阶级从有产者中间选出的治安法官)那样的一些成为对法庭的可怜讽刺的"机构",而是我们纲领草案前一部分第 16 条所讲的法庭。第 16 条要求"在国民经济各部门……"(当然也包括农业)"……设立由对等的工人代表和企业主代表组成的职业法庭"。法庭的这种成分既能保证法庭的民主性,也能保证自由地表现农村各居民阶层的不同阶级利益。这样,阶级对抗就不会被腐败的官僚主义——这具安放人民自由遗骸的粉饰的坟墓——的遮羞布所遮盖,而会公开地明显地呈现在大家面前,从而使那些在宗法制度下混日子的农村居民振作起来。从当地居民中选举法官,就能充分保证全面了解一般的农村生活和当地的具体特点。对于既不能算做纯粹的"工人",也不能算做纯粹的"企业主"的大批农民,自然会作出特殊的规定,以保证各种成分的农村居民都能有同等数量的代表,此外,我们社会民主党人在任何情况下都要无条件地主张:第一,农业雇佣工人不管人数多么少,都应**单独**选出代表;第二,经济力量薄弱的农民和富裕农民尽可能分别选出代表(因为把这两类人混在一起，不仅在统计中会产生假象，而且在各个生活领域中会造成后者对前者的压迫和排挤)。

这种法庭的权限应当有两方面:第一，如果地租"过高"，它们有权**降低**地租。纲领中的这句话本身就等于间接承认这种现象是十分普遍的。只要能在法庭上公开辩论审理地租过高的问题，甚至不管法庭的判决如何，总会大有好处。降低地租(哪怕这种降低不是经常的)对于消灭农奴制残余是会起到自己的作用的:大家知道，在我国农村中，租佃的农奴制性质比资本主义性质更多，地租是比资本主义地租(即企业主的超额利润)多得多的"货币"地租(即改造过的封建地租)。因此，降低地租会直接促进以资本主义经济形式代替农奴制经济形式。

其次，第二，法庭有权"宣布盘剥性契约无效"。"盘剥"这一概念在这里没有作规定，因为对选出的法官运用这一条文加以限制，是完全不合适的。什么是盘剥? 俄国农民知道得太清楚了! 从科学观点看来，这个概念包括一切含有**高利贷**(冬季雇用等)或**农奴制**(因牲畜践踏庄稼而服工役等)成分的契约。

要求把赎金归还人民的第3条，性质稍有不同。这里不会引起像第4条所引起的那种关于小私有制的怀疑，然而反对者却说什么这一要求在实践上实现不了，而且同我们土地纲领的总则(="消灭农奴制残余，使农村阶级斗争自由发展")缺乏逻辑上的联系。可是谁也不会否认，正是农奴制的种种残余合在一起，使千百万农民经常忍饥挨饿，这种情况一下子就把俄国同一切文明国家区别开来了。所以连专制制度也不得不愈来愈经常地设立"供村团的文化和慈善事业需要的"特别"基金"(自然，数目十分可怜，而且被贪官污吏侵吞的多，用于救济饥民的少)。因此，除其他民主改革外，我们也不能不要求设立这样的基金。这一点恐怕是无可争辩的。

现在试问,这笔基金从哪里来呢? 据我们估计,有人在这里可能向我们指出累进所得税:专门提高富人所得税的税率,把这笔款子充做上述基金。让国家最富裕的成员拿出最多的钱来供养饥民,并且尽可能地消除饥荒带来的灾祸,这是十分公平的。我们绝不会反对这种措施,但是在我们纲领中没有必要专门谈这种措施,因为纲领有专门一条提出累进所得税的要求,这一点完全包括在里面了。但是为什么仅限于这种来源呢? 为什么除此之外,不想法子哪怕把昨天的奴隶主在警察国家的帮助下从农民那里征收去的、并且还在继续征收的贡赋的一部分归还给人民呢? 难道这种贡赋同**当前的**饥荒没有极密切的联系吗? 难道归还这种贡赋的要求,不会大大有利于扩大和加深农民对一切农奴主和各种农奴制现象的革命义愤吗?

但是,有人反驳我们说,殊不知这种贡赋是**无法**全部归还的。说得对(**正像不能全部归还割地一样**)。但是,如果无法追回全部债款,为什么不能追回一部分债款呢? 怎么能反对向享有赎金贷款的大贵族土地占有者的土地课以特别税呢? 这样的大地产(有时甚至变为世袭田产)所有者在俄国为数很可观,要他们对农民的饥荒负特别的责任,是公平的。把寺院的财产和皇族的田产全部没收,就更公平了,因为这种财产的农奴制传统最厉害,它帮助最反动、对社会最有害的寄生虫发财致富,同时把不少土地置于民事周转和商业周转之外。因此,没收这样的田产是完全符合整个社会发展的利益的①;这正好是一种部分的资产阶级土地国有化,但绝对不会导致

---

① 在出租这些被没收的田产方面,社会民主党立刻应当实行的决不是特殊农民政策,而恰恰是我们在前面反驳纳杰日丁时所论述的那种政策。

"国家社会主义"的鬼把戏;它对于巩固**新**俄国的民主制度具有直接的、巨大的政治意义;同时也会提供救济饥民的追加资金。

九

最后,关于我们土地纲领的头两条就不必作详细的论述了。"取消赎金和代役租以及目前农民这个纳税等级所承担的一切义务"(第1条),——这在任何一个社会民主党人看来,都是理所当然的事情。据我们判断,实际推行这种措施,也不会引起任何疑惑。第2条要求:"废除连环保和一切限制农民……"(请注意:是"农民",而不是"农民们")"……支配自己土地的法律"。这里需要稍微谈一谈尽人皆知、令人难忘的"**村社**"[169]。目前的土地村社,承担四分之三的农奴制纳税重负。废除连环保(这种改革,维特先生大概不等到革命就会实行),消灭等级划分,实行迁徙自由和每一个农民支配土地的自由,在事实上当然会不可避免地迅速消除这种重负。但是这种结果只会证明我们对村社的看法正确,证明村社同整个资本主义的社会经济的发展不相容。这种结果决不是我们建议采取的某种"反村社"措施造成的,因为我们从来没有主张过,将来也不会主张用**任何一种措施**去直接反对农民土地制度的某种体系。不但如此,我们将无条件地保护村社这个民主的地方管理机关、这个乡邻协作组织,反对官僚的任何摧残,反对《莫斯科新闻》阵营中的村社敌人惯于进行的摧残。我们永远不会帮助任何人"破坏村社",但是我们将无条件地力求取消一切同民主制相抵触的制度,而**不管这种做法对全部地和部分地重新分配土地等等会产生什么**

影响。这就是我们同公开的和隐蔽的、彻底的和不彻底的、懦怯的和勇敢的民粹派的根本区别；民粹派一方面"当然"是民主主义者，另一方面，又不敢坚定而明确地确定自己如何对待下述基本的民主要求，即迁徙**完全**自由、**完全**消灭农民村社的等级制度，**从而**完全废除连环保，取消一切限制农民支配自己土地的法律。①

有人会反驳我们说：正是最后这种把每个农民的个人意志奉为神圣的措施会破坏村社，使它不仅不成其为进行重新分配等等的机构，甚至不成其为乡邻协作组织。每个农民都有权不顾多数人的意志，要求单独划出他的土地。这同一切社会主义者要求扩大而不是缩小集体的权利（同个人相比）的总趋势是否相矛盾呢？

我们的回答是：从我们的条文中还不能得出结论说，每个农民有权要求非单独划出自己的土地不可。从这里只能得出结论说，土地可以自由出卖，而同一村社的社员有优先购买所出售土地的权利同这种自由并不矛盾。废除连环保会把农民村社的全体社员变为某块土地的自由的共同占有者。至于他们将怎样支配这块土地，这是他们自己的事情，这将取决于一般的民法和他们之间的专门契约。至于扩大集体的（而不是个人的）权利问题，只有在这种扩大符合技术进步和社会进步的利益的条件下，社会主义者才维护这种做法。② 在这种情况下，任何一项有关的法律，只要它不是单单涉及小私有者，不是单单涉及农民，而是涉及**一切**土地占有

---

① 正应当用这块试金石来检验喜欢在这个问题上脚踏两只船的众多的俄国激进派（甚至也可以考验《俄国革命通报》杂志的革命者）。

② 例如：考茨基认为，"为了（1）划定地界，消灭土地零散插花的现象，（2）提高农业经营水平，（3）预防传染病"，要求"限制土地私有制的权利"是正当的（《土地问题》第437页）。这种完全合理的要求同农民村社毫无联系，也不应当有联系。

者，我们自然会加以拥护。

十

最后，我们归纳一下我们土地纲领所依据的基本原理。凡是从事过纲领的起草工作、或者了解过其他国家起草纲领的细节的人都知道，同一种思想可以有各种各样的表述方式。我们认为重要的是，让所有讨论我们现在所提出的草案的同志，首先在基本原则上能取得完全一致的意见。至于表述方面，这种或那种特点并没有决定性意义。

我们认为阶级斗争在俄国土地制度方面也是一个关键性的事实。我们制定自己的全部土地政策（当然，土地纲领也在内）的根据，就是始终承认这个事实及其产生的一切后果。我们最近的主要目的，就是为农村阶级斗争即无产阶级阶级斗争的自由发展扫清道路，这个斗争旨在实现全世界社会民主党的最终目的，让无产阶级夺取政权并建立社会主义社会的基础。我们宣布阶级斗争是一切"土地问题"中的指导路线，这样就能坚定不移地同俄国许多拥护不彻底的含糊不清的理论，如"民粹派理论"、"伦理社会学理论"[170]、"批评派理论"、社会改良派理论以及随便什么名称的理论的人划清界限！

为了给农村阶级斗争的自由发展扫清道路，必须消灭一切农奴制残余，这些残余现在还**掩盖着**农村居民内部资本主义对抗的萌芽，不让它发展。因此我们要作**最后一次**尝试，帮助农民把所有这些残余一扫而光，——说"最后一次"，是因为正在发展的俄国资本主义本身也在自发地进行这种工作，也在走向同一目的，但走的是它特有的一条暴力和压迫、破产和饿死的道路。农奴制剥削转变为资本主义剥削是不可避免的，企图阻止或"回避"这种转变，是一种有害的、反动的幻想。但是，这种转变也可以采取以暴力打倒农奴主余孽的办法来实现，现在，这些农奴主余孽不是依靠"货币权力"，而是依靠从前奴隶占有制的权力的传统，榨取宗法式农民最后的脂膏。在自然经济制度下靠双手劳动谋生的宗法式农民，是注定要消亡的，但是，"赋税压榨"和鞭挞的折磨，时间长得可怕的、慢慢饿死的痛苦，并不是"必然的"，并不是社会经济演进的"内在"规律所注定的。

可见，我们并不幻想小生产者在资本主义社会（俄国正在愈来愈成为这种社会）能够兴旺发达，甚至不幻想他们能够安然生存下去，我们要求不是用改良办法，而是用革命办法彻底地、无条件地废除和消灭农奴制残余，我们认为，贵族政府从农民那里割去的、至今仍然使农民实际上处于奴隶地位的那些土地，应当成为农民的土地。因此我们成了（在特定的历史情况下，作为一种例外）小私有制的维护者，但是，我们只是在它同"旧制度"的残余作斗争的时候，只是在下述条件下才维护小私有制，这就是废除那些有碍于凝固在停滞、闭塞和荒芜状态的宗法式奥勃洛摩夫卡[171]得到改造的制度，建立迁徙的完全自由和土地流通的自由，彻底消灭等级划分。我们要对臭名昭彰的"农民改革"进行民主的、革命的修改，以补充对俄国国家法律和民法的民主修改。

在这些土地政策原则的指导下，俄国社会民主党人到了农村，就能弄清当地错综复杂的关系，就能使自己严格一贯的革命宣传和鼓动"适应"这些关系。这样，他们就不会因可能发生的农民运动(有的地方似乎已经开始了)而措手不及。他们不会局限于那些保护农业雇佣工人的要求,这些要求,我们的纲领里关于"工人的"最近要求那一部分中已经有详细的论述,这些要求,他们自然会随时随地提出来的。他们还能在农民中促进一般民主主义的运动,这种运动(如果它在我国农村中必定能超出萌芽状态的范围)将以反对农村农奴主开始,而以反对沙皇专制制度这一最强大也最腐朽的农奴制残余的起义告终。

＊　　　＊　　　＊

　　附言:这篇文章是在今年春天南俄农民起义[172]开始以前写成的。这些事件完全证实了本文的原则性论点。至于目前我党在"农村"工作中所面临的十分迫切的策略任务,我们希望下次再谈。

载于 1902 年 8 月《曙光》杂志
第 4 期
译自《列宁全集》俄文第 5 版
第 6 卷第 303—348 页

答普列汉诺夫和阿克雪里罗得对《俄国社会民主党的土地纲领》一文的意见[173]

(1902年5月1日〔14日〕)

"4.设立农民委员会,以便:

(1)把废除农奴制时从农民那里割去的和成为地主盘剥工具的那些土地归还村团(用剥夺的办法,或者——在土地已经转手的情况下——用赎买的办法等等)……"①

普列汉诺夫:注意。我要提请注意的是:**剥夺**(No3)并不排除**赎买;赎买**也不排除**剥夺**(论证是多余的);"赎买等等"(No2)就是赎买,——"等等"应该删去。而括号里的那句话可以改成这样(如果1861年以后土地〔土地是单数,不是**复数**〕(No1)已经用出卖的办法转到别人手里,就用赎买的办法)。那就很清楚,在其他情况下,归还土地时,就不给现在

No1——既然在纲领中"土地"一词是复数,那么在括号里"土地"一词用单数就不合语法了。

No2——"等等"既包括以土地换土地,又包括以地役权换土地,也包括重新划分地界,**等等**。因此,删去是完全不对的。

---

① 见本卷第284页。——编者注

的所有者付酬金。而如果土地已经以继承、馈赠或者交换的办法转到他人手里，就不应该赎买。我认为，这一点我们还来得及修改。

No3——"剥夺"通常指取消所有权，也就是不付酬金的夺取。因此，把剥夺和赎买相对比，完全不像提意见者所认为的那样奇怪。

阿克雪里罗得:同意。II.A.

"我们必须反对农奴制关系的一切残余，——这对社会民主党人说来是不能有任何怀疑的，而既然这些关系同资产阶级关系极其错综复杂地交织在一起，我们就**必须**深入这个所谓紊乱的中心，而不要害怕任务复杂。"①

普列汉诺夫:要弄清是什么样的中心，——所谓二字多余。   ??

"……工人部分包含的要求，目的是反对**资产阶级**，而农民部分包含的要求，目的是反对**农奴主-地主**(如果封建主这个名词是否适用于我国的领地贵族这个问题不是一个引起争论的问题⑴，我就要说，反对封建主)。

————————

⑴我个人倾向于对这个问题作肯定的解答，但是在目前这种场合，自然没有那么多篇幅和时间来论证甚至提出这种解答，因为现在谈的是要替整个编辑部集体制定的土地纲领草案辩护。"②

阿克雪里罗得:注意。说实在的，在**纲领性的**小册子里最好

————————

① 见本卷第288页。——编者注
② 见本卷第290页。——编者注

不要有这些暗示意见分歧的话。

"在斗争还没有终结、还正在进行的时候，企图预先断定我们恐怕达不到**全部的**最高要求，——那就是十足的庸人习气。"①

普列汉诺夫："企图……断定"我们达不到全部的最高要求等等，——这很不通顺。建议把它改为我在正文中所写的那句话。② 请**表决**这个提议。**理由是：**担心论敌嘲笑。

我还建议对我关于**删去**作者有关俄国封建主义的见解这一提议**进行表决。理由是：**在共同的可以说是**编辑部的**文章中，发表这样一些议论是不妥当的。作者的保留只会使人想到编辑部里存在**意见分歧。**

阿克雪里罗得：上面我已经谈了这个意思。

稍微讲点儿分寸，提意见者就会懂得，硬要坚持**表决**他对文章**风格**所作的改变（不会改得更糟吗？），是完全不合适的。担心有人（马尔丁诺夫之流?）抓住"封建主义"这个小问题而叫嚷"意见分歧"，也同样是可笑的。我说得很概括。

"'我们的运动'是社会民主主义工人运动。'吸引'农民**群众**'加入'这个**运动**是根本不可能的：这不是成问题，而是**不可能**，根本谈不上。而反对农奴制一切残余（也反对专制制度）的'运动'，农民群众则**不可能不参加**。"③

普列汉诺夫：我建议把（关于**吸引……加入**这一句中的）"农民

见第 28 页背面。④

① 见本卷第 292 页。——编者注
② 普列汉诺夫建议把这句话修改如下："在斗争还没有终结、还正在进行的时候，因考虑到……而止步不前……"——编者注。
③ 见本卷第 292 页。——编者注
④ 见对普列汉诺夫所提意见的前一个答复。——编者注

群众"几个字改为:农民群众本身,也就是**作为一个阶层**,此外还看做是**一个整体**等等。

请表决这一建议。

阿克雪里罗得:同意。II.A.

"我们应当更广泛地传播这种思想:只有建立了共和国,才能进行无产阶级同资产阶级的决战,我们应当在俄国所有的革命者中间,在尽量广泛的俄国工人群众中间**树立**和巩固争取建立共和国的风气,我们应当用'共和国'这个口号来表示,我们在争取国家制度民主化方面将斗争到底,决不回头……"①

普列汉诺夫:我们应当传播这种思想:只有建立了共和国,才能进行无产阶级同资产阶级的决战——这段话,我建议删去(**请表决**)。我决不相信,例如英国在政治上的发展必须通过共和国。君主制对那里的工人未必会有什么妨碍,因此废除君主制**不会**是社会主义胜利的**先决条件**,而只能是这一胜利的**结果**。

阿克雪里罗得:赞成这个建议。II.A.

正是由于英国情况是一种例外,以英国为例是不怎么恰当的。**现在**把俄国同英国相提并论,就等于给人们造成许许多多的误解。马克思(1875 年)和恩格斯(1891 年)关于要求在德国建立共和国的意见②恰恰指出了共和国的"必要性",——而任何地方都可能有例外。

"可见,为简便起见,第 4 条的全部内容用'归还割地'这几个字来表明就行了。试问,提出这种要求的主张是怎样产生的呢? 这是从我们应当帮助农民,应当推动农民尽量彻底地消灭

---

① 见本卷第 294 页。——编者注
② 参看《马克思恩格斯文集》第 3 卷第 443—446 页和第 4 卷第 415 页。——编者注

农奴制一切残余这一总的基本原则中得出的直接结论。这一点不是'大家都同意'吗？既然同意走这条路,那就请你们自动沿着这条路前进,不要叫人家拖着你们走,不要因为这条路'异乎寻常'就望而却步,在许多地方你们根本找不到有人走过的道路,你们将不得不攀悬崖、爬峭壁、穿丛林、越深壑,但不要因此而不安。不要抱怨无路可走,这种抱怨将是于事无补的沮丧,因为你们应当预料到,你们走的不会是由社会进步的全部力量所铺好的笔直而平坦的康庄大道,而是穷乡僻壤的羊肠小道,这些羊肠小道走得通,但是笔直好走的捷径,你们也好,我们也好,其他什么人也好,都永远找不到,——说'永远'找不到,是指只要这些衰亡着的,这些缓慢而痛苦地衰亡着的穷乡僻壤还存在,就永远找不到。

　　你们要是不愿到这些穷乡僻壤去,那就直截了当地说不愿去,不要用空话来支吾搪塞。"①

　　普列汉诺夫:我要提付表决的问题是把这一页删掉。这一页给本来明确的、合乎逻辑的议论加上了某种小品文色彩。为提出归还割地的要求,无须"攀悬崖、爬峭壁"等等。这种形象化使人觉得,作者本人并没有把"割地"同自己的正统信仰完全协调起来。

　　阿克雪里罗得:我建议删去这一页,从"这一点"开始直到下一页(第47页)结尾为止。II.A.

　　我要提付表决的问题是:以这种**不成体统**的腔调提意见,对编辑部的同事**是有礼貌的吗**?如果我们**大家**都**如此**相互款待,那么,我们会走到哪儿去呢??

　　① 见本卷第300—301页。——编者注

　　"被俄国所有的经济研究无数次证明了的直接的徭役经济残余，并不靠某种专门保护它们的法律来维持，而靠实际存在的土地关系的力量来维持。这是千真万确的，连一些见证人也直截了当地对著名的瓦卢耶夫委员会说：如果农奴制不受法律明文禁止，它无疑会重新复活起来。这就是说，二者必居其一。要么完全不涉及农民和地主之间的土地关系，这样一来，其余一切问题解决起来就很'简单'了，但是这样一来，你们连农村中农奴制经济一切残余的主要根源也触及不到，这样一来，你们就会'简单地'回避同农奴主和受盘剥的农民有切身利害关系的最紧要问题，回避在明天或后天很可能成为俄国最迫切的社会政治问题之一的问题。要么你们也想涉及土地关系这个'落后形式的经济盘剥'的根源，这样一来，你们就应当考虑到这些关系极其错综复杂，根本不容许用简易的办法来解决问题。既然你们不满意我们对这个错综复杂问题所提出的具体解决办法，你们就**无权**以笼统地'抱怨'问题的复杂性来支吾搪塞了事，而**应当**设法独立弄清这个问题，提出别的具体解决办法。

　　割地在现代农民经济中有什么意义，这是一个事实问题。"①

　　普列汉诺夫：我想建议将有关"简单"和"不简单"的一切议论统统删去，文章从"割地有什么意义等等"起，继续下去。这样，文章就会更好，因为以上所指出的地方<u>本身极其</u>(??)冗长，有损于文章。我建议表决。

　　有关简单不简单的议论是对前面内容的总结（也是对那些甚至是同情我们的人所提出的**许多**意见的答复），完全不是多余的。因此，我建议不要改动。

---

①　见本卷第301—302页。——编者注

"工役制造成技术停滞和农村中**一切**社会经济关系停滞,因为这种工役制阻碍货币经济的发展和农民的分化,使地主不受(比较而言)竞争的促进影响(地主不去提高技术,却降低对分制佃农的份额,顺便说一下,在改革以后的许多年以来,许多地方都确有这种降低份额的情况),把农民束缚在土地上,从而阻碍迁徙和外出做零工的发展,等等。"①

普列汉诺夫:我建议把"和农民的分化"这些字删去。这些字会使读者对本来会博得普遍赞同的措施抱有<u>成见</u>。但是,如果您打算保留这句话,就请加以补充,并解释一下(即使在注释里也好)您对这句话是如何理解的。请表决。

什么成见? 引起**谁的**成见? 为什么? ——真是高深莫测。

其次,比较而言使不受是什么意思?"比较而言"这几个字在这里不合适。

很简单。这就是说:同俄国**现状比较而言**(而不是——例如同美国比较)使不受。

"总之:既然大家都承认,割地是工役制最主要的根源之一,而工役制是阻碍资本主义发展的农奴制的直接残余,那么,对于归还割地会破坏工役制和加速社会经济的发展,怎么能表示怀疑呢?"②

普列汉诺夫:正因为如此,也就没有必要对这一点作如此冗长的论证。

匆忙的结论。看一看这一页(第 55 页)的末尾和下一页的开头吧。③

---

① 见本卷第 303 页。——编者注
② 见本卷第 303—304 页。——编者注
③ 列宁指的是该文第 7 章的开头(见本卷第 304 页)。——编者注

"根据我的判断,**所有**'反对归还割地'的意见,都可以归结为这四项中的某一项,而且大多数反对者(马尔丁诺夫也包括在内)对所有这四个问题的回答都是否定的,认为归还割地的要求在原则上不正确,在政治上不妥当,在实践上实现不了,在逻辑上前后不一贯。"①

普列汉诺夫:建议删去马尔丁诺夫的字样,到处都塞上他,太多了。

阿克雪里罗得:对,这位老兄,即马尔丁诺夫,实在太多了。Ⅱ.A.

见第28页背面。②

马尔丁诺夫引用了我们的很多朋友所重复过的论据。而如果对这些论据不予答复,甚至当马尔丁诺夫谈到问题的实质时,也不去涉及他,那就很**不妥当了**。

"如果在下一个历史时期,目前这种社会政治'局势'的特征已经消失,假定说,农民满足于极小部分私有者的小恩小惠,而'大吼大叫'坚决反对无产阶级,如果到那时候,我们从自己的纲领中删去同农奴制残余作斗争的条文,我们也决不会自相矛盾。那时候,我们大概还要从纲领中删去同专制制度作斗争的条文,因为决不能设想,在获得政治自由**以前**,农民能够摆脱最可恶和最沉重的农奴制压迫。"③

普列汉诺夫:我建议**删去**从"如果在下一个历史时期"起,直到"最沉重的农奴制压迫"这一段

这些话不应删去,因为说这些话是为了**必要的**预防。否则,

---

① 见本卷第304页。——编者注
② 指本卷第323页列宁对格·瓦·普列汉诺夫的意见的答复。——编者注
③ 见本卷第306页。——编者注

话。这段话不是**加强了**上文的说服力,而是**减弱了**它的说服力。

　　阿克雪里罗得:同意。II.A.

以后会有人轻而易举地责备我们没有预见性。

　　"有人会反驳我们说:'无论工役经济多么不甘心屈服于资本主义的进攻,但毕竟是屈服了,不仅如此,它注定要完全消灭;大的工役经济正在和将要直接让位给大的资本主义经济。而你们呢,却想用实质上是分散(虽然是局部地,但毕竟是分散)大经济的办法来加速农奴制的消灭过程。这样,你们不是为了目前的利益而牺牲将来的利益吗? 你们为了农民在最近的将来举行反对农奴制的起义(能否举行还是问题),而给农村无产阶级在比较遥远的将来举行反对资本主义的起义造成困难!'

　　这种论断乍看起来很有说服力,但是有很大的片面性……"①

　　普列汉诺夫:这种论断就是乍看起来也没有什么说服力。它散发出一股古怪的咬文嚼字的气味,最好少去讲它——真替社会民主党人感到羞耻。在成千上万的俄国农民为消灭旧制度而**举行起义**的今天,尤其令人感到羞耻。请表决这样一个提议:宣布这个论据甚至乍看起来也是没有说服力的。

　　阿克雪里罗得:依我看,向马尔丁诺夫那样的论敌说的恭维话应该删去。II.A.

　　依我看,把对论敌的驳斥看成是"向论敌说的恭维话"(事实上这也是不真实的,因为《火星报》的最亲密的朋友们多次写信重复过这一论据),这是可笑的。倒是提意见者奉献给论敌的**谩骂**,完全无济于事。

　　"……这对于全体农村劳动者的反抗精神和独立斗争精神不

---

　　① 见本卷第306—307页。——编者注

能不产生极其深刻的影响。"①

普列汉诺夫:什么是"独立斗争"?

看一看1902年4月的比利时吧。**174**它回答了这个"难"题。

"为了使我国的雇农和半雇农以后容易过渡到社会主义,最要紧的是社会主义政党**现在就**应当开始'维护'小农,'尽可能'帮助他们,不拒绝参与解决'别人的'(非无产阶级的)各种迫切而复杂的问题,教育全体被剥削劳动群众把社会主义政党看做自己的领袖和代表。"②

普列汉诺夫:为什么"尽可能"这几个字放在引用符号("引号")里?令人不解。况且"半雇农"的地位问题对无产阶级来说决不是别人的问题。现在即使把"别人的"这个词放在引号里使用,也是极不妥当的。

每个人都有自己使用引号的习惯,难道这是很难理解的吗?是否提意见者连用不用引号也想要"**表决**"?他就是这么个人!

"事实上是俄国资产阶级执行**自己**扫除旧制度一切残余的任务'晚了',因此,只要这个缺点还没有纠正,只要我们还没有获得政治自由,只要农民的状况还会引起几乎整个有教养的资产阶级社会的不满(如我们在俄国所看到的),而不是使这些人因貌似强大的反社会主义堡垒'不可摧毁'而产生保守的自满情绪(如我们在西方所看到的,那里,各种秩序党——从大地主和纯粹的保守派起,一直到自由主义的和自由思想的资产者,甚至一直到……说出来,请切尔诺夫之流的先生们和《俄国革命通报》杂志别生

---

① 见本卷第307页。——编者注
② 见本卷第307页。——编者注

气！……甚至一直到土地问题上时髦的'批评马克思主义的批评家'为止，都有上面这种自满情绪）。"①

普列汉诺夫：建议务必把这里的《俄国革命通报》杂志几个字删去。把切尔诺夫的名字同《俄国革命通报》杂志并列，人们会指责我们说，这种联系不慎重，是一种暗示，几乎是暴露笔名。这一点无论如何是应当避免的。

同意，但是我还是删去"切尔诺夫之流"为好。

"土地国有化则是另一回事。这个要求（如果从资产阶级意义上，而不是从社会主义意义上理解）比归还割地的要求的确'更进一步'，因此在原则上我们完全赞同这个要求。在一定的革命时期，我们当然不会拒绝提出这个要求。"②

普列汉诺夫：我完全同意这个意见175。这正是问题的全部"关键"之所在。

阿克雪里罗得：我不太明白；上面您已经很好地确定了土地纲领的社会革命性质；此外，土地国有化即使作为**起义**的口号——在目前来说也是反革命的。我同意贝尔格的建议。

可惜的只是"同意者"忘记了，这个意见是给**未经修改**的文章提的。只要稍微留心一下，他就会避免这一滑稽可笑的错误。

"但是，我们制定自己目前的纲领，不仅是为了革命起义时代，甚至与其说是为了革命起义时代，不如说是为了政治奴役的时代，即为了政治自由以前的时代。在这样的时代，用土地国有化的要

---

① 见本卷第 308—309 页。——编者注
② 见本卷第 310 页。——编者注

求来表现反农奴制的民主运动的直接任务**就太软弱无力了**。"①

普列汉诺夫：过去讲的正好是说我们的土地纲领是社会革命的纲领。

在一个警察国家里，土地国有化就意味着使这个国家进一步大大加强。因此，不能像这里所说："……来表现……就太软弱无力了"等等。一种措施是**革命的**，而另一种措施是**反动的**。

阿克雪里罗得：普列汉诺夫的建议同贝尔格和我在上一页的意见在意思上是吻合的。

不对。远非任何时候、任何国有化都是"反动的"。这是——"太过分了"。

既然提意见者甚至在对文章读**第二遍**的时候都不愿下点功夫准确地拟出修正案（尽管这一要求是特意通过的并已通知大家），那么，由于一次次表决一般的"修改"（而后还要表决修改的文字??）而造成的拖延将无尽期。不必过于担心署名文章的作者按照自己的方式**来表达**。

"正因为如此，我们认为，在现代社会制度的基础上，我们土地纲领的最高要求，不应超出对农民改革进行民主修改的范围。土地国有化的要求虽然在原则上完全正确，在一定时期完全适用，但是目前，在政治上不妥当。"②

---

① 见本卷第 310 页。——编者注
② 见本卷第 311 页。——编者注

普列汉诺夫：同意贝尔格的意见**176**。但是，我建议这样表述：在警察国家里，土地**国有化**是有害的，而在宪制国家里，它将成为**一切生产资料国有化**这个要求的**一部分**。**请表决**。

阿克雪里罗得：同意。II.A.

见第 75 页背面。①

"法庭的这种成分既能保证法庭的民主性，也能保证自由地表现农村各居民阶层的不同阶级利益。"②

普列汉诺夫：这段文字令人吃惊。我提议表决对它进行修改的建议。

阿克雪里罗得：究竟是怎么回事？

玩弄"表决"的把戏，"令人吃惊"！我们再也没有什么办法了！

"……大家知道，在我国农村中，租佃的农奴制性质比资本主义性质更多，地租是比资本主义地租（即企业主的超额利润）多得多的'货币'地租（即改造过的封建地租）。因此，降低地租会直接促进以资本主义经济形式代替农奴制经济形式。"③

普列汉诺夫：作者曾经许诺不谈俄国的封建主义（见上文），但没有履行诺言。令人遗憾。请**表决**关于将这里的**封建**（地租）一词删去的建议。

不对。恰恰是谁"看了上文"谁就会发现，作者并没有作任何这样的"许诺"。既然作者已特意预先声明这**不是共同的意见**，那么还要挑剔就太不近情理了。

---

① 指本卷第 331 页右栏列宁对格·瓦·普列汉诺夫的意见的答复。——编者注
② 见本卷第 313 页。——编者注
③ 见本卷第 314 页。——编者注

"所以连专制制度也不得不愈来愈经常地设立'供村团的文化和慈善事业需要的'特别'基金'(自然,数目十分可怜,而且被贪官污吏侵吞的多,用于救济饥民的少)。因此,除其他民主改革外,我们也不能不要求设立这样的基金。这一点恐怕是无可争辩的。"①

普列汉诺夫:关于"专制制度"这一段写得**极不成功**。它对我们来说算是什么榜样呢?难道不参照它我们就什么也不能提出来吗?

向农民归还的理由应这样来说明:它会是一种革命措施,这一措施能纠正那种不仅留在大家的记忆中,而且曾经大大地促使俄国农民破产的**"不公平现象"**(参看马尔丁诺夫的说法)。

附言:当法国流亡者要求他们的十亿法郎时(在复辟时期)**177**,他们说的并不是慈善事业。他们更懂得阶级斗争的意义。

请表决彻底修改这一段的建议。

阿克雪里罗得:请参看普列汉诺夫对第90页的意见**178**。只要用心读一读上述意见和那条意见,您自己就会同意它们的。Ⅱ.A.

至于**连**专制制度也不得不开始办一点(少得可怜的)慈善事业,这是**事实**,害怕引用这样的事实是相当奇怪的。而说什么这是作为"榜样"提出来的,这是热衷于挑剔的人的"拙劣臆造"。

"但是,有人反驳我们说,殊不知这种贡赋是**无法**全部归还的。说得对(**正像不能全部归还割地一样**)。"②

---

① 见本卷第314—315页。——编者注
② 见本卷第315页。——编者注

普列汉诺夫：为什么不能全部归还割地？纲领中丝毫没有这种意思。

我提请大家注意，这里改变了我们已通过的这一条的意思。

阿克雪里罗得：为什么您要插入一句话来限制和削弱原则性的决定？

完全不对。列宁在自己文章中插入的那句话没有改变，也**不可能**改变纲领中所说的意思。提意见者忘记了这样一条起码的常识："实施的是法律，而不是法律的理由"。

"目前的土地村社，承担四分之三的农奴制纳税重负。废除连环保（这种改革，维特先生大概不等到革命就会实行），消灭等级划分，实行迁徙自由和每一个农民支配土地的自由，在事实上当然会不可避免地迅速消除这种重负。但是这种结果只会证明我们对村社的看法正确，证明村社同整个资本主义的社会经济的发展不相容。"①

普列汉诺夫：目前正在流传着要消灭村社的议论。因此，与这有关的地方应当修改。

我建议把"资本主义的"删去，改为：同我们时代的整个社会经济的发展。**理由是**：这样就会避免村社的维护者提出"蛊惑人心的批评"。

"因此"根本用不着。"议论"早已流传，**即使真的实行起来**，也仍然不应作任何修改。

我认为害怕"蛊惑人心"完全是多余的，因为这些先生们总是要提出这类"**拙劣的批评**"的。

"我们的回答是：从我们的条文中还不能得出结论说，每个农民有权要求非单独划出自己的土地不可。从这里只能得出结论说，土地可以自由出卖，而同一村社的社员有优先购买所出售土地的权利同这种自由并不矛盾。"②

---

① 见本卷第316页。——编者注
② 见本卷第317页。——编者注

普列汉诺夫：我完全同意这个意见[179]，建议提付表决。

阿克雪里罗得：同意。

"同意"已被删去的那部分的意见？？!!？？ 真是一个"提付表决"的好建议。

"这种反驳是没有根据的。我们的要求不会破坏协作组织，恰恰相反，这些要求会建立**现代的**协作组织对其自由加入的成员的控制权，以代替村社对农民的古老的（事实上是半农奴制的）控制权。例如，承认同一村社的社员在一定条件下有优先购买其他社员所出售土地的权利，这同我们的条文也并不矛盾。"

普列汉诺夫：对此我不同意。这个权利只会降低农民土地的价格。

而连环保，一部分已经被废除，一部分将被维特先生废除，不是今天废除，就是明天废除。

有矛盾。我不明白的是：一方面我可以**自由地**加入和**自由地**退出协作组织；而另一方面，村社有优先购买我的土地的权利。**矛盾就在这里。**

提意见者过于敌视村社。这里应当特别小心，不要落入亚·斯克沃尔佐夫先生之流及其同伙的怀抱（正像提意见者已经落入的那样）。**在一定条件下**，优先购买的权利不会降低而会提高土地的价格。我特意说得概括些和广泛些，而提意见者却徒劳地急于斩断戈尔迪之结[180]。由于轻率地"否定"村社（**作为协作组织**），我们就会轻易地糟蹋掉我们对农民的全部"善意"。要知道，村社同通常的**移民**方法等等也是有联系的，只有亚·斯克沃尔佐夫之流才会在自己的草案中大笔一挥对此加以"修改"。

"为了给农村阶级斗争的自由发展扫清道路,必须消灭一切农奴制残余,这些残余现在还**掩盖着**农村居民内部资本主义对抗的萌芽,不让它发展。"①

普列汉诺夫:我第一次见到**对抗**这个词用**复数**。

如果提意见者认为他已不能第一次见到任何东西,那是徒劳的。

*　　　　*　　　　*

"提意见者"的意见只不过十分明确地表明以下情况。如果他的目的是要使不同意他的意见(即使是在不重要的问题上)的同志**无法**同他在编辑部中共同工作,那么他现在就正在十分迅速而准确地走向这一崇高的目的。但如果他达到这一目的,那就让他自食其果吧。

(1)意见写得如此草率,甚至没有把修改前的东西同修改后的东西对照一下。

(2)甚至干脆把修改意见**撇在一边**!"我爱怎么办就怎么办,别妨碍我。"

(3)提意见者提出的**修改**,几乎**没有一处**是由他自己表述清楚的,——这**违反了**为避免不应有的拖延而通过的**明确条件**。

(4)提意见的语气是故意带有侮辱性的。如果我也用这种语气"分析"普列汉诺夫关于纲领问题的文章(即他**个人**的"**文章**",而不是指共同的声明、共同的纲领等等的草案),那么这就会立即使我们的合作告终。我也要"提付表决":是否允许编辑部一些成员去**煽动**另一些成员照此办理?

---

① 见本卷第318页。——编者注

（5）连一些编辑部成员的表达方式也要**用表决**来加以干涉，这就太不近情理了。

提意见者使我想起了这样一个马车夫，他以为，要想驾好马车，就得愈来愈使劲地勒马。当然，我只不过是一匹"马"罢了，是马车夫普列汉诺夫手下的几匹马**中的**一匹马。但是要知道，往往会有这样的情况，甚至勒得最紧的马也会甩掉过于热心的马车夫。

载于1925年《列宁文集》俄文版第3卷　　　　　　译自《列宁全集》俄文第5版第6卷第432—448页

一封给地方自治人士的信

（1902 年 3 月 10 日〔23 日〕）

下面全文援引一封胶印的给地方自治活动家的信，这封信曾在地方自治会议最近一次会议上传阅过（**可惜**，这封信只是最近才落到我们手里）。

"阁下！

俄国、俄国人民和俄国地方自治机关目前处境艰难，迫使我们向阁下写这封信，希望得到您对信中所谈的见解和意愿的同情。

我们是近来一系列令人愤慨的悲惨事实的无言目击者，这些事实犹如一片阴云压抑着社会的良知，于是向每一个有知识的人尖锐地提出了一个严重的问题：能否再在政治上无所作为，能否再对祖国日益深重的贫困和堕落采取消极的态度？

连年的歉收、诸如赎金和无定额税等的苛重税赋，简直把人民搞得筋疲力尽，一贫如洗。

农民实际上被剥夺了一切自治权，'稳固政权'中的官方人士和志愿人士包揽一切的监护制，不请自来维护'独特的和法定的原则'的人使人民在智能上处于人为的饥馑状态，凡此种种都削弱了人民的精神威力、人民的主动精神和毅力。

国内外的活动家凭借着玩弄祖国命运的冒险家的仁慈帮助，正在蛮横地掠夺国家的生产力。'乐善好施的政府'徒劳无益地求用一些彼此矛盾的、仓猝拟就的措施来代替国内各经济集团进行的活跃而有步骤的斗争。面对着农业、工业和货币危机这些俄国经济和财政破产的不祥之兆——奉行侥幸和冒险政策的辉煌成果，热心的'帮助'和'处理'都无能为力。报刊被扼杀，不准把制度维护者时刻侵犯俄国公民的自由和荣誉的罪行，哪怕是部分罪行揭露出来。唯有毫无理性和残酷无情的横暴势力在耀武扬威地大叫大嚷,统治着整个受破坏、被损害和被侮辱的辽阔的祖国大地,而且到处都没有遭到应有的反击。

在这种情况下,政府对个人和社会倡议的微小表现、对各种社会团体的活动,包括对地方自治机关这一 60 年代的俄国指望在它上面确立一个新帝国的基石的一贯不信任,就是一件非常自然的事了。地方自治机关被扬扬得意的官僚们搞得半死不活,它的活力、作用以及在社会与人民心目中的威信年年都在受到新的打击,人民几乎分不清地方自治机关和官僚行政机关了。地方自治会议不顾国内一切进步团体明确的抗议,变成了等级官僚的会议,因而失去了同俄国人民群众的任何联系。地方自治局日益成为省长办公室的附属机构,因而失去了独立性,逐渐沾染上政府机关的各种缺点。地方自治选举会议声誉扫地,成了一出滑稽剧。参加选举的人寥寥无几,同时把选举人分为几个等级集团,结果会议无法通过被选出的议员来表达各个不同社会阶层的利益,而变成了卑劣的个人自尊心的角逐场所。

地方自治机关的权限渐渐地、而且不断地被缩小。粮食事务从地方自治机关的管辖范围内取消了。在估价工作中,地方自治机关变成了官吏命令的执行者。在国民教育方面,地方自治机关的作用几乎等于零。哥列梅金内务部制定的医疗章程并未正式废除,而像达摩克利斯剑181一样,威胁着地方自治机关的医疗事务。对学校委员会颁发训令的黑色幽灵看来已经消失。可是地方自治机关无法保证这种已经体现为法律形式的幽灵不再出现,无法保证地方自治国民学校不再因这种幽灵而遭致彻底毁灭。各省地方自治机关相互交往的必要性已是尽人皆知的,但是由于内务部最近颁布的一项有关通告而遇到了新困难。地方自治机关作为一个社会机关,它的每项措施都会牵涉到各个大臣的如同蛛网般错综复杂的许多通告,地方自治活动家在贯彻某一项措施时都要白白花费不少时间、精力和机智去解开这个蛛网。臭名昭彰的地方自治条例第 87 条,特别是它的第 2 款,使得地方自治机关的一切活动都要由省长裁夺。省长对地方自治局的检查愈来愈频繁,政府通过省地方自治事务会议常任委员对地方自治机关无礼地进行公开监视。政府通过颁布地方自治税限额的法令,对地方自治机关的基本权利——自动捐献的权利公然表示极不信任。由于警察司的干涉,经选举产生的以及雇用的优秀的地方自治机关工作人员被迫停止了地方自治机关的活动。大概在不久的将来,内务部关于由国家监察总署官员监督地方自治机关金融业务的法案以及关于整顿各地方自治局谘议委员会工作的法案都将在法律上生效。

地方自治机关的请愿不仅得不到满足,甚至不按规定手续审理,而被大臣们用个人权力漫不经心地扔在一边。在这种条件下从事地方自治机关的工作,要对这个工作的效果怀有真正信心是不可能的。我们看到,地方自治人士、特别是地方自治执行机关——地方自治局的境遇每况愈下。对地方自治事业忠心耿耿但对目前条件下的工作效果丧失信心的人正陆续离开地方自治机关。而代替他们的是另一种气质的地方自治人士,是投机分子,他们胆小怯懦,害怕地方自治机关的名望和形式,他们对行政当局不成体统的曲意逢迎彻底损害了地方自治机关的尊严。于是地方自治机关从内部瓦解了,这比正式取消自治还坏得多。政府公开反对地方自治这一思想会引起公愤,而官僚们是非常害怕公愤的。可是我们看到,现在有人在伪装掩蔽下对自治原则进行破坏,而且很遗憾,这种破坏并未遭到有组织的反击。

在这种情况下,地方自治机关活动的实际成果微乎其微,丝毫不因为它所起的教育作用而得到弥补。而地方自治机关在发展文明、加强社会自我意识及主动精神方面将近40年的工作就会在不久的将来化为乌有。从这个观点看来,对投机分子-地方自治人士平心静气俯首贴耳的等待,只能可耻地、白白地断送地方自治机关的伟大理想。只有大力反对那种认为讨论超出地方生活细节范围的问题就会使人民遭难的荒谬想法,才能使地方自治机关摆脱由监护制引入的绝境。地方自治机关必须在地方自治会议上公开地、勇敢地讨论同当地居民的需要和利益密切相关的全国性问题,来反对这种当然对人民和国家安全并不可怕的唬人东西,反对这种其维护者自己也恬不知耻地承认是荒谬的想法(见维特的秘密记事《专制制度和地方自治机关》)。地方自治会议愈是全面地、充分地、热烈地讨论这类问题,就愈能清楚地看出:公开讨论人民的疾苦不会使人民遭难,反而能防止人民遭难;目前出版物所受的压迫只对人民的敌人有利;控制思想和言论的警察制度不能培养出诚实的公民;法制和自由彼此并不矛盾。在几个省的地方自治会议上同时公开阐明这样一些问题,无疑会博得各阶层人民的热烈同情,会大大调动社会的良知。要是地方自治机关对俄国目前的危急状态不作什么反应,那么西皮亚金之流的先生们和维特之流的先生们剥夺了它的代表劳动利益的作用之后,当然就会毫无顾虑地使它完全'适应'帝国机关的总制度。至于这种'适应'将采取什么形式,我们确实很难想象,因为我们注意到现在我国的执政者们是老谋深算、很有办法的。内务大臣先生无耻之尤,令人惊异地蔑视帝国'最重要'阶层,竟把他们的当选人——贵族代表派去充当可耻的特务,负责监视人民讲座的讲演者和内容。

综上所述,我们认为,我们的毫无作为和继续驯顺地屈从于官僚们对地方自治机关和整个俄国所做的一切实验,就不仅是一种自杀,而且是对祖国的严重犯罪。实际生活已向我们充分证明投机取巧的策略是没有根基的和丧失理智的,这是为了'一碗红豆汤'而出卖了'长子权'**182**;专制官僚起初攫取了长子权,现在又夺走了我们这碗'红豆汤'。他们一步步从我们这里夺走了几乎所有的公民权利,从实行'伟大改革'以来,过了40年,结果又使我们回到40年前我们开始进行这种改革的那个起点。我们还有多少东西可以失去呢?除了可耻的胆怯和完全缺乏自己的公民义务感之外,能用什么来为我们的继续缄默开脱,能用什么来为它作解释呢?

我们作为俄国公民,而且又是'上层'人物,必须保卫俄国人民的权利,必须给力图镇压人民生活中自由和主动精神的些许表现、力图把所有俄国人民变成驯服奴隶的专制官僚以应有的回击。我们是地方自治人士,特别有责任保卫地方自治机关的权利,使它不受官僚的任意欺侮和压迫,保卫地方自治机关进行独立活动、广泛地满足各个人民阶层需要的权利。

我们不能再像一个犯了过错的小学生那样缄默不言了;让我们终于证明我们是成年公民吧,我们将要求得到理应属于我们的东西,即我们的'长子权',我们的公民权利。

专制官僚向来是不会心甘情愿拿出任何东西来的,拿出的只不过是别人从他们那里硬逼出来的东西,甚至还要竭力假装他们放弃自己的'权利'仅仅是出于他们的宽宏大量。如果拿出来的比逼他们拿出的多,他们会马上取消一切过多的让步,就像我们的'伟大改革'的遭遇一样。在面临千千万万的工人群众举行游行示威这种强大的'工人运动'之前,政府未曾关心过工人;只有到了那个时候,政府才急急忙忙着手进行'工人立法',这虽然非常伪善,但毕竟还是可以满足工人某些要求,可以安抚这些令人可畏的群众。数十年来,政府摧残我们的青年学生、我们的兄弟姊妹和子女,不许对政府杜撰出来的'教学制度'提出丝毫批评,并且残暴地镇压学生的'骚动'。

但是这些'骚动'变成了群众性罢课,学院机器不再转动,于是官僚们忽然对青年学生满怀'竭诚保护'的热情,而那些昨天还只是用哥萨克马鞭的呼啸声作答的要求,今天却被宣布为政府'教学改革'的纲领了。

当然,这种转变含有不少伪善成分,但毕竟…… 毕竟不应该怀疑这样一个事实:'官僚们'被迫向社会舆论公开承认并作出相当重大的让步。而我们,以及整个俄国社会和全体俄国人民,只有勇敢地、公开地、同心协力地和坚持不懈地要求这些权利,才能指望我们的权利得到承认并得以实现。

鉴于这一切理由,我们决定给阁下和各省地方自治机关的其他许多地方自治活动家们写这封信,请求你们促使本届省地方自治会议提出和讨论下列问题,并通过相应的决议:

一、在以下几方面审订并修改地方自治机关条例:

(1)在大大缩小选举的财产资格限制的条件下,不分任何等级差别,给予各居民集团同等选举权;(2)取消地方自治机关成员中这种等级代表;(3)在地方自治机关同所有其他个人和机关一样服从国家法律的条件下,地方自治机关的一切行动不受行政当局的监督,给予地方自治机关处理一切地方性事务的充分独立自主权;(4)在不损及整个国家利益的范围内,扩大地方自治机关的职权,给予它关心一切地方公益和需要的充分独立自主权;(5)废除地方自治税限额的法令;(6)给予地方自治机关采用一切办法普及国民教育的最广泛权利,而且除经济照顾外,应给予地方自治机关照管和改进教学工作的权利;(7)废除上述威胁地方自治机关医疗事务的医疗章程;(8)恢复地方自治机关粮食事务的职权,并且给予地方自治机关组织和进行地方自治统计估价工作的充分独立自主权;(9)整个地方自治机关的工作只能通过经选举产生的地方自治机关人员进行,地方自治机关人员无需由行政当局批准,更不应违反地方自治会议的意志而任命;(10)给予地方自治机关不经行政当局批准而完全自行聘请地方自治机关工作人员的权利;(11)给予地方自治机关自由讨论一切与地方公益和需要有关的全国性问题的权利,如地方自治机关提出请愿,上级政府机关必须在一定期限内加以审理;(12)给予一切地方自治机关相互交往、以及召开地方自治人士代表大会讨论涉及所有或某些地方自治机关的问题的权利。

二、审定和修改农民条例,使农民的权利同其他各等级的权利完全平等。

三、修改税制,征收财产累进所得税以均衡税负,同时使收入低于一定限度的人免交税赋。

同时,非常希望地方自治会议提出和讨论下列问题:

四、恢复各地治安法庭,同时废除各种限制陪审法庭权限的法律。

五、给予出版物更多的自由;必须取消书报检查机关的预审;修改书报检查条例,明确指出哪些可以发表,哪些不能发表;消除行政当局在书报检查中的专横行为；把出版方面的一切犯罪案件完全交由普通司法机关公开审判。

六、审定有关保卫国家安全措施的各种现行法律和内阁指令；取消这方面的秘密行政'处理'；在普通司法机关中公开审理所有这类案件。

我们想，您不会拒绝在贵省会议上敦促提出上述普遍性问题，我们荣幸地请您通过您所熟悉或认识的议员，把地方自治会议可能通过的决议尽可能通知所有地方自治机关。同时我们希望，在大部分地方自治机关里都会有相当数量的善于通过地方自治会议提出这些要求的勇敢而刚毅的人。如果我们大家团结一致、公开而果断地提出我们的正义要求，那么官僚们就会像他们在碰到团结的觉悟力量时总要作出让步那样，不得不作出让步。

原地方自治人士"

这是一封很有教益的信。它表明，生活本身甚至使那些不太善于斗争而专门致力于细小的具体工作的人们也不得不起来**反抗**专制政府了。而且，如果拿这封信同诸如尔·恩·斯·先生为维特记事写的序言那种作品相比较，那么依我看来，这封信给人的印象要更好一些。

信里确实没有什么"广泛的"政治概括，——可是要知道，信的作者本来不是发表"纲领性的"声明，而是提出谦和的建议：应当如何**实际地**开始进行鼓动。他们"没有想入非非"，甚至没有直截了当地提出政治自由，然而他们也没有一句话提到那些或许可能影响沙皇的、接近皇室的人物。然而他们也没有对亚历山大二世的"功绩"作虚假的颂扬，相反地表露出对带引号的"伟大改革"的嘲弄。然而他们正直而勇敢，坚决反对"地方自治人士-投机分子"，敢于向"可耻的胆怯"宣战，不向特别落后的自由派讨好。

我们现在还不知道原地方自治人士的呼吁书有了什么成果，但是我们认为，他们的倡议无论如何是值得全力支持的。最近地方自治运动的活跃确实是非常值得注意的现象。写信人自己也指出运动是怎样扩展的：开始参加的是工人，后来扩大到学生，现在地方自治人士也参与了。所有这三种社会因素这样按顺序参加运动，是同它们的人数、它们的社会活动能力、它们的社会政治激进程度和革命决心的依次递减相一致的。

这对我们的敌人更不利。不大革命的分子愈起来反对他们，对于我们这些专制制度和整个现代经济制度的死敌来说就愈好。

向新的抗议者——因而也是我们的新同盟者致敬。我们一定要帮助他们。

你们看到：他们是贫穷的；他们发出的只是一份小小的传单，印得还不如工人和学生的好。我们是富裕的；我们把它印发出来了。我们要给沙皇-奥勃曼诺夫又一记响亮的耳光。打耳光的人愈"气派"，这记耳光就愈有意思。

你们看到：他们是软弱的；他们同人民的联系很少，他们的信是传阅的，很像是而且事实上也只是私人信件的一个转抄本。我们是强大的；我们可以而且应当把这封信送"到民间去"，首先送到决心斗争和已经开始为争取全民的自由而斗争的无产阶级中去。

你们看到：他们是怯懦的；他们才刚开始自己的职业性地方自治鼓动。我们比他们勇敢；我们的工人已经度过了单纯的职业性经济鼓动"阶段"（强加在工人身上的一个阶段）。我们要给他们作出斗争榜样。既然工人曾经为实现取消《暂行条例》这样的要求进行过斗争，以表示对专制制度的抗议，那么现在也就有同样充分的理由来反对当局凌辱虽则微乎其微但总算是"**自治**"的行为！

但是各种各样公开的和暗藏的、自觉的和不自觉的"经济主义”的拥护者马上就来阻拦我们了。他们问我们:工人支持地方自治人士是为了谁呢? 不是仅仅为了地方自治人士吗? 不是为了那些也许只是对政府偏爱工业企业主而怠慢农业企业主表示不满的人吗? 不只是为了仅仅希望"国内各经济集团进行活跃斗争"的资产阶级吗?

为了谁呢? 首先是而且主要是为了**工人阶级自己**。这个现代社会"唯一的真正革命的阶级"如果不利用**一切**机会给自己最凶恶的敌人以新的打击,那么实际上就不是一个革命的阶级。如果我们错过了这样一些对斗争有利的机会,例如错过了甚至连这个敌人的昨天(60年代)的同盟者以及一部分今天的(投机分子-地方自治人士和农奴主-地主)同盟者都开始同他吵架的机会,那么我们在声明和纲领中关于政治鼓动和政治斗争的言词就都是空话。

让我们密切注意地方自治生活,注意新的抗议浪潮的增长和扩大(或衰落和缩小)吧。我们要努力使工人阶级更多地了解地方自治机关的历史,了解政府在60年代对社会所作的让步,了解沙皇欺骗性的言论及其策略:起初用"红豆汤"来代替"长子权",而后来(靠着他们所保持的这种"长子权")连红豆汤也夺走了。愿工人们学习识别这种由来已久的、表现为各种形式的警察策略吧。这种识别对于我们争取**我们的**"长子权",对于争取无产阶级反对**各种**经济压迫和社会压迫的自由,都是必需的。我们要在小组会议上向工人们读一些有关地方自治机关及其对政府的态度的材料,我们要印发一些有关地方自治人士抗议的传单,我们要作好准备,使无产阶级能够用反对彭帕杜尔-省长、强盗-宪兵和耶稣会士-书报检查官的游行示威来回答沙皇政府对多少是真诚的地方自治人士的任何侮辱。无产阶级的党应当学会惩办和打击不论对什么社会阶层、什么民族或种族都**任意**使用**各种**暴力和胡作非为的专制制度的**一切**奴仆。

载于 1902 年 3 月 10 日《火星报》
第 18 号

译自《列宁全集》俄文第 5 版
第 6 卷第 349—358 页

关于"斗争"社

(1902 年 3 月 10 日〔23 日〕)

　　克·恩·。你问"斗争"社是怎么回事。我们认识这个社的几位为《曙光》杂志撰稿(两篇论文)和为《火星报》撰稿(三篇通讯、两篇论文和一篇短评)的人。他们寄来的几篇文章我们没有刊登。现在他们发表了书面"声明",抱怨我们"不合乎民主制",甚至……要反对个人崇拜!你是有经验的人,仅从这个无可匹敌、无与伦比的字眼就可以知道问题实质之所在了。当"斗争"社发表自己反对《从何着手?》(他们在声明中也谈到了不能接受该文的观点)的文章时,就连对党的工作毫无经验的同志也会懂得我们所以没有热烈欢迎这些撰稿人的原因了。

　　关于"民主",请看《怎么办?》一书第四章第(五)节①,那里谈及《工人事业》杂志的话也适用于"斗争"社。

载于 1902 年 3 月 10 日《火星报》
第 18 号

译自《列宁全集》俄文第 5 版
第 6 卷第 359 页

---

　　①　见本卷第 127—136 页。——编者注

给"俄国社会民主工党
北方协会"的信¹⁸³

(1902 年 4 月)

恩·恩·给北方协会的信

(对北方协会"纲领"的意见)

首先应当指出"纲领"行文上的一个主要缺点:把科学社会主义的基本原理同一时一地的狭隘的具体任务混为一谈了。只要看一看纲领所有 15 节的内容,这个缺点就马上昭然若揭。我们就来看一下。

第 1 节——整个工人运动的目的。

第 2 节——达到这个目的的基本条件。

第 3 节——**俄国**社会民主党最近的政治任务。

第 4 节——俄国社会民主党对自由派和其他派别的态度。

第 5 节——同上。

第 6 节——"阶级"和"政党"的概念(同"经济派"的部分意见分歧)。

第 7 节——实际的鼓动任务。

第 8 节——宣传的意义。

第 9 节——关于游行示威。

第 10 节——关于庆祝五一。

第11节——2月19日的传单和游行示威[184]。

第12节——经济斗争和社会改革。

第13节——工人不仅必须进行防御性斗争,而且还必须进行进攻性斗争。

第14节——对待罢工,不仅要起消极作用,而且要起积极作用。

第15节——罢工是斗争的最好手段。

很容易看出,这些内容如此多种多样的章节,本来应该分为几个部分(否则那些不能把基本原则同当前实际任务区别开来的读者可能会产生相当多的误解)。既指出社会主义的最终目的,又对"经济派"进行解释或者对罢工的意义作出说明,这样相提并论的做法不仅是笨拙的,而且简直是不正确的和含糊不清的。应当首先明确地对自己的整个信念作出原则性声明;其次,根据"北方协会"的理解,指出党的政治任务;再次,把一个组织("北方协会")关于实际运动中各种问题(第7—11节和第13—15节)的**决议**同这些真正纲领性的原理区别开来。第6节应当单独列出,说明"北方协会"对俄国社会民主党人中的意见分歧所抱的态度。而第12节则应当并入原则性声明(因为争取小小改善和改革的日常斗争同争取达到最终目的的斗争的关系,是一个普遍性问题,而不是俄国特有的问题)。

谈了这个一般性的意见以后,现在来逐节分析。

第1节指出了一般社会民主党的共同目的。这种目的讲得太简短、太不完整。诚然,地方组织的纲领,不能像党纲那样**必须**涉及各种详情细节。我完全承认这一点,并且认为,"北方协会"决定甚至在社会民主党地方组织的纲领中也不应该不谈社会民主党的基本原则,这是很有益的和很重要的。我认为,在这种情况下只需要指出对基本原则作比较详细的阐述。例如,应当指出"北方协会"坚持**国际的**科学社会主义的立场(纲领没有一处指出运动的国际性)和赞同"革命的马克思主义"的学说。在这样**一般地**指出了自己的原则以后,可以提出第1节那样的论点,但是,单就它(第1节)本身来说,是不够的。

"北方协会"作为俄国社会民主工党的一个组织,应当指出赞同俄国社会民主工党的《宣言》,而且最好也指出"北方协会"甚至赞同"劳动解放社"在80年代起草的俄国社会民主党人纲领草案。指出这几方面,虽然不能预先解决对这个草案进行必要修改的问题,但是可以比较确切地表明"北方协会"的原则立场。只能二者择一:**要么**应当自己**全面地**阐述社会民主党的一切基本原则(即自己草拟社会民主党纲领中的原则性部分),**要么**应当完全肯定地声明,"北方协会"**接受**相当著名的既定原则。而纲领所选择的第三条道路,即十分不完整地指出最终目的,是不合适的。

第2节一开头是一个极其不确切的、含糊不清的和危险的声明:"认为社会主义是无产阶级的阶级利益。"这句话似乎是把社会主义同"无产阶级的阶级利益"划成等号。这样划等号**是完全不正确的**。正是在现在,当人们对"无产阶级的阶级利益"非常普遍地理解得**极其狭隘**的时候,提出这样的公式简直是不能容许的,因为只有把"阶级利益"理解得**非常广泛**,才能勉强地承认这个公式。"阶级利益"迫使无产者联合起来,同资本家作斗争,考虑自己解放的条件。"阶级利益"使他们易于接受社会主义。但是,社会主义是无产阶级阶级斗争的意识形态,它服从意识形态的发生、发展和巩固的一般条件，就是说，社会主义以人类知识的一切材料为基础，以科学的高度发展为先决条件，要求科学的工作等等，等等。社会主义是由思想家**输送到**在资本主义关系的基础上自发地发展起来的无产阶级的阶级斗争中去的。第2节的条文对社会主义同阶级斗争的真实关系阐述得十分不正确。同时，关于阶级斗争的问题，第2节也没有谈到。这是它的第二个缺点。

第3节对专制制度的说明是不够的（例如，没有指出它同农奴制残余的联系），部分是高谈阔论（说什么"无限度的"）和含糊不清（说什么"忽视"个人）。其次，争取政治自由（应当指出，"北方协会"是向**全党**提出这个任务的）之所以必需，**不仅仅**是为了工人的阶级斗争的充分发展；应当用某种形式指出，其所以必需也是为了整个社会的发展。

"专制制度仅仅代表各统治阶级的利益。"这是不确切的，或者说是不正确的。专制制度满足各统治阶级**一定的**利益，部分是依靠农民群众和全体小生产者的因循守旧而存在，部分是依靠各种对立利益之间的平衡而存在，而在某种程度上，专制制度也是独立的有组织的政治力量。第3节的条文之所以特别不能容许，是因为我们这里十分流行一种把俄国专制制度同资产阶级统治混为一谈的荒谬看法。

"与民主原则不相容。"既然一点儿还没有谈到民主，为什么要这样说呢？难道推翻专制制度和争取政治自由的要求不正是表明民主"原则"吗？这句话是不合适的。不要这样说，应该更确切地指出我们在理解"民主原则"方面的彻底性和**坚定性**（同资产阶级民主相比较），例如，用某种方法描述"民主宪法"的概念**和内容**，或者说明我们要建立**民主共和国**的"原则性"要求。

　　第4节特别不能令人满意。不要说"充分"利用"广泛的"自由（这句话实在不明确，完全可以而且必须用民主共和国和民主宪法这种确切的说法来代替，因为"充分"也就在于彻底的民主制），不要这样说，**必须说关心政治自由的不仅仅是**工人阶级。闭口不谈这一点，就是为"经济主义"的最坏形式大开方便之门，就是忘记了我们的一般**民主主义**的任务。

　　对无产阶级来说，实现（??　获得，争取）政治自由同提高工资和缩短工作日有"同样的"必要性，这种说法**完全不对**。恰恰**不是同样的**，因为**这是另一种必要性**，是比提高工资等等的必要性**复杂得多的**一种必要性。这两种"必要性"的差别是显而易见的，例如，**只要工人阶级的个别阶层或集团顺从专制制度，专制制度就准备给（有时候确实给）这些阶层或集团改善处境**。我们分析的这句话是完全不能容许的，它表明"经济"唯物主义被庸俗化到了极点，社会民主主义的观点被降低到了工联主义的观点。

　　其次，"有鉴于此"……**由于上面所说的**……应该删去"在当前斗争中"（即在同沙皇制度的斗争中，是吗?）……"社会民主党人提出了明确的阶级纲领和要求……"。我们的**政治**纲领和**政治**要求的**阶级性**，恰恰表现在民主主义的充分和彻底上。如果说的不仅仅是政治要求，而是我们的整个纲领，那么纲领的阶级性应该自然而然地从我们纲领的内容中表露出来。用不着说什么"**明确的**"阶级纲领，而应当自己直接地和确切地**确定**、叙述、表达和拟定这种阶级纲领。

　　"……不服从自由派的纲领……"　这简直可笑。我们是作为先进的民主主义政党出现的，而突然说什么"不服从"!!　真像是刚刚摆脱"服从"的孩子!

我们"不服从"自由派,不应当表现在关于不服从的词句里,而应当表现在我们纲领(**当然还有我们的活动**)的整个性质中。把自由的必要性和提高工资的必要性等同起来(或者至少是同等看待)这样一种对政治任务的理解,恰好**表现出社会民主党服从自由派**。

第4节的结尾部分也不合适;上述一切也是对它的批评。

第5节把我们对待所有一切民主派的一般态度归结为一种在实际工作中同其他政党的合作。这太狭隘了。既然有这些政党存在,就应当(不是在纲领中,而是在代表大会的专门的决议中)确切地列举它们的名称,并且确切地确定对待社会革命党人、"自由社"等等的态度。如果说的不是具体的政党,而是泛指对待其他革命派(**和反政府派**)的态度,那么就应当更广泛地表述这一点,用某种形式重述《共产党宣言》关于我们支持一切反对现存制度的革命运动的论点①。

第6节不宜放在纲领中。应当把这一节放在专门的决议中,并且**直接**说出,这里是指俄国社会民主党内的意见分歧(或两个派别)。这比"很多的误解"更严重。关于意见分歧的论述太狭隘了,因为意见分歧**决不限于**把阶级同党混为一谈。应当更坚决更明确地用相应的论点反对"批评马克思主义",反对"经济主义"、反对缩小我们的政治任务。

至于第6节的第二部分,因为它由其他节(第7、14节及其他各节)**作了说明**,所以对这部分的批评,包括在对那几节的批评里。

第7节和以下所有各节(除第12节外)都应当放在专门的决议中,而不要直接放在**纲领**中。

---

① 参看《马克思恩格斯文集》第2卷第66页。——编者注

　　第7节把自己活动的"任务"表述得很狭隘。我们不仅应当"提高无产阶级的自觉",而且也应当把他们**组织**到政党中来,然后**领导**他们的斗争(既要领导经济斗争,也要领导政治斗争)。

　　说无产阶级处在"一定的具体条件"下是多余的。或者删掉这句话,或者由自己**明确**提出这些条件(但是,这应当写在纲领中别的地方)。

　　鼓动是实现我们任务的"唯一的"手段,这种说法不对。远不是唯一的。

　　确定鼓动是"影响广大工人阶层",这不够。应当说明这种影响的性质。应当更直接、更坚决、更明确和更详细地说明**政治**鼓动,否则,纲领不谈政治鼓动本身而花了整整两节(第14节和第15节)去谈经济鼓动,就会变成(不以自己的意志为转移)"经济主义"。应当特别强调指出,对**居民中任何阶级或任何阶层所受到的一切**政治的和经济的、生活的和民族的压迫现象都必须进行鼓动,在同政府等等发生各种冲突时必须(对社会民主党来说)站在一切人的前列;然后再指出鼓动的方法(口头、报刊、传单、示威和其他等等)。

　　第8节。开头是多余的重复。

　　"承认宣传**只是**由于"等等,这不对。宣传不仅有这个意思,不仅是"培养鼓动员",而且也传播一般的意识。纲领过分走到另一个极端去了。如果需要反对某人在进行宣传时过分脱离鼓动任务的话,那么最好是这样说:"在宣传中,**特别**不应当忽略培养鼓动员的任务",或者诸如此类的说法。但是不要把**整个**宣传归结为培养"有经验的和有才干的鼓动员",不要简简单单地"否定""只培养个别觉悟工人"。我们认为这是不全面的,但是我们不"否定"这一点。因此,第8节的第二部分(自"否定地对待"起)应当完全删去。

第9节。就实质来说,我完全同意。不过可以作如下补充:"关于社会生活的各种**极**不相同的事实和政府措施……"

"最好的手段"换成"最好的手段**之一**",更为确切。

只是本节的结尾部分不能令人满意。游行示威和示威所团结的和必须团结的**不仅仅是**工人(而且,既然我们想有组织地、直接地和永远地团结,而不只是在一个事件中团结,那么光靠示威来"团结"是**不够的**)。"……在他们中间**用这种方式来提高**……" 这或者说是不确切的,因为**单靠**示威不能提高意识;或者说是多余的(已经说过是最好的手段之一)。

要是加上必须**组织**示威、筹备示威、举行示威等等也不无益处。

总的说来,纲领中一处也没有指出必须密切注意**革命组织**(而且是全俄的战斗组织)的问题,这是一个**很大的缺陷**。既然已经谈到鼓动、宣传、罢工等等,那么闭口不谈**革命组织**就简直不可宽恕了。

第10节。应当加上:我国的五一节还应当成为**反对专制制度**的游行示威,成为要求政治自由的斗争。只指出节日的国际意义是不够的。应当把争取最迫切的**本国的**政治要求的斗争同国际意义联系起来。

第11节。想法很好,但是讲得太狭隘。是不是再加上"此外",因为为了纪念公社的周年和其他许多事情也必须组织游行示威。或者说"特别是",否则会以为似乎对其他事情就不需要组织游行示威了。

其次,纪念2月19日,不要**只**对工人发出号召(在传单上)。

况且,凡是举行游行示威和为此而印发的传单中我们总是向全体人民,甚至向全世界发出号召——2 月 19 日,也必须对**农民**发出号召。而对农民发出号召,就是要拟定社会民主党在土地问题上的政策。纲领没有谈到这个问题,而我们完全理解,地方组织可能没有时间或者没有精力来研究这个问题。但是,哪怕用某种形式指出这个问题,以及通过某种尝试在俄国社会民主党的出版物上和我们运动的实践①中提出这个问题,则是绝对必需的。

第 11 节的结尾部分不合适("只有**一个阶级**的力量"——哪个阶级? 光一个工人阶级吗?)。应当删去。

第 12 节。在现有条件下,我们现在和将来都不能"用各种方式"帮助改善工人状况。例如,我们现在就不能按祖巴托夫方式帮助改善工人状况,甚至将来也不能在祖巴托夫腐蚀的条件下帮助改善工人状况。我们所争取的只是能**提高**工人进行阶级斗争能力的那种改善,就是说,改善条件**不会**使政治意识受腐蚀、**不会**受警察监护、**不会**被拴在一个地方、**不会**受"行善者"的奴役、**不会**使人格受侮辱,等等,等等。正因为在**俄国**,专制制度非常喜欢(并且**愈来愈**喜欢)用各种小恩小惠和虚假的改革来**赎免**革命,所以我们应当坚决同各种各样的"改革家"划清界限。我们也同样为改革而斗争,但不是"用各种方式",而是**只**按社会民主党的方式,按革命的方式。

第 13 节根据代表大会的决定删去了。这一节是应当删去的。

第 14 节对经济鼓动的内容和任务的表述太狭隘了。经济鼓动并不仅仅限于罢工。我们之需要"良好的条件",不仅是为了无

_____
① 例如,工人举行游行示威反对对农民的鞭笞等等的尝试。

产阶级的文化发展，而正是为了无产阶级的革命发展。社会民主党在罢工中的"积极作用"并不仅仅限于发动**争取改善经济状况**的斗争。还应当**经常**利用罢工(以及整个经济鼓动)来发动争取自由和争取社会主义的**革命**斗争。也应当利用罢工来进行**政治**鼓动。

第15节也非常不能令人满意。罢工不是斗争的"最好的"手段，而仅仅是手段**之一**，甚至不一定总是最好的手段之一。应当承认罢工的作用，经常利用罢工，领导罢工，但是，"经济主义"把罢工的作用夸大得愈厉害，夸大罢工的作用就愈危险。

接下去关于罢工所讲的是多余的，因为在第14节中已经讲过了。只要指出领导一般的经济斗争就够了。有时候，这种领导也表现为制止罢工。纲领讲得过分绝对了，因此也就过分狭隘了。应该概括地谈谈任务：领导无产阶级的经济斗争，使它更有组织和更有觉悟，建立工人的工会并努力把它们扩大为全俄的工会，利用每一次罢工、经济压迫的各种表现等等来进行最广泛的社会主义的和革命的宣传鼓动。

第15节的结尾部分把这种鼓动的任务**缩小了**，似乎警察的发动等等限制了政治鼓动的进行。实际上，应当在"天使长们"发动**之前**并且**不管**他们的发动，努力进行政治鼓动(而在某些有才干的领导者的领导下，这是完全可能的)。要讲得笼统些："利用各种各样的机会来进行政治鼓动"等等。

第15节的结尾部分也是不正确的。在我们俄国**准备**"总罢工"的可能性愈少，谈论"总罢工"就愈不相宜。而且一般说来，在纲领中**专门**谈论"总"罢工是没有道理的(请回忆一下《谁来实现政治革命？》这本小册子中的荒谬的"总罢工"吧。要知道，产生这种误解也是可能的)。宣布罢工"是提高**意识**的**最好的**手段"也是完全不正确的。

　　总之,很希望这个纲领能认真地修改一下。整个说来,希望"北方协会"既积极参加**革命**社会民主党的**党的**统一工作,也参加制定党纲的工作。而《曙光》杂志和《火星报》编辑部希望最近就把自己的草案(草案的大部分已经拟好了)提交"北方协会",并希望"北方协会"参加草案的修改、散发和准备提交全党通过等工作。

　　　　　　　　　　　　　　　　　　　恩·恩·

载于1923年《革命年鉴》杂志
第1期

译自《列宁全集》俄文第5版
第6卷第360—370页

俄国社会民主工党顿河区委员会的
传单《告俄国公民书》的引言[185]

(1902 年 5 月 9 日〔22 日〕以后)

我们全文刊登一份我们党的顿河区委员会的出色传单。这份传单表明,社会民主党人多么善于评价巴尔马晓夫们的英雄行为而又不犯社会革命党人所犯的那种错误。社会民主党人把工人(和农民)运动提到了首位。他们代表工人阶级和全体人民向政府提出要求,而不以继续进行谋刺和暗杀相威胁。在他们看来,恐怖手段仅仅是可能采用的辅助手段之一,而不是为背离革命社会民主党的行为辩护的**特殊**策略方法。

载于 1931 年青年近卫军出版社出版的 B.普列斯科夫《战斗的青年时代。第一次革命前夜的青年》一书

译自《列宁全集》俄文第 5 版第 6 卷第 371 页

为什么社会民主党应当
坚决无情地向社会革命党人宣战？

(1902 年 6 月底—7 月)

(1)因为我国这种以"社会革命派"闻名的社会思潮,实际上正在离开而且已经离开了只有现在才有的、国际上唯一的革命社会主义理论——马克思主义。在国际社会民主党分为机会主义派(又称"伯恩施坦派")和革命派的大分裂中,这个思潮采取了十分不明确的和不能容忍的脚踏两只船的暧昧态度,它只是根据资产阶级机会主义的批评,就认为马克思主义已经"被动摇了"(《俄国革命通报》杂志第 2 期第 62 页);它承诺按照自己的主张来"重新审查"马克思主义,而对履行这个危言耸听的诺言却什么也没有做。

(2)因为社会革命派束手无策地屈从于应该称之为自由主义民粹派思潮的这种盛行的俄国社会政治思潮。社会革命党人重复"民意党"和俄国整个旧社会主义的错误,没有看到这个派别的萎靡不振和它的内部矛盾,而只是简单地给自由主义民粹派深奥的旧约全书增添一些革命词句,作为自己在俄国革命思想方面的独创。俄国的马克思主义第一次粉碎了自由主义民粹派的理论基础,揭露了它的资产阶级的和小资产阶级的阶级内容,过去和现在都在同它作战,并不因整批批评派的(=机会主义的)马克思主义者投入敌人阵营而感到不安。但是在整个这场战争中,社会革命党人过去和现在都是采取（**至多是**）敌对的中立立场，总是在俄国马克思主义（从俄国的马克思主义那里他们只抄袭了少得可怜的只言片语）和假社会主义的自由主义民粹派之间脚踏两只船。

（3）因为上面指出的社会革命党人在国际社会主义和俄国社会主义的问题上毫无原则，他们不懂得或不承认**阶级斗争**这个唯一真正革命的原则。他们不懂得，在现代俄国，真正革命的和真正社会主义的党，只能是把社会主义**同俄国工人运动结合起来**的党；俄国工人运动现在正随着俄国资本主义的发展而日益强大、日益广泛地产生着。社会革命党人对俄国工人运动始终采取旁观者和外行人的态度，例如当这个运动由于发展异常迅速而患了"经济主义"毛病的时候，社会革命党人先生们一方面对别人从事唤醒工人群众这样一件新的困难的工作所犯的错误幸灾乐祸；另一方面又对进行了并且胜利地进行了反"经济主义"斗争的革命马克思主义百般干扰。对工人运动抱骑墙态度，必然会实际脱离工人运动；社会革命党脱离了工人运动也就失去了一切社会基础。它没有任何一个社会阶级作为依靠，因为那些动摇不定的、把自己的暧昧态度和无原则性称为"兼收并蓄"的知识分子集团是不能叫做阶级的。

（4）因为社会革命党轻视社会主义意识形态，想一视同仁地既依靠知识分子，又依靠无产阶级，又依靠农民，这就必然（不以他们的意志为转移）使俄国无产阶级在政治上和思想上受俄国资产阶级民主派的奴役。轻视理论，对待社会主义意识形态躲躲闪闪、摇摆不定，就必然有利于资产阶级意识形态。俄国的知识分子和农民，作为与无产阶级**相提并论**的社会阶层，只能成为**资产阶级民主**运动的支柱。这不仅是从我们全部学说中（根据这种学说，比如说，小生产者只有同商品经济社会和资本主义社会断绝一切关系，并转到无产阶级立场上来,才能算是革命的)必然产生的看法,——不,除此而外,这也是现在已经开始表露出来的确凿事实。而在政治变革时期和政治变革后的第二天,这个事实必然会更加强有力地表露出来。社会革命主义是小资产阶级的思想上的不坚定性和小资产阶级的社会主义庸俗化的表现之一,对这些表现,社会民主党现在和将来始终应该进行坚决斗争。

(5)因为就是社会革命党人拟定(我不说提出,而就说拟定吧)的那些实际纲领的要求,已经十分清楚地表明,这个派别的无原则性在实践中带来了多大的危害。例如,《革命俄国报》[186]第8号所拟定的(也许说是散见于我国民粹派陈腐论断中的更确切吧?)最低土地纲领,一方面迷惑农民,答应他们实现"最低"纲领即土地社会化;另一方面又迷惑工人阶级,在他们中间散播歪曲农民运动实质的完全错误的观念。这种轻率的诺言只能损害革命政党的声誉,其中也损害科学社会主义关于把一切生产资料公有化作为我们最终目的的学说的声誉,这是第一。第二,社会革命党人把支持和发展合作社列入自己的最低纲领,因而就完全离开了革命斗争的立场,把自己所谓的社会主义降低到最庸俗的小资产阶级改良主义的水平。第三,社会革命党人反对社会民主党提出的消灭一切中世纪桎梏的要求(这些桎梏束缚了我国的村社,把农民拴在份地上,剥夺了他们的迁徙自由,必然使他们处于受屈辱的等级地位),从而表明他们甚至还不能使自己摆脱俄国民粹派的**反动**学说。

(6)因为社会革命党人把恐怖手段列入自己的纲领,并且鼓吹恐怖手段是政治斗争手段的现代形式;从而破坏了社会主义工作同革命阶级群众之间的密切联系,给运动带来了极严重的危害。

任何口头上的保证和誓言都推翻不了下面这个无可怀疑的事实：社会革命党人采取和鼓吹的现代的恐怖手段，同群众工作、同为群众做的以及和群众一起做的工作**没有丝毫联系**；党来组织恐怖行动，使我们为数极少的组织人员放弃了他们困难的和远还没有完成的组织革命的**工人政党**的任务；社会革命党人的恐怖手段**实际上**无非就是受到历史经验全盘谴责的**单独决斗**。甚至外国的社会主义者也开始为我国社会革命党人现在这样大肆鼓吹恐怖手段感到不安了。而在俄国工人群众中，这种鼓吹简直是在散布有害的幻想：似乎恐怖手段"在迫使人们甚至违反自己的意志从政治上考虑问题"（《革命俄国报》第7号第4版）；似乎恐怖手段"比几个月的口头宣传都更能改变成千上万的人对革命者，对革命者活动的意义〈!!〉的看法……"；似乎恐怖手段能够"以新的力量激励那些被许多次游行示威的悲惨结果吓得灰心丧气、失魂落魄的动摇分子"（同上）等等。这些有害的幻想只能引起迅速的失望，削弱发动群众攻击专制制度的准备工作。

载于1923年《探照灯》杂志　　　　　　译自《列宁全集》俄文第5版
第14期　　　　　　　　　　　　　　第6卷第372—376页

革命冒险主义¹⁸⁷

(1902年8月1日和9月1日
〔8月14日和9月14日〕)

一

　　我们正经历着一个暴风雨的时代:俄国的历史一日千里地向前发展,现在的一年有时要超过平静时期的几十年。人们在给改革后时代的半个世纪作总结,在为那些将长久决定全国命运的社会政治大厦奠立基石。革命运动以惊人的速度在继续发展,"我国的派别"也在异常迅速地成熟(和凋谢)。凡是在俄国这样迅速发展的资本主义国家的阶级结构中有着扎实基础的派别,几乎一下子就找到了"自己的位置",探索到了同自己有血缘关系的阶级。司徒卢威先生的演进就是一个例子。仅仅在一年半以前,革命工人还要求"撕下"他的马克思主义者的"假面具",现在他自己已经撕开假面具亮相了,成了为自己的坚固基础和沉着冷静而自豪的自由派地主的领袖(或奴仆?)。反之,凡是只代表知识分子这些中间的和不坚定的阶层所特有的传统的动摇观点的派别,却竭力用喧嚷来代替同一定阶级的接近,而且事件的声势愈大,它们就喧嚷得愈厉害。"我们大声喧嚷,老兄,大声喧嚷",这是很多怀有革命情绪的人提出的口号,他们是被事件的旋风卷进来的,既没有理论基础,也没有社会基础。

"社会革命党人"就属于这种"喧嚷的"派别,他们的面貌暴露得愈来愈清楚了。到时候了,无产阶级现在应该仔细认清他们的面貌,确切地搞清楚他们究竟是些什么人,这些人愈是感觉到他们作为一个独立的派别不紧密地靠拢真正革命的社会阶级就无法存在,他们就愈加坚决地想从无产阶级这里寻找友谊。

下面三种情况最有助于弄清社会革命党人的真面目。第一,革命的社会民主党同在"批评马克思主义"这面旗帜下抬起头来的机会主义发生分裂。第二,巴尔马晓夫刺杀西皮亚金,以及某些革命者在情绪上重新倾向于使用恐怖手段。第三,也是主要的,最近的农民运动迫使那些惯于脚踏两只船而没有任何纲领的人不得不事后发表稍微类似纲领的东西。我们在研究所有这三种情况的时候,必须声明一点:在报纸论文中只能简单地提出一些主要论点,至于更详细的阐述,恐怕只能留到杂志论文或小册子里去谈[188]。

社会革命党人只是在《俄国革命通报》杂志第 2 期一篇题为《社会主义在全世界的发展和危机》的未署名的编辑部文章中,发表了一个原则性的理论声明。我们非常愿意把这篇文章介绍给一切想清楚地了解什么是理论上毫无原则性和动摇性(以及用滔滔不绝的话来掩饰这种无原则性和动摇性的技巧)的人。这篇十分精采的文章的全部内容,可以用几句话来概括。社会主义发展成了世界的力量;由于革命者("正统派")同机会主义者("批评派")的斗争,现在社会主义(=马克思主义)正在发生分裂。我们社会革命党人"当然"从来没有同情过机会主义,但是我们对使我们摆脱了教条束缚的"批评"感到欢欣鼓舞,我们也要重新审查这种教条,虽然我们还没有进行过任何批评(除了资产阶级机会主义的批评),虽然我们还没有作过什么重新审查,但是我们这种摆脱理论束缚理应认为是我们的莫大功劳。之所以理应认为是功劳,尤其是因为我们这些摆脱理论束缚的人竭力主张普遍联合,严斥各种原则性的理论争论。《俄国革命通报》杂志(第2期第127页)煞有介事地硬要我们相信:"严肃的革命组织不会去解决那些永远会引起分裂、引起争论的社会理论问题,当然这不应当妨碍理论家去寻求解决这些问题的办法";或者更直截了当地说:作家管写,读者管读,而我们,趁事情还没有头绪,乐得趁这空当寻寻开心。

现在要认真地分析这种脱离(因争论本身)社会主义的理论,当然还没有可能。在我们看来,社会主义的危机应当使稍微严肃一点的社会主义者都加倍注意理论,更坚决地采取严肃坚定的立场,更果断地同动摇分子和不可靠分子划清界限。在社会革命党人看来,既然"连德国人"也在分崩离析,那上帝也会让我们俄国人为自己不知道蹭到哪里去而感到骄傲。在我们看来,没有理论,革命派别就会失去生存的权利,而且不可避免地迟早注定要在政治上遭到破产。在社会革命党人看来,没有理论却是一件大好事,是一件"对联合"特别便利的事情。可见,我们和他们是谈不拢的,因为我们没有共同的语言。唯一的希望是:司徒卢威先生也许能使他们明白过来,因为司徒卢威先生也在谈论(只是更加煞有介事)消灭教条,说"我们的"任务(同任何向无产阶级求援的资产阶级的任务一样)不是制造分裂,而是谋求联合。社会革命党人在司徒卢威先生的帮助下是否会有一天看到,他们为了联合而脱离社会主义和在脱离社会主义的情况下去联合的立场,**真实意义**究竟是什么?

现在来谈第二点，即恐怖手段问题。

社会革命党人为了维护已被俄国革命运动的经验十分清楚地证明是不适用的恐怖手段，竭力声称他们所承认的只是同群众工作相结合的恐怖手段，因此俄国社会民主党人用以驳斥（而且在很长时间内已经驳倒了）这种斗争方法的合理性的那些论据，是与他们不相干的。这里重现了同他们对待"批评"的态度十分相似的情景。社会革命党人嚷嚷说，我们不是机会主义者。但同时他们却又仅仅根据机会主义的而不是其他什么的批评，就把无产阶级社会主义的教条束之高阁了。社会革命党人担保说，我们没有重犯恐怖主义者的错误，我们没有放弃群众工作。但同时他们又热心地向党推荐像巴尔马晓夫刺杀西皮亚金这样的行为，虽然任何人都清楚地知道并看到这种行为同群众没有任何联系，而且就其实现的方式来看也不可能有任何联系；干这种事的人既没有指望也没有期待群众会进行某种一定的发动，或者会给予支持。社会革命党人天真地不去发觉他们倾心于恐怖手段同下面一件事实有极其密切的因果关系：他们一开始就站在并且继续站在工人运动之外，甚至不打算成为进行自己阶级斗争的革命阶级的政党。热衷于指天誓日往往反而使人不得不存戒心，怀疑这样大肆渲染的东西是否真实。每当我听到社会革命党人担保说，我们采用恐怖手段决不放弃群众工作，我就常常想起这样一句话：干吗要这样起誓呢？其实作这种担保的正是那些已经脱离了真正能提高群众的社会民主主义工人运动的人，而且他们抓住随便什么理论的只言片语，还在继续脱离这个运动。

1902年4月3日"社会革命党"印发的传单[189]，是上述情况最好的说明。这是一份极生动的、使直接活动者感兴趣的最确凿的材料。根据《革命俄国报》可贵的旁证(第7号第24版)①,这份传单"关于恐怖斗争问题的提法""同党的观点"是"完全吻合"的。

4月3日的传单非常认真地抄袭了恐怖主义者那一套"最新的"论据。首先引人注目的是这样一句话:"我们号召采用恐怖手段,不是代替群众工作,而正是为了进行群众工作并和群众工作同时进行。"这句话所以引人注目,是因为这句话是用比其他字体大两倍的铅字排印的(当然,《革命俄国报》也采用了这种做法)。这其实是很简单的! 只要把"不是代替,而是同时进行"这句话用黑体字排印出来,社会民主党人的一切论据、历史的全部教训马上就不存在了。可是,不妨读一下传单的全文,你们就会看到,假借群众名义用黑体字发出誓言是枉费心机的。"工人群众摆脱蒙昧状态"和"以强大的人民浪潮把铁门冲垮"的日子,"可惜!"(真的是说:可惜!)"还不会很快到来,一想到这样将要作出多少牺牲,就令人不寒而栗!""可惜还不会很快"这几个字难道不足以说明他们对群众运动的完全无知和不信任吗? 难道不是故意虚构这个论据来嘲笑工人群众已经发动起来的事实吗? 最后,就算这个陈旧的论据说得有根有据,如同它实际上荒诞无稽一样,那也由此特别突出地说明了恐怖手段的不中用,因为**没有**工人群众,任何炸弹都是无能为力的,显然是无能为力的。

---

①　诚然,《革命俄国报》在这一点上也在搞什么左右逢源。它一方面说"完全吻合",另一方面又暗示是"言过其实"。《革命俄国报》一方面声明,这份传单只是社会革命党人的"一个小组"印发的,另一方面,我们却看到这样一个**事实**:传单上印有"社会革命**党刊印**"的字样,而且就是这个《革命俄国报》还刊载了"祝你在斗争中争得自己的权利"的题词。我们知道,触及这个痛处对《革命俄国报》是很不愉快的,但是我们认为,在这种情况下躲躲闪闪简直是不光彩的。"经济主义"的存在,对革命的社会民主党同样是不愉快的,但是它公开揭露经济主义,从来不想蒙蔽任何人。

　　请继续听下去:"每一次采用恐怖手段的打击,似乎都夺去了专制制度的一部分力量,并且把这部分力量〈!〉完全转换到〈!〉自由战士方面去。""既然恐怖手段将经常〈!〉采用,那就很清楚,我们最终将会占优势。"是的,是的,任何人都很清楚,我们看到的是无与伦比的、最露骨的恐怖主义偏见:政治谋杀自然而然会"转换力量"! 你们看,一方面是转换力量论,另一方面说"不是代替,而是同时……" 干吗要这样起誓呢?

　　但这还不算什么,厉害的还在后头哩。社会革命党边问边答说:"应该刺杀谁?"应该刺杀大臣而不是沙皇,因为"沙皇不会把事情弄到极端地步"(!! 他们怎么知道的??),再说"这也比较容易做到"(真是这样说的!),因为"没有一个大臣能够深居在像城堡那样的宫廷里"。这种论证最后所作的如下论断,可以作为社会革命党人"理论"的典范万古长存。这就是:"专制制度对付群众有士兵,对付革命组织有秘密的和公开的警察,但是什么东西来解救它……"(它是谁? 是专制制度吗? 作者不自觉地已经把专制制度同比较容易刺杀的大臣一视同仁了!)"……免受那些个人或小组的袭击呢? 这些个人或小组都不断地、甚至互不通气地〈!!〉在准备进攻和实行进攻。任何力量都对付不了这种抓不住的活动。可见,我们的任务是明确的,就是用专制制度给我们留下的〈!〉唯一手段即暗杀的手段来搞掉专制制度的每一个掌权的暴吏"。不管社会革命党人费尽多少笔墨,不管他们怎样担保说鼓吹恐怖手段不会脱离、不会破坏群众工作,但是他们滔滔不绝的言词推翻不了这样一个事实,即正是上述传单如实地反映了现代恐怖主义者真正的心理状态。转换力量论自然是同这种不仅把过去的全部经验而且把任何常识都彻底颠倒过来的抓不住论相辅相成的。革命的唯一"希望"就是"群众",只有(在实际上而不是在口头上)领导这种群众的革命组织,才能够同警察进行斗争,——这是起码的常识。来论证这一点真有点不好意思。只有那些把一切都忘得精光、什么也没有学会的人,才会提出"相反的"解决办法,发表奇谈怪论,胡说八道,说什么士兵可以"解救"专制制度免受群众攻击,警察可以解救它免受革命组织打击,然而**没有什么东西可以解救**它免受那些追踪大臣的个人袭击!!

　　这种奇谈怪论我们相信一定会成为一句名言,决不单单只是一种荒诞的论断。不,它是很有教益的,因为这样大胆地发表谬论,揭露了恐怖主义者同"经济派"(或许应当说,同死去的"经济主义"的过去的代表?)共同的基本错误。我们已经多次指出,这种错误就是**不了解**我国运动的基本缺点。由于运动的发展异常迅速,领导者落后于群众,革命组织的发展赶不上无产阶级的革命积极性,不能走在群众前面领导群众。这种不适应的现象是存在的,任何一个诚实的、对运动稍有了解的人都不会怀疑这一点。既然如此,那就很明显,现在的恐怖主义者就是改头换面的地道的"经济派",只是他们走到了同样愚蠢却又是相反的另一个极端。在革命者的人力物力**不足以**领导已经发动起来的群众的时候,号召采取像组织某些个人和某些互不通气的小组去谋杀大臣那种恐怖手段,这就意味着不仅会**因此**而中断群众工作,而且会直接破坏群众工作。我们在4月3日的传单中读到:我们革命者"过去惯于怯生生地抱成一团,甚至〈注意〉近两三年来产生的那种新的勇敢精神暂时还是使群众的情绪比个人更为高涨"。这两句话里有很多无意间道出的真情。正是这种真情彻底击溃了恐怖主义的鼓吹者。任何一个有思想的社会主义者都可以从这种真情中得出如下结论：应当更坚决、更勇敢、更严整地抱成一团行动。而社会革命党人的推论却是："开枪吧，抓不住的个人，因为一团人可惜还不能很快地行动，而且还有士兵来对付他们。"先生们，这全是胡扯！

　　传单上当然也少不了激发性的恐怖手段论。据说："英雄的每一次决斗都能激励我们大家的斗志和勇气。"但是，我们从过去的经验知道和从当前的事实看到，**只有**进行新形式的群众运动，或者唤醒群众的一些新阶层参加独立的斗争，才能真正激励**大家的**斗志和勇气。至于决斗，只要它依然还是巴尔马晓夫之流的**决斗**，直接地引起的只是瞬息即逝的轰动，而间接地却使人变得冷漠，消极等待下一次的**决斗**。他们还硬要我们相信，"每一次恐怖手段的闪电都会启发人们的智慧"，可惜我们在鼓吹恐怖手段的社会革命党身上并没有发现这一点。他们还奉送给我们一种大小工作论，说什么"谁能力强、机会多、决心大，他就不要安心于小〈！〉工作；他应当去寻求并献身于大事业，比如向群众〈！〉宣传恐怖手段，准备复杂的……〈抓不住论已被遗忘了！〉……恐怖活动。"这真算得绝顶聪明了：让革命者为了向恶棍西皮亚金报复和用另一个恶棍普列韦来代替他而献出自己的生命，这就是大工作。而**像**组织群众举行武装游行示威**这样的**工作，却是小工作。《革命俄国报》第8号正是作了这方面的解释，它声称，武装游行示威"作为遥遥无期的将来的事情，写起来容易，讲起来也容易"，"然而这一切议论至今只不过是理论而已"。① 这些不受坚定的社会主义信念的束缚、无视一切人民运动的痛苦经验的人所讲的话，我们是多么熟悉啊！他们把直接产生显著的和轰动一时的结果同求实精神混为一谈。

---

　　① 这两句话引自社会革命党农民协会《告俄国革命社会主义运动全体工作者书》(1902年6月25日《革命俄国报》第8号第6版)。——编者注

在他们看来,要求坚持阶级观点和保持运动的群众性是"不明确的""抽象理论"。在他们心目中,所谓明确性就是盲从每一次情绪的转变并……因而在每一次转变时必然束手无策。游行示威一开始,这些人就发出血腥味的论调,说什么这是末日的开始。游行示威一停止,他们就垂头丧气,不等靴子穿破**190**,就已经叫喊什么:"可惜,人民还不能很快……" 沙皇的暴吏们又在干新的下贱勾当了,于是他们就要求给他们指出一种可以彻底**回击**这种暴力和立即"转换力量"的"明确的"手段,这样他们就可以骄傲地允诺力量的转换! 这些人不了解,单拿这种"转换"力量的诺言来说就已经是政治上的冒险主义,他们的冒险主义是由他们的无原则性所决定的。

社会民主党在任何时候都要警惕冒险主义,无情地揭露那些最终必将令人完全失望的幻想。我们应当记住,革命政党只有**真正领导革命阶级的运动**,才无愧于自己的称号。我们应当记住,任何人民运动都有千变万化的形式,要不断创造新形式,抛弃旧形式,改变形式或者把新旧形式重新配合。我们的责任就是积极地参加制定斗争方法和斗争手段的过程。当学生运动尖锐化了的时候,我们就号召工人帮助学生(《火星报》第2号)①,既不预测游行示威的形式,也不轻许诺言,说游行示威可以立即转换力量,启发智慧,可以不被抓住。当游行示威经常化了的时候,我们就号召组织游行示威、武装群众,并且提出准备人民起义的任务。我们在原则上丝毫不否定暴力和恐怖手段,但是我们要求准备的是这样一些暴力形式,它们必须依靠群众直接参加并能保证群众直接参加。我们并没有闭起眼睛无视这个任务的困难,但是我们要坚定顽强

---

① 见本版全集第4卷第346—351页。——编者注

地去完成这个任务，即使别人反对说这是"遥遥无期的将来的事情"，我们也不惶惑不安。是的，先生们，我们是赞成未来的运动形式的，而不是仅仅赞成以往的运动形式。我们宁愿为有前途的事情干长期的艰苦工作，而不愿意"轻松地"重复那些已经注定成为过去的事情。我们要时刻揭露那些人，他们在口头上反对老一套教条，而实际上提出的也无非是一套最陈腐最有害的转换力量论、大小工作差别论，当然还有决斗论和单独决斗论。4月3日传单最后这样写道："从前人民的领袖在人民的血战中用单独决斗解决了战斗，同样地，恐怖主义者也将在同专制制度的单独决斗中为俄国争得自由。"这样的论调只要转载出来，就会被驳倒。

　　凡是真正把自己的革命工作同无产阶级的阶级斗争联系起来的人，都会清楚地知道、看到和感觉到，无产阶级（以及能够支持无产阶级的人民阶层）有多少迫切的直接需要还没有得到满足。他知道，在很多地方，在很多大地区，工人群众简直迫不及待地要投入斗争，然而由于缺乏文献和领导者，由于革命组织缺乏人力和物力，他们的激情白费掉了。于是我们便陷入（我们看到了这一点）一种该死的绝境，这种绝境像厄运一样长期笼罩着俄国革命。一方面，没有受过足够的教育和没有组织起来的群众的革命激情白费掉了。另一方面，那些不相信能同群众列队前进、并肩工作的"抓不住的个人"的开枪行刺也徒劳无用。

　　但是，同志们，事情还是完全可以挽回的！对目前事业丧失信心，不过是很少的例外。迷恋于恐怖手段，不过是一时的情绪。愿社会民主党人的队伍能更紧密地团结起来，我们要把革命者的战斗组织同俄国无产阶级的群众英雄主义结成一个整体！

———

　　在下篇文章中，我们将考察社会革命党人的土地纲领。

二

　　社会革命党人对待农民运动的态度特别引人注意。无论是旧的俄国社会主义的代表人物及其自由主义民粹派的继承人，还是俄国无数拥护机会主义批评的人，总认为自己特别通晓土地问题。那些拥护机会主义批评的人声嘶力竭地叫嚣说，马克思主义在这个问题上已经被"批评"完全打乱了阵脚。而我国社会革命党人可说是把马克思主义驳得体无完肤了，说什么"教条主义的偏见……过时了的、早被生活驳倒了的教条……革命知识分子闭眼不看农村，农民中的革命工作被正统思想禁止了"以及很多诸如此类的话。目前，诋毁正统思想已经成为一种时尚。但是，有些诋毁正统思想的人，到农民运动**开始时**连自己的土地纲领都没有**来得及**制定，该把他们归入哪一类呢？《火星报》在第3号[①]上阐述自己的土地纲领时，《俄国革命通报》杂志只知道嘀咕说："既然这样提出问题，我们又一个意见分歧在很大程度上逐渐消失了。"[②]在这里，《俄国革命通报》杂志编辑部又倒了一个小霉，就是它根本不了解《火星报》对问题的提法（"把阶级斗争引进农村"）。现在《革命俄国报》才迟迟引证了《当前问题》这本小册子，虽然小册子中没有任何纲领，有的只是对赫茨这样一些"大名鼎鼎的"机会主义者的颂扬之词。

---

①　见本版全集第4卷第379—386页。——编者注
②　引自对《火星报》头三号的评论（1901年7月《俄国革命通报》杂志第1期第85页）。——编者注

　　这些在农民运动开始前既同意《火星报》的观点也同意赫茨的观点的人，在农民起义后的第二天，就"以社会革命党农民协会〈！〉的名义"发表了一个宣言，然而在这个宣言中，你们找不到一句话真正出自农民之口，你们所看到的只是逐字逐句重复你们在民粹派、自由派和"批评派"……那里见到过几百次的东西。人们说，勇能夺城。这固然不错，不过，社会革命党人先生们，粗制滥造的广告证明不了这种勇气。

　　我们看到，社会革命党人的主要"优越性"就是摆脱了理论的束缚，他们的主要技巧就是善于讲些言之无物的空话。但是，要制定纲领，不管怎样总得发表意见。比如说，必须彻底抛弃"80年代末和90年代初俄国社会民主党人所说的除了城市无产阶级不存在其他革命力量的教条"。"教条"是一个多么方便的字眼！只要把论敌的理论稍加歪曲，只要用"教条"这个唬人的字眼掩饰这种歪曲，那就万事大吉了！

　　从《共产党宣言》开始，整个现代社会主义所依据的无可怀疑的真理，就是资本主义社会中唯一**真正**革命的阶级是无产阶级。其余的阶级只是在某种程度上，只是在一定条件下才能成为和实际成为革命阶级。有些人把这个真理"说成是"某一时期俄国社会民主党人的教条，并且企图要天真的读者相信，似乎这个教条的"全部基础就是确信公开的政治斗争遥遥无期"，试问，对这样的人该怎样看待呢？

　　为了反对马克思关于现代社会唯一真正革命的阶级的学说，社会革命党人提出了"知识分子、无产阶级和农民"三位一体论，这就暴露了他们不可救药的糊涂观念。如果你们把知识分子同无产阶级和农民相提并论，那就是说，你们把知识分子理解成为一定的社会阶层,即像雇佣工人和农民一样占有一定社会地位的人的集团。但是作为这样一个阶层的俄国知识分子,正是资产阶级和小资产阶级的知识分子。司徒卢威先生对待这个阶层的态度是十分正确的,因为他把自己的机关报叫做俄国知识分子的机关报。如果你们说的是**还没有**任何一定社会地位的知识分子,或者是生活迫使他们**已经离开**自己的正常地位而转向无产阶级方面的知识分子,那么,把这种知识分子同无产阶级相提并论,也是极其荒谬的。无产阶级同现代社会的其他任何阶级一样,不仅在造就自己的知识分子,而且还从一切受过教育的人中间物色拥护自己的人。社会革命党人对马克思主义基本的"教条"的攻击只不过再一次证明了,这个党的全部力量就是一小撮离开了旧立场而没有走上新立场的俄国知识分子。

　　至于谈到农民,社会革命党人的见解更为混乱。他们问道:"哪些社会阶级一般〈!〉总是〈!!〉支持现存……制度〈仅仅是专制制度吗? 还是一般的资产阶级制度呢?〉,保护这个制度并且自身不受革命化的影响呢?"单是问题的提法就够混乱的了。老实说,对这个问题只能反问一句:哪些知识分子一般总是支持现有的思想混乱状态,保护这种混乱状态并且自身不受一定的社会主义世界观的影响呢? 但是社会革命党人对这个不严肃的问题却想作出严肃的回答。他们首先把资产阶级列入"这些"阶级,因为资产阶级的"利益已经得到了满足"。认为俄国资产阶级的利益似乎已经得到了满足,因此在我国没有也不可能有资产阶级的民主派(参看《俄国革命通报》杂志第 2 期第 132—133 页),这种陈旧的偏见现在成了"经济派"和社会革命党人的共同财产。再说一遍:司徒卢威先生不可以使他们的头脑开开窍吗?

　　其次，社会革命党人把"小资产阶级阶层"也列入这些阶级，说"这些阶层的利益是个人主义的，没有形成为阶级的利益，也没有在改良的或革命的社会政治纲领中表述出来"。这是从何说起，只有天晓得。小资产阶级不仅不一般和总是保护现存制度，而相反地，它往往甚至进行革命发动来反对资产阶级（即当它依附无产阶级的时候），经常反对专制制度，而且几乎总是制定出社会改良的纲领，这是人所共知的。我们这位作者只是"更加喧嚷地"胡乱对小资产阶级攻击一通。承袭了屠格涅夫在自己《散文诗》中的一首借"老滑头"之口所讲的那种"处世之道"：对于感到自己也有的丑事要更加大声地骂①。请看，**因为**社会革命党人感觉到，他们那种脚踏两只船的立场的唯一社会基础只能是某些小资产阶级知识分子阶层，**所以**他们把小资产阶级写成这样，似乎这个术语所表示的不是一个社会范畴，而只是一种论战性说法。他们还想回避另一个不愉快的问题，即他们不懂得现代农民作为一个整体属于"小资产阶级阶层"。社会革命党人先生们，你们是否打算给我们答复这个问题呢？你们是否要向我们说明，为什么你们在重复俄国马克思主义理论的片言只语（比如关于农民离乡背井和到处流浪的进步意义）的同时，却闭眼不看正是马克思主义证明了俄国农民经济的小资产阶级结构？你们是否要向我们解释，现代社会中的"私有者或半私有者"怎么能不属于小资产阶级阶层？

　　不会的，别指望了！社会革命党人在实质问题上不会作出任何答复、任何说明、任何解释的，因为他们（还是同"经济派"一样）牢牢掌握了在理论方面一言不发的策略。《革命俄国报》指着《俄

---

　　① 参看《屠格涅夫全集》1956年俄文版第8卷第464页。——编者注

国革命通报》杂志说,这是他们的事情(参看该报第 4 号给《曙光》的答复)。而《俄国革命通报》杂志则向读者讲述机会主义批评的功绩,并且一而再、再而三地威胁说,还要进行更加厉害的批评。先生们,这还少了点儿吧!

社会革命党人洁身自好,不受现代社会主义学说的有害影响。他们保留了庸俗社会主义的一整套旧方法。现在我们面临的是一个新的历史事实,即某一人民阶层的新运动。社会革命党人不研究这个阶层的状况,也不打算从这个阶层的性质以及它同正在发展的整个社会经济结构的关系来说明这个运动。在他们看来,这一切全是空洞的教条,都是过时了的正统思想。他们的做法简单得多,只要看看正在发动起来的阶层的代表自己在讲些什么? 他们讲的是土地、是补分土地、重分土地。你们看,这就是一切。这就是"半社会主义的纲领"、"完全正确的原则"、"光辉的思想"、"在农民脑子里已经萌芽的理想",等等。只要"把这种理想加以纯化和提炼",就能得出"纯粹的社会主义思想"。读者,你们不相信吗?这些灵巧地照本宣读最新著作的人,会把这种民粹派的破烂货重新搬到世界上来,你们是否觉得不可思议呢? 然而这是事实,我们上面援引的话都是从《革命俄国报》第 8 号上的"农民协会"的声明中摘来的。

社会革命党人责备《火星报》,说《火星报》把农民运动叫做农民的最后一次骚乱,就是过早地做安魂祷告。他们教训我们说,农民也可以参加无产阶级的社会主义运动。这种责难清楚地表明了社会革命党人的思想混乱不堪。他们甚至分辨不清,反对农奴制残余的民主运动是一回事,反对资产阶级的社会主义运动又是一回事。他们对农民运动的本身不了解,也就不能了解《火星报》这些使他们感到可怕的话只是针对前一种运动讲的。日暮途穷的小生产者（包括农民在内）能够而且应当参加无产阶级的社会主义运动,关于这一点,《火星报》不仅在自己的纲领中作了说明,而且还确切地规定了他们参加运动的条件。但是当前的农民运动根本不是反对资产阶级和资本主义的社会主义运动。相反,这个运动联合了农民中的资产阶级分子和无产阶级分子,因为这两者在反对农奴制残余的斗争中确实是团结一致的。当前的农民运动清除了束缚我国农村中已经成熟的资产阶级基础的农奴制羁绊以后,能够建立的和一定要建立的,并不是社会主义的也不是半社会主义的农业结构,而是资产阶级的农业结构。

但是在社会革命党人看来,这一切都是无法理解的。他们甚至煞有介事地硬要《火星报》相信,为资本主义的发展扫清道路是一种空洞的教条,因为"改革"（60年代的）"已经为资本主义的发展扫清了〈!〉足够的〈!!〉场地"。灵巧人竟然会写出这种话来,他挥舞着灵巧的笔杆,以为"农民协会"随便什么都可以写,反正农民不了解！但是,可爱的作者,请想一下：您从来没有听说过农奴制的残余正在阻碍资本主义的发展吗？您不觉得这甚至是近乎多余的重复吗？您在任何地方都没有读到过目前俄国农村中的农奴制残余吗？

《火星报》说,行将到来的革命将是资产阶级革命。社会革命党人反驳说：这个革命"首先将是政治革命,是一定程度上的民主革命"。提出这种可爱的反驳意见的作者们,你们是否打算给我们解释一下,历史上是否有过哪一次资产阶级革命不是"一定程度上的民主革命"？这样的资产阶级革命能够设想吗？其实,连社会革命党人自己的纲领（平均使用归社会所有的土地）也还没有超出资产阶级纲领的范围,因为只要保存着商品生产和允许私人经营制存在(即使是在公有土地上的),那也丝毫不会消灭农业中的资本主义关系。

社会革命党人愈是轻率地对待现代社会主义的基本原理,他们就愈容易编造出什么"基本的演绎法",甚至还以自己的"纲领能归结为"这样的演绎法而感到自豪。现在我们来研究一下他们所有的三点演绎法,这些演绎法想必会作为社会革命党人思想敏锐和社会主义信念坚定的纪念碑而永世长存。

演绎法之一:"俄国的很大一部分土地现在已经属于国家,应当使全部土地都属于人民。"这种在警察民粹派(如像萨宗诺夫等人)和各种讲坛改革派作品中令人感动地引证俄国国家土地占有制的手法,"现在已经"使我们讨厌了。"应当"使那些自命为社会主义者以及革命者的人去跟在这些先生的屁股后面转。"应当"使社会主义者强调"国家"假想的万能(甚至忘记了很大一部分国家土地都集中在荒无人烟的边疆地区这一事实),而不要强调半农奴式的农民和一小撮享有特权的大土地占有者之间的阶级对立,这些大土地占有者占有大量优等耕地,"国家"一向同他们心心相印。我国的社会革命党人以为他们演绎出了纯粹的社会主义思想,其实他们由于对旧民粹主义采取了非批判态度而玷污了这种思想。

演绎法之二:"现在土地也已经在从资本手中转到劳动手中,应当由国家来完成这个过程。"入林愈深,木柴愈多。我们向警察民粹派再跨一步,就会呼吁(阶级的!)"国家"来扩大农民土地占有制。这真是绝妙的社会主义化,惊人的革命化。既然这些人认为农民购买土地和租佃土地并不是土地从农奴主-地主手中转到农业资产阶级手中,而是"从资本手中转到劳动手中",那对他们还能抱什么希望呢？我们不妨提醒这些人至少注意一份关于"正在转到劳动手中"的土地的实际分配材料:农民购买的土地的$^6/_{10}$—$^9/_{10}$，农民租佃的土地的$^5/_{10}$—$^8/_{10}$都集中**在五分之一的农户**，即为数很少的富裕农户手中。由此可以判断,社会革命党人硬说"我们并不指靠"富裕农民,而只指靠"纯粹劳动阶层",这些话究竟有多少真实性呢?

　　演绎法之三:"农民已经有了土地,而且大多数场合都在平均分配的情况下使用这些土地,应当把这种由劳动者使用土地的做法贯彻到底……并通过发展各种合作社用集体的农业生产来完成这一过程。"剥开社会革命党人的外壳,你们就能看到瓦·沃·先生的原形! 只要一涉及实际问题,在遁词掩饰下非常顺利地保存下来的民粹派的一切旧偏见便立即暴露出来了。国家土地占有制——由国家把土地转交农民——村社——合作社——集体主义,这就是萨宗诺夫、尤佐夫、尼·—逊、社会革命党人、霍夫施泰特尔、托托米安茨等先生们的宏伟公式,而在这个公式中只是缺了一件微不足道的小事,就是既没有包括日益发展的资本主义,也没有谈到阶级斗争。这些人的整个思想行囊里满装着民粹派的褴褛衣衫和时髦批评的漂亮碎布,他们脑袋里怎么会想到这种区区小事呢? 难道布尔加柯夫先生**本人**不是讲过在农村中不可能有阶级斗争吗? 难道用"各种各样的合作社"来代替阶级斗争,不是可以使自由派、"批评派"以及所有那些认为社会主义无非是一块传统性招牌的人感到心满意足吗? 难道不是可以试试用保证来安慰天真的人们,对他们说"我们同任何把村社理想化的思想当然是格格不入的"吗? 虽然你们在读到这种保证的时候,还可以读到侈谈"村社农民的庞大组织",说什么"在某些方面俄国没有一个阶级能像农民那样容易地被推上纯粹的〈!〉政治斗争",说什么农民自决权(!)的范围和权限远远超过了地方自治机关,"广泛的"……(到村子边上吗?)……"主动精神"同缺少"最起码的公民权利"这两者的结合,"好像故意想要……激发和锻炼〈!〉社会斗争的政治本能和政治素养"。不爱听就不要听,而……

"只有瞎子才看不到,从村社支配土地的传统转到土地社会化的主张,是多么容易。"先生们,情况不正是相反吗? 有些人至今还不知道,半农奴制的村社把农民分成极小的组织和束缚农村无产阶级的手脚,正是半农奴制的村社这种中世纪的闭关自守状态维持着因循守旧、备受压抑和野蛮无知的传统,这些人难道不是不可救药的瞎子和聋子吗? 你们承认离乡背井的好处,而离乡背井的现象已经把村社的那种臭名昭彰的平均传统破坏了四分之三,使这种传统只是变成了警察式的勾心斗角,这不是在自己打自己的耳光吗?

社会革命党人根据上面分析的理论所制定的最低纲领是一件真正的奇闻。这个"纲领"包含两点:(1)"土地社会化,即把土地变为全社会的财产,供劳动者使用";(2)"在农民中发展各种各样的社团和经济合作社……〈以便进行"纯粹的"政治斗争吗?〉……以便使农民逐步摆脱货币资本的统治……〈去受工业资本的统治吗?〉……以便准备未来的农业集体生产"。就像一滴水珠反映出整个太阳一样,这两点反映出了现代"社会革命主义"的全部精神。在理论上,只有革命的词句,没有深思熟虑的和严整的观点体系;在实践上,只是无可奈何地仿效某种时髦的手段,而不参加阶级斗争,——这就是它们的全部内容。说实在的,要在**最低**纲领中把土地社会化和合作社相提**并论**,非有罕见的公民勇气不可。这个最低纲领,一方面是巴贝夫,另一方面是列维茨基先生。真是无与伦比。

如果可以对这个纲领作一个认真的评价,那我们不得不说,社会革命党人在用响亮的词句欺骗自己,也在欺骗农民。说什么在现代社会中似乎"各种各样的合作社"起着革命的作用,培养着集体主义,而不是在巩固农业资产阶级,这是欺骗。说什么可以使**"农民"**看到土地社会化似乎也是"最低要求",也是一种同合作社一样很快就能实现的东西,这也是欺骗。任何一个社会主义者都会向我国的社会革命党人说明,消灭土地私有制现在只能是消灭一切私有制的直接前奏,仅仅把土地交给"劳动者使用"并不能使无产阶级满足,因为成百万、成千万的破产农民即使自己有土地,也没有能力去经营。然而要供给这成千万破产农民农具、牲畜等等,就要实行全部生产资料的社会化,就要求进行无产阶级的社会主义革命,而不是进行反对农奴制残余的农民运动。社会革命党人把土地社会化同资产阶级的土地国有化混为一谈了。抽象地说来,在资本主义的基础上,在不消灭雇佣劳动的条件下,实行资产阶级的土地国有化是有可能的。但是,这些社会革命党人的例子却清楚地证实了这样一个真理,即在警察国家里提出土地国有化的要求,就等于模糊阶级斗争这个唯一革命的原则,助长一切官僚习气。

不仅如此,社会革命党人竟反对我们纲领草案中提出的"废除一切限制农民支配自己土地的法律"这个要求,这样他们就堕落到了公开反动的地步。为了坚持民粹派关于"村社原则"和"平均原则"的偏见,他们竟拒绝为农民争取像支配自己土地这样"最起码的公民权利",他们闭目养神,无视现实村社中的等级制闭关自守状态,他们成为警察禁令的辩护人,成为"国家"所设置和支持的……地方官的捍卫者! 我们认为,不仅列维茨基先生,而且波别多诺斯采夫先生都不怎么害怕这种为了平均使用土地而提出的土地社会化的要求,因为这种要求是作为最低要求提出来的,而且与此同时既提到合作社,又为采取警察手段把农夫束缚在保障他们生活的官有份地上的做法辩护。

　　愿社会革命党人的土地纲领能成为一切社会主义者的教训和借鉴,成为说明被某些轻浮的人称之为摆脱教条束缚的无思想性和无原则性的后果的鲜明例子。只要一涉及实际问题,那么为提出彻底的社会主义纲领所必需的三个条件,社会革命党人一个也不具备:对于最终的目的没有明确的思想,对于达到这一目的的道路没有正确的了解,对于当前的实际形势和最近任务没有确切的概念。他们把土地社会化和资产阶级的土地国有化混为一谈,他们把农民关于小规模地平均使用土地的朴素思想同现代社会主义关于全部生产资料变为公有财产、组织社会主义生产的学说搅在一起,这样只是模糊了社会主义的最终目的。提出用发展合作社来代替阶级斗争,最好不过地说明了他们对通向社会主义的道路的设想。在评价当前俄国农业演进问题时,他们忘记了一件小事情:农奴制的残余还在压抑着我国的农村。现在,除了表明他们理论观点的著名的知识分子、无产阶级和农民三位一体论,又加上了"纲领方面的"同样著名的土地社会化——合作社——农民束缚于份地的三位一体论。

　　请把这同《火星报》的纲领比较一下,《火星报》的纲领向全体正在进行斗争的无产阶级指出了唯一的最终目的,没有把这个目的缩减为"最低要求",也没有为了迁就某些不开展的无产阶级阶层的思想或小生产者的思想而降低这个目的。无论在城市或农村,达到这一目的的道路只有一条——进行无产阶级反对资产阶级的阶级斗争。但是除了这种阶级斗争而外,在我国农村中还进行着另一种斗争,即全体农民反对农奴制残余的斗争。在**这个**斗争中,无产阶级的政党也答应支持**全体**农民,竭力给他们的革命热情指出真正的目标,指导他们举行起义来反对他们的真正敌人;无产阶级的政党认为,如果把农民当做被监护人,向他们隐瞒目前他们能够立即做到的只是彻底消灭农奴制的一切痕迹和残余,只是为全体无产阶级同整个资产阶级社会进行更广泛更艰巨的斗争扫清道路,如果这样,那是不诚实的和不体面的。

载于 1902 年 8 月 1 日和 9 月 1 日　　　　　译自《列宁全集》俄文第 5 版
《火星报》第 23 号和第 24 号　　　　　　　　第 6 卷第 377—398 页

《俄国社会民主党人的任务》
第二版序言

（1902年8月）

现在由于鼓动需要而出第二版的这本小册子，从写成到今天已经整整五年了。在这段不长的时期中，我国年轻的工人运动向前迈出了一大步，俄国社会民主党的状况及其力量发生了深刻的变化，以至这样一本旧的小册子需要重印，未免令人感到奇怪。难道1902年同1897年相比，《俄国社会民主党人的任务》没有丝毫改变吗？难道当时只是对自己的党务活动的"初步经验"作了总结的作者本人，对这一问题的看法没有前进一步吗？

产生这种（或类似这种）问题的，自然不止一个读者，而为了回答这些问题，我们需要提到《怎么办？》这本小册子，并对其中某些地方加以补充。其所以要提到，为的是指出作者怎样叙述自己对社会民主党**当前**任务的看法；而要补充的则是那本小册子谈到的（第31—32、121、138页）①写作这本现在正要重印的小册子的条件，以及它同俄国社会民主党发展中的特殊"时期"的关系。在上述《怎么办？》这本小册子中，我指出这样的时期一般说来有四个，最后一个时期包括"现在，以及将来的一部分"，第三个时期称为

---

① 见本卷第42—44、149—150、172—173页。——编者注

"经济"派占统治地位（至少是风行）的时期,这个时期从 1897—1898 年开始,第二个时期是 1894—1898 年,第一个时期是 1884—1894 年。与第三个时期不同,在第二个时期中我们没有看到社会民主党人中间发生意见分歧。社会民主党当时在思想上是一致的,当时还进行了谋求实践上一致和组织上一致的尝试（成立俄国社会民主工党）。当时社会民主党人的主要注意力不是放在澄清和解决某些党内问题方面（像在第三个时期那样）,而是一方面放在同社会民主党的敌人进行思想斗争上,另一方面放在开展党的实际工作上。

当时在社会民主党人的理论和实践之间,没有"经济主义"时期所存在的那种对抗。

这本小册子也反映了社会民主党当时的状况和当时的"任务"方面的特点。小册子只是号召深入广泛地开展实际工作,它既没有看到由于某些总的观点、原则和理论讲得不够明确而可能使实际工作受到的任何"阻碍",也没有看到在政治斗争和经济斗争相结合方面（当时并不存在）的困难。小册子对社会民主党的敌人,对民意党人和民权党人[191],作了一些原则性说明,竭力消除那些使他们对新的运动抱旁观态度的误解和偏见。

现在,"经济主义"时期看来就要结束,社会民主党人的状况又很像五年以前那样了。当然,由于这段时期中运动获得了巨大进展,现在我们面临的任务要复杂得无可比拟,但是现时的基本特点仍旧同"第二个"时期的特点一样,不过基础更加广泛、规模更加宏大了。我们的理论、纲领、策略任务同实践之间的不协调现象,正随着经济主义的消失而消失。我们又能够而且应当大胆地号召深入广泛地开展实际工作了,因为进行这个工作的理论前提在很大程度上已经澄清。我们又需要特别注意俄国那些非社会民主主义的秘密派别了，而我们面前的这些派别，实质上也还是上一世纪90年代前半期的那些派别，只不过它们现在发展多了，定型多了和"成熟"多了。

民意党人在扔掉自己那套旧袈裟的过程中竟变成了"社会革命党人"，而这个名称本身就说明他们是停在半路上。他们离开了旧立场（"俄国的"社会主义），而没有走上新立场（社会民主党）。对于只有现代人类才知道的唯一的革命社会主义理论，即马克思主义，他们却根据资产阶级的（"社会党人"！）和机会主义的（-"革命党人"！）批评把它束之高阁。无思想性和无原则性使他们实际上成了"革命冒险主义"，这既表现在他们力求把知识分子、无产阶级、农民这样一些社会阶层和阶级相提并论，又表现在他们大声鼓吹"系统地"使用恐怖手段，也表现在他们制定了出色的最低土地纲领（土地社会化，——合作社，——农民束缚于份地。见《火星报》第23号和第24号①），还表现在他们对自由派的态度（见《革命俄国报》第9号和《社会主义月刊》192第9期上日特洛夫斯基先生对《解放》杂志193的评论）以及我们还势必要不断谈到的其他许多问题上。现在俄国还有那么多的社会因素和社会条件在培植知识分子的不稳定性，使怀有激进情绪的个人希望把过时了的旧东西同没有生命力的时髦东西结合起来，妨碍他们把自己的事业同正在进行自己阶级斗争的无产阶级融合起来，——因此，在资本主义的演进和阶级矛盾的尖锐化还没有使"社会革命党"这样一个派别或这一类派别失去任何基础以前，俄国社会民主党还必须同它

---

① 见本卷第365—386页。——编者注

们进行清算。

民权党人在 1897 年的模棱两可的特点（见下面，第 20—22 页）①，并不亚于现在的社会革命党人，因此他们很快退出了舞台。但是他们的"清醒的"思想——把政治自由的要求同社会主义完全分开——并没有死去也不可能死去，因为在俄国大资产阶级和小资产阶级的形形色色的阶层中，自由主义民主派思潮还很强大，而且愈来愈强大。因此希望把俄国资产阶级反政府派中的代表人物集结在自己周围的自由派的《解放》杂志就成了民权党人的合法继承者，就成了他们的坚定的、彻底的、成熟的继续者。改革前的旧俄国、宗法式农民、既迷恋于村社又迷恋于农业合作社和"抓不住的"恐怖手段的旧式知识分子，必然衰老和腐朽到什么程度，资本主义俄国的有产阶级，即资产阶级和小资产阶级也就必然要发展和成熟到什么程度，而他们的清醒的自由主义现在开始意识到，养活一个笨拙、野蛮、代价高昂而一点也防御不了社会主义的专制政府是不划算的，他们要求实行欧洲式的阶级斗争和阶级统治，它们本能地（在无产阶级觉醒和发展的时代）力求用否认一般阶级斗争的方法来掩盖自己的资产阶级的阶级利益。

所以我们有理由感谢企图建立"地方自治派立宪党"的自由派地主先生们。第一，——我们从最不重要的讲起——我们感谢他们是因为他们从俄国社会民主党那里拣去了司徒卢威先生，彻底把他由假马克思主义者变成了自由派，这就帮助我们用活生生的例子向所有的人表明了一般伯恩施坦派，尤其是俄国伯恩施坦派的真正意义。第二，《解放》杂志力图把俄国资产阶级的各阶层变

---

① 见本版全集第 2 卷第 445—447 页。——编者注

为自觉的自由派阶层,它这样也就帮助我们更快地把愈来愈多的工人群众变成自觉的社会主义者。在我国,无论过去和现在,都有那么多面目不清的、自由主义民粹派的假社会主义,而新的自由派比起它们来显然是前进了一步。现在工人们就很容易看清俄国自由派资产阶级和民主派资产阶级,很容易弄清楚建立同国际社会民主党联合一致的独立工人政党的必要性,现在就可以十分直接地号召知识分子明确自己的立场:是自由主义**还是**社会民主主义。那些模棱两可的理论和派别很快就会被这两个正在发展和加强的"对立物"的磨盘碾得粉碎。第三,——当然这是最重要的——**如果**自由派所持的反政府立场会动摇专制制度同资产阶级和知识分子的某些阶层的联盟,那我们是要感谢他们的。我们之所以说"如果",是因为自由派向专制制度卖弄风情,对和平文化工作赞不绝口,同"心怀叵测的"革命派进行战斗等等,所有这些与其说是动摇了专制制度,不如说是削弱了同专制制度的斗争。我们要坚定不移地和毫不留情地揭露自由派的任何不彻底性,揭露他们向政府讨好的任何企图,从而削弱自由派资产者先生们政治活动的叛卖性这一面,使他们的左手瘫痪,而保证右手做出最大的成绩。

可见,无论是民意党人还是民权党人,他们在发展、确定和形成自己的真正意图和真正本性方面,都迈开了很大的前进步伐。上一世纪90年代前半期在革命青年小组之间所进行的那种斗争,现在作为成熟的政治派别和真正的政党所进行的决战而重现了。

因此,《任务》这本小册子的再版大概不无好处,它可以使年轻的党员们回忆起党的不久前的过去,可以表明社会民主党人如何在其他派别中取得直到现在才完全确定了的那种地位,可以帮助他们更清楚更明确地了解实质相同但更为复杂的当前"任务"。

现在在社会民主党面前特别有力地提出的一个任务是：清除
自己队伍中的任何涣散和动摇现象，在革命马克思主义的旗帜下
更紧密地团结起来并在组织上合并，全力以赴地联合所有进行实
际工作的社会民主党人，使他们的活动深入和扩大，同时密切注意
向尽量广大的知识分子和工人群众说明社会民主党早就注意到的
上述两个派别的真正意义。

尼·列宁

1902 年 8 月

载于 1902 年 12 月俄国革命社会
民主党人国外同盟在日内瓦出版的
《俄国社会民主党人的任务》一书

译自《列宁全集》俄文第 5 版
第 2 卷第 435—442 页

新罢工法草案

(1902 年 9 月 1 日〔14 日〕)

　　我们得到了一份新的秘密文件：财政部"关于修改法律中惩治罢工和提前解除雇佣合同的条文、关于希望建立工人自助组织"的报告书。这份报告书由于篇幅很大以及有必要使工人阶级尽量广大的阶层了解它，所以我们把它单独印成小册子[194]。现在简要地叙述一下这个有意思的文件的内容并指出它的意义。

　　报告书的开头概述了我国的工厂立法史，指出了 1886 年 6 月 3 日和 1897 年 6 月 2 日的法令[195]，随后谈到关于废除对旷工和罢工者的刑事处分问题。财政部认为，以逮捕或监禁的办法来威胁任意旷工的个别工人或经大家约定而停工的许多工人，是达不到自己目的的。经验证明，社会秩序并不能因此而得到保障，这种威胁只能激怒工人，使他们确信法律的不公正。施行这种法律非常困难，"因为"要对每一个工人的旷工都"起诉，案件就会有几百起，有时会有几千起，这是繁重不堪的"，而且，如果由于罢工而监禁工人，那就会没有工人做工，这对厂主是不利的。如果认定罢工是犯罪行为，就会引起警察局过分热心的干涉，这种干涉害多利少，与其说给厂主帮了忙，倒不如说是给厂主添了困难和麻烦。报告书建议完全废除对个别工人的擅自旷工和和平罢工（即不使用暴力、不破坏社会秩序等等）的一切处分。应该仿效外国法律，只规定：

凡"雇主或工人违反他人自由合法之意志,以强迫他人或妨碍他人"在某种条件下进行工作"为目的,而对其人身或财产施以暴力、威吓或**污辱**〈!〉者",应予以处分。换句话说,就是建议取消对罢工者的刑事处分,而对妨碍他人"自愿工作"者予以刑事处分。

至于说到自助协会,财政部埋怨行政当局在这个问题上的专横(特别是表现在莫斯科,那里的机械工人协会[196]甚至声明要在工人和行政当局之间起"调解作用"),并且要求按立法手续实行这种协会的标准章程,对成立自助协会提供方便。

由此可见,财政部的新报告书的总性质无疑是自由主义的,中心问题是建议废除对罢工者的刑事处分。我们不在这里详细分析整个"法律草案"的内容(这种分析在整个报告书发表以后再做比较好),而只是提请读者注意这种自由主义的性质和意义。建议给予工人某些罢工自由和结社自由,不仅在我国自由派政论文章中不是新事,而且在官方的政府委员会的方案中也不是什么新玩意儿。早在60年代初,修改工厂和手工业章程的施塔克尔贝格委员会,就曾建议由工人和业主选派代表组成工业法庭,并且给予工人一定的结社自由。80年代,新刑律草案起草委员会也曾建议废除对罢工者的刑事处分。不过,财政部现在的这份草案同过去的建议有本质的区别,而且即使新草案的建议也同以往一切建议一样被束之高阁,这种区别也仍然是一个极其重要的划时代的标志。本质的区别就在于:新草案的"基础"无比广泛,你们从中不仅可以感觉到少数资产阶级的先进理论家和思想家的呼声,而且可以感觉到整个工业家-实践家阶层的呼声。这已经不单单是一些"人道的"官吏和教授的自由主义,这是莫斯科工商业者的土生土长的、本乡本土的自由主义。说实在的,这一事实使我的内心满怀高度的爱国主义自豪感：商人值3戈比的自由主义要比官吏值15戈比的自由主义的意义大得多。报告书中最有意思的，不是令人作呕的有关契约自由和国家利益的高谈阔论，而是那些透过传统的法律论据而表露出来的厂主的实际见解。

真受不了！真讨厌！别纠缠了！——这就是俄国厂主通过财政部报告书作者的嘴巴对俄国警察局所说的话。真的，还是请听听下面一段议论吧：

"在那些从模棱两可和自相矛盾的现行法律中寻求支持的警察机关看来，任何罢工都不能看做是自然的经济现象，而必须看做是破坏社会秩序和安宁的行为。其实，只要比较平心静气地看待工厂的停工事实，不把罢工同破坏社会秩序混为一谈，那就非常容易搞清楚造成这些事实的真正原因，把合理合法的根据同无理非法的借口区别开来，并且采取相应的措施使双方和解。在这种比较正常的情况下，只有在事实证明确实存在骚动的时候，才能采取制止和镇压的措施。"警察局不分析罢工的原因，一心只想制止罢工，经常采用下列两种措施之一：不是强迫（用逮捕、流放以及其他措施，"包括使用武力"）工人复工，就是力促业主让步。"决不能说这两种办法中总有一种办法是有利于"厂主先生们的，因为第一种办法"会激怒工人"，而第二种办法"会加强工人的一种极其有害的信念，认为罢工在任何情况下都是实现自己愿望的屡试不爽的手段"。"近十年来的罢工史中许多事例说明，想要不惜任何代价迅速压制所发生的纠纷，结果是有害的。匆忙实行逮捕，有时会激怒一向十分平静的工人，以至不得不出动哥萨克，这样一来，当然也就谈不到满足罢工者的合法要求了。另一方面，对厂主施加影响，迅速满足工人的非法要求，必然会引起其他工业企业的类似罢工，于是不得不放弃一系列的让步而动用武力，这就弄得工人完全莫名其妙，使他们深信当局对待他们不公平，专横暴虐……"　警察局有时通过对厂主施加影响的办法来满足工人们那些甚至是非法的要求，当然资本家先生们就会热衷于这样说：有时候他们自己同罢工者打交道还可以少给一些，而在"破坏国家秩序和安宁"这个可怕的幽灵的压力下反倒要多给一些。报告书挖苦了内务部，因为内务部在1897年8月12日"未与财政部协商"（问题关键之所在！）而"颁布"的训令中，指示在每次罢工时实行逮捕和流放，并且把罢工案件交保安机关处理。报告书继续诉说厂主的埋怨："最高行政当局更进了一步〈比法律〉，竟然认为**一切**〈黑体是原有的〉罢工事件都直接具有全国性意义……　其实，任何一次罢工（当然，只要罢工时不使用暴力）都是纯经济的、十分自然的现象，绝不会威胁到社会秩序和安宁。在这种情况下维护社会秩序和安宁，就应该采取在举行群众性游艺会、庆祝会、演出等等场合所经常采取的那种形式。"

这是真正的自由派-曼彻斯特派[197]的言论，他们把劳资斗争公开解释为纯自然现象，极其直率地把"商品买卖"与"劳动买卖"等同起来（在报告书的另一处），要求国家不加干预，只让这个国家起一个夜班（和白班）看守人的作用。这里特别重要的是：迫使俄国厂主采取这种自由派观点的不是别人，正是我们的工人。工人运动十分广泛地展开了，以至罢工真的成了"自然的经济现象"。工人斗争采取了十分有力的形式，使得禁止这种斗争各种表现的警察国家的干涉，实际上不仅对工人有害（对工人来说，这种干涉向来都是有害无益），而且对厂主本身也有害，虽然这种干涉是为了他们的利益而进行的。工人使得警察局的禁令实际上不起作用,但是警察局继续(在专制国家里也不能不继续)加以干涉,它一感到自己无能为力,就手忙脚乱:一会儿动用武力,一会儿让步;一会儿残酷镇压,一会儿讨好。警察干涉所获得的效果愈小,厂主们就愈强烈地感到警察的**专横**,愈相信支持这种专横行为对他们**并不合算**。一部分大工业家同警察无限权力之间的冲突日趋尖锐,而在莫斯科所表现的形式尤为激烈,在那里,特别盛行向工人们讨好的一套办法。报告书直截了当地抱怨莫斯科行政当局不该玩弄组织工人座谈会并同机械工人互助协会打交道的危险把戏。为了诱骗工人,不得不给这个协会的理事会一定的调解权,而厂主们马上坚决反对。报告书在厂主们的授意下写道:"最初,该理事会向工厂视察机关的官员请示,但是后来看到视察机关的官员不承认它享有起自行调解作用的权限,就转向警察总监请示,警察总监不仅接受递交的申请书,而且给以合法的处理,批准该理事会享有这种权利。"厂主们反对颁发个别的行政命令,要求按立法程序规定新办法。

固然,厂主的自由主义目前并没有超出极其狭小的职业范围,他们对警察专横的敌视态度也只限于对他们不利的个别极端行为,而不是反对官僚专制统治的根基。但是,日益使各资本主义国家阶级对抗加剧的俄国及全世界的经济发展,将使这种敌对性增长、扩大和深化。无产阶级的力量在于它的人数和团结精神由于经济发展过程本身而日渐增长,而在大资产阶级和小资产阶级中间,利益上的不一致和分散情况却愈来愈厉害。要估计到无产阶级这种"天然的"优越性,社会民主党就应该密切注意统治阶级之间的一切利害冲突,不仅要利用这些冲突来为工人阶级某些阶层谋取实际利益,而且要以此教育整个工人阶级,从每一个新的社会政治事件中吸取有益的教训。

　　自由派厂主建议修改法律对工人的实际利益太明显了，不必细谈。这是对日益壮大的力量的明显让步，这是敌人放弃了一个实际上已经差不多被革命无产阶级占领了的阵地，而这个阵地，连敌军中最有远见的指挥官也不愿意再继续防守了。不用说，这个让步并不很大，因为第一，在没有政治自由的情况下，想得到**真正的自由**即罢工自由，那是可笑的。警察局还保留着不经审讯就加以逮捕和流放的权力，并且只要专制制度存在一天，警察局的这种权力就会保留一天。而保留这种权力，就意味着连厂主都开始厌恶的警察的寻衅、胡作非为和专横暴虐还保存了十分之九。第二，财政部只是在原来工业立法的狭小范围内怯生生地前进了一步，只是抄袭了德国工人称之为"苦役"法草案[198]的德国法案，保留了和雇佣合同有关的"对暴力、威吓或污辱"的**特殊**刑事处分，好像不存在惩治此种犯罪行为的**一般**刑法似的！但是，即使是很小的让步，俄国工人也要利用它来巩固自己的阵地，加强和扩大自己争取劳动人民摆脱雇佣奴隶制的伟大斗争。

　　至于说到新报告书给我们的有益教训，那么我们首先应该指出，厂主们反对中世纪的罢工法，是用小小的个别例子向我们表明，日益发展的资产阶级的利益同日益腐朽的专制制度的利益总是不相适应的。那些一直不敢正视俄国**资产阶级**反对派分子并且照旧一口咬定俄国资产阶级的"利益"（所有的！）已经得到满足的人（如社会革命党人），应该好好考虑考虑这个问题。看来，警察专制统治甚至触犯了这样一些资产阶级阶层的这些或那些利益，这些阶层一向受到沙皇警察最直接的**保护**，只要套在无产阶级身上的枷锁有所削弱，他们的物质利益就要受到**直接威胁**。

看来，真正的革命运动，不仅可以用教育、唤醒和团结被剥削群众的办法来直接瓦解政府，而且也可以用种种办法间接瓦解政府，例如使陈腐的法律失去基础，甚至使专制统治的心腹、亲信失去对专制统治的信心，使这些心腹之间的"内讧"更加频繁，使敌人坚固统一的营垒分崩离析。但是，要得到这些效果，必须具备一个我国社会革命党人从来也不能理解的条件，即必须使运动成为真正的革命运动，也就是发动真正革命阶级中愈来愈广泛的阶层为新生活而斗争，实际改造这个阶级的精神政治面貌，并通过这个阶级去改造所有那些同这个阶级有关系的人。社会革命党人懂得了这个真理，才会明白他们在社会主义的根本问题上的无思想性和无原则性造成的实际危害有多大；他们才会明白，一些鼓吹什么专制制度对付群众有士兵，对付团体有警察，而某些搬掉大臣和省长的恐怖分子才是真正抓不住的等等观点的人，他们所瓦解的并不是政府的力量，而是革命的力量。

在厂主的主管机关的新"步骤"中还有一个有益的教训。这个教训就是，应当善于实际利用各种自由主义，哪怕只是值3戈比的自由主义，同时应当"十分警惕"，不让这种自由主义用自己对问题的欺骗性提法来腐蚀人民群众。司徒卢威先生就是一个例子。我们可以把同他的谈话加上这样一个标题："自由派想怎样教训工人，工人应该怎样教训自由派"。司徒卢威先生在《解放》杂志第4期上开始刊登我们所分析的这份报告书，并在上面大发议论说，新草案是"国家思想"的反映，这种思想未必能够冲破专横暴虐和荒谬行为的壁垒。司徒卢威先生，不是这样的。新罢工法草案不是"国家思想"提出来的，而是厂主们提出来的。这个草案之所以出现，不是因为国家"承认了"公民权利的基本原则（业主和工人之间的资产阶级的"自由与平等"),而是因为废除对罢工者的刑事处分**对厂主们有利**。现在财政部"自动"(《解放》杂志第4期第50页)提出的法律条文以及十分令人信服的论据,早就在俄国文献、甚至在政府委员会的文件中有过了,但是,在**厂主**开口以前,这一切都被束之高阁,而工人**实际上**已经向厂主**表明了**旧法律的荒谬。我们之所以强调厂主的利益和厂主的利害关系具有这种决定性作用,在我们看来,并不是因为要以此来削弱政府策划的作用,恰恰相反,我们已经说过,我们认为这正会加强政府策划的作用。但是,无产阶级在反对整个现存制度的斗争中,首先应该学会清醒地正视事物,揭露"国家高尚行为"的真实动机,并且不断揭露关于"国家思想"等等虚假的浮夸词句,不论这些词句是狡猾的警官处心积虑说出来的,还是有学问的自由派由于目光短浅而说出来的。

其次,司徒卢威先生劝告工人在鼓动废除对罢工者的刑事处分时要有"节制"。司徒卢威先生鼓吹说:"它〈这种鼓动〉在形式上愈有节制,它的作用就愈大。"工人应该好好感激这个前社会主义者的这些劝告。这真是自由派的传统的莫尔恰林[199]式的英明见解,正当政府刚刚开始(在某一局部问题上)动摇的时候,却来鼓吹要有节制。要更有节制些,不要妨碍已着手实行的改革,不要吓坏了政府,不要坐失良机,因为现在第一步已经迈出了(报告书已经写好了!),因为某个主管部门承认改革的必要性"对政府本身和对社会〈!〉都无可反驳地〈?〉证明了"这些改革的"公平和及时〈?〉"。对我们所分析的草案,司徒卢威先生就是这样评论的,俄国的自由派一向也是这样评论的。社会民主党却不是这样评论的。社会民主党说,请看,连厂主中间也有人已经开始懂得,欧洲的阶级斗争形式比亚洲的警察专横来得好。我们的顽强的斗争甚至迫使厂主本身也对专制制度的爪牙是否万能产生了怀疑。更加勇敢地前进吧！要更广泛地传播敌人队伍中丧失信心的好消息，要利用敌人任何微小的动摇来提高自己的要求，而不要像莫尔恰林那样"节制"自己的要求。他们想赖掉政府欠人民的债，一百卢布只还给你们一戈比。你们要利用得到的这个戈比来大声疾呼，要求偿还全部债务，使政府彻底威信扫地，以便准备我们的力量给它以**坚决的**打击。

载于1902年9月1日《火星报》
第24号

译自《列宁全集》俄文第5版
第6卷第399—408页

附 录

关于俄国社会民主工党纲领的材料[200]

（1901年12月—1902年2月）

1

纲领草案实践部分某些条文的草稿

1902年1月13日

第11条。地方自治机关在工人代表的参与下共同监督企业主拨给工人的住宅的卫生状况，以及监督这些住宅的内部规章和租用条件，使雇佣工人作为私人和公民的生活和行动不受企业主的干涉。

完 结

第12条。在一切使用雇佣劳动的企业内对劳动条件建立正规的、全面的卫生监督。

13.把工厂视察机关监督制推广到所有的手艺业、手工工业、家庭工业以及国营企业中去，也推广到使用雇佣工人的农业企业中去。

14.

等等。

土地问题。　　　　为了肃清我国旧农奴制的一切残余,社会
民主工党要求:

(1)取消赎金

(2)有退出村社的自由

(3)依法降低地租

(4)割地。

阿克雪里罗得和贝尔格:"**有利于农民群众**反对资本主义
(或某些资本主义倾向)关系的斗争"。

译自《列宁全集》俄文第5版
第6卷第411—412页

2

普列汉诺夫的第一个纲领草案摘要
以及对它的某些修改意见

（1月上旬）

段落：

一、资本主义关系占统治地位：资本家占有生产资料和一无所有的无产者＝雇佣工人——2。①

二、资本的统治范围在扩大：提高大企业的经济作用和缩小小企业的经济作用——1。

三、资本主义关系对工人阶级的压迫愈来愈厉害：在供应增多的情况下，需求相对减少——4。

四、劳动力价格被降低。社会不平等加剧——3。

　　＋这样一来，（资本主义引起？？）社会不平等加剧，有产者和无产者贫富更加悬殊（？＋？）

五、危机——5。

六、工人阶级的不满在增长，斗争尖锐化＋日益意识到必须进行**社会革命，即**

　　（阐明社会革命）——6。

---

①　手稿上阿拉伯数字是用蓝铅笔写的，大概表明各段落要按数字顺序调整。——俄文版编者注

七、社会革命——为了全体被压迫的人类的利益——7。

八、为了用社会主义的生产代替商品生产,必须使无产阶级掌握政权——**无产阶级专政**——8。

九、工人运动已经成为国际的运动——10。

十、俄国社会民主党是国际社会民主党的一部分——11。

十一、俄国社会民主党有相同的最终目的。俄国社会民主党的任务

$$\left\{ \begin{array}{l} \text{揭示利益的不可调和} \\ \text{阐明社会革命的意义} \\ \text{组织工人的力量} \end{array} \right\} ——9。$$

十二、最近目的由于农奴制残余(对全体劳动居民的压迫＋对工人运动的主要障碍)而改变了。

十三、必须争得作为资本主义补充物的法律设施。

十四、专制制度是农奴制的残余,是最凶恶的敌人,——因此最近的任务就是推翻**君主制**。

对普列汉诺夫的纲领草案的修改意见

1902年1月21日提出

三、〔资本主义生产关系对工人阶级的压迫随着下列情况而愈来愈厉害:〕技术的进步,〔提高了劳动生产

三、技术的进步(提高了劳动生产率?)不仅为资本家不断提高对工人的剥削程度提供了物质可能性,而且

"使得……有"

率]不……等等

{不用使字，而用**引起**}

＋失业、贫困、屈辱和压迫的加剧是资本主义这一基本趋向的不可避免的结果。

把这种可能性变成了现实，引起对劳动力的**需求**相对减少，同时，劳动力的供应却相对地和绝对地增多。失业、贫困、压迫和屈辱的加剧是资本主义这一基本趋向的不可避免的结果。

（上述各种基本趋向的）

改为第5节。

不 确 切
不是全部。

四、这样，社会劳动的生产力发展的同时，这种发展的**全部**好处却为极少数人所垄断，而社会财富增加的同时，是社会不平等的加剧，有产者和无产者贫富更加悬殊，私有者阶级同无产者阶级之间的鸿沟加深和扩大。

改为第4节。

五、资本主义的上述矛盾必然引起的工业危机①使工人阶级和小生产者的状况更加恶化，这是由于

缺乏对生产的社会监督，资本主

生产的无计划性，资本主义国家在世界市场上的相互竞争的日益加剧。一方面是群众的穷苦和贫

社会的这种状况，即生产的无

---

① 手稿上删去了这一节开头一句话中的"使这些矛盾更加尖锐化"。——俄文版编者注

义国家在世界市场上的相互竞争不断加剧。①

困，另一方面是由于生产出来的商品找不到销路而造成社会财富的浪费。

计划性，资本主义国家在世界市场上的竞争不断加剧，使商品的销售必然落后于商品的生产。①

载于1924年《列宁文集》俄文版第2卷

译自《列宁全集》俄文第5版第6卷第413—415页

---

① 手稿上这一方案被删掉了。——俄文版编者注

3

普列汉诺夫的第一个纲领草案节录和
纲领理论部分第一段草稿

（1月8日和2月18日
〔1月21日和3月3日〕之间）

　　一、现代资产阶级社会的经济基础，是资本主义生产方式，在这种生产方式下，生产资料和作为商品生产出来的产品流通手段的最重要部分，成为一个人数不多的阶级的私有财产，而居民的大多数只能靠出卖自己的劳动力过活。因此，他们处于雇佣工人（无产者）的依附地位，以自己的劳动为生产资料和商品流通手段的私有者（资本家和大土地占有者）创造收入。

　　二、资本主义生产方式的统治范围随着下列情况而扩大：技术的不断改进提高大企业的经济作用并因而缩小独立的小生产者在社会经济生活中的作用，降低他们的生活水平，把一些人排挤到无产阶级的队伍中去，把另一些人直接或间接地变成资本的奴仆和纳贡者。

＊　　　　＊　　　　＊

　　一（？）、俄国的经济发展，导致资本主义生产关系在俄国日益扩大并愈来愈占统治地位。　　　　　　　　　　　　　　　‖？‖

译自《列宁全集》俄文第5版
第6卷第416页

4

关于纲领草拟情况通报的要点

(不早于 1 月 8 日〔21 日〕)

1.谈谈关于制定纲领问题的情况和关于委员会对纲领的准备工作。

2.格·瓦·的草案初稿。

3.修改草案(和某些修改理由)。

载于 1924 年《列宁文集》俄文版
第 2 卷

译自《列宁全集》俄文第 5 版
第 6 卷第 417 页

5

纲领草案理论部分的初稿

（1月8日和2月18日
〔1月21日和3月3日〕之间）

最初条文　　　　　　　　　修改条文

A.

一、俄国的经济发展
及其愈来愈多地（急剧
地）卷入国际商品交换，
导致资本主义生产方式
在俄国日益扩大并愈来
愈占完全的统治地位。

{换一种
表达法}

一、俄国急剧地卷入国
际商品交换和国内商品生
产的日益增长，导致资本
主义生产方式在俄国愈来
愈占完全的统治地位，这
种生产方式具有如下基本
特点。

二、①技术的不断改进日
益提高大企业的经济作用，
缩小独立的小生产者（农民、
手工业者、手艺人等等）在国
家经济生活中的作用，降低

三、技术的不断改进日益扩
大资本主义大企业的数量、规模
和经济作用，降低独立的小生产
者（农民、手工业者、手艺人）的
生活水平，把其中一些人变成资

---

①　手稿上标有节次调换的记号：用蓝铅笔把"二"划掉，改成了"三"，而把"三"改
　　成了"二"。——俄文版编者注

他们的生活水平,把一些人直接或间接地变成资本的奴仆和纳贡者,把另一些人排挤到无产的即丧失了生产资料的阶级(无产阶级)的队伍中去。

本的奴仆和纳贡者,使另一些人完全破产,把他们排挤到无产的即丧失了生产资料的阶级(无产阶级)的队伍中去。

三、生产资料和商品流通手段的最重要部分愈来愈集中在一个人数不多的阶级手里,而居民中日益增加的大多数只能靠出卖自己的劳动力过活。因此,他们处于雇佣工人(无产者)的依附地位,以自己的劳动为生产资料和商品流通手段的私有者(资本家和大土地占有者)创造收入。

四、技术的进步提高了劳动生产率,使资本家能够提高对工人的剥削程度,引起对劳动力的需求相对减少(即需求的增加与资本的增加不成比例,前者落后于后者),同时,劳动力的供应却相对地和绝对地增多。这一趋向以及资本主义的上述各种基本趋向导致失业、贫困、剥削、压迫和屈辱的加剧。

五、资本主义的上述矛盾,资本主义所固有的(并且是任何企业主同盟都消除不了的)生产的无计划性,资本主义国家在世界市场上的相互竞争的日益加剧,必然引起工业危机,这些危机使工人阶级和小生产者的状况更加恶化。一方面是群众的穷苦和贫困,另一方面是由于生产出来的商品找不到销路而造成社会财富的浪费。

六、这样,社会劳动的生产力发展的同时, ｛换一种表达法｝ 六、这样,社会的和日益社会化的劳动的生产力大大发展的同时,

这种发展的全部主要好处却为极少数居民所垄断,而社会财富增

加的同时，是社会不平等的加剧，有产者和无产者贫富更加悬殊，私有者阶级（资产阶级）同无产者阶级之间的鸿沟加深和扩大。

七、但是，随着资本主义所有这些不可避免的矛盾的增长和发展，

工人阶级的不满和愤怒也在增长，工人阶级的团结由于资本主义生产方式的条件本身而增强，	无产者的人数在增加，团结在增强，不满和愤怒在增长，

工人阶级同资本家阶级的斗争日益尖锐，工人阶级力求摆脱不堪忍受的资本主义压迫的愿望也在增长。

八、工人阶级的解放只能是工人阶级本身的事业。为了推翻资本主义的压迫，必须进行社会革命，即	八、工人阶级的解放只能是工人阶级本身的事业，因为现代社会的其余一切阶级都主张保存现存经济制度的基础。 工人阶级要获得真正的解放，必须进行从资本主义生产方式的全部发展中自然产生的社会革命，即

消灭生产资料私有制，把它们变为公有财产，组织由整个社会承担的社会主义的产品生产代替资本主义商品生产，以保证社会**全体**成员的充分福利和自由的全面发展。

九、要完成这个社会革命，无产阶级应当夺取**政权**，因为政权会使他们成为生活的主宰，使他们能够排除走向自己伟大目的的道路上的一切障碍。在这个意义上说来，**无产阶级专政**是社会革命的必要政治条件。

十、无产阶级革命将解放现在全体被压迫受苦难的人类,因为无产阶级革命将消灭人压迫人和人剥削人的一切形式。

十一、俄国社会民主党的任务是:向工人揭示他们的利益同资本家的利益之间的不可调和的对立,向无产阶级阐明行将由他们完成的那个社会革命的历史意义、性质和条件,组织能够领导无产阶级反对整个现存社会制度和政治制度的一切斗争形式的革命的阶级政党。

十二、但是,国际交换和为世界市场的生产的发展在文明(?)世界各民族之间确立了(建立了)密切的联系,因此无产阶级解放斗争的伟大目的只有靠全世界无产者的共同努力才能达到。因此①,现代的工人运动一定会成为而且早已成为国际的运动。俄国社会民主党把自己看做是全世界无产阶级大军中的一支队伍,看做是**国际社会民主党的一部分**。

———

B.

一、但是,俄国社会民主党的最近目的由于下列情况而大大改变了:我国资本主义以前的,即农奴制的社会制度的许多残余极严重地阻碍着生产力的发展,使劳动居民的生活水平降低,使千百万农民处于亚洲式的野蛮的垂死境地,使全体人民处于愚昧无知、毫无权利和受压迫的境地。俄国社会民主党还不得不仅仅争得这样一些自由的公民设施和政治设施,这些设施在先进的资本主义国家中已经存在,它们是充分地和全面地展开无产阶级同资产阶级

———

① 手稿上"无产阶级解放斗争的伟大目的只有靠全世界无产者的共同努力才能达到。因此"这些字被删掉了。——俄文版编者注

的阶级斗争所绝对必需的。①

二、沙皇专制制度是最大的农奴制残余，是政治上自由的国家已经摆脱了的一切野蛮行为和全部灾难的最强有力的支柱。它是无产阶级的解放运动的最凶恶和最危险的敌人。

这些农奴制残余中的最大残余，所有这一切野蛮行为的最强有力的支柱就是沙皇专制制度。它是无产阶级的解放运动和全体人民的文化发展的最凶恶和最危险的敌人。

因此，俄国社会民主党的最近的政治任务是推翻沙皇专制制度，代之以建立在民主宪法基础上的**共和国**，民主宪法应保证：

(1)建立人民专制，即……

载于1924年《列宁文集》俄文版第2卷

译自《列宁全集》俄文第5版第6卷第418—423页

---

① 手稿上这一句话被删掉了。——俄文版编者注

6

纲领草案要点

(1月8日和2月18日
〔1月21日和3月3日〕之间)

一至六。　　（A）　俄国的经济发展和资本主义的基本特点。

七至十二。　（B）　无产阶级的阶级斗争和社会民主党的任务。

　　　　　　（C）　俄国社会民主党人的最近目的和他们的政
　　　　　　　　　　治要求。

　　　　　　（D）　社会(工厂)改革。

　　　　　　（E）　财政改革和旨在消灭农奴制社会残余的
　　　　　　　　　　要求。

　　　　　　（F）　结束语("结尾")。

（A）　俄国的经济发展和社会民主党的总任务。

（B）　社会民主党的特殊的政治任务和政治要求。

（C）　社会改革。

（D）　财政的和农民的改造(改革)。

载于1924年《列宁文集》俄文版
第2卷

译自《列宁全集》俄文第5版
第6卷第424页

7

纲领草案土地部分和结束语的初稿

（1月8日和2月18日

〔1月21日和3月3日〕之间）

此外，俄国社会民主工党要求：

（一）为了民主地组织国家财政——取消一切间接税，征收累进所得税

（二）为了肃清我国旧农奴制的一切残余

（1）取消赎金、代役租以及目前农民这个纳税等级所承担的一切义务；

（2）废除连环保和一切限制农民支配自己土地的法律；

（3）用赎金和代役租方式从人民那里勒索的钱应归还人民；为此没收寺院的财产和皇族的田产，同时对享有赎金贷款的大贵族土地占有者的土地课以特别税；把这样获得的款项作为村团的文化和慈善事业的特别国民基金；

（4）设立农民委员会，以便

（a）把废除农奴制时从农民那里割去的和成为地主盘剥工具的那些土地归还村团（用剥夺的

办法，或者——在土地已经转手的情况下——用赎买的办法等等）；

　　　　(b)消灭在乌拉尔、阿尔泰、西部边疆区和国内其他地区保留下来的农奴制残余；

　　(5)授权法庭降低过高的地租和宣布盘剥性契约无效。

俄国社会民主工党认为，只有推翻专制制度并召开由全民自由选举的立宪会议，才能完全、彻底、可靠地实现上述各种政治改革和社会改革。

译自《列宁全集》俄文第5版
第6卷第425—426页

8

纲领草案草稿

（1月8日和2月18日
〔1月21日和3月3日〕之间）

第一种方案

在俄国,商品生产日益迅速地发展,俄国急剧地卷入国际商品交换①,资本主义生产方式在俄国愈来愈占完全的统治地位。

居民中日益增加的大多数只能靠出卖自己的劳动力过活。因此,他们处于依附于人数相当少的资本家和大土地占有者阶级的雇佣工人（无产者）地位,这些资本家和大土地占有者把生产资料和商品流通手段的最重要部分集中在自己手里。②

生产资料的最重要部分集中在人数极少的资本家和大土地占有者手里,成为他们的私有财产。愈来愈多的劳动者丧失了生产资料,不得不靠出卖自己的劳动力过活。因此,他们处于以自己的劳动为私有者创造收入的雇佣工人（无产者）的依附地位。

资本主义的发展日益扩大大企业的数量、规模和经济作用,降

---

① 手稿上"俄国急剧地卷入国际商品交换"这些字被删掉了。——俄文版编者注

② 手稿上这一段被删掉了。——俄文版编者注

低独立的小生产者(农民、手工业者、手艺人)的生活水平,把他们当中的一些人变成资本的奴仆和纳贡者,把另一些人排挤到无产阶级队伍中去。

技术进步愈向前发展,资本家就愈有可能提高对工人的剥削程度,劳动力就愈供过于求。

贫困、失业、剥削、压迫和屈辱的加剧是资本主义的基本趋向所造成的结果。	生活的毫无保障、失业、剥削的压迫和各种屈辱,成为愈来愈广泛的劳动居民阶层的厄运。

资本主义的上述矛盾所必然引起的工业危机,使这个过程更为加剧。一方面是群众的穷苦和贫困,另一方面是由于生产出来的商品找不到销路而造成社会财富的浪费。

这样,社会的和日益社会化的劳动的生产力大大发展的同时,这种发展的全部主要好处却为极少数居民所垄断。社会财富增加的同时,是社会不平等的加剧,私有者阶级(资产阶级)同无产阶级之间的鸿沟加深和扩大。

(A)第 3 节。小生产日益受到大生产的排挤。独立的小生产者(农民、手工业者、手艺人)或者变为无产者,或者变为资本的奴仆和纳贡者。

技术的不断改进使小生产日益受到大生产的排挤。生产资料的最重要部分(土地和工厂、工具和机器、铁路和其他交通工具)集中在人数不多的资本家和大土地占有者手里,成为他们的私有财产。独立的小生产者(农民、手工业者、手艺人)日渐破产,失去生产资料并因此变为无产者,或者成为资本的奴仆和纳贡者。劳动者的日益增加的大多数不得不靠出卖自己的劳动力过活。

因此,他们成为依附于私有者和以自己的劳动为他们创造财富的雇佣工人。

因此,这些雇佣工人(无产者)处于依附于私有者的地位,以自己的劳动为他们创造收入。

第二种方案

在俄国,商品生产日益迅速地发展,资本主义生产方式在俄国愈来愈占完全的统治地位。

生产资料的最重要部分(土地和工厂、工具和机器、铁路和其他交通工具)集中在人数不多的资本家和大土地占有者手里,成为他们的私有财产。

愈来愈多的劳动者失去(丧失)生产资料,不得不靠出卖自己的劳动力过活。因此,这些雇佣工人(无产者)处于依附于私有者的地位,以自己的劳动为他们创造收入。

愈来愈多的劳动者不得不靠出卖自己的劳动力过活,成为依附于私有者和以自己的劳动为他们创造财富的雇佣工人。

资本主义的发展日益扩大大企业的数量、规模和经济作用,使独立的小生产者(农民、手工业者、手艺人)的处境日趋恶化,把他们当中的一些人变成资本的奴仆和纳贡者,把另一些人排挤到无产阶级队伍中去。

技术进步愈向前发展,资本家就愈有可能提高对工人的剥削程度,劳动力就愈供过于求。生活的毫无保障、失业、剥削的压迫和各种屈辱，成为愈来愈广泛的劳动居民阶层的厄运。

资本主义的基本矛盾所必然引起的工业危机，使这个过程更为加剧。一方面是群众的穷苦和贫困，另一方面是由于生产出来的商品找不到销路而造成社会财富的浪费。

这样，社会的和日益社会化的劳动的生产力大大发展的同时，这种发展的全部主要好处却为极少数居民所垄断。社会财富增加的同时，是社会不平等的加剧，私有者阶级（资产阶级）同无产阶级之间的鸿沟加深和扩大。[①]

载于1924年《列宁文集》俄文版第2卷

译自《列宁全集》俄文第5版第6卷第427—430页

[①] 在手稿背面有用铅笔作的笔记："……坚决摒弃所有那些会使警察—官吏对劳动群众的监护稍微扩大或巩固的改良方案……" 这一表述法，列宁曾作为对《俄国社会民主工党纲领草案》结束语的修正案提出过（见本卷第198页——编者注）。——俄文版编者注

9

对纲领草案的土地部分和
工厂部分的补充

(1月8日和2月18日
〔1月21日和3月3日〕之间)

"为了肃清旧农奴制残余,俄国社会民主工党将力求"。

是否加上"和为了使农村阶级斗争自由发展"。

主张作这一补充的理由是:我们在这里也应该坚决地同**资产阶级民主派**划清界限,自然,形形色色的资产阶级民主派只乐于同意第一条理由。

*　　　*　　　*

注意:**工厂部分补充:**

在一切雇工合同上应由法律规定每周发放工资。

译自《列宁全集》俄文第5版
第6卷第431页

《俄国社会民主党人的任务》
第二版序言要点

（1902 年 8 月）

三个阶段。（这不妨作为小文章的标题，这篇小文章应当作为

《任务》第二版的序言发表。）

首先（可以说是序言）用几句话谈谈最近时期"任务"的变化（同已经写出的比较）。"党的任务的增长"。

一　　**第一阶段**（相应的《任务》）。运动的微小发展：萌芽。社会民主党的青年时期。

它同合法马克思主义的联合。社会民主党内部的"一致"。社会民主党人圈子狭窄（社会民主主义传播不广）。

主要的注意力放在社会民主党人的"外部"关系上：即对待其他革命团体的态度（在合法书刊中同民粹派斗争，在秘密书刊中同民意党人和民权党人斗争）。{ 仅仅 罢工 }

"经济主义"不是作为一种派别存在，而是作为一种醉心于经济鼓动的现象存在。

二　　运动的巨大发展。它把俄国的国内政策提到首位。

扩大了的学生运动＋‖（特别坚决）

　　　　　　　　　┃（──游行示威

农民运动。　　　┃恐怖手段。）

社会民主党更加壮大。同合法马克思主义和经济主义的分裂──
（两种分裂的区别）。

一种是彻底的,另一种是暂时的。

主要的注意力放在社会民主党的**内部**关系上:同"批评派"斗争,同
"经济派""划清界限"。

　　　这一阶段**看来即将结束**。（同合法马克思主义划清界限,同经
济主义也划清界限。）

内容与《怎么办?》[①]一致。

第二个时期的文件。

就面临的联合而写。
比目前的
更好些。

危机的预报。

三　　第三阶段

运动的新的一步:农民奋起。
起义的问题愈来愈临近,就
在"不久的将来"。

　　关于合法马克思主义
者、批评派(米勒兰和比利
时)和经济主义的问题,所
有实质性的话都已经说了。

内容的特点表明小册子属
于第二个时期。

　　"阶级斗争是政治
斗争。"

　　"经济斗争同政治斗争
的不可分割的联系"。[②]

[①]　见本卷第1—183页。──编者注

[②]　见本版全集第2卷第434—435页。──编者注

《怎么办?》之后的
事件——;农民起义;社
会革命**党**的成立;**资产
阶级民主派**的发动(?)

老的(1897年)民意党人和民权
党人的两个"变种"——社会
革命党人和自由主义民主派。

基本思想应当是这样的:

当时(1897年)——主要任务
是确定社会民主党的外部关系。

在第三个时期(1898—1902
年)主要任务是确定社会民主党
的内部关系。

如果对新阶段的这种评
述是正确的,那么结果就应当
是:社会民主党内部更加团
结,更加注意外部关系。

目前提到首位的又是调整**外
部**关系的任务(社会革命党人)。

罢工—— 游 行 示 威
(+恐怖手段)

——农民"起义"

同合法马——同它的分裂
克思主义 和斗争
的联合

——**纯粹**批评派(或借助于"批
评派的"?)自由主义的产生。

社会民主——同经济主义
党的团结 的分裂

——经济主义的衰落(??)。

译自《列宁全集》俄文第5版
第2卷第553—555页

《俄国社会民主党人的任务》
第二版序言的未完稿

（1902年8月）

第二版序言

　　向读者推荐的这本小册子，从写好到现在将近五年过去了。在这个时期中，我国革命的工人运动，特别是社会民主主义的工人运动，以几乎令人难以置信的速度大大成长、扩大和巩固起来，俄国社会民主党的内部和外部状况发生了非常重大的变化；就党的（无论是理论的和实践的）经验来说，这些年也给作者本人提供了很多东西。因此，对这本论述任务的小册子的第1版不作任何修改就出第2版，可能令人奇怪。无论从党的生活的客观"情况"来看，还是从作者主观上来看，难道"任务"从那时以来竟丝毫也没有变动吗？

　　对于这样一个自然产生的问题，在我的小册子《怎么办？》（1902年斯图加特狄茨出版社版）里已作了回答，在那里阐述了作者现在对党的目前"任务"的看法①。《怎么办？》这本小册子一方面说明为什么在现在推荐的这本小册子中作出补充和修改会是多

---

① 见本卷第1—183页。——编者注

余的(也许甚至是不可能的)。另一方面,它也说明为什么旧的(而
且在许多方面当然是过时的)小册子居然需要重印,——除了实际
鼓动的目的之外。正是在《怎么办?》这本小册子中,我曾试图对俄
国社会民主运动的历史作一回顾,并确定它的发展的三个时期。
按照这个观点,现在我们正经历着第三个时期的终结和第四个时
期的开始,而第三个时期是一个混乱和动摇的时期,这种混乱和动
摇是由于运动异常迅速地扩展而不够深入所引起的。这种看法正
确与否,显然要取决于第二个时期是否存在过某种比较稳定的因
素,某种在下一阶段中"发生动摇"的因素。①

译自《列宁全集》俄文第 5 版
第 2 卷第 556—557 页

---

　　① 手稿到此中断。手稿上最后一句话被删掉了。——俄文版编者注

致英国博物馆馆长①

(1902 年 4 月 8 日和 11 日〔21 日和 24 日〕)

1

西中央区彭顿维尔霍尔福广场 30 号

先生：

恳请您发给我一张英国博物馆阅览室的阅览证。我是从俄国来此研究土地问题的。随函附上米切尔先生的介绍信。

先生，向您致以深切的敬意。

雅科布·里希特

1902 年 4 月 21 日

致英国博物馆馆长

---

① 这两封短信的原文是英文。——编者注

2

西中央区彭顿维尔霍尔福广场 30 号

4332

先生：

　　奉上米切尔先生的一封新介绍信，作为前信的补充和对您的第 4332 号通知的答复。

尊敬您的

雅科布·里希特

1902 年 4 月 24 日

载于 1957 年《外国文学》杂志　　　　　译自《列宁全集》俄文第 5 版
第 4 期　　　　　　　　　　　　　　　第 6 卷第 450 页

注　释

1　《怎么办?(我们运动中的迫切问题)》一书的写作工作早在 1901 年春天就开始了,列宁在《从何着手?》一文中曾预告要出这本书。后来由于情况变化,列宁修改了原定计划,直到 1901 年秋天才正式撰写。1902年 1 月列宁写完了这本书,2 月撰写了序言。3 月 10 日,《火星报》第 18号登出了该书在斯图加特出版的消息。

　　1902—1903 年,《怎么办?》在俄国各地社会民主党组织中广为传播。不少人受了它的影响而成为《火星报》的拥护者。《怎么办?》一书对于俄国工人阶级的革命马克思主义政党的建立,对于列宁火星派在俄国社会民主工党各委员会和组织中,以及以后在 1903 年党的第二次代表大会上取得胜利,起了特别重大的作用。

　　《火星报》编辑部的成员对列宁这本书的评价有过分歧,可是这种分歧并没有越出《火星报》编辑部的范围。书中的主要论点,即关于工人运动的自觉因素和自发因素的关系的论点,关于党在无产阶级革命斗争中的领导作用的论点,已写进了俄国社会民主工党纲领草案,而这个纲领草案是由普列汉诺夫起草、经《火星报》编辑部修订并得到全体成员一致同意的。在党的第二次代表大会上,当反火星派(亚·马尔丁诺夫、弗·彼·阿基莫夫)通过批评《怎么办?》来反对《火星报》编辑部所制定的党纲草案时,火星派(包括格·瓦·普列汉诺夫、尔·马尔托夫)都表示赞同列宁的这本书以及它对"自觉因素"即社会民主党在无产阶级革命运动中的作用问题的提法。可是在第二次代表大会以后,当孟什维克开始对旧《火星报》的基本思想进行系统的修正时,普列汉诺夫却承担起"反驳"列宁《怎么办?》一书的观点的任务。1904 年,普列汉诺夫在《火星报》上声称他在自发性和自觉性问题上同列宁早就有原则的分歧。1905 年 3 月 23 日《前进报》第 11 号发表了瓦·瓦·沃罗夫斯基的文章《蛊惑宣传的产物》,对普列汉诺夫作了答复。这篇文章经列宁校阅、修改和补充过,列宁还给它写了一条很长的脚注(见本版全集第9卷《关于党纲的历史》)。

　　1907年11月,列宁把《怎么办?》收入《十二年来》文集时,删去了第5章第1节《谁因〈从何着手?〉一文而生气了?》,同时增加了5条脚注。他在《〈十二年来〉文集序言》里指出《怎么办?》的写作背景、它的历史作用和意义,并驳斥了孟什维克和资产阶级自由主义阵营中的著作家们对该书的攻击和歪曲(见本版全集第16卷)。

　　在《列宁全集》俄文第5版第6卷中,《怎么办?》这一著作是按1902年版刊印的,并参照1907年版作了校勘。——1。

2　《火星报》(《Искра》)是第一个全俄马克思主义的秘密报纸,由列宁创办。创刊号于1900年12月在莱比锡出版,以后各号的出版地点是慕尼黑、伦敦(1902年7月起)和日内瓦(1903年春起)。参加《火星报》编辑部的有:列宁、格·瓦·普列汉诺夫、尔·马尔托夫、亚·尼·波特列索夫、帕·波·阿克雪里罗得和维·伊·查苏利奇。编辑部的秘书起初是因·格·斯米多维奇,1901年4月起由娜·康·克鲁普斯卡娅担任。列宁实际上是《火星报》的主编和领导者。他在《火星报》上发表了许多文章,阐述有关党的建设和俄国无产阶级的阶级斗争的基本问题,并评论国际生活中的重大事件。

　　《火星报》在国外出版后,秘密运往俄国翻印和传播。《火星报》成了团结党的力量、聚集和培养党的干部的中心。在俄国许多城市成立了俄国社会民主工党列宁火星派的小组和委员会。1902年1月在萨马拉举行了火星派代表大会,建立了《火星报》俄国组织常设局。

　　《火星报》在建立俄国马克思主义政党方面起了重大的作用。在列宁的倡议和亲自参加下,《火星报》编辑部制定了党纲草案,筹备了俄国社会民主工党第二次代表大会。这次代表大会宣布《火星报》为党的中央机关报。

　　根据俄国社会民主工党第二次代表大会的决议,《火星报》编辑部改由列宁、普列汉诺夫、马尔托夫三人组成。但是马尔托夫坚持保留原来的六人编辑部,拒绝参加新的编辑部,因此《火星报》第46—51号是由列宁和普列汉诺夫二人编辑的。后来普列汉诺夫转到了孟什维主义的立场上，要求把原来的编辑都吸收进编辑部，列宁不同意这样做，于1903年10月19日(11月1日)退出了编辑部。《火星报》第52号是由普列汉诺夫一人编辑的。1903年11月13日(26日)，普列汉诺夫把原来的编辑全部增补进编辑部以后，《火星报》由普列汉诺夫、马尔托夫、阿克雪里罗得、查苏利奇和波特列索夫编辑。因此，从第52号起，《火星报》变成了孟什维克的机关报。人们将第52号以前的《火星报》称为旧《火星报》，而把孟什维克的《火星报》称为新《火星报》。

　　1905年5月第100号以后，普列汉诺夫退出了编辑部。《火星报》于1905年10月停刊，最后一号是第112号。——1。

3　1901年春天和夏天，由斗争社倡议和从中斡旋，俄国社会民主工党各国外组织(国外俄国社会民主党人联合会、崩得国外委员会、"社会民主党人"革命组织、《火星报》和《曙光》杂志国外部等)举行了关于协议和统一的谈判。为了筹备召开实现统一的代表大会，上述各组织的代表于1901年6月在日内瓦举行了一次会议，通称六月代表会议或日内瓦代表会议。这次会议通过了一项决议，认为必须在《火星报》的革命原则基础上团结俄国社会民主主义力量和统一社会民主党各国外组织，并谴责了经济主义、伯恩施坦主义、米勒兰主义等形形色色的机会主义。但是国外俄国社会民主党人联合会及其机关刊物《工人事业》杂志在代表会议以后却加紧宣扬机会主义。这突出地表现在1901年9月《工人事业》杂志第10期刊登的波·尼·克里切夫斯基的《原则、策略和斗争》和亚·马尔丁诺夫的《揭露性的刊物和无产阶级的斗争》两篇文章以及联合会第三次代表大会对六月代表会议决议的修正上。在这种情况下，火星派同工人事业派的统一已不可能。

　　俄国社会民主工党国外组织"统一"代表大会于1901年9月21—22日(10月4—5日)在瑞士苏黎世举行。列宁(化名"弗雷")参加了这次代表大会，并在会上发言揭露了联合会背弃六月代表会议决议的言行(见本版全集第5卷第245—249页)。在代表大会宣布了联合会第三次代表大会通过的对六月代表会议决议所作的修正和补充之后，《火星报》和《曙光》杂志组织以及"社会民主党人"革命组织的代表便宣读了一项特别声明,指出代表大会的机会主义多数不能保证政治坚定性,随即退出了代表大会。——1。

4 《工人事业》杂志(《Рабочее Дело》)是俄国经济派的不定期杂志,国外俄国社会民主党人联合会的机关刊物,1899年4月—1902年2月在日内瓦出版,共出了12期(9册)。该杂志的编辑部设在巴黎,担任编辑的有波·尼·克里切夫斯基、帕·费·捷普洛夫、弗·巴·伊万申和亚·萨·马尔丁诺夫。该杂志支持所谓"批评自由"这一伯恩施坦主义口号,在俄国社会民主党的策略和组织问题上持机会主义立场。聚集在《工人事业》杂志周围的经济主义的拥护者形成工人事业派。工人事业派宣扬无产阶级政治斗争应服从经济斗争的机会主义思想,崇拜工人运动的自发性,否认党的领导作用。他们还反对列宁关于建立严格集中和秘密的组织的思想,维护所谓"广泛民主"的原则。《工人事业》杂志支持露骨的经济派报纸《工人思想报》,该杂志的编辑之一伊万申参加了这个报纸的编辑工作。在俄国社会民主工党第二次代表大会上,工人事业派是党内机会主义极右派的代表。——2。

5 《工人报》(《Рабочая Газета》)是基辅社会民主党人小组的秘密报纸,波·李·埃杰尔曼、巴·卢·图恰普斯基、尼·阿·维格多尔契克等任编辑,在基辅出版。共出过两号:第1号于1897年8月出版;第2号于同年12月(报纸上印的日期是11月)出版。图恰普斯基曾受编辑部委派出国同劳动解放社建立联系,得到了格·瓦·普列汉诺夫等给报纸撰稿的许诺。《工人报》和彼得堡工人阶级解放斗争协会也有联系。《工人报》参与了1898年3月召开的俄国社会民主工党第一次代表大会的筹备工作,并被这次代表大会承认为党的正式机关报。代表大会以后不久,《工人报》的印刷所被警察破获和捣毁,已编好待发排的第3号没能出版。1899年该报试图复刊,没有成功。——2。

6 拉萨尔派和爱森纳赫派是19世纪60年代和70年代初期德国工人运动中的两个派别。

　　拉萨尔派是全德工人联合会的成员,德国小资产阶级社会主义者斐·拉萨尔的拥护者,主要代表人物是约·巴·冯·施韦泽、威·哈森

克莱维尔、威·哈赛尔曼等。全德工人联合会在 1863 年于莱比锡召开
的全德工人代表大会上成立；拉萨尔是它的第一任主席，他为联合会制
定了纲领和策略基础。拉萨尔派反对暴力革命，认为只要进行议会斗
争，争取普选权，就可以把普鲁士君主国家变为"自由的人民国家"；主
张在国家帮助下建立生产合作社，把资本主义和平地改造为社会主义；
支持俾斯麦所奉行的在普鲁士领导下"自上而下"统一德国的政策。马
克思和恩格斯曾多次尖锐地批判拉萨尔派的理论、策略和组织原则，指
出它是德国工人运动中的机会主义派别。

　　爱森纳赫派是德国社会民主工党的成员。该党是在奥·倍倍尔和
威·李卜克内西领导下，于 1869 年在爱森纳赫代表大会上成立的，曾
参加第一国际。由于经常接受马克思和恩格斯的指导，爱森纳赫派执
行了比较彻底的革命政策，尤其是在德国统一的问题上一贯坚持民主
的和无产阶级的道路。

　　拉萨尔派和爱森纳赫派于 1875 年在哥达代表大会上合并为统一
的德国社会主义工人党。——5。

7　盖得派和可能派是法国社会主义运动中的两个派别。

　　盖得派是 19 世纪 80 年代至 20 世纪初法国社会主义运动中以
茹·盖得为首的一个派别，基本成员是 19 世纪 70 年代末期团结在盖
得创办的《平等报》周围的进步青年知识分子和先进工人。1879 年组
成了法国工人党。1880 年 11 月在勒阿弗尔代表大会上制定了马克思
主义纲领。在米勒兰事件上持反对加入资产阶级内阁的立场。1901
年与其他反入阁派一起组成法兰西社会党。盖得派为在法国传播马克
思主义作出过重要贡献，但它的一些领导人对马克思主义的认识犯有
片面性和教条主义的错误。

　　可能派是 19 世纪 80 年代至 20 世纪初法国社会主义运动中以
保·布鲁斯等人为首的机会主义派别。该派起初是法国工人党中改良
主义的一翼，1882 年法国工人党分裂后称为社会主义革命工人党，
1883 年改称法国劳动社会联盟。该派否定无产阶级的革命纲领和革
命策略，模糊工人运动的社会主义目的，主张把工人阶级的活动限制在
资本主义制度下"可能"办到的范围内，因此有"可能派"之称。1902

年,可能派同其他一些改良主义派别一起组成了以让·饶勒斯为首的法国社会党。

1905年,法兰西社会党和法国社会党合并,统称法国社会党(工人国际法国支部)。——5。

8 费边派是1884年成立的英国改良主义组织费边社的成员,多为资产阶级知识分子,代表人物有悉·韦伯、比·韦伯、拉·麦克唐纳、肖伯纳、赫·威尔斯等。费边·马克西姆是古罗马统帅,以在第二次布匿战争(公元前218—前201年)中采取回避决战的缓进待机策略著称。费边社即以此人名字命名。费边派虽然认为社会主义是经济发展的必然结果,但只承认演进的发展道路。他们反对马克思主义的阶级斗争和无产阶级革命学说,鼓吹通过细微的改良来逐渐改造社会,宣扬所谓"地方公有社会主义"(又译"市政社会主义")。1900年费边社加入工党(当时称劳工代表委员会),但仍保留自己的组织。在工党中,它一直起制定纲领原则和策略原则的思想中心的作用。第一次世界大战期间,费边派采取社会沙文主义立场。关于费边派,参看列宁《社会民主党在1905—1907年俄国第一次革命中的土地纲领》第4章第7节和《英国的和平主义和英国的不爱理论》(本版全集第16卷和第26卷)。

社会民主党人是指英国的社会民主联盟(S.D.F.)的参加者。社会民主联盟是英国的社会主义组织,于1884年8月在民主联盟的基础上成立。参加联盟的除改良主义者(亨·迈·海德门等)和无政府主义者外,还有一批革命的社会民主党人即马克思主义的拥护者(哈·奎尔奇、汤·曼、爱·艾威林、爱琳娜·马克思等),他们构成了英国社会主义运动的左翼。恩格斯曾尖锐地批评社会民主联盟有教条主义和宗派主义倾向,脱离英国群众性的工人运动并且忽视这一运动的特点。1884年秋联盟发生分裂,联盟的左翼在1884年12月成立了独立的组织——社会主义同盟。1907年,社会民主联盟改称英国社会民主党。1911年,该党与独立工党中的左派一起组成了英国社会党。1920年,社会党的大部分党员参加了创立英国共产党的工作。——5。

9 民意党人是民意党的成员。民意党是俄国土地和自由社分裂后产生的革命民粹派组织，于1879年8月建立。主要领导人是安·伊·热里雅鲍夫、亚·德·米哈伊洛夫、米·费·弗罗连柯、尼·亚·莫罗佐夫、维·尼·菲格涅尔、亚·亚·克维亚特科夫斯基、索·李·佩罗夫斯卡娅等。该党主张推翻专制制度，在其纲领中提出了广泛的民主改革的要求，如召开立宪会议，实现普选权，设置常设人民代表机关，实行言论、信仰、出版、集会等自由和广泛的村社自治，给人民以土地，给被压迫民族以自决权，用人民武装代替常备军等。但是民意党人把民主革命的任务和社会主义革命的任务混为一谈，认为在俄国可以超越资本主义，经过农民革命走向社会主义，并且认为俄国主要革命力量不是工人阶级而是农民。民意党人从积极的"英雄"和消极的"群氓"的错误理论出发，采取个人恐怖的活动方式，把暗杀沙皇政府的个别代表人物作为推翻沙皇专制制度的主要手段。他们在1881年3月1日（13日）刺杀了沙皇亚历山大二世。由于理论上、策略上和斗争方法上的错误，在沙皇政府的严重摧残下，民意党在1881年以后就瓦解了。——5。

10　内阁派是主张社会党人参加资产阶级政府的机会主义流派。因法国社会党人亚·埃·米勒兰于1899年参加瓦尔德克-卢梭的资产阶级政府，所以这种机会主义策略也被称为米勒兰主义。1900年9月23—27日在巴黎举行的第二国际第五次代表大会讨论了米勒兰主义问题。大会通过了卡·考茨基提出的调和主义决议。这个决议虽谴责社会党人参加资产阶级政府，但却认为在"非常"情况下可以这样做。法国社会党人和其他国家的社会党人就利用这项附带条件为他们在第一次世界大战期间参加帝国主义资产阶级政府的行为辩护。列宁认为米勒兰主义是一种修正主义和叛卖行为，社会改良主义者参加资产阶级政府必定会充当资本家的傀儡，成为这个政府欺骗群众的工具。——5。

11　伯恩施坦派是国际工人运动中的修正主义派别，产生于19世纪末20世纪初。爱·伯恩施坦的《社会主义的前提和社会民主党的任务》（1899年）一书是对伯恩施坦派思想体系的全面阐述。伯恩施坦派在哲学上否定辩证唯物主义和历史唯物主义，用庸俗进化论和诡辩论代替革命的辩证法；在政治经济学上修改马克思主义的剩余价值学说，竭力掩盖帝国主义的矛盾,否认资本主义制度的经济危机和政治危机;在政治上鼓吹阶级合作和资本主义和平长入社会主义,传播改良主义和机会主义思想,反对马克思主义的阶级斗争学说,特别是无产阶级革命和无产阶级专政的学说。伯恩施坦派得到德国社会民主党右翼和第二国际其他一些政党的支持。在俄国,追随伯恩施坦派的有合法马克思主义者、经济派等。——5。

12 密纳发从丘必特的脑袋里钻出来一语源于古罗马的神话传说。密纳发是罗马神话中的智慧女神,相当于希腊神话中的雅典娜;丘必特是罗马神话中的最高天神,相当于希腊神话中的宙斯。据古罗马神话故事,密纳发从丘必特脑袋里一生下来,就身着盔甲,手执长矛,全副武装。后来,人们常用"像密纳发从丘必特脑袋里钻出来一样"来比喻某人或某事从一开始就完美无缺。——6。

13 指俄国作家伊·安·克雷洛夫的寓言《两只桶》。寓言说,有两只桶在路上滚。一只桶里装着酒,稳稳当当地前进。另一只桶是空的,一路上隆隆作响。尽管空桶发出的声音十分响亮,却不像第一只桶那么有分量。——8。

14 国外俄国社会民主党人联合会是根据劳动解放社的倡议,在全体会员承认劳动解放社纲领的条件下,于1894年在日内瓦成立的。联合会为俄国国内出版书刊,它的出版物全部由劳动解放社负责编辑。1896—1899年联合会出版了不定期刊物《工作者》文集和《〈工作者〉小报》。1898年3月,俄国社会民主工党第一次代表大会承认联合会是党的国外代表机关。1898年底,经济派在联合会里占了优势。1898年11月,在苏黎世召开的联合会第一次代表大会上,劳动解放社声明,除《工作者》文集以及列宁的《俄国社会民主党人的任务》和《新工厂法》两个小册子外,拒绝为联合会编辑出版物。联合会从1899年4月起出版《工人事业》杂志,由经济派分子担任编辑。1900年4月,在日内瓦举行的联合会第二次代表大会上,劳动解放社的成员以及与其观点一致的人正式退出联合会,成立了独立的"社会民主党人"革命组织。此后,联合会和《工人事业》杂志就成了经济主义在俄国社会民主党内的代表。

1903年,根据俄国社会民主工党第二次代表大会的决议,联合会宣布解散。——9。

15　《曙光》杂志(《Заря》)是俄国马克思主义的科学政治刊物,由《火星报》编辑部编辑,1901—1902年在斯图加特出版,共出了4期(第2、3期为合刊)。第5期已准备印刷,但没有出版。杂志宣传马克思主义,批判民粹主义和合法马克思主义、经济主义、伯恩施坦主义等机会主义思潮。——9。

16　山岳派和吉伦特派是18世纪末法国资产阶级革命时期的两个政治派别。山岳派又称雅各宾派,是法国国民公会中的左翼民主主义集团,以其席位在会场的最高处而得名。该派代表中小资产阶级的利益,主张铲除专制制度和封建主义,其领袖是马·罗伯斯比尔、让·保·马拉、若·雅·丹东、安·路·圣茹斯特等。吉伦特派代表共和派的大工商业资产阶级和农业资产阶级的利益,主要是外省资产阶级的利益。该派许多领导人在立法议会和国民公会中代表吉伦特省,因此而得名。吉伦特派的领袖是雅·皮·布里索、皮·维·维尼奥、罗兰夫妇、让·安·孔多塞等。该派主张各省自治,成立联邦。吉伦特派动摇于革命和反革命之间,走同王党勾结的道路。列宁称革命的社会民主党人为山岳派,即无产阶级的雅各宾派,而把社会民主党内的机会主义派别称为社会民主党的吉伦特派。在俄国社会民主工党分裂为布尔什维克和孟什维克之后,列宁经常强调指出,孟什维克是工人运动中的吉伦特派。——9。

17　立宪民主党人是俄国自由主义君主派资产阶级的主要政党立宪民主党的成员。立宪民主党(正式名称为人民自由党)于1905年10月成立。中央委员中多数是资产阶级知识分子、地方自治人士和自由派地主。主要活动家有帕·尼·米留可夫、谢·安·穆罗姆采夫、瓦·阿·马克拉柯夫、安·伊·盛加略夫、彼·伯·司徒卢威、约·弗·盖森等。立宪民主党提出一条与革命道路相对抗的和平的宪政发展道路,主张俄国实行立宪君主制和资产阶级的自由。在土地问题上,主张将国家、皇室、皇族和寺院的土地分给无地和少地的农民;私有土地部分地转让,

并且按"公平"价格给予补偿;解决土地问题的土地委员会由同等数量
的地主和农民组成,并由官员充当他们之间的调解人。1906年春,曾
同政府进行参加内阁的秘密谈判,后来在国家杜马中自命为"负责任的
反对派"。第一次世界大战期间,支持沙皇政府的掠夺政策,曾同十月
党等反动政党组成"进步同盟",要求成立责任内阁,即为资产阶级和地
主所信任的政府,力图阻止革命并把战争进行到最后胜利。二月革命
后,立宪民主党在资产阶级临时政府中居于领导地位,竭力阻挠土地问
题、民族问题等基本问题的解决,并奉行继续帝国主义战争的政策。七
月事变后,支持科尔尼洛夫叛乱,阴谋建立军事独裁。十月革命胜利
后,苏维埃政府于1917年11月28日(12月11日)宣布立宪民主党为
"人民公敌的党"。该党随之转入地下,继续进行反革命活动,并参与白
卫将军的武装叛乱。国内战争结束后,该党上层分子大多数逃亡国外。
1921年5月,该党在巴黎召开代表大会时分裂,作为统一的党不复存
在。——9。

18　无题派是指1906年在彼得堡出版的《无题》周刊的组织者和参加
　　者——谢·尼·普罗柯波维奇、叶·德·库斯柯娃、瓦·雅·鲍古查尔
　　斯基、维·韦·波尔土加洛夫、瓦·瓦·希日尼亚科夫等人。无题派是
　　一批原先信奉合法马克思主义和经济主义、后来参加了解放社的俄国
　　资产阶级自由派知识分子,他们公开宣布自己是西欧"批判社会主义"
　　的拥护者,支持孟什维克和立宪民主党人。列宁称无题派为孟什维克
　　化的立宪民主党人或立宪民主党人化的孟什维克。无题派在《无题》周
　　刊停刊后集结在左派立宪民主党的《同志报》周围。——9。

19　指像俄国历史学家德·伊·伊洛瓦伊斯基那样研究历史。伊洛瓦伊斯
　　基把历史主要归结为帝王将相的活动,用种种次要的和偶然的事件来
　　解释历史过程。——10。

20　反社会党人非常法(反社会党人法)即《反社会民主党企图危害治安
　　法》,是德国俾斯麦政府从1878年10月21日起实行的镇压工人运动
　　的反动法令。这个法令规定取缔德国社会民主党和一切进步工人组
　　织,查封工人刊物,没收社会主义书报,并可不经法律手续把革命者逮

捕和驱逐出境。在反社会党人非常法实施期间,有 1 000 多种书刊被查禁,300 多个工人组织被解散,2 000 多人被监禁和驱逐。在工人运动的压力下,反社会党人非常法于 1890 年 10 月 1 日被废除。——11。

21　指 1877 年 5 月 27—29 日在哥达举行的德国社会主义工人党代表大会。

　　这年 1—5 月,恩格斯在该党中央机关报《前进报》上发表了一组批判欧·杜林的文章(《反杜林论》第 1 编)。这引起了杜林分子的激烈反对。他们在这次代表大会上企图禁止《前进报》继续发表恩格斯的反对杜林的文章。代表大会没有接受他们的意见,但从实际考虑,决定今后不在《前进报》正刊而在其附刊上继续对各种理论问题展开争论。所以,《反杜林论》第 2、3 编是在《前进报》附刊上发表的。——11。

22　《前进报》(«Vorwärts»)是德国社会民主党的中央机关报(日报),1876 年 10 月在莱比锡创刊,编辑是威·李卜克内西和威·哈森克莱维尔。1878 年 10 月反社会党人非常法颁布后被查禁。1890 年 10 月反社会党人非常法废除后,德国社会民主党哈雷代表大会决定把 1884 年在柏林创办的《柏林人民报》改名为《前进报》(全称是《前进·柏林人民报》),从 1891 年 1 月起作为中央机关报在柏林出版,由李卜克内西任主编。恩格斯曾为《前进报》撰稿,同机会主义的各种表现进行斗争。1895 年恩格斯逝世以后,《前进报》逐渐转入党的右翼手中。它支持过俄国的经济派和孟什维克。第一次世界大战期间持社会沙文主义立场。俄国十月革命以后,进行反对苏维埃的宣传。1933 年停刊。——11。

23　讲坛社会主义者是 19 世纪 70—90 年代资产阶级思想流派的代表人物。这些人主要是德国的大学教授,他们在大学的讲坛上宣扬资产阶级改良主义。主要代表人物有阿·瓦格纳、古·施穆勒、路·布伦坦诺、卡·毕歇尔、韦·桑巴特等人。他们认为国家是超阶级的组织,鼓吹资产阶级和无产阶级之间的阶级和平,主张不触动资本家的利益,逐步实行“社会主义”。因此,讲坛社会主义的纲领仅局限于提出一些社会改良措施,如设立工人疾病和伤亡事故保险等,目的在于削弱阶级斗争,消除革命以及社会民主党人的影响,使工人同反动的普鲁士国家和解。马克思和恩格斯对讲坛社会主义进行了坚持不懈的斗争,揭露了它反动和反科学的性质。讲坛社会主义是修正主义的思想来源之一。在俄国,合法马克思主义者宣扬讲坛社会主义的改良主义思想。——11。

24　此处是借用俄国作家尼·瓦·果戈理的小说《死魂灵》中的话。诺兹德列夫是《死魂灵》中的一个惯于信口开河、吹牛撒谎的无赖地主。他到处招摇撞骗,惹是生非。果戈理称他为"故事性的"人物,因为他每到一处,都要闹出点"故事"来。——11。

25　汉诺威决议是指1899年10月9—14日德国社会民主党在汉诺威举行的代表大会就"对党的基本观点和策略的攻击"问题通过的决议。代表大会之所以讨论这个问题并通过这项专门的决议,是因为以爱·伯恩施坦为首的修正主义者要修改马克思主义理论,并要求重新审查社会民主党的革命政策和策略。奥·倍倍尔就这个问题作了报告。列宁给予这个报告以高度评价(见本版全集第23卷《奥古斯特·倍倍尔》一文)。代表大会以绝对多数票通过了倍倍尔提出的决议。该决议指出:"资产阶级社会的发展至今并未提供任何理由使党放弃或改变自己对它的基本看法。党一如既往立足于阶级斗争,而根据这一点,工人阶级的解放只能是工人阶级本身的事业。因此,党认为工人阶级的历史任务是夺取政权,以便借助于政权,通过生产工具社会化和实行社会主义的生产与交换方式来保障最普遍的幸福生活。"在不拒绝与资产阶级各政党为达到一定的实际目标而进行暂时联合的同时,"党任何时候在自己全部活动中都完全保持独立自主,并把所取得的每一成就只看成是使它接近它的最终目标的一步"。决议最后写道:"党没有任何理由要改变自己的主要要求和基本观点,或改变自己的策略和名称……党坚决反对模糊或改变党对待现存国家制度、社会制度以及资产阶级政党的态度的一切尝试。"

　　汉诺威决议虽然否决了修正主义者的要求,但没有对伯恩施坦主义及其代表人物进行有力的批判。这引起了左派社会民主党人(罗·

卢森堡等）的不满。伯恩施坦的拥护者也对这个决议投了赞成票。——12。

26　吕贝克决议是指 1901 年 9 月 22—28 日德国社会民主党在吕贝克举行的代表大会通过的决议。这次代表大会最为关注的是同修正主义作斗争的问题。当时修正主义已经最终形成，既有自己的纲领，也有自己的机关刊物（《社会主义月刊》）。修正主义者的首领爱·伯恩施坦在代表大会上发言，要求对马克思主义有"批评自由"。吕贝克代表大会就伯恩施坦问题展开了辩论，并以多数票通过决议，指出："党代表大会无保留地承认自我批评对于我党在思想上的继续发展是必要的。但是，伯恩施坦同志最近一些年来完全片面地从事这种批评，而对资产阶级社会及其代表却不加批评，这种做法使他处于一种暧昧地位并引起党内大部分同志的不满。"尽管在吕贝克决议中对伯恩施坦提出了直接的警告，但由于多数领袖采取调和主义立场，大会没有在原则上提出修正主义者不得留在社会民主党内的问题。——12。

27　指德国社会民主党斯图加特代表大会。

德国社会民主党斯图加特代表大会于 1898 年 10 月 3—8 日在斯图加特举行。这次代表大会第一次讨论了德国社会民主党内的修正主义问题。侨居国外的爱·伯恩施坦给大会寄来一份专门声明，为他以前在《新时代》杂志上发表的题为《社会主义问题》的一组文章中的机会主义观点辩护。代表大会宣读了他的这份声明。从代表大会的讨论中看到，反对伯恩施坦的人的意见是不一致的。以奥·倍倍尔、卡·考茨基为首的一部分人害怕党的分裂，力主把反对伯恩施坦主义的原则斗争同小心谨慎的党内策略结合起来；以罗·卢森堡、亚·李·帕尔乌斯为首的一部分人持比较坚决的立场，主张开展广泛深入的辩论，不怕分裂，他们在代表大会上处于少数地位。大会没有就此问题作出任何决议。会后，在该党的报刊上展开了辩论。——12。

28　斯塔罗韦尔（亚·尼·波特列索夫）在《发生了什么事情？》一文（载于 1901 年 4 月《曙光》杂志第 1 期）中说："为什么在我们的土地上，马克思主义中的臭名远扬的'改良派'（指伯恩施坦）的怀疑论比在任何地方获得的成就都大？同时为什么在俄罗斯，这种理论的隐蔽的拥护者这么多，公开的拥护者这么少？伯恩施坦主义就像不可告人的暗疾，得了这种病通常是不好大声坦白承认的。"——13。

29 自命不凡的作家是俄国作家阿·马·高尔基的一篇短篇小说的标题。——15。

30 列宁在这里指的是他自己写的《民粹主义的经济内容及其在司徒卢威先生的书中受到的批评（马克思主义在资产阶级著作中的反映）》和《〈十二年来〉文集序言》（见本版全集第1卷和第16卷）。1894年秋，列宁在彼得堡革命马克思主义者和合法马克思主义者代表参加的一次讨论会上，作了题为《马克思主义在资产阶级著作中的反映》的报告。上述文章就是在这个报告的基础上于1894年底至1895年初写成的。此文最初用克·土林的笔名刊载于1895年4月出版的《说明我国经济发展状况的资料》文集。1907年底，列宁把这篇文章编入了《十二年来》文集。在《〈十二年来〉文集序言》中，列宁说明了这篇文章写作的历史背景和经过。

《说明我国经济发展状况的资料》文集，即下段正文中提到的《俄国经济发展问题的资料》，于1895年4月由公开的印刷所印了2 000册。除列宁的上述文章外，文集还收入了格·瓦·普列汉诺夫的《悲观论是经济现实的反映》、《向我们的论敌进一言（俄国著作界的文明史资料）》、彼·伯·司徒卢威的《致我的批评者》以及其他文章。沙皇政府先是禁止该文集发行，一年后又将其没收焚毁。保存下来的仅有100册，在彼得堡等城市的社会民主党人手中秘密传阅。——15。

31 赫罗斯特拉特是公元前4世纪希腊人。据传说，他为了扬名于世，在公元前356年纵火焚毁了被称为世界七大奇观之一的以弗所城阿尔蒂米斯神殿。后来，赫罗斯特拉特的名字成了不择手段追求名声的人的通称。——16。

32 指爱·伯恩施坦的《社会主义的前提和社会民主党的任务》一书。该书于1901年出了三种俄文译本，书名互不相同：(1)《历史唯物主义》，莉·坎采尔译,圣彼得堡知识出版社出版(这个译本在一年内出了两版);(2)《社会问题》,彼·谢·科甘译,莫斯科康恰洛夫斯基出版社出版;(3)《社会主义问题和社会民主党的任务》,К.Я.布特科夫斯基译,莫斯科叶菲莫夫出版社出版。——16。

33 谢·瓦·祖巴托夫向工人推荐爱·伯恩施坦和谢·尼·普罗柯波维奇的著作一事,是署名"一位原经济主义者"的读者给《火星报》编辑部的信中揭露的。尔·马尔托夫在《再论当前的政治腐蚀》一文(载于1901年11月《火星报》第10号)中,引用了这封信中的材料。——16。

34 《信条》是经济派于1899年写的一个文件。它极其鲜明地反映了经济派的观点。《信条》的作者叶·德·库斯柯娃当时是国外俄国社会民主党人联合会成员。

列宁在西伯利亚流放地收到他姐姐安·伊·乌里扬诺娃-叶利扎罗娃从彼得堡寄来的《信条》之后,于1899年8月在米努辛斯克专区叶尔马科夫斯克村召集被流放的马克思主义者开会讨论了经济派的这个文件和他起草的《俄国社会民主党人抗议书》(见本版全集第4卷)。与会者17人一致通过并签署了这个《抗议书》,所以也称17人抗议书。《抗议书》引用了《信条》的全文。——17。

35 《往事》杂志(《Былое》)是俄国历史刊物,主要研究民粹主义和更早的社会运动(十二月党人、彼得拉舍夫斯基派等)的历史。该杂志由弗·李·布尔采夫创办,1900—1904年在伦敦和巴黎出版了6期。1906—1907年,该杂志在彼得堡出版(月刊),编辑是瓦·雅·鲍古查尔斯基和帕·叶·晓戈列夫,布尔采夫也参加编辑工作。1907年该杂志被沙皇政府查封后,为代替杂志第11、12期出版了历史文集《我们的国家》。1908年改出《过去的年代》杂志,1909年改为历史文集《过去》。1908年布尔采夫恢复了《往事》杂志的国外版(巴黎),一直出到1912年。在俄国,《往事》杂志于1917年7月在彼得格勒复刊。十月革命后由晓戈列夫担任编辑继续出版,1926年停刊。——17。

36 《工人思想报》(《Рабочая Мысль》)是俄国经济派的报纸,1897年10

月——1902年12月先后在彼得堡、柏林、华沙和日内瓦等地出版,共出了16号。头几号由"独立工人小组"发行,从第5号起成为彼得堡工人阶级解放斗争协会的机关报。参加该报编辑部的有尼·尼·洛霍夫(奥尔欣)、康·米·塔赫塔廖夫、弗·巴·伊万申、阿·亚·雅库波娃等人。该报号召工人阶级为争取狭隘经济利益而斗争。它把经济斗争同政治斗争对立起来,认为政治斗争不在无产阶级任务之内,反对建立马克思主义的无产阶级政党,主张成立工联主义的合法组织。它贬低革命理论的意义,认为社会主义意识可以从自发运动中产生。列宁在《俄国社会民主党中的倒退倾向》(见本版全集第4卷)等著作中批判了《工人思想报》的观点。——18。

37 指《〈工人事业〉杂志编辑部指南》。这是一本揭露俄国社会民主党人队伍中的机会主义、主要是国外俄国社会民主党人联合会及其机关刊物《工人事业》杂志编辑部的经济主义观点的资料汇编,由格·瓦·普列汉诺夫编辑、作序,劳动解放社于1900年2月在日内瓦出版。——18。

38 《宣言书》是基辅委员会在1899年起草的一份传单。这份传单表明了基辅委员会的机会主义观点,其内容有很多地方和经济派的《信条》相同。列宁在《论〈宣言书〉》一文(见本版全集第4卷)中对这个文件进行了批判。列宁原打算在征得基辅委员会的同意后把《宣言书》连同他的《论〈宣言书〉》一起发表,但因基辅委员会不赞成而未果。——18。

39 《〈工人思想报〉增刊》是俄国经济派报纸《工人思想报》编辑部于1899年9月出版的一本小册子。这本小册子,特别是其中署名尔·姆·的《我国的实际情况》一文,公开散布机会主义观点。列宁在《俄国社会民主党中的倒退倾向》一文(见本版全集第4卷)中对这本小册子进行了批判。——20。

40 《关于恢复"劳动解放社"出版物的声明》是劳动解放社在1899年10月下旬收到列宁写的《俄国社会民主党人抗议书》之后,于12月由帕·波·阿克雪里罗得起草、格·瓦·普列汉诺夫定稿的一个文件。在这个声明中,劳动解放社表示完全赞同《抗议书》提出的对俄国和国际社会民主党队伍中的机会主义进行坚决斗争的号召。声明于 1900 年初印成单页发表,并收入《〈工人事业〉杂志编辑部指南》一书的《附录》。声明所阐述的纲领,直到《火星报》和《曙光》杂志出版才得到实现。

劳动解放社是俄国第一个马克思主义团体,由格·瓦·普列汉诺夫和维·伊·查苏利奇、帕·波·阿克雪里罗得、列·格·捷依奇、瓦·尼·伊格纳托夫于 1883 年 9 月在日内瓦建立。劳动解放社把马克思主义创始人的许多重要著作译成俄文,在国外出版后秘密运到俄国,对马克思主义在俄国的传播起了巨大作用。普列汉诺夫当时写的《社会主义与政治斗争》、《我们的意见分歧》、《论一元论历史观之发展》等著作有力地批判了民粹主义,用马克思主义的观点分析了俄国社会的现实和俄国革命的一些基本问题。普列汉诺夫起草的劳动解放社的两个纲领草案——1883 年的《社会民主主义的劳动解放社纲领》和1885 年的《俄国社会民主党人纲领草案》,对于俄国社会民主党的建立具有重要意义,后一个纲领草案的理论部分包含了马克思主义政党纲领的基本成分。劳动解放社在团结俄国社会民主党的力量方面也做了许多工作。它还积极参加社会民主党人的国际活动,和德、法、英等国的社会民主党都有接触。劳动解放社以普列汉诺夫为代表对伯恩施坦主义进行了积极的斗争,在反对俄国的经济派方面也起了重要作用。恩格斯曾给予劳动解放社的活动以高度评价(参看《马克思恩格斯文集》第 10 卷第 532 页)。列宁认为劳动解放社的历史意义在于它从理论上为俄国社会民主党奠定了基础,向着工人运动迈出了第一步。劳动解放社的主要缺点是:它没有和工人运动结合起来,它的成员对俄国资本主义发展的特点缺乏具体分析,对建立不同于第二国际各党的新型政党的特殊任务缺乏认识等。劳动解放社于 1903 年 8 月在俄国社会民主工党第二次代表大会上宣布解散。——21。

41　指国外俄国社会民主党人联合会第三次代表大会。

国外俄国社会民主党人联合会第三次代表大会于 1901 年 9 月下半月在苏黎世举行。这次代表大会的决议表明,机会主义在联合会里取得了最终胜利。大会对 1901 年六月代表会议决议(俄国社会民主工党各国外组织的原则协议)作了带有明显的机会主义性质的修正和补充。这就预先决定了在这次代表大会几天以后举行的俄国社会民主工党国外组织"统一"代表大会的失败。第三次代表大会还批准了《给〈工人事业〉杂志编辑部的指示》,这个指示只字不提国际社会民主运动和俄国社会民主运动中革命倾向和机会主义倾向的斗争,不提批判修正主义和论证马克思主义革命本质的必要性。——21。

42　但愿你们拉也拉不完! 这句话出自俄罗斯民间故事《十足的傻瓜》。傻瓜伊万努什卡经常说些不合时宜的话,因此而挨揍。一次,他看到农民在脱粒,叫喊道:"你们脱三天,只能脱三粒!"为此他挨了一顿打。傻瓜回家向母亲哭诉,母亲告诉他:"你应该说,但愿你们打也打不完,运也运不完,拉也拉不完!"第二天,傻瓜看到人家送葬,就叫喊道:"但愿你们运也运不完,拉也拉不完!"结果又挨了一顿打。——22。

43　哥达纲领即德国社会主义工人党纲领。这个纲领是在德国工人运动中的两派——爱森纳赫派(1869年成立的社会民主工党)和拉萨尔派(1863年成立的全德工人联合会)——于1875年5月在哥达举行的合并代表大会上通过的。哥达纲领比爱森纳赫派的纲领倒退了一步,它是爱森纳赫派不惜一切代价追求合并、向拉萨尔派作了无原则的妥协和让步的产物。纲领宣布党的目的是解放工人阶级和建立社会主义社会,但是回避了社会主义革命和无产阶级夺取政权的问题,并写进了拉萨尔主义的一系列论点,如所谓"铁的工资规律",所谓对无产阶级说来其他一切阶级都是反动的一帮,工人阶级只有通过普选权和由国家帮助建立生产合作社才能达到自己的目的,应当用一切合法手段建立所谓"自由的人民国家"等。马克思和恩格斯对哥达纲领的草案作了彻底的批判(参看《马克思恩格斯文集》第3卷第419—450页),但是他们的意见没有得到认真考虑。哥达纲领于1891年被爱尔福特纲领代替。——22。

44　指帕·波·阿克雪里罗得1898年写的小册子《论俄国社会民主党人的当前任务和策略问题》。他在这本小册子中说,在社会民主党把注意力仅仅集中到纯经济斗争时,那些无法给自己的政治追求找到出路的无产阶级最革命分子就可能像70年代那样去从事恐怖活动,或者去从事任何一种资产阶级民主革命活动。——23。

45　指1896年5—6月彼得堡纺织工人大罢工。19世纪90年代,俄国工
人运动高涨,1895—1896年间相继爆发大罢工,如1895年雅罗斯拉夫
尔纺织工厂的罢工、同年秋季彼得堡托伦顿工厂的罢工和1896年彼得
堡纺织工人的大罢工。其中彼得堡纺织工人大罢工的影响最大。这次
罢工的起因是工厂主拒绝向工人支付尼古拉二世加冕礼那几天假日的
全额工资。罢工从俄罗斯纺纱厂(即卡林金工厂)开始,很快就席卷了
所有纺织工厂,并波及机器、橡胶、造纸、制糖等工厂,参加者达3万多
人。这次罢工是在彼得堡工人阶级解放斗争协会领导下进行的。该协
会散发了传单和宣言,号召工人起来捍卫自己的权利。罢工的基本要
求是:把工作日缩短为10 ½小时,提高计件单价,按时发放工资等。列
宁称这次罢工为著名的彼得堡工业战争。它第一次推动了彼得堡无产
阶级结成广泛阵线向剥削者进行斗争,并促进了全俄工人运动的发展。
在这次罢工的压力下,沙皇政府加速了工厂法的修订,于1897年6月
2日(14日)颁布了将工业企业和铁路工厂的工作日缩短为11 ½小时
的法令。——28。

46　《论鼓动》这本小册子是阿·约·克列梅尔在1894年写的,经尔·马尔
托夫审定。该书起初以手抄本和胶印本的形式流传,后于1896年底在
日内瓦出版。帕·波·阿克雪里罗得为它写了序言和跋。该书总结了
社会民主党人在维尔诺的工作经验,号召放弃闭塞的小组宣传活动,而
转向在工人中间进行群众性的鼓动工作,因此对俄国社会民主党人有
很大的影响。但它夸大纯经济斗争的作用和意义,含有经济主义的萌
芽。格·瓦·普列汉诺夫在《再论社会主义和政治斗争》一文中对它作
了批评性的分析。——30。

47　彼得堡工人阶级解放斗争协会是列宁于1895年11月创立的,由彼得
堡的约20个马克思主义工人小组联合而成,1895年12月定名为“工
人阶级解放斗争协会”。协会是俄国无产阶级革命政党的萌芽,实行集
中制,有严格的纪律。它的领导机构是中心小组,成员有10多人,其中
5人(列宁、格·马·克尔日扎诺夫斯基、瓦·瓦·斯塔尔科夫、阿·

亚·瓦涅耶夫和尔·马尔托夫)组成领导核心。协会分设3个区小组。中心小组和区小组通过组织员同70多个工厂保持联系。各工厂有收集情况和传播书刊的组织员,大的工厂则建立工人小组。协会在俄国第一次实现了社会主义和工人运动的结合,完成了从小组内的马克思主义宣传到群众性政治鼓动的转变。协会领导了1895年和1896年彼得堡工人的罢工,印发了供工人阅读的传单和小册子,并曾筹备出版工人政治报纸《工人事业报》。协会对俄国社会民主主义运动的发展产生了巨大影响,有好几个城市的社会民主党组织以它为榜样,把马克思主义小组统一成为全市性的"工人阶级解放斗争协会"。

协会一成立就遭到沙皇政府的迫害。1895年12月8日(20日)夜间,沙皇政府逮捕了包括列宁在内的协会领导人和工作人员共57人。但是,协会并没有因此而停止活动,它组成了新的领导核心(米·亚·西尔文、斯·伊·拉德琴柯、雅·马·利亚霍夫斯基和马尔托夫)。列宁在狱中继续指导协会的工作。1896年1月沙皇政府再次逮捕协会会员后,协会仍领导了1896年5—6月的彼得堡纺织工人大罢工。1896年8月协会会员又有30人被捕。接二连三的打击使协会的领导成分发生了变化。从1898年下半年起,协会为经济派(由原来协会中的"青年派"演变而成)所掌握。协会的一些没有被捕的老会员继承协会的传统,参加了1898年俄国社会民主工党第一次代表大会的筹备工作。——30。

48 这篇社论标题为《告俄国工人》,系列宁所写,至今没有找到。——30。

49 《俄国旧事》杂志(《Русская Старина》)是俄国历史刊物(月刊),由米·伊·谢美夫斯基创办,1870—1918年在彼得堡出版。该杂志主要登载俄国国务活动家和文化界人士的回忆录、日记、札记、函件等以及各种文献资料;是俄国第一家长期刊登俄国革命运动史料的杂志。——30。

50 指沙皇政府对雅罗斯拉夫尔纺织厂工人罢工的镇压。这次罢工发生于1895年4—5月。罢工的起因是厂方采用新的计件单价,降低了工人的工资收入。参加罢工的有4 000多工人。罢工遭到特地调来的沙皇军队法纳戈里团的镇压,结果工人死1人,伤14人,11人被交付法庭审判。沙皇尼古拉二世在呈交给他的关于雅罗斯拉夫尔纺织厂事件的报告上批道:"感谢法纳戈里团的好汉们在工厂闹风潮期间采取坚定果敢的行动。"——30。

51 《圣彼得堡工人小报》(《С.-Петербургский Рабочий Листок»)是俄国彼得堡工人阶级解放斗争协会的秘密报纸。共出过两号:第 1 号于 1897 年 2 月(报纸上印的日期是 1 月)在俄国油印出版,共印 300 — 400 份;第 2 号同年 9 月在日内瓦铅印出版。该报提出要把工人阶级的经济斗争同广泛的政治要求结合起来,并强调必须建立工人政党。——31。

52 指《俄国社会民主工党宣言》。

《俄国社会民主工党宣言》是俄国社会民主工党第一次代表大会委托中央委员会用代表大会名义于 1898 年 4 月发表的。《宣言》宣布了俄国社会民主工党的成立,把争取政治自由和推翻专制制度作为社会民主工党当前的主要任务,把政治斗争和工人运动的总任务结合了起来。宣言指出:俄国工人阶级应当而且一定能够担负起争取政治自由的事业。这是为了实现无产阶级的伟大使命即建立没有人剥削人的社会制度所必须走的第一步。俄国无产阶级将摆脱专制制度的桎梏,用更大的毅力去继续同资本主义和资产阶级作斗争,一直斗争到社会主义全胜为止(参看《苏联共产党代表大会、代表会议和中央全会决议汇编》1964 年人民出版社版第 1 分册第 4 — 6 页)。——31。

53 非正式会议是指"老年派"即彼得堡工人阶级解放斗争协会的创建人列宁、阿·亚·瓦涅耶夫、格·马·克尔日扎诺夫斯基、尔·马尔托夫等同斗争协会新成员的代表一起于 1897 年 2 月 26 日和 3 月 1 日之间在彼得堡斯·伊·拉德琴柯和马尔托夫的住处举行的会议。当时俄国当局允许协会的老成员在赴西伯利亚流放地之前在彼得堡停留三天处理私事,非正式会议就是利用这个时机举行的。会上,"老年派"和"青年派"之间在组织问题和策略问题上发生了严重分歧。但是,曾于 1893 — 1895 年参加"老年派"小组的阿·亚·雅库波娃,坚持刚刚产生的经济主义的观点,而"青年派"分子波·伊·哥列夫(戈尔德曼)却支持列宁等"老年派"。列宁后来在康·米·塔赫塔廖夫给《火星报》编辑部的信上加的按语中说:"可见,我的划分的不准确之处就在于,有一个'青年派'分子维护'老年派',有一个'老年派'分子维护'青年派'。"此信和按语载于 1903 年 5 月 15 日《火星报》第 40 号。——32。

54 《〈工作者〉小报》(《Листок«Работника»»)是国外俄国社会民主党人联合会的不定期刊物《工作者》文集的附刊,1896 年至 1898 年在日内瓦出版。共出了 10 期。第 1—8 期由劳动解放社编辑。后因联合会大多数成员转向经济主义,劳动解放社拒绝继续编辑联合会的出版物。《〈工作者〉小报》第 9—10 期合刊由经济派编辑,于 1898 年 11 月出版。——32。

55 指俄国沙皇政府的警察。——34。

56 瓦·沃·是 19 世纪 80—90 年代俄国自由主义民粹派思想家瓦·巴·沃龙佐夫的笔名。他为陈腐的民粹派思想辩护,到 90 年代堕落成为否定群众政治斗争的反动分子。列宁所说的"俄国社会民主党中的瓦·沃·",是指俄国社会民主党中的机会主义思潮的代表——经济派,他们把工人阶级的政治斗争放到次要地位,向工人阶级宣扬原始的狭隘的斗争方法和渺小的斗争目的,因而在工人运动中起反动作用。——34。

57 《新时代》杂志(«Die Neue Zeit»)是德国社会民主党的理论刊物,1883—1923 年在斯图加特出版。1890 年 10 月前为月刊,后改为周刊。1917 年 10 月以前编辑为卡·考茨基,以后为亨·库诺。1885—1895 年间,杂志发表过马克思和恩格斯的一些文章。恩格斯经常关心编辑部的工作,帮助它端正办刊方向。为杂志撰过稿的还有威·李卜克内西、保·拉法格、格·瓦·普列汉诺夫、罗·卢森堡、弗·梅林等国际工人运动活动家。《新时代》杂志在介绍马克思主义基本理论、宣传俄国 1905—1907 年革命等方面做了有益的工作。随着考茨基转到机会主义立场,1910 年以后,《新时代》杂志成了中派分子的刊物。第一次世界大战期间,杂志持中派立场,实际上支持社会沙文主义者。——37。

58　指 1901 年 11 月 2—6 日举行的奥地利社会民主党维也纳代表大会通过的新党纲。1899 年的布隆代表大会提出了修改 1888 年的海因菲尔德纲领以适应已经变化了的奥地利工人阶级的斗争条件的问题。当时成立了一个专门委员会来起草新党纲,主要起草者是维·阿德勒。党纲草案于 1901 年 8 月公布。党内对它提出了一系列批评性意见,主要是指责它向伯恩施坦主义让步。卡·考茨基在 1901 年 10 月 19 日《新时代》杂志第 3 期上发表了列宁在这里引用的文章:《修改奥地利社会民主党纲领》。考茨基把党纲的新旧条文加以对照,主张保留海因菲尔德纲领的原则部分,因为它比较充分和正确地说明了社会民主党对历史发展总过程和工人阶级的任务的看法。阿德勒不同意考茨基的建议。后来这个党纲草案经过维也纳代表大会纲领委员会稍加修改后通过。——37。

59　进步党是普鲁士资产阶级的政党,于 1861 年 6 月成立,创始人和领袖为鲁·微耳和、贝·瓦尔德克、海·舒尔采–德里奇、汉·维·翁鲁等。进步党要求在普鲁士领导下统一德国,召开全德议会,建立对众议院负责的强有力的自由派内阁。1866 年 10 月,进步党中的右翼分裂出去组成民族自由党。1884 年,进步党同民族自由党中分裂出来的左翼合并组成德国自由思想党;1893 年,该党又分裂成自由思想同盟和自由思想人民党两派。进步党反对社会主义,把德国社会民主党视为主要敌人。为了同社会民主党进行斗争和对工人阶级施加影响,进步党的活动家舒尔采–德里奇、麦·希尔施、弗·敦克尔等人积极进行建立工会的活动。——39。

60　指 1899 年在彼得堡出版的谢·尼·普罗柯波维奇的《西欧工人运动。批判性研究的尝试。第 1 卷。德国和比利时》一书和载于 1899 年《社会立法和统计学文库》杂志第 14 卷的彼·伯·司徒卢威的《马克思的社会发展理论》一文以及他为爱·伯恩施坦的《社会主义的前提和社会民主党的任务》、卡·考茨基的《伯恩施坦与社会民主党的纲领》两本书写的书评。普罗柯波维奇在书中企图证明德国和比利时的工人运动缺少进行革命斗争和实行社会民主党的革命政策的条件。司徒卢威在文章中企图驳倒马克思主义理论及其哲学前提,证明社会矛盾越来越不尖锐,否认社会革命和无产阶级专政的必要性。——39。

61 希尔施—敦克尔工会是德国改良主义工会组织,1868年由进步党活动家麦·希尔施和弗·敦克尔建立。该工会的组织者们鼓吹劳资利益"和谐"论,认为资本家也可以加入工会,否定罢工斗争的合理性。他们声称:在资本主义社会的范围内,通过国家立法和工会组织的帮助就能使工人摆脱资本的压迫;工会的主要任务是在工人与企业主之间起媒介作用和积累资金。希尔施—敦克尔工会主要从事组织互助储金会和建立文化教育团体的活动。它在德国工人运动中的影响有限,直到1897年它的会员不过75 000人,而社会民主党的工会会员已达419 000人。1933年,希尔施—敦克尔工会的机会主义活动家加入了法西斯的"劳动战线"。——39。

62 指工人阶级自我解放社。

工人阶级自我解放社是俄国经济派的一个小组织,1898年秋在彼得堡成立,只存在了几个月。说明该社宗旨的宣言所署日期是1899年3月,载于同年7月在伦敦出版的民粹派刊物《前夕》杂志。该社还公布过它的章程,印发过几份给工人的传单。——41。

63 《前夕》杂志(«Накануне»)是俄国民粹派的刊物,由叶·亚·谢列布里亚科夫主编,1899年1月—1902年2月在伦敦用俄文出版,共出了37期。该杂志宣传一般民主主义观点,敌视马克思主义,特别敌视俄国革命社会民主党。在它的周围集结了一批各种小资产阶级党派的代表人物。——42。

64 这里说的是劳动解放社和《工人事业》杂志的论战。列宁1897年底在西伯利亚流放地写的《俄国社会民主党人的任务》(见本版全集第2卷),于1898年下半年由劳动解放社在日内瓦出版。帕·波·阿克雪里罗得在给这本小册子写的序言中表示赞同列宁的观点,并指出,不久前到国外来的年轻同志同列宁这本小册子的观点相距甚远。阿克雪里罗得提到的"年轻同志",是指当时已转向经济主义并在国外俄国社会民主党人联合会中起领导作用的那一批人(即后来的工人事业派)。
1899年4月,《工人事业》杂志第1期刊登了对《俄国社会民主党人的
任务》这本小册子的评论。《工人事业》杂志编辑部在评论中掩饰自己
的真实倾向,否认国外俄国社会民主党人联合会的机会主义性质,否认
经济派在俄国社会民主党组织中的影响有所增强,断言列宁阐述的观
点同该编辑部的纲领完全一致,并说编辑部不知道阿克雪里罗得在小
册子的序言中所说的究竟是哪些年轻的同志。

　　1899年8月,阿克雪里罗得在给《工人事业》杂志的信中驳斥了上
述论点。他说:《工人事业》杂志试图证明自己同列宁所阐述的观点一
致是完全没有根据的,并且指出,在俄国社会民主党内已经出现了一个
转向经济主义的派别("青年派"),这个派别力图"人为地使俄国社会民
主党停留在原始发展阶段上"。

　　1899年12月,《工人事业》杂志以单行本刊印了列宁在1899年夏
写的《俄国社会民主党人抗议书》(见本版全集第4卷),并加写了编后
记。该杂志诡称赞同这一文献,并辩解说《信条》只不过是代表"个别
人"的意见,又说担心俄国社会民主党可能向纯粹经济斗争方面发展是
没有充分根据的。

　　1900年2月,劳动解放社出版了格·瓦·普列汉诺夫编的《〈工人
事业〉杂志编辑部指南》。书中公布了一系列文件和书信(包括《信条》
作者叶·德·库斯柯娃和联合会书记格里申的带有政治性的私人信
件),证实在集结于俄国社会民主党人联合会和《工人事业》杂志周围的
侨外社会民主党人中间,机会主义分子和经济主义思想实际上占了统
治地位。

　　1900年2—3月,《工人事业》杂志编辑波·尼·克里切夫斯基针
对阿克雪里罗得的《信》和普列汉诺夫的《指南》写了编辑部的《回答》,
十分明显地暴露了该杂志的机会主义性质。

　　后来,同《工人事业》杂志的论战转由《火星报》和《曙光》杂志继续
进行。——43。

65　指《社会民主党人报》。

　　《社会民主党人报》(《Der Sozialdemokrat》)是反社会党人法施行

期间德国社会民主党的中央机关报(周报)。主要领导人是威·李卜克内西。1879年9月—1888年9月在苏黎世出版,1888年10月—1890年9月在伦敦出版。1879年9月—1880年1月格·亨·福尔马尔任编辑,1881—1890年爱·伯恩施坦任编辑。该报虽然在初期存在一些缺点和错误,但在恩格斯持续不断的指导和帮助下,坚持了革命策略,在聚集和组织德国社会民主党的力量方面起了卓越作用。恩格斯曾称赞它是德国党的旗帜。反社会党人法废除后,《社会民主党人报》停刊。——47。

66 纳尔苏修斯·土波雷洛夫是尔·马尔托夫在他的一首题为《现代俄国社会党人之歌》的讽刺诗上所署的戏谑性笔名,意为骄矜的蠢猪。这首诗载于1901年4月《曙光》杂志第1期。诗中嘲笑了经济派的观点及其对自发性的盲目崇拜。——49。

67 崩得是立陶宛、波兰和俄罗斯犹太工人总联盟的简称,1897年9月在维尔诺成立。参加这个组织的主要是俄国西部各省的犹太手工业者。崩得在成立初期曾进行社会主义宣传,后来在争取废除反犹太特别法律的斗争过程中滑到了民族主义立场上。在1898年俄国社会民主工党第一次代表大会上,崩得作为只在专门涉及犹太无产阶级问题上独立的“自治组织”,加入了俄国社会民主工党。在1903年俄国社会民主工党第二次代表大会上,崩得分子要求承认崩得是犹太无产阶级的唯一代表。在代表大会否决了这个要求之后,崩得退出了党。根据1906年俄国社会民主工党第四次(统一)代表大会决议,崩得重新加入了党。从1901年起,崩得是俄国工人运动中民族主义和分离主义的代表。它在党内一贯支持机会主义派别(经济派、孟什维克和取消派),反对布尔什维克。第一次世界大战期间,崩得分子采取社会沙文主义立场。1917年二月革命后,崩得支持资产阶级临时政府。1918—1920年外国武装干涉和国内战争时期,崩得的领导人同反革命势力勾结在一起,而一般的崩得分子则开始转变,主张同苏维埃政权合作。1921年3月崩得自行解散,部分成员加入俄国共产党(布)。

　　崩得第四次代表大会于1901年4月通过了关于政治斗争手段的

决议,其引言部分有如下的结论:"经济斗争是吸引广大群众参加运动的最好的手段,在经济斗争的基础上应当开展政治鼓动,使之超出经济斗争的范畴,但是没有任何必要从一开始就只在经济的基础上进行政治鼓动。"(见《工人事业》杂志第 10 期第 123 页)——57。

68　指悉·韦伯和比·韦伯合著的《工业民主》一书。——58。

69　《自由》杂志(《Свобода》)是 1901 年 5 月成立的俄国革命社会主义自由社在瑞士出版的杂志,共出了两期,1901 年和 1902 年各一期。

　　革命社会主义自由社是叶·奥·捷连斯基(纳杰日丁)于 1901 年 5 月创建的。列宁认为该社是一个既没有固定的严肃的思想、纲领、策略和组织,又在群众中毫无根基的集团。除《自由》杂志外,自由社还出版了《革命前夜。理论和策略问题不定期评论》第 1 期、《评论》第 1 期和纲领性小册子《俄国革命主义的复活》等。自由社宣传恐怖主义的经济主义,支持彼得堡经济派反对火星派。1903 年,自由社停止活动。列宁在《关于"自由社"》一文(见本版全集第 7 卷)中对自由社作了专门的评论。——71。

70　帕·波·阿克雪里罗得在 1897 年 12 月写给《工人报》的第二封信(已编入《论俄国社会民主党人的当前任务和策略问题》小册子)中,阐述了俄国工人运动今后发展的两种可能的前途:纯粹经济斗争的前途和在一般民主主义运动中无产阶级起领导作用的那种政治斗争的前途。——73。

71　指 1901 年 2—3 月间在彼得堡、莫斯科、基辅、哈尔科夫、喀山、雅罗斯拉夫尔、华沙、比亚韦斯托克、托木斯克、敖德萨和俄国其他城市发生的大学生和工人的大规模政治游行示威、集会和罢工。游行示威和罢工的导火线是当年 1 月沙皇政府把参加大学生集会的 183 个基辅大学生送去当兵(参看列宁的《183 个大学生被送去当兵》一文,本版全集第 4 卷)。各地游行队伍被沙皇政府派来的警察和哥萨克驱散,游行群众遭到毒打。3 月 4 日(17 日)在彼得堡喀山教堂附近广场上举行的游行示威遭到特别残酷的镇压,参加游行示威的数千名大学生和工人中,有数百人受到毒打,其中数人被打死,多人受伤致残。1901年二三月事件证明俄国革命形势日益高涨,工人运动发展到了一个新的阶段,从经济罢工转为政治罢工和游行示威。——75。

72 地方自治机关是沙皇政府为使专制制度适应资本主义发展的需要,于1864年颁布条例逐步设立的。按照这个条例,县地方自治会议议员由县地主、城市选民、村社代表三个选民团分别选举,以保证地主在地方自治机关中占优势。省地方自治会议的议员由县地方自治会议选举。地方自治会议的主席由贵族代表担任。地方自治机关由地方自治会议选举产生,每届任期三年。内务大臣和省长监督地方自治机关的活动,他们有权停止它的任何一项决议的执行。沙皇政府只授权地方自治机关管理当地经济事务。地方自治机关的经费来源于对土地、房屋及工商企业征收的不动产税。从19世纪90年代起,由于供职的知识分子(其中有自由派、民粹派以至社会民主党人)影响增大,地方自治机关的活动趋于活跃。地方自治机关在发展教育和卫生事业方面做出了一些成绩。其经济措施——举办农业展览、设立农事试验站、发展农业信贷等,有利于地主和富农经济的巩固,对贫苦农民并没有什么实际意义;所组织的统计工作对研究改革后的俄国经济具有重要意义。到19世纪70年代,设立地方自治机关的行政单位有欧俄34个省和顿河军屯州。到第一次世界大战前,则有欧俄43个省。1917年二月革命后,资产阶级临时政府扩大了地方自治机关的权限,并在乡一级设立了地方自治机关,使之成为资产阶级在地方上的支柱。十月革命后,地方自治机关被撤销。——82。

73 这是彼得堡一个织布工人给《火星报》的信中的话。该信刊登在1901年8月《火星报》第7号"工运新闻和工厂来信"栏内。信里说:"……我把《火星报》拿给许多工友看过,结果把这份报纸都弄破了,而这号报纸却是很宝贵的……　这里讲的都是我们的事情,是关于全俄国的事情。这是无法用金钱来估价,用钟点来计算的。当你读到报纸时,你就会知道为什么宪兵和警察害怕我们工人和带领我们前进的那些知识分子了。这些人确实不仅威胁着老板的钱袋,而且威胁着沙皇和厂主……

工人群众现在很容易燃烧起来,下面已经在冒烟,只要有一点火星,就会燃成大火。星星之火可以燎原,这话说得真对!…… 过去,每次罢工都算是一次大事件,如今每个人都知道光罢工算不得什么,现在大家都知道必须争取自由,用胸膛去争取自由。现在所有的人,不论老少都愿意看书,只是可惜我们没有书。在前一个星期日,我们召集了11个人在一起阅读了《从何着手?》一文,我们直到深夜还没有散。一切都说得多么正确,多么透彻…… 我们很想向你们《火星报》写一封信,希望它不仅能教导我们大家应该怎样着手,并且还教导我们大家应该怎样活和怎样死。"——85。

74 指彼·伯·司徒卢威 1901 年 2 月和 5 月在《火星报》第 2 号和第 4 号上发表的文章《专制制度和地方自治机关》。《火星报》登载司徒卢威的文章和曙光杂志社刊印财政大臣谢·尤·维特的秘密记事《专制制度和地方自治机关》(附有司徒卢威(尔·恩·斯·)写的序言和注释),是因为《火星报》和《曙光》杂志编辑部同民主反对派自由社的代表司徒卢威于 1901 年 1 月达成了共同出版秘密刊物《时评》的协议。这个协议的寿命不长,当年春天就暴露出根本不可能同民主反对派继续合作下去,于是和司徒卢威的联合也就解体了。——88。

75 《俄国报》(《Россия》)是温和的自由派报纸,1899—1902 年在彼得堡出版。主编是格·彼·萨宗诺夫。该报在资产阶级阶层中销行甚广。1902 年 1 月由于登载亚·瓦·阿姆菲捷阿特罗夫的小品文《奥勃曼诺夫老爷们》而被政府查封。——90。

76 指 1901 年 4 月《火星报》第 3 号上的维·伊·查苏利奇的文章《谈谈当前的事件》和"我们的社会生活"栏中的大学生风潮要闻,以及 1901 年 6 月《火星报》第 5 号上的亚·尼·波特列索夫的文章《论毫无意义的幻想》和短评《警察对著作界的袭击》。"毫无意义的幻想"是 1895 年沙皇尼古拉二世接见地方自治人士时申斥他们要求扩大地方自治机关权力的用语。——90。

77 指 1901 年 8 月《火星报》第 7 号和 10 月《火星报》第 9 号分别发表的两

篇评论《叶卡捷琳诺斯拉夫地方自治机关中的事件》和《维亚特卡的"工贼"》。——91。

78　丘必特是罗马神话中最高的天神和司风雨雷电之神,据说他性情暴戾,动辄发火,一动怒就投掷轰雷和闪电。在俄语中,丘必特这个词也用来比喻自高自大、目空一切的人。——91。

79　有何吩咐? 原来是沙皇俄国社会中仆人对主人讲话时的用语。俄国作家米·叶·萨尔蒂科夫-谢德林在他的特写《莫尔恰林老爷们》中首次把对专制政府奴颜婢膝的自由派报刊称为《有何吩咐报》。——92。

80　《圣彼得堡新闻》(《С.-Петербургские Ведомости》)是1703年创办的第一家俄国报纸《新闻报》的续刊,1728年起在彼得堡出版。1728—1874年由科学院出版,1875年起改由国民教育部出版。1917年底停刊。——92。

81　《俄罗斯新闻》(《Русские Ведомости》)是俄国报纸,1863—1918年在莫斯科出版。它反映自由派地主和资产阶级的观点,主张在俄国实行君主立宪,撰稿人是一些自由派教授。至19世纪70年代中期成为俄国影响最大的报纸之一。80—90年代刊登民主主义作家和民粹主义者的文章。1898年和1901年曾经停刊。从1905年起成为右翼立宪民主党人的机关报。1917年二月革命后支持资产阶级临时政府。十月革命后被查封。——92。

82　布伦坦诺式的阶级斗争观是指19世纪70年代德国资产阶级经济学家、讲坛社会主义学派的主要代表人物之一路·布伦坦诺所倡导的改良主义学说,是资产阶级对马克思主义进行歪曲的一个变种。它宣扬资本主义社会里的"社会和平"以及不通过阶级斗争克服资本主义社会矛盾的可能性,认为可以通过组织工会和进行工厂立法来解决工人问题,调和工人和资本家的利益,实现社会平等。列宁称布伦坦诺主义是一种只承认无产阶级的非革命的"阶级"斗争的自由派资产阶级学说(参看本版全集第35卷第229—230页)。——92。

83　指工人反资本斗争社。

工人反资本斗争社于 1899 年春在彼得堡成立。它的创建人是维·阿·古托夫斯基(即后来有名的孟什维克叶·马耶夫斯基),成员是一些工人和知识分子。该社同彼得堡工人运动没有牢固的联系,并且存在时间极短,1899 年夏即被取缔。该社观点接近经济派。它的一份传单《我们的纲领》中说,沙皇政府就是资本自身,反资本的斗争也就是政治斗争。这份传单是油印的,由于组织瓦解,没有散发出去。——98。

84　《无产阶级斗争》文集第 1 辑是俄国乌拉尔社会民主党小组在 1899 年出版的。文集的撰稿者站在经济主义的立场上否认成立工人阶级独立政党的必要性,认为用总罢工的方法就能完成政治革命。——99。

85　纳尔苏修斯是古希腊神话中的一个孤芳自赏的美少年。后来人们常用纳尔苏修斯来比喻高傲自大的人。——101。

86　后背一词出自圣经中摩西见耶和华只能看到后背的传说(《旧约全书·出埃及记》第 33 章)。此处是借用这个典故来形容经济派的尾巴主义特征。——102。

87　列宁在这里所说的,看来是指他 1901 年同亚·马尔丁诺夫的第一次会见。马尔丁诺夫在自己的回忆录中描写了这次会见的情形:“我同列宁谈到了纲领,谈到了党的政治任务,谈到了政治策略,我们好像没有任何意见分歧。可是谈话结束时,列宁向我提出一个问题:‘那您是怎样看待我的组织计划呢?’当时我马上激动起来:‘在这一点上我根本不同意您的意见。我看您的组织计划好像是在建立马其顿人的武装游击队。您建议在党内实行某种军事纪律,但这样的事,不论是在我们俄国还是在西欧,社会民主党人从来没有见到过。’弗拉基米尔·伊里奇眯缝着眼,笑眯眯地回答说:‘您只是在这一点上同我不一致,而这一点正是问题的全部实质,这就是说,您我之间再没有什么好谈的了。’我们于是分道扬镳……好多年。”(见亚·马尔丁诺夫《伟大的无产阶级领袖》1924 年莫斯科俄文版第 8—9 页)——106。

88 阿法纳西·伊万内奇和普尔赫丽娅·伊万诺夫娜是俄国作家尼·瓦·果戈理的小说《旧式的地主》中的一对地主老夫妻。他们一辈子住在自己的小庄园里,过着与世隔绝的生活。——110。

89 指列宁领导的彼得堡社会民主党人("老年派")小组。以该小组为基础,于1895年建立了彼得堡工人阶级解放斗争协会。——121。

90 指古希腊科学家阿基米德的名言:"给我一个支点,我就能把地球翻转过来。"——121。

91 见俄国作家米·叶·萨尔蒂科夫-谢德林的随笔《在国外》。其中写道,1876年春他在法国听到一些法国自由派人士在热烈地谈论大赦巴黎公社战士的问题。他们一致认为大赦是公正而有益的措施,但在结束这个话题时,不约而同地都把食指伸到鼻子前,说了一声"mais"(即"但是"),就再也不说了。于是谢德林恍然大悟:原来法国人所说的"但是"就相当于俄国人所说的"耳朵不会高过额头",意思是根本不可能有这样的事情。——125。

92 土地自由派是土地和自由社的成员。土地和自由社是俄国民粹派的秘密革命组织,1876年在彼得堡成立,起初称为北方革命民粹主义小组、民粹派协会,1878年底改称土地和自由社(19世纪60年代初出现的一个俄国革命组织也叫土地和自由社)。该社著名活动家有:马·安·和奥·亚·纳坦松夫妇、亚·德·米哈伊洛夫、阿·费·米哈伊洛夫、阿·德·奥博列舍夫、格·瓦·普列汉诺夫、奥·瓦·阿普捷克曼、德·亚·克列缅茨、尼·亚·莫罗佐夫、索·李·佩罗夫斯卡娅等。土地自由派认为俄国可以走非资本主义的特殊发展道路,其基础就是农民村社。他们的纲领提出全部土地归"农村劳动等级"并加以"平均"分配、村社完全自治、"按地方意愿"把帝国分为几个部分等等。土地自由派认为俄国的主要革命力量是农民。他们在坦波夫、沃罗涅日等省进行革命工作,企图发动农民起义来反对沙皇政府。他们还出版和传播革命书刊,参加70年代末彼得堡的一些罢工和游行示威。他们的组织原则是遵守纪律、同志之间互相监督、集中制和保守秘密。由于对农村

中革命运动日益感到失望,以及政府迫害的加剧,在土地和自由社内部
逐渐形成了主张把恐怖活动作为同沙皇政府进行斗争的主要手段的一
派。另一派主张继续采取原来的策略。1879年8月,土地和自由社最
终分裂,前者成立了民意党,后者组织了土地平分社。

土地平分派指土地平分社的成员,他们坚持原土地和自由社的纲
领和策略。主要代表人物有格·瓦·普列汉诺夫、米·罗·波波夫、
帕·波·阿克雪里罗得、列·格·捷依奇、雅·瓦·斯特凡诺维奇、
维·伊·查苏利奇、奥·瓦·阿普捷克曼、瓦·尼·伊格纳托夫、阿·
彼·布拉诺夫等。土地平分派出版了《土地平分》杂志和《种子报》。土
地平分社的一部分成员后来转向马克思主义,另一部分成员则加入了
民意党。到1881年底,土地平分社作为组织不再存在。——128。

93 司徒卢威主义即合法马克思主义。——128。

94 指 E.拉扎列夫的两篇文章:《俄国社会民主党的分裂》(见1900年4月
和5月《前夕》杂志第15期和第16期)和《谈谈一次分裂》(见1900年6
月《前夕》杂志第17—18期合刊)。拉扎列夫将格·瓦·普列汉诺夫出
版批评"青年派"的《指南》一事说成是"把真诚的、积极的和善良的同志
革出社会民主党人教门"。——133。

95 阿雷奥帕格是古代雅典的最高司法机关,借喻最高权威的裁判。——133。

96 这个报告的全称是:《向1900年巴黎国际社会党代表大会作的关于俄
国社会民主主义运动的报告》。该报告是《工人事业》杂志编辑部受国
外俄国社会民主党人联合会委托起草的,1901年由联合会在日内瓦出
版。——137。

97 唐·吉诃德精神意思是徒怀善良愿望而行为完全脱离实际。唐·吉诃
德是西班牙作家米·塞万提斯的同名小说中的主人公。他一心要做一
个扶危济困、除暴安良的游侠骑士,但由于把现实中的一切都幻想成骑
士小说中的东西,结果干出了许多荒唐可笑的事情。——137。

98 这个意见是《〈工人思想报〉增刊》(1899年9月)上发表的尔·姆·的《我

国的实际情况》一文提出的,参看本卷第65—66页的引文。——141。

99 《南方工人报》(《Южный Рабочий》)是俄国社会民主主义团体的秘密
报纸,1900年1月—1903年4月出版,共出了12号。第1、2号由俄国
社会民主工党叶卡捷琳诺斯拉夫委员会出版,以后各号由南方工人社
(有叶卡捷琳诺斯拉夫、哈尔科夫等南方城市的俄国社会民主工党组织
的代表参加)出版。报纸的印刷所先后设在叶卡捷琳诺斯拉夫、斯摩棱
斯克、基什尼奥夫、尼古拉耶夫等城市。参加编辑和撰稿的有伊·克·
拉拉扬茨、阿·扎·维连斯基(伊里亚)、奥·阿·科甘(叶尔曼斯基)、
弗·尼·罗扎诺夫等。《南方工人报》反对经济主义和恐怖主义,但是
不同意列宁和火星派关于把革命的社会民主党人联合在《火星报》周围
并在集中制原则基础上建立一个马克思主义政党的计划,而提出通过
建立各区域社会民主党人联合会的途径来恢复俄国社会民主工党的计
划。在1903年俄国社会民主党第二次代表大会上,南方工人社的代
表采取中派立场。根据这次代表大会的决议,南方工人社被解散,《南
方工人报》停刊。——142。

100 指《工人思想报》印发的调查表《关于俄国工人阶级状况的问题》(1898
年)和小册子《收集俄国工人阶级状况资料问题集》(1899年)。前者列出
了17个有关工人劳动生活条件的问题,后者列出了158个。——144。

101 1885年的罢工运动席卷了俄国弗拉基米尔省、莫斯科省、特维尔省和
其他几个工业中心省份的许多纺织企业。其中最著名的是1885年1
月7—17日的莫罗佐夫工厂即尼科利斯科耶纺织厂的罢工。这次罢
工是因厂主季·萨·莫罗佐夫对纺织工人残酷剥削以致工人经济状况
恶化而引起的。如1882—1884年间工人工资曾被降低五次,对工人的
罚款达到工资额的$\frac{1}{4}$—$\frac{1}{2}$。罢工的领导者是先进工人彼·阿·莫伊谢
延科、卢·伊·伊万诺夫和瓦·谢·沃尔柯夫。参加罢工的约有8 000
人。他们要求恢复1881—1882年度的工资标准,最大限度减少罚款并
退还部分罚款,偿付罢工期间的工资,调整雇佣条件等。这次罢工遭到
沙皇政府的武力镇压。罢工领导者及600多名工人被捕,其中33人受
到审判。这次罢工以及相继发生的多次罢工终于迫使沙皇政府于

1886年6月3日颁布了罚款法。

关于1896年彼得堡地区纺织工人的罢工及要求,参看注45。——145。

102 奥吉亚斯的牛圈出典于希腊神话。据说古希腊西部厄利斯的国王奥吉亚斯养牛3 000头,30年来牛圈从未打扫,粪便堆积如山。奥吉亚斯的牛圈常被用来比喻藏垢纳污的地方。——146。

103 指俄国社会民主工党历史中的下列事实:

第一件事实:1897年夏,彼得堡工人阶级解放斗争协会曾同流放中的列宁商谈出版工人丛书的问题,为此列宁写了正文中提到的两本小册子。这两本小册子于1898年和1899年先后在日内瓦出版。

第二件事实:1898年,被流放在图鲁汉斯克的尔·马尔托夫根据崩得中央委员会的建议写了小册子《俄国的工人事业》,于1899年在日内瓦出版。

第三件事实:1899年,崩得中央委员会同列宁商谈《工人报》复刊的问题。正文中提到的几篇文章就是列宁为准备复刊的《工人报》第3号写的。

第四件事实:1900年初,由俄国社会民主工党叶卡捷琳诺斯拉夫委员会倡议,并得到崩得和国外俄国社会民主党人联合会的支持,曾打算召开俄国社会民主工党第二次代表大会,重建党的中央委员会和恢复出版中央机关报——《工人报》。1900年2月,叶卡捷琳诺斯拉夫委员会委员伊·克·拉拉扬茨赴莫斯科同列宁商谈,他建议正在筹办《火星报》的列宁、马尔托夫和波特列索夫参加代表大会,并负责编辑《工人报》。列宁和劳动解放社的成员都认为召开代表大会为时尚早(见本版全集第4卷第284—285页),但是劳动解放社没有拒绝参加代表大会,委托列宁代表它出席,并从国外给他寄去了委托书。由于警察在1900年4—5月间进行了大逮捕,代表大会没有开成。前来出席拟于1900年春在斯摩棱斯克举行的代表大会的只有崩得、南方工人社和国外俄国社会民主党人联合会三个组织的代表。

列宁在这里提到的事实,正是按它们实际发生的时间顺序排列的。

他在脚注中说"我们故意不按这些事实发生的先后排列",是出于保密的考虑。——150。

104 指俄国革命社会民主党人国外同盟。

俄国革命社会民主党人国外同盟是根据列宁的倡议由《火星报》和《曙光》杂志国外组织同"社会民主党人"革命组织于1901年10月在瑞士合并组成的。根据章程,同盟是《火星报》组织的国外部,其任务是协助《火星报》和《曙光》杂志的出版和传播,在国外宣传革命的社会民主党的思想,帮助俄国各社会民主党组织培养积极的活动家,向政治流亡者介绍俄国革命进程等。在1903年召开的俄国社会民主工党第二次代表大会上,同盟被承认为享有党的地方委员会权利的唯一国外组织。俄国社会民主工党第二次代表大会以后,孟什维克的势力在同盟内增强,他们于1903年10月召开同盟第二次代表大会,反对布尔什维克。列宁及其拥护者曾退出代表大会。孟什维克把持的同盟通过了同俄国社会民主工党党章相抵触的新章程。从此同盟就成为孟什维主义在国外的主要堡垒,直至1905年同盟撤销为止。——150。

105 《〈工人事业〉杂志附刊》(《Листок «Рабочего Дела»»)是国外俄国社会民主党人联合会机关刊物《工人事业》杂志的不定期附刊,1900年6月—1901年7月在日内瓦出版,共出8期。列宁在《从何着手?》一文中称《工人事业》杂志编辑部是无原则的折中主义派别的巢穴,对《〈工人事业〉杂志附刊》第6期上的文章《历史性的转变》进行了尖锐批判(见本版全集第5卷)。《工人事业》杂志第10期上发表的波·尼·克里切夫斯基的《原则、策略和斗争》一文是对列宁的批判的答复。——164。

106 指马克思的《路易·波拿巴的雾月十八日》一书的下面一段话:"黑格尔在某个地方说过,一切伟大的世界历史事变和人物,可以说都出现两次。他忘记补充一点:第一次是作为伟大的悲剧出现,第二次是作为卑劣的笑剧出现。"(见《马克思恩格斯文集》第2卷第470页)——164。

107 1901年11—12月,俄国许多城市掀起了得到工人支持的大学生游行示威的浪潮。在下诺夫哥罗德(抗议政府无理驱逐无产阶级作家马克西姆·高尔基)、莫斯科(抗议政府当局禁止举行革命民主主义者、哲学家和文学批评家尼·亚·杜勃罗留波夫逝世四十周年纪念晚会)、叶卡捷琳诺斯拉夫等城市举行了游行示威,在基辅、哈尔科夫、彼得堡等地也发生了大学生集会和学潮。有关这些情况的报道均载于《火星报》1901 年 12 月 20 日第 13 号和 1902 年 1 月 1 日第 14 号"我们的社会生活"栏。列宁的《游行示威开始了》(见本版全集第 5 卷)和格·瓦·普列汉诺夫的《论游行示威》(见《火星报》第 14 号)专门对此进行了评论。——167。

108 扬尼恰尔是 14 世纪土耳其的正规步兵,是苏丹专制政府的一支最重要的警察部队,以残酷闻名,1826 年被解散。列宁把沙皇的警察叫做扬尼恰尔。——168。

109 1907 年列宁把《怎么办?》收入《十二年来》文集时删去了这个附录。——174。

110 社会党国际局是第二国际的常设执行和通讯机关,根据 1900 年 9 月巴黎代表大会的决议成立,设在布鲁塞尔。社会党国际局由各国社会党代表组成。执行主席是埃·王德威尔得,书记是卡·胡斯曼。俄国社会民主党人参加社会党国际局的代表是格·瓦·普列汉诺夫和波·尼·克里切夫斯基。从 1905 年 10 月起,列宁代表俄国社会民主工党参加社会党国际局。1914 年 6 月,根据列宁的建议,马·马·李维诺夫被任命为社会党国际局俄国代表。社会党国际局在第一次世界大战开始后实际上不再存在。——174。

111 "社会民主党人"革命组织是国外俄国社会民主党人联合会分裂以后由劳动解放社成员以及与其观点一致的人于 1900 年 5 月成立的。该组织在号召书里宣布它的宗旨是扶持俄国无产阶级中的社会主义运动并同企图修正马克思主义的形形色色机会主义作斗争。该组织出版了《共产党宣言》和马克思、恩格斯的其他一些著作的俄译本以及格·瓦·普列汉诺夫等人的几本小册子。1901 年 10 月,根据列宁的倡议,"社会民主党人"革命组织同《火星报》和《曙光》杂志的国外组织合并为俄国革命社会民主党人国外同盟。——175。

112 指斗争社。

　　斗争社是达·波·梁赞诺夫、尤·米·斯切克洛夫和埃·李·古列维奇于1900年夏在巴黎成立的一个团体,1901年5月取此名称。该社试图调和俄国社会民主党内革命派和机会主义派之间的矛盾,建议统一社会民主党各国外组织。

　　1901年秋,斗争社成为一个独立的著作家团体。它在自己的出版物(《制定党纲的材料》第1—3辑、1902年《快报》第1号等)中歪曲马克思主义理论,反对列宁提出的俄国革命的社会民主党的组织原则和策略原则。由于它背弃社会民主党的观点和策略,进行瓦解组织的活动,并且同国内的社会民主党的组织没有联系,因此未被允许参加1903年俄国社会民主工党第二次代表大会。根据第二次代表大会的决定,斗争社被解散。——175。

113 这场论战是由《曙光》杂志(1901年12月第2—3期合刊)发表尔·马尔托夫的《德国社会民主党吕贝克代表大会》一文引起的。文章批评《工人事业》杂志编辑波·尼·克里切夫斯基在《前进报》发表的巴黎通讯有偏见。克里切夫斯基在通讯中歪曲地报道了法国社会主义运动的情况,攻击了盖得派,并且为亚·埃·米勒兰及其拥护者饶勒斯派进行宣传。《前进报》编辑部庇护克里切夫斯基,指责马尔托夫。卡·考茨基参加了《前进报》上就这个问题展开的激烈论战,他指出该报编辑部歪曲了马尔托夫文章的原意。马尔托夫和克里切夫斯基也都在《前进报》上发表了文章。这场论战远远超出了《前进报》的范围,克·蔡特金、法国工人党机关报《社会主义者报》和亚·李·帕尔乌斯先后发表文章,对《曙光》杂志表示支持。1902年3月10日《火星报》第18号"党的生活"栏发表短评,阐述《火星报》编辑部对论战的看法。——179。

114 《对〈怎么办?〉一书的一个更正》发表在1902年4月1日《火星报》第19号"党的生活"栏内,原来没有标题,标题是《列宁全集》俄文版编者加的。——182。

115　1901年底—1902年上半年,根据列宁的倡议,《火星报》编辑部制定了俄国社会民主工党纲领草案。这里收载的是列宁参加制定党纲工作留下的一部分文献,还有一部分文献编入了本卷《附录》。

列宁在着手出版《火星报》的时候就提到了制定党纲的问题(参看本版全集第4卷第286页)。1901年7月9日(公历),他在给帕·波·阿克雪里罗得的信里,把制定党纲作为一个特别紧迫的问题提了出来(见本版全集第44卷第76号文献)。

根据列宁的提议,纲领理论部分由格·瓦·普列汉诺夫负责起草。1902年1月,《火星报》编辑部慕尼黑会议讨论了普列汉诺夫的第一个草案。这个草案受到列宁和编辑部其他成员批评后,普列汉诺夫对其中前两段作了一些修改(见本卷第409页)。但是对其他意见和建议,他多数是不同意的。讨论中的一个重大分歧是由于列宁建议纲领要从俄国资本主义的发展讲起而产生的。列宁在会后的一个札记中写道:"是否从俄国讲起的问题尚悬而未决(3票赞成,3票反对)。"

列宁在确信普列汉诺夫写的纲领理论部分的草案不能采用以后,自己另写了一个草案。这一草案的初稿在1月25日(2月7日)前写出(见本卷第411—415页),2月18日(3月3日)前修改完毕(见本卷第192—198、199页)。与此同时,普列汉诺夫写了第二个草案。列宁又对它作了认真的批评和分析(见本卷第200—223页)。为了协调列宁的草案和普列汉诺夫的草案而编写出共同的纲领草案,《火星报》编辑部成立了一个协商委员会。委员会的草案以普列汉诺夫的草案为基础,同时也根据列宁的坚决要求,写入了一些重要论点,如以小生产被大生产排挤的论点代替普列汉诺夫的含糊不清的措辞,比普列汉诺夫草案更确切地规定了党的纯粹的无产阶级性质,把无产阶级专政是社会主义革命的必要条件这一论点作为纲领的最重要条款。列宁读了委员会草案后又对它提出了一系列的意见(见本卷第226—236页)。

在1902年1月的慕尼黑会议上还讨论了同纲领的实践部分有关的问题。当时列宁写了这一部分某些条文的草稿(见本卷第403—404页)。整个实践部分的初稿于1902年1月底至2月初写出,其中土地问题的条文和结束语是列宁写的。1902年3月初,编辑部全体成员对实践部分取得了一致意见。

　　1902年4月,《火星报》编辑部苏黎世会议批准了编辑部的党纲草案,包括理论部分和实践部分。列宁当时在伦敦,没有出席这次会议。但他提出的补充和修正意见,在苏黎世会议讨论党纲草案时,大部分得到了草案编写人的考虑。《火星报》编辑部的党纲草案全文发表于1902年6月1日《火星报》第21号,在1903年7—8月间举行的俄国社会民主工党第二次代表大会上略加修改后通过。

　　这个纲领的全文,见本版全集第7卷《附录》。——184。

116　这些意见是列宁在慕尼黑会议之前读到格·瓦·普列汉诺夫的第一个草案后立即写出的。——184。

117　爱尔福特纲领是指1891年10月举行的德国社会民主党爱尔福特代表大会通过的党纲。它取代了1875年的哥达纲领。爱尔福特纲领以马克思主义关于资本主义生产方式必然灭亡和被社会主义生产方式所代替的学说为基础,强调工人阶级必须进行政治斗争,指出了党作为这一斗争的领导者的作用。它从根本上说是一个马克思主义的纲领。但是,爱尔福特纲领也有严重缺点,其中最主要的是没有提到无产阶级专政是对社会实行社会主义改造的手段这一原理。纲领也没有提出推翻君主制、建立民主共和国、改造德国国家制度等要求。对此,恩格斯在《1891年社会民主党纲领草案批判》(见《马克思恩格斯文集》第4卷)中提出了批评意见。代表大会通过的纲领是以《新时代》杂志编辑部的草案为基础的。

　　列宁使用的是德文版《爱尔福特纲领》,有关引文都是他亲自译成俄文的。——186。

118　代役租是农民向地主交纳的实物或货币,也指沙皇政府向国家农民、皇族农民征收的一种税,这种税起初按人口征收,后来改为按土地和手工业收入征收。在农民改革以后,代役租逐渐为赎金所代替。——197。

119　连环保是每一村社的成员在按时向国家和地主交清捐税和履行义务方面互相负责的制度。这种奴役农民的形式,在俄国废除农奴制后还保存着,直到 1906 年才最终取消。——197。

120　村团即村社。参看注 169。——197。

121　指《共产党宣言》的下列论点:"如果不就内容而就形式来说,无产阶级
　　　反对资产阶级的斗争首先是一国范围内的斗争。每一个国家的无产阶
　　　级当然首先应该打倒本国的资产阶级。"(见《马克思恩格斯文集》第 2
　　　卷第 43 页)——203。

122　指国际工人协会(第一国际)章程。最初的《临时章程》是马克思在
　　　1864 年 10 月写的,于同年 11 月 1 日由当时的协会中央委员会一致批
　　　准(参看《马克思恩格斯全集》第 1 版第 16 卷第 15—18 页)。1866 年 9
　　　月,在日内瓦代表大会上通过了经过修改和补充的《国际工人协会章
　　　程》(同上书,第 599—601 页)。1871 年 9 月,伦敦代表会议通过了《国
　　　际工人协会共同章程》,这个章程是马克思在原章程基础上写的(见《马
　　　克思恩格斯文集》第 3 卷第 226—229 页)。——213。

123　指恩格斯的《法德农民问题》一文。他在这篇文章里批判了法国工人党
　　　在 1892 年 9 月马赛代表大会上通过、并在 1894 年 9 月南特代表大会
　　　上作了补充的土地纲领(见《马克思恩格斯文集》第 4 卷)。——215。

124　凯撒主义是个人独裁和形式上承认人民即平民的权利相结合的政治制
　　　度。这一政治制度的创始者是古罗马统帅和政治家尤利乌斯·凯
　　　撒。——223。

125　指恩格斯在《1891 年社会民主党纲领草案批判》一文中说的一段话:
　　　"概括说来,这部分的缺点在于想把两件不能结合的东西结合起来,即
　　　要求它既是纲领,又是对纲领的解释。唯恐写得简洁而有力,意思就会
　　　不够明白,因此加进一些说明,以致弄得冗繁和拖沓。"(见《马克思恩格
　　　斯文集》第 4 卷第 407 页)——223。

126　《对纲领草案的土地部分的修正案》写在《俄国社会民主党的土地纲领》
　　　一文手稿的空白页上。在 1902 年 4 月 1—4 日(14—17 日)《火星报》

编辑部苏黎世会议上,这个修正案被否决。——224。

127 列宁把自己的《俄国社会民主党的土地纲领》一文(见本卷第281—320
页)称做党纲的土地部分的解释。——224。

128 根据1861年2月19日颁布的有关脱离农奴制依附地位的农民赎买土
地的条例,农民必须付给地主赎金,以赎取份地。份地赎价是将每年代
役租按6％年利率加以资本化得出的,例如,每年代役租为6卢布,赎
价就是100卢布。在赎取份地时,农民先付赎价的20％—25％(如果
地主单方面要求赎地,则农民不付这笔费用),其余75％—80％由政府
以债券形式付给地主,然后由农民在49年内加利息分年偿还政府。农
民每年偿还的这种债务,称为赎金。沉重的赎金使大量农民陷入破产
和贫困的境地。仅前地主农民交给政府的赎金就有19亿卢布,而转入
农民手中的土地,按当时市场价格,仅值5亿多卢布。由于农民赎取份
地最后期限为1883年,赎金的交纳要到1932年才最后结束。在
1905—1907年俄国第一次革命中,沙皇政府慑于农民运动的威力,从
1907年1月起废除了赎金。——224。

129 赎也就是买是尼·加·车尔尼雪夫斯基的长篇小说《序幕》主人公沃尔
根的话,实际上反映车尔尼雪夫斯基本人对1861年农民"解放"的看
法。小说中讲到"赎也就是买"的那一段话,列宁在《什么是"人民之友"
以及他们如何攻击社会民主党人?》一文中引用过(见本版全集第1卷
第246页)。——224。

130 割地是指俄国1861年改革中农民失去的土地。按照改革的法令,如果
地主农民占有的份地超过当地规定的最高标准,或者在保留现有农民
份地的情况下地主占有的土地少于该田庄全部可耕地的1/3(草原地区
为1/2),就从1861年2月19日以前地主农民享有的份地中割去多出的
部分。份地也可以通过农民与地主间的特别协议而缩减。割地通常是
最肥沃和收益最大的地块,或农民最不可缺少的地段(割草场、牧场
等),这就迫使农民在受盘剥的条件下向地主租用割地。改革时,对皇
族农民和国家农民也实行了割地,但割去的部分要小得多。要求归还

割地是农民斗争的口号之一,1903 年俄国社会民主工党第二次代表大会曾把它列入党纲。1905 年俄国社会民主工党第三次代表大会提出了没收全部地主土地,以代替这一要求。——225。

131　工役制是指农民租种地主土地时用给地主干活来代替交纳地租的制度。它是农奴制的直接残余,而其最主要基础是割地。参看本卷第302—304 页。——225。

132　《对委员会的纲领草案的意见》写在这个草案手抄件的白边、行间和背面,是列宁在去伦敦的途中在火车上写的。委员会草案原文中,凡是列宁加上着重标记的地方,均用细线标出。——226。

133　这一协议的第 3 点是:"关于阶级斗争和社会革命的条文(针对弗雷草案)要增补:社会民主党不仅反对对雇佣工人的压迫和剥削,而且反对对一切劳动者和被压迫者的压迫和剥削,解放一切劳动群众;但是(针对若尔日草案)关于阶级斗争和社会革命的条文本身要严格以**无产阶级斗争的精神**来措辞,并增补无产阶级专政。"

　　弗雷草案即列宁草案,若尔日草案即普列汉诺夫草案。——230。

134　复本位制是同时以金银两种金属为本位货币的货币制度,16—19 世纪曾广泛流行于西欧各国。——235。

135　拉斐尔前派是 19 世纪中叶英国文化界中的反动浪漫主义流派。拉斐尔前派艺术家把早期文艺复兴的意大利艺术(拉斐尔以前的艺术)奉为自己的理想,并把它曲解成中世纪的宗教艺术。"拉斐尔前派"的名称即由此而来。拉斐尔前派作家则把古代神话和民间传说中的英雄浪漫主义精神、中世纪的宗教抒情诗、但丁和英国早期现实主义者杰·乔叟的创作当做自己的文学样板。——235。

136　指马克思的《资本论》第 3 卷。下面的第 2 卷指《资本论》第 2 卷。——238。

137　社会革命党人是俄国最大的小资产阶级政党社会革命党的成员。该党是1901年底—1902年初由南方社会革命党、社会革命党人联合会、老民意党人小组、社会主义土地同盟等民粹派团体联合而成的。成立时的领导人有马·安·纳坦松、叶·康·布列什柯-布列什柯夫斯卡娅、尼·谢·鲁萨诺夫、维·米·切尔诺夫、米·拉·郭茨、格·安·格尔舒尼等,正式机关报是《革命俄国报》(1901—1904年)和《俄国革命通报》杂志(1901—1905年)。社会革命党人的理论观点是民粹主义和修正主义思想的折中混合物。他们否认无产阶级和农民之间的阶级差别,抹杀农民内部的矛盾,否认无产阶级在资产阶级民主革命中的领导作用。在土地问题上,社会革命党人主张消灭土地私有制,按照平均使用原则将土地交村社支配,发展各种合作社。在策略方面,社会革命党人采用了社会民主党人进行群众性鼓动的方法,但主要斗争方法还是搞个人恐怖。为了进行恐怖活动,该党建立了事实上脱离该党中央的秘密战斗组织。

在1905—1907年俄国第一次革命中,社会革命党曾在农村开展焚烧地主庄园、夺取地主财产的所谓"土地恐怖"运动,并同其他政党一起参加武装起义和游击战,但也曾同资产阶级的解放社签订协议。在国家杜马中,该党动摇于社会民主党和立宪民主党之间。该党内部的不统一造成了1906年的分裂,其右翼和极左翼分别组成了人民社会党和最高纲领派社会革命党人联合会。在斯托雷平反动时期,社会革命党经历了思想上、组织上的严重危机。在第一次世界大战期间,社会革命党的大多数领导人采取了社会沙文主义的立场。1917年二月革命后,社会革命党中央实行妥协主义和阶级调和的政策,党的领导人亚·费·克伦斯基、尼·德·阿夫克森齐耶夫、切尔诺夫等参加了资产阶级临时政府。七月事变时期该党公开转向资产阶级方面。社会革命党中央的妥协政策造成党的分裂,左翼于1917年12月组成了一个独立政党——左派社会革命党。十月革命后,社会革命党人(右派和中派)公开进行反苏维埃的活动,在国内战争时期进行反对苏维埃政权的武装斗争,对共产党和苏维埃政权的领导人实行个人恐怖。内战结束后,他们在"没有共产党人参加的苏维埃"的口号下组织了一系列叛乱。1922年,社会革命党彻底瓦解。——239。

138　《俄国革命通报。社会政治评论》杂志（«Вестник Русской Революции. Социально-политическое обозрение»）是俄国社会革命党人的秘密刊物，1901—1905 年先后在巴黎和日内瓦出版，共出了 4 期。第 1 期由老民意党人小组出版，编辑是尼·谢·鲁萨诺夫（塔拉索夫）。从第 2 期起成为社会革命党的理论性机关刊物。撰稿人有米·拉·郭茨、伊·阿·鲁巴诺维奇、维·米·切尔诺夫（尤·加尔德宁）、叶·康·布列什柯 - 布列什柯夫斯卡娅等。——239。

139　《俄国财富》杂志（«Русское Богатство»）是俄国科学、文学和政治刊物。1876 年创办于莫斯科，同年年中迁至彼得堡。1879 年以前为旬刊，以后为月刊。1879 年起成为自由主义民粹派的刊物。1892 年以后由尼·康·米海洛夫斯基和弗·加·柯罗连科领导，成为自由主义民粹派的中心，在其周围聚集了一批政论家，他们后来成为社会革命党、人民社会党和历届国家杜马中的劳动派的著名成员。在 1893 年以后的几年中，曾同马克思主义者展开理论上的争论。为该杂志撰稿的也有一些现实主义作家。1906 年成为人民社会党的机关刊物。1914 年至 1917 年 3 月以《俄国纪事》为刊名出版。1918 年被查封。——239。

140　指 1900 年英、美、德、法、俄、日、意、奥八国联军侵略中国的帝国主义战争。这次战争的目的是镇压义和团反帝运动和瓜分中国。——241。

141　这是俄国西部的一条铁路线。博洛戈耶在彼得堡和莫斯科之间，谢德尔采在波兰华沙以东。——241。

142　《莫斯科新闻》（«Московские Ведомости»）是俄国最老的报纸之一，1756 年开始由莫斯科大学出版。1842 年以前每周出版两次，以后每周出版三次，从 1859 年起改为日报。1863—1887 年，由米·尼·卡特柯夫等担任编辑，宣扬地主和宗教界人士中最反动阶层的观点。1897—1907 年由弗·安·格林格穆特任编辑，成为黑帮报纸，鼓吹镇压工人和革命知识分子。1917 年 10 月 27 日（11 月 9 日）被查封。——246。

143 奥勃洛摩夫是俄国作家伊·亚·冈察洛夫的长篇小说《奥勃洛摩夫》的主人公,他是一个怠惰成性、害怕变动、终日耽于幻想、对生活抱消极态度的地主。——247。

144 指《社会民主主义工人丛书》。

《社会民主主义工人丛书》是1900年夏彼得堡和维尔诺的一批社会民主党人建立的社会民主主义工人丛书社的出版物。该社出版这套小丛书是为了把社会民主党的鼓动工作重心由经济斗争转到政治斗争上来。在这一工作中,社里的彼得堡成员负责文字编辑工作,维尔诺成员负责技术编辑工作。该社同莫斯科、哈尔科夫、敖德萨等城市都有联系,它的出版物在彼得堡和彼得堡区通过"社会主义者"社发行。由于奸细米·伊·古罗维奇的出卖,社会民主主义工人丛书社于1901年1月30日(2月12日)夜被沙皇警察破获,所有与该社有关的人员全部被捕。在此以前已出版的《社会民主主义工人丛书》有《〈工人丛书〉编辑部的话》、《德兰士瓦和中国。基尔·哈第和李卜克内西的两次演说》、《俄国立法的基本特点》等数种。《火星报》对该社所提出的《社会民主主义工人丛书》的任务表示赞赏,同时批评了它的某些小册子中的不正确论点,如"俄国资产阶级**目前**不再有什么要求了"、"在我国,资产阶级已被恩准得到一些尽管是很可怜的政治自由了"等等。——248。

145 列宁引用的这句话出自《革命前夜。理论和策略问题不定期评论》这本小册子的第129页。小册子是尔·纳杰日丁(叶·奥·捷连斯基)编辑的,由自由社于1901年出版。关于《火星报》报道统计人员冲突一事,参看本卷第90—91页。——248。

146 指德雷福斯案件,即1894年法国总参谋部尉级军官犹太人阿·德雷福斯被法国军界反动集团诬控为德国间谍而被军事法庭判处终身服苦役一案。法国反动集团利用这一案件煽动反犹太主义和沙文主义,攻击共和制和民主自由。在事实证明德雷福斯无罪后,当局仍坚决拒绝重审,引起广大群众强烈不满。法国社会党人和资产阶级民主派进步人士(包括埃·左拉、让·饶勒斯、阿·法朗士等)发动了声势浩大的运动,要求重审这一案件。在社会舆论压力下,1899年瓦尔德克-卢梭政

府撤销了德雷福斯案件,由共和国总统赦免了德雷福斯。但直到 1906
年 7 月,德雷福斯才被上诉法庭确认无罪,恢复了军职。——250。

147　彭帕杜尔出自俄国作家米·叶·萨尔蒂科夫–谢德林的讽刺作品《彭帕
　　　杜尔先生们和彭帕杜尔女士们》。作家在这部作品中借用法国国王路
　　　易十五的情妇彭帕杜尔这个名字塑造了俄国官僚阶层的群像。"彭帕
　　　杜尔"一词后来成了沙皇政府昏庸横暴、刚愎自用的官吏的通
　　　称。——250。

148　尔·恩·斯·是彼·伯·司徒卢威为财政大臣谢·尤·维特的秘密记
　　　事《专制制度和地方自治机关》(由曙光杂志社于 1901 年在斯图加特出
　　　版)作序用的笔名。列宁在《地方自治机关的迫害者和自由主义的汉尼
　　　拔》一文(见本版全集第 5 卷)中批判了这篇序言。——252。

149　塞壬是希腊神话中的几个女妖,住在地中海的一个小岛上。每逢船舶
　　　经过,她们就以迷人的歌声诱惑航海者登岸,把他们害死。——255。

150　指《关于国民教育部部属高等院校学生团体组织暂行条例》。这个条例
　　　是国民教育大臣彼·谢·万诺夫斯基于 1901 年 12 月 22 日(1902 年 1
　　　月 4 日)批准的。它把大学生组织置于严密的行政监督之下。大学生
　　　们对条例表示不满,纷纷抗议政府这一专横行为,拒绝承认这个《条
　　　例》。甚至自由派教授们也因《暂行条例》强加给他们监督学生的职责
　　　而表示抗议。——255。

151　尼古拉(尼卡-米卢沙)·奥勃曼诺夫是俄国小品文作家亚·瓦·阿姆
　　　菲捷阿特罗夫发表在 1902 年 1 月 13 日(26 日)《俄国报》上的一篇小品
　　　文《奥勃曼诺夫老爷们》中的人物。奥勃曼诺夫(Обманов)在俄语中是
　　　由"欺骗"(обман)一词变来的,并与俄国封建王朝罗曼诺夫(Романов)
　　　这个姓谐音。小品文用这种影射的手法讽刺了罗曼诺夫王朝最后几代
　　　皇帝:尼古拉一世、亚历山大二世、亚历山大三世和皇后玛丽亚·费多
　　　罗夫娜以及当时在位的尼古拉二世。《俄国报》因发表这篇小品文被查
　　　封,作者阿姆菲捷阿特罗夫被流放到米努辛斯克。这篇小品文通过秘

密出版物和手抄本广泛流传于俄国。——256。

152　犹大之吻出自圣经《马太福音》第 26 章。犹大是耶稣的十二门徒之一，
出卖耶稣的叛徒。他按照事先的约定，当着犹太教大司祭派来捉拿耶
稣的兵丁亲吻耶稣，装做请安，于是那些兵丁就认出并逮捕了耶稣。后
来，犹大之吻便成为虚伪的亲热的代用语。——257。

153　指以《新时报》为代表的沙皇俄国反动出版界对俄国现实的粉饰。
　　　《新时报》(《Новое Время》)是俄国报纸，1868—1917 年在彼得堡
出版。出版人多次更换，政治方向也随之改变。1872—1873 年采取进
步自由主义的方针。1876—1912 年由反动出版家阿·谢·苏沃林掌
握，成为俄国最没有原则的报纸。1905 年起是黑帮报纸。1917 年二月
革命后，完全支持资产阶级临时政府的反革命政策，攻击布尔什维克。
1917 年 10 月 26 日(11 月 8 日)被查封。——262。

154　这份材料是俄国国家储金局管理署出版的《国家储金局 1899 年的工作
报告》。——262。

155　这里计算不准确，应为大约十二分之一。——264。

156　指 1900 年八国联军侵华时沙皇俄国派往中国的侵略军。——267。

157　列宁写的这篇报告是准备向俄国社会民主工党各委员会和组织代表会
议提出的。这次代表会议于 1902 年 3 月 23—28 日(4 月 5—10 日)在
波兰比亚韦斯托克举行，是经济派筹办的。派代表出席这次代表会议
的有俄国社会民主工党彼得堡委员会、叶卡捷琳诺斯拉夫委员会、俄国
社会民主工党南方各委员会和组织联合会、崩得中央委员会及其国外
委员会、国外俄国社会民主党人联合会和《火星报》编辑部(它的代表
费·伊·唐恩持有俄国革命社会民主党人国外同盟的委托书)。经济
派和支持他们的崩得分子起初打算把这次代表会议改为俄国社会民主
工党第二次代表大会，指望这样来巩固自己在党内的地位并抑制《火星
报》日益增长的影响。但是，由于代表会议的代表面太窄(只有 4 个在
俄国国内有活动的社会民主工党组织派代表出席，比第一次代表大会

还少），而代表会议上暴露出来的原则性意见分歧又很大，尤其是《火星报》代表对此表示坚决反对，这一企图没有得逞。代表会议通过了关于确定会议性质的决议，通过了崩得中央委员会代表提出的原则决议以及俄国社会民主工党南方各委员会和组织联合会代表提出的修正案（《火星报》代表提出了自己的原则决议草案，因而投了反对票），批准了以《火星报》编辑部拟定的草案为基础的五一传单。为筹备召开党的第二次代表大会，代表会议选出了由下列代表组成的组织委员会：《火星报》的代表唐恩、俄国社会民主工党南方各委员会和组织联合会的代表奥·阿·叶尔曼斯基、崩得中央委员会的代表 K.Я.波尔特诺伊。代表会议后不久，会议的大多数代表，包括组委会的两名成员即被警察逮捕。1902 年 11 月在普斯科夫会议上又成立了新的组织委员会，其成员是俄国社会民主工党彼得斯堡委员会代表弗·潘·克拉斯努哈、《火星报》国内组织代表伊·伊·拉德琴柯和南方工人社代表叶·雅·列文。——272。

158　指《火星报》的基什尼奥夫印刷所和巴库印刷所。

　　基什尼奥夫印刷所是列·伊·戈尔德曼于 1901 年 4 月创建的，存在到 1902 年 3 月 12 日（25 日）。印刷所印过格·瓦·普列汉诺夫的文章《今后怎样？》（《曙光》杂志第 2—3 期合刊抽印本）、娜·康·克鲁普斯卡娅的小册子《女工》、《奥布霍夫工厂五月骚乱事件的起诉书》（《火星报》第 9 号抽印本并附列宁《新的激战》一文）、列宁的文章《同饥民作斗争》（《曙光》杂志第 2—3 期合刊抽印本）和《游行示威开始了》（《火星报》第 13 号抽印本）以及一系列声明和传单。这个印刷所还翻印了《火星报》第 10 号。

　　巴库印刷所（秘密通信中代号"尼娜"）是巴库的火星派小组（弗·扎·克茨霍韦利、列·波·克拉辛、列·叶·加尔佩林、H.Π.科泽连科、瓦·斯图鲁阿等）在俄国社会民主工党梯弗利斯委员会的协助下于 1901 年 9 月建立的。印刷所用俄文和格鲁吉亚文印过威·李卜克内西的小册子《蜘蛛和苍蝇》、希·迪克施坦的小册子《谁以什么为生？》、《彼得·阿列克谢耶夫的演说》、《莫罗佐夫工厂罢工十周年》以及一些宣言和传单。巴库印刷所还翻印了《火星报》第 11 号。格鲁吉亚秘密的马克思主义报纸《斗争报》也是在这里印的。俄国社会民主工党第二次代表大会以后,巴库印刷所成为党的中央印刷所,按照俄国社会民主工党中央布置的任务进行工作。1905 年 12 月,印刷所根据党中央的决定撤销。——277。

159　《俄国社会民主党的土地纲领》一文写于 1902 年 2 月——3 月上半月,1902 年 8 月载于《曙光》杂志第 4 期。

　　1902 年 4 月 2 日(15 日),文章提交《火星报》编辑部成员苏黎世会议讨论。列宁当时在伦敦,没有参加这次会议。与会者的意见由尔·马尔托夫记在文章手稿的背面。列宁在收到苏黎世会议的讨论意见后,对文章作了一些修改,并于 1902 年 4 月 20 日(5 月 3 日)把文章寄给格·瓦·普列汉诺夫和帕·波·阿克雪里罗得,请他们再次过目。普列汉诺夫这次提的许多意见非常尖刻,并带侮辱性,结果引起了《火星报》编辑部内部的激烈冲突(参看 1902 年 5 月 1 日(14 日)和 6 月 10 日(23 日)列宁给普列汉诺夫的信,本版全集第 44 卷第 132 号文献)。列宁对普列汉诺夫和阿克雪里罗得的意见的答复,见本卷第 321——338 页。《俄国社会民主党的土地纲领》一文在《曙光》杂志上发表时,有多处被删,其中土地国有化问题全部被删。

　　在《列宁全集》俄文第 5 版中,本文是按列宁最初的手稿刊印的。列宁对手稿作的重大修改均加注说明。在手稿中没有的"附言",是按《曙光》杂志原文刊印的。——281。

160　指 1899 年在斯图加特出版的卡·考茨基的《土地问题。现代农业趋势和社会民主党的土地政策概述》一书。——293。

161　骚乱派即巴枯宁派,是俄国无政府主义者米·亚·巴枯宁的信徒。他们坚决反对马克思主义的理论和工人运动的策略,否定包括无产阶级专政在内的任何国家,主张由"优秀分子"组成的秘密革命团体去领导群众骚乱,并认为俄国农民会马上举行起义。

　　俄国巴枯宁派的代表之一谢·根·涅恰耶夫和住在国外的巴枯宁保持密切联系,1869 年试图在俄国组织密谋活动团体"人民惩治会";但他只在莫斯科成立了一些小组,这些小组很快就被沙皇政府破坏。

巴枯宁派的理论和策略受到马克思、恩格斯和列宁的谴责(参看马克思和恩格斯的《社会主义民主同盟和国际工人协会》,恩格斯的《行动中的巴枯宁主义者》、《流亡者文献》(《马克思恩格斯全集》第1版第18卷;《马克思恩格斯文集》第3卷),列宁的《论临时革命政府》(本版全集第10卷))。——294。

162 贵族委员会指1857—1858年在俄国欧洲部分各省(除阿尔汉格尔斯克省以外)成立的省委员会,其任务是制定解除农民的农奴制依附关系的方案。这些委员会成员都是从贵族中选出来的,故有贵族委员会之称。这些委员会在寻求进行"农民改革"的方式方法时,主要考虑如何使贵族得到最大限度的好处。——298。

163 以上3段(从"其次"到本段末)在文章讨论过程中有所改动。列宁在《火星报》编辑部苏黎世会议以后修改了第2段开头的文字(把"这第二个条件……仍然作为盘剥工具的割地"改为"可见,这里指的是那些极为普遍的割地"),并删去了整个第3段。在《曙光》杂志上发表时,第2段全部被删掉,第1段中的"这种权力只限于处理直接的农奴制关系残余。就是说"等字句也被删掉。——300。

164 地役权是使用他人土地的有限物权,如步行或乘车马通过邻近地段的权利等,起源于罗马法。西方封建社会和资本主义社会都保留和发展了这种权利。这里说的是俄国1861年改革后农村中公共道路、割草场、牧场、池塘等等的使用权。由于这些地方被地主霸占,农民要为地主服额外劳役,才能取得这种使用权。——300。

165 瓦卢耶夫委员会即沙皇大臣彼·亚·瓦卢耶夫领导的俄国农业状况调查委员会。这个委员会成立于1872年,1872—1873年搜集了大量关于改革后俄国农业状况的材料,包括省长的报告,地主、贵族代表、地方自治局、乡公所、粮商、农村牧师、富农、统计协会、农业协会和其他与农业有关的机关的声明和证词等等,编成《钦设俄国农业和农村生产率目前状况调查委员会报告》一书,于1873年在彼得堡出版。——301。

166 《火星报》编辑部苏黎世会议以后,列宁将本段后半段作了如下修改:删去了最后一句,把前句中从"至于非典型的情况"起到句末改为"非典型情况是任何一种通用的法律都无法规定的,必须交地方委员会酌情处理(地方委员会可以搞土地赎买,也可以搞土地交换,等等)"。《曙光》杂志是照上述修改过的文字刊印的。——305。

167 梅克伦堡是德国的一个地区,位于波罗的海与易北河之间。在历史上,这个地区的特点是大土地占有制占优势和农村无产者人数众多。恩格斯在《法德农民问题》一文中提到过这个地区(参看《马克思恩格斯文集》第4卷第511页)。——311。

168 在《火星报》编辑部苏黎世会议讨论这篇文章以后,列宁略去了上两段文字,代之以下面这个脚注:"至于纳杰日丁,我们认为,他在自己的土地纲领草稿中犯了极不彻底的毛病,他要求把**除农民**土地**以外**的一切土地变为'人民的财产'并把'国有土地''分给劳动农民长期租用'。然而社会民主党人不能把农民的土地排除在整个土地国有化的范围之外,这是第一。第二,社会民主党人宣传土地国有化时应该仅仅把它当做向共产主义大经济的过渡,而不是向个体小经济的过渡。纳杰日丁的错误大概是由于他决定在纲领中只提出'能为农夫**理解**〈黑体是我用的〉和需要的要求'而引起的。"——312。

169 村社是俄国农民共同使用土地的形式,其特点是在实行强制性的统一轮作的前提下,将耕地分给农户使用,森林、牧场则共同使用,不得分割。村社内实行连环保制度。村社的土地定期重分,农民无权放弃和买卖土地。村社管理机构由选举产生。俄国村社从远古即已存在,在历史发展过程中逐渐成为俄国封建制度的基础。沙皇政府和地主利用村社对农民进行监视和掠夺,向农民榨取赎金和赋税,逼迫他们服徭役。

　　村社问题在俄国曾引起热烈争论,发表了大量有关的经济学文献。民粹派认为村社是俄国向社会主义发展的特殊道路的保证。他们企图证明俄国的村社农民是稳固的,村社能够保护农民,防止资本主义关系侵入他们的生活。早在19世纪80年代,格·瓦·普列汉诺夫就已指出民粹派的村社社会主义的幻想是站不住脚的。到了90年代,列宁粉碎了民粹派的理论,用大量的事实和统计材料说明资本主义关系在俄国农村是怎样发展的,资本是怎样侵入宗法制的村社、把农民分解为富农与贫苦农民两个对抗阶级的。

在1905—1907年革命中,村社曾被农民用做革命斗争的工具。地主和沙皇政府对村社的政策在这时发生了变化。1906年11月9日,沙皇政府大臣会议主席彼·阿·斯托雷平颁布了摧毁村社、培植富农的土地法令,允许农民退出村社和出卖份地。这项法令颁布后的9年中,有200多万农户退出了村社。但是村社并未被彻底消灭,到1916年底,欧俄仍有三分之二的农户和五分之四的份地在村社里。村社在十月革命以后还存在很久,直到全盘集体化后才最终消失。——316。

170 伦理社会学理论即以尼·康·米海洛夫斯基为首的自由主义民粹派的理论。——318。

171 奥勃洛摩夫卡是俄国作家伊·亚·冈察洛夫的长篇小说《奥勃洛摩夫》中的主人公奥勃洛摩夫的庄园。——319。

172 指1902年3月底—4月初波尔塔瓦和哈尔科夫两省的农民起义。这次起义席卷了拥有15万人口的165个村庄,是20世纪初俄国第一次大规模的农民运动。起义的原因是:这两省的农民的生活状况原来就极端困苦,遇到1901年歉收引起的饥荒,到1902年春季更加恶化。农民们群起夺取地主庄园中储存的粮食和饲料。受到农民袭击的地主庄园,在波尔塔瓦省有56个,在哈尔科夫省有24个。农民还要求重新分地。沙皇政府派军队镇压起义农民。许多农民遭杀害。许多村子的农民人人被鞭打。成百的农民被判处不同刑期的监禁。农民还被迫赔偿地主80万卢布"损失"。列宁在《告贫苦农民》这本小册子中分析了这次农民运动的性质和失败的原因(见本版全集第7卷第170—171页)。——320。

173 格·瓦·普列汉诺夫和帕·波·阿克雪里罗得对列宁的《俄国社会民主党的土地纲领》一文的意见写于1902年4月20日—5月1日(5月

3—14 日)之间,列宁对这些意见的答复写于 1902 年 5 月 1 日(14 日),
意见和答复都写在手稿的背面。同一天,列宁给普列汉诺夫写了一封
信(见本版全集第 44 卷第 132 号文献)。列宁答复的结尾部分(见本卷
第 337—338 页)写于另纸,附在文章手稿后面。

在《列宁全集》俄文第 5 版中,列宁的答复按手稿刊印。列宁在普
列汉诺夫意见中加上着重标记的地方用细线标出。——321。

174　1902 年 4 月,比利时工人宣布总罢工,以支持工人党、自由党和民主党
的代表在议会提出的普选权要求。参加罢工的有 30 多万工人,工人游
行示威遍及全国。可是在议会否决了选举改革法案、军队开枪镇压示
威者之后,工人党的机会主义领导者埃·王德威尔得等人在自由派资
产阶级"盟友"的压力下取消了总罢工。比利时工人总罢工的失败是对
全世界工人运动的一次教训。《火星报》就此写道:"社会主义无产阶级
必将认清由于希望迅速成功而牺牲革命原则的机会主义策略会造成什
么样的实际后果。无产阶级再次确信:如果无产阶级没有决心把他们
用来对敌人施加政治压力的手段合乎情理地坚持到底,那么任何一种
这样的手段都不可能达到目的。"(见 1902 年 6 月 1 日《火星报》第 21
号)——330。

175　格·瓦·普列汉诺夫指的是尔·马尔托夫 1902 年 4 月 2 日(15 日)在
《火星报》编辑部苏黎世会议上提出的如下意见:"应当更多地、更突出
地强调目前在俄国提出土地国有化这个要求的反动性。"

苏黎世会议之后,列宁对谈到土地国有化的要求的第 7 章已作了
某些修改。——331。

176　格·瓦·普列汉诺夫指的是尔·马尔托夫的如下意见:"这一点应这样
说:我们把土地国有化仅仅理解为全部生产资料社会化的直接序
幕。"——333。

177　在 18 世纪法国资产阶级革命期间,法国政治流亡者的土地被没收并当
做国家财产出卖。查理十世上台后,为了巩固他的反动统治,在 1825
年 4 月 27 日颁布了赔偿法令:凡过去被没收和出卖的流亡者的土地,

以金钱赔偿之。赔偿费总额达 109 136 万法郎。这就是历史学家所说的"赔偿政治流亡者的十亿法郎法令"。政府为筹集这笔巨款增加了税捐并把公债利息从 5％降为 3％。而大部分赔偿费落入了国王亲信的手中。这就引起了广大人民群众和资产阶级的强烈不满。——334。

178　帕·波·阿克雪里罗得说的第 90 页是指列宁文章中的如下一段话："但是为什么仅限于这种来源呢？为什么除此之外，不想法子哪怕把昨天的奴隶主在警察国家的帮助下从农民那里征收去的、并且还在继续征收的贡赋的一部分归还给人民呢？"（见本卷第 315 页）格·瓦·普列汉诺夫对这一段的意见是："只应当提出来这一点，而不应当提慈善事业。还钱的只能是得过这些钱的人，即贵族。"——334。

179　格·瓦·普列汉诺夫指的是尔·马尔托夫的如下意见："这个论点是不正确的。要求划出一块土地的自由正是从支配土地的自由产生的。这里只需指出，我们的要求并不排除将村社对个人的控制权变成协作组织对其自由加入的成员的控制权。"

　　　苏黎世会议之后，列宁把手稿中的这两句话删去了，改为正文中接着摘引的一段话："这种反驳是没有根据的。……这同我们的条文也并不矛盾。"——336。

180　戈尔迪之结出自古希腊传说。弗利基亚王戈尔迪献给宙斯一辆牛车，车上的轭是用无法解开的死结系在车辕上的。宙斯神谕：能解此结者将统治整个亚洲。马其顿王亚历山大挥剑断之，此结遂开。后多以"斩断戈尔迪之结"比喻用简单的办法解决复杂的问题。——336。

181　达摩克利斯剑出典于古希腊传说：叙拉古暴君迪奥尼修斯一世用一根马尾系着一把利剑挂于自己的宝座上方，命羡慕他的权势和尊荣的达摩克利斯坐在宝座上。达摩克利斯顿时吓得面色苍白，如坐针毡，赶快祈求国王恩准离座。后来人们常用达摩克利斯剑来譬喻时刻存在的威胁或迫在眉睫的危险。——340。

182　为了一碗"红豆汤"而出卖了"长子权"出典于圣经《旧约全书·创世记》

第25章。故事说,一天,雅各熬红豆汤,其兄以扫打猎回来,累得昏了,求雅各给他汤喝。雅各说,须把你的长子名分让给我。以扫就起了誓,出卖了自己的长子权。这个典故常被用来比喻因小失大。——342。

183　俄国社会民主工党北方协会于1902年1月1—5日(14—18日)在沃罗涅日举行代表大会,通过了协会的纲领。列宁在这封信里批评了这个纲领。

俄国社会民主工党北方协会也称北方工人协会(秘密通信中称"谢苗·谢苗诺维奇"),是俄国弗拉基米尔、雅罗斯拉夫尔和科斯特罗马三省的社会民主党地区联合组织。该协会是根据奥·阿·瓦连佐娃和弗·亚·诺斯科夫的倡议于1900—1901年在沃罗涅日建立的。参加该协会的有一些是被流放的社会民主党人。协会的中央委员会(在1902年1月代表大会上选出)由瓦连佐娃、米·亚·巴加耶夫(伊万诺沃-沃兹涅先斯克工人)、H.H.帕宁(普梯洛夫工厂工人,因参加彼得堡工人阶级解放斗争协会被流放到西伯利亚)等组成,1901—1905年,协会领导了这一工业地区的工人运动。

北方协会成立之初就同《火星报》建立了联系,并赞同《火星报》的政治路线和组织计划。协会的代表积极参加了俄国社会民主工党第二次代表大会的筹备工作。协会出席代表大会的代表是莉·米·克尼波维奇和亚·米·斯托帕尼。

在俄国社会民主工党第二次代表大会以后,北方协会改组成为俄国社会民主工党北方委员会。1905年7月,在俄国社会民主工党北方各组织的代表会议上撤销了北方委员会,建立了独立的伊万诺沃-沃兹涅先斯克委员会、雅罗斯拉夫尔委员会和科斯特罗马委员会。——349。

184　这里说的是在1861年农民改革纪念日(2月19日)这一天组织游行示威的问题。北方协会纲领第11节中写道:在传单中应就这件事"向工人指出,他们对专制政府不要有所指望","要努力破除这样一种错觉,似乎解放是沙皇个人所为,是他的善行"。——350。

185　这是列宁以《火星报》编辑部的名义给俄国社会民主工党顿河区委员会的传单《告俄国公民书》加的引言。俄国社会民主工党顿河区委员会的这份传单是为刺杀了沙皇政府内务大臣德·谢·西皮亚金的社会革命党战斗组织成员斯·瓦·巴尔马晓夫被处决而写的,于 1902 年 5 月 9 日(22 日)印刷,在工人中散发了 2 000 份。传单说,巴尔马晓夫的鲜血"将擦亮盲目的小市民的眼睛,使他们看清俄国专制制度难以描述的恐怖,使他们看清我们同俄国专制制度的斗争在日益扩大和发展"。——360。

186　《革命俄国报》(《Революционная Россия》)是俄国社会革命党人的秘密报纸,由社会革命党人联合会于 1900 年底在俄国出版,创办人为安·亚·阿尔古诺夫。1902 年 1 月 — 1905 年 12 月,作为社会革命党的正式机关报在日内瓦出版,编辑为米·拉·郭茨和维·米·切尔诺夫。——363。

187　《革命冒险主义》一文最初发表于《火星报》第 23、24 号,随后印成了小册子。1902 年 9 月 15 日《火星报》第 25 号报道了小册子出版的消息。——365。

188　列宁的这个想法没有实现。保存下来的有关材料则有:《一篇驳社会革命党人的文章的片断》、《一本驳社会革命党人的小册子的提纲》(1903 年春)、《一篇驳社会革命党人的文章的提纲》(见本版全集第 7 卷)。——366。

189　指 1902 年 4 月 3 日社会革命党印刷所印发的传单《告俄国沙皇全体臣民书》。列宁在下句中说的《革命俄国报》可贵的旁证,是指 1902 年 6 月《革命俄国报》第 7 号对这个传单的评论。——368。

190　不等靴子穿破出自英国作家威·莎士比亚的悲剧《哈姆雷特》,意为时间十分短暂。丹麦王后在国王死去一个月后就嫁给了国王的弟弟。王子哈姆雷特在独白中责备她"在送葬的时候所穿的那双鞋子还没有破旧"就改了嫁(第 1 幕第 2 场)。——373。

191　民权党人指俄国民权党的成员。民权党是俄国民主主义知识分子的秘密团体,1893 年夏成立。参加创建的有前民意党人奥·瓦·阿普捷克曼、安·伊·波格丹诺维奇、亚·瓦·格杰奥诺夫斯基、马·安·纳坦松、尼·谢·丘特切夫等。民权党的宗旨是联合一切反对沙皇制度的力量为实现政治改革而斗争。该党发表过两个纲领性文件:《宣言》和《迫切的问题》。1894年春,民权党的组织被沙皇政府破坏。大多数民权党人后来加入了社会革命党。——388。

192　《社会主义月刊》(«Sozialistische Monatshefte»)是德国机会主义者的主要刊物,也是国际修正主义者的刊物之一,1897—1933年在柏林出版。编辑和出版者为右翼社会民主党人约·布洛赫。撰稿人有爱·伯恩施坦、康·施米特、弗·赫茨、爱·大卫、沃·海涅、麦·席佩耳等。第一次世界大战期间,该刊持社会沙文主义立场。——389。

193　《解放》杂志(«Освобождение»)是俄国自由派资产阶级反对派的机关刊物(双周刊),1902年6月18日(7月1日)—1905年10月5日(18日)先后在斯图加特和巴黎出版,共出了79期。编辑是彼·伯·司徒卢威。该杂志反映资产阶级的立宪和民主要求,在资产阶级知识分子和地方自治人士中影响很大。1903年至1904年1月,该杂志筹备成立了俄国资产阶级自由派的秘密组织解放社。解放派和立宪派地方自治人士一起构成了1905年10月成立的立宪民主党的核心。——389。

194　俄国革命社会民主党人国外国盟于1902年9月在日内瓦出版了《专制制度与罢工。财政部关于解决罢工问题的报告书》这本小册子。尔·马尔托夫的《俄国工人的新胜利》一文附于小册子中。——393。

195　1886年6月3日(15日)的法令即《关于对工厂工业企业的监督和厂主与工人的相互关系》的法令,是在莫斯科、弗拉基米尔和雅罗斯拉夫尔等省的工人运动的影响下,特别是在1885年著名的莫罗佐夫工厂大罢工的影响下颁布的。该法令主要是对厂主随意课处工人罚款作某些限制,因此通常被称为"罚款法"。列宁在《对工厂工人罚款法的解释》(见本版全集第2卷)这本小册子中详细分析和批判了这个法令。

　　1897年6月2日(14日)的法令即《关于工厂工业企业中工作时间的长短及其分配》的法令,是在19世纪90年代工人运动的影响下,主

要是在 1895—1896 年彼得堡工人的群众性罢工的影响下颁布的。这
个法令在俄国历史上第一次从立法上限制大工业工人的工作时间。
1897 年 10 月初颁布了这个法令的实施条例。列宁在《新工厂法》(见本
版全集第 2 卷)这本小册子中对这个法令作了分析和批判。——393。

196 机械工人协会(正式名称是机械工人互助协会)是在俄国保安机关参与
下于 1901 年 5 月在莫斯科建立的。它的章程由莫斯科总督于 1902 年
2 月 14 日(27 日)批准。建立这个协会是推行警察社会主义(祖巴托夫
主义)、引诱工人脱离革命斗争的一种尝试。警察当局对工人的笼络讨
好,特别是祖巴托夫代理人——机械工人协会的头头们企图在企业主
和工人发生冲突时取得调解权,引起了莫斯科厂主的不满和他们的
利益代表者财政部的抗议。从 1903 年起,在日益高涨的工人运动影响
下,该协会同其他祖巴托夫组织一样失去了作用。——394。

197 曼彻斯特派即自由贸易派,是工业资产阶级经济政策的代表者,主张贸
易自由和国家不干涉私人企业主的活动。自由贸易派运动早在 18 世
纪末就在英国出现。19 世纪 30 年代至 40 年代,曼彻斯特的工业资产
阶级成为自由贸易派的支柱。曼彻斯特纺织厂主理查·科布顿和约
翰·布莱特于 1838 年以曼彻斯特商会为核心建立了反谷物法同盟,
要求废除谷物法,确立贸易自由。因此自由贸易派又称曼彻斯特派。
后来,自由贸易派形成一个单独政治集团,在 60 年代初加入英国自
由党。在垄断资本主义以前,德、法、俄等国也出现过自由贸易派。
对自由贸易的评述,参看马克思的《关于自由贸易问题的演说》(《马
克思恩格斯文集》第 1 卷)和列宁的《评经济浪漫主义》(本版全集第 2
卷)。——396。

198 指 1899 年德意志帝国国会审议的一个法案。该法案是在德国企业界
和威廉二世的坚决要求下提交德意志帝国国会的。法案要求对所谓
"以暴力、威胁、污辱人格或败坏名誉等手段"促使工人参加工会和订立
协议、发动工人罢工的人处以 1—5 年的监禁或课以 1 000 马克以下的
罚款。在工人运动的压力下,该法案于 1899 年 11 月 20 日在帝国国会
被左派和中派政党投票否决。——398。

199　莫尔恰林是俄国作家亚·谢·格里鲍耶陀夫的喜剧《智慧的痛苦》中的主人公，他热衷于功名利禄，一心依附权贵，为了得到赏识和提拔，在上司面前总是唯唯诺诺，寡言少语。他夸耀自己有两种长处："温和和谨慎"。——400。

200　这是列宁在参与起草党的纲领工作中留存下来的一些草稿。它们涉及《火星报》编辑部制定党的纲领草案过程中的一些关键问题：列宁研究格·瓦·普列汉诺夫的第一个纲领草案，列宁自己拟定纲领理论部分的草案，列宁参加起草纲领的实践部分。为醒目起见，同一段落的几种稿子对照排印。——403。

人 名 索 引

A

阿克雪里罗得,帕维尔·波里索维奇(帕·波·)(Аксельрод, Павел Борисо-вич(П.Б.)1850—1928)——俄国孟什维克领袖之一。19 世纪 70 年代是民粹派分子。1883 年参与创建劳动解放社。1900 年起是《火星报》和《曙光》杂志编辑部成员。这一时期在宣传马克思主义的同时,也在一系列著作中把资产阶级民主制和西欧社会民主党议会活动理想化。1903 年在俄国社会民主工党第二次代表大会上是《火星报》编辑部有发言权的代表,属火星派少数派,会后是孟什维主义的思想家。1905 年提出召开广泛的工人代表大会的取消主义观点。1906 年在党的第四次(统一)代表大会上代表孟什维克作了关于国家杜马问题的报告,宣扬无产阶级同资产阶级实行政治合作的机会主义思想。斯托雷平反动时期和新的革命高涨年代是取消派的思想领袖,参加孟什维克取消派《社会民主党人呼声报》编辑部。1912 年加入"八月联盟"。第一次世界大战期间表面上是中派,实际持社会沙文主义立场;曾参加齐美尔瓦尔德代表会议和昆塔尔代表会议,属于右翼。1917 年二月革命后任彼得格勒苏维埃执行委员会委员,支持资产阶级临时政府。十月革命后侨居国外,反对苏维埃政权,鼓吹武装干涉苏维埃俄国。——23、42—43、63、73、88、225、282、321—338、404。

阿列克谢耶夫,彼得·阿列克谢耶维奇(Алексеев, Петр Алексеевич 1849—1891)——俄国早期工人革命家,织工。19 世纪 70 年代初接近革命民粹派,1873 年加入彼得堡涅瓦关卡外的革命工人小组,1874 年 11 月起在莫斯科工人中进行革命宣传,是全俄社会革命组织的积极成员。1875 年 4 月被捕。1877 年 3 月在法庭上发表预言沙皇专制度必然覆灭的著名演说。同年被判处十年苦役,1884 年起在雅库特州的一个偏僻的乡服苦役,

1891年8月在该地被盗匪杀害。——101。

奥尔,伊格纳茨(Auer,Ignaz 1846—1907)——德国社会民主党人;职业是鞍匠。1874年起任德国社会民主工党(爱森纳赫派)书记,1875年该党同拉萨尔派合并后任德国社会主义工人党书记。1877—1878年编辑社会民主党的《柏林自由新闻报》。多次当选为德意志帝国国会议员。后来转向改良主义,成为德国社会民主党机会主义派领袖之一。——126。

奥泽罗夫,伊万·克里斯托福罗维奇(Озеров,Иван Христофорович 1869—1942)——俄国经济学家,教授。1901—1902年积极支持祖巴托夫的"警察社会主义",并在莫斯科祖巴托夫的机械工人互助协会大会上作过讲演。在自己的著作中力图证明,政府必须给工人一些起码的政治自由,把工人联合到包括企业主在内的工会里,实施阶级合作政策,并设法控制工人组织的活动。因此备受沙皇政府赏识,于1909年作为科学院和大学的代表被选为国务会议成员。1917年二月革命后被临时政府解除莫斯科大学的教学职务。——109、110。

B

巴贝夫,格拉古(**巴贝夫,弗朗索瓦·诺埃尔**)(Babeuf,Gracchus(Babeuf,François-Noël)1760—1797)——法国革命家,空想平均共产主义主要代表人物,平等派运动的领导人。主张通过暴力革命消灭私有制,建立"平等共和国",逐步实现社会在一切方面的绝对平等。设想在共和国内建立国民公社,废除财产继承权和私有制,实行均等分配。认为消费品分配问题具有头等重要性,所主张的共产主义就是消费品分配的共产主义。其思想对19世纪的空想社会主义者影响极大。1796年3月组织秘密团体——平等会,主张通过武装起义,推翻代表大资产阶级利益的"督政府",建立劳动者政权。密谋暴露后被处死。主要著作有《永久地籍册》。——384。

巴尔霍恩,约翰(Balhorn,Johann 1528—1603)——德国出版商。——65。

巴尔马晓夫,斯捷潘·瓦列里安诺维奇(Балмашев,Степан Валерианович 1881—1902)——俄国社会革命党人,大学生运动的积极参加者。1901年1月被捕,与基辅大学182名学生一起被遣送去当兵。1901年夏加入克里木和哈尔科夫革命小组;9月重入基辅大学,继续进行革命工作,接近社会革命党人,加入他们的战斗组织。1902 年 4 月 2 日(15 日)为了抗议政府残酷镇压国内社会运动,参加了社会革命党战斗组织的首次恐怖行动——枪杀了内务大臣德·谢·西皮亚金。1902 年 5 月 3 日(16 日)在施吕瑟尔堡被处死。——360、366、368、372。

巴枯宁,米哈伊尔·亚历山德罗维奇(Бакунин, Михаил Александрович 1814—1876)——俄国无政府主义和民粹主义创始人和理论家之一。1840 年起侨居国外,曾参加德国 1848—1849 年革命。1849 年因参与领导德累斯顿起义被判死刑,后改为终身监禁。1851 年被引渡给沙皇政府,囚禁期间向沙皇写了《忏悔书》。1861 年从西伯利亚流放地逃往伦敦。1868 年参加第一国际活动后,在国际内部组织秘密团体——社会主义民主同盟,妄图夺取总委员会的领导权。鼓吹无政府主义,宣称个人"绝对自由"是整个人类发展的最高目的,国家是产生一切不平等的根源;否定包括无产阶级专政在内的一切国家;不理解无产阶级的历史作用,公开反对建立工人阶级的独立政党,主张工人放弃政治斗争。由于进行分裂国际的阴谋活动,1872 年在海牙代表大会上被开除出第一国际。——25。

巴师夏,弗雷德里克(Bastiat, Frédéric 1801—1850)——法国庸俗经济学家。他把资产阶级社会的阶级关系视为互惠关系,认为资本主义的关系是人和人之间的"自然"关系,鼓吹劳资利益调和论。——269。

贝尔格——见马尔托夫,尔·。

倍倍尔,奥古斯特(Bebel, August 1840—1913)——德国工人运动和国际工人运动活动家,德国社会民主党和第二国际的创建人和领袖之一,马克思和恩格斯的朋友和战友;旋工出身。19 世纪 60 年代前半期开始参加政治活动,1867 年当选为德国工人协会联合会主席,1868 年该联合会加入第一国际。1869 年与威·李卜克内西共同创建了德国社会民主工党(爱森纳赫派),该党于 1875 年与拉萨尔派合并为德国社会主义工人党,后又改名为德国社会民主党。多次当选国会议员,利用国会讲坛揭露帝国政府反动的内外政策。1870—1871 年普法战争期间持国际主义立场,在国会中投票反对军事拨款,支持巴黎公社,为此曾被捕和被控叛国,断断续续在狱中度过近六年时间。在反社会党人非常法施行时期,领导了党的地下活动和议会活动。19 世纪 90 年代和 20 世纪初同党内的改良主义和修正主义进行斗争,反对伯恩施坦及其拥护者对马克思主义理论的歪曲和庸俗化。是出色的政论家和演说家,对德国和欧洲工人运动的发展有很大影响。马克思和恩格斯高度评价了他的活动。——12、64、65、115、126、162。

别尔嘉耶夫,尼古拉·亚历山德罗维奇(Бердяев, Николай Александрович 1874—1948)——俄国宗教哲学家。学生时代参加社会民主主义运动。19世纪90年代末曾协助基辅的工人阶级解放斗争协会,因协会案于1900年被逐往沃洛格达省。早期倾向合法马克思主义,试图将马克思主义同新康德主义结合起来,后转向宗教哲学。1905年加入立宪民主党。斯托雷平反动时期是宗教哲学流派——寻神说的代表人物之一。曾参与编撰《路标》文集。十月革命后创建"自由精神文化学院"。1921年因涉嫌"战术中心"案而被捕,后被驱逐出境。著有《自由哲学》、《创造的意义》、《俄罗斯的命运》、《新中世纪论》、《论人的奴役与自由》、《俄罗斯思想》等。——172、237。

别尔托夫,恩·——见普列汉诺夫,格奥尔吉·瓦连廷诺维奇。

别林斯基,维萨里昂·格里戈里耶维奇(Белинский, Виссарион Григорьевич 1811—1848)——俄国革命民主主义者,文学批评家和政论家,唯物主义哲学家;对俄国社会思想的进一步发展和解放运动产生了巨大影响。1833—1836年为《望远镜》杂志撰稿,1838—1839年编辑《莫斯科观察家》杂志,1839—1846年主持《祖国纪事》杂志文学批评栏。1847年起领导《同时代人》杂志批评栏,团结文学界进步力量,使这家杂志成为当时俄国最先进的思想阵地。是奋起同农奴制作斗争的农民群众的思想家,在思想上经历了由唯心主义到唯物主义、由启蒙主义到革命民主主义的复杂而矛盾的发展过程。是俄国现实主义美学和文学批评的奠基人。在评论普希金、莱蒙托夫、果戈理的文章中,以及在1840—1847年间发表的对俄国文学的评论中,揭示了俄国文学的现实主义和人民性,肯定了所谓"自然派"的原则,同反动文学和"纯艺术"派进行了斗争。1847年赴国外治病,于7月3日写了著名的《给果戈理的信》,提出了俄国革命民主派的战斗纲领,这是他一生革命文学活动的总结。——24。

波—夫——见萨文柯夫,波里斯·维克多罗维奇。

波别多诺斯采夫,康斯坦丁·彼得罗维奇(Победоносцев, Константин Петрович

1827—1907)——俄国国务活动家。1860—1865 年任莫斯科大学法学教授。1868 年起为参议员,1872 年起为国务会议成员,1880—1905 年任俄国正教会最高管理机构——正教院总监。给亚历山大三世和尼古拉二世讲授过法律知识。一贯敌视革命运动,反对资产阶级改革,维护极权专制制度,排斥西欧文化,是 1881 年 4 月 29 日巩固专制制度宣言的起草人。80 年代末势力减弱,沙皇 1905 年 10 月 17 日宣言颁布后引退。——385。

波特列索夫,亚历山大·尼古拉耶维奇(斯塔罗韦尔;亚·尼·)(Потресов, Александр Николаевич(Старовер, А.Н.)1869—1934)——俄国孟什维克领袖之一。19 世纪 90 年代初参加马克思主义小组。1896 年加入彼得堡工人阶级解放斗争协会,后被捕,1898 年流放维亚特卡省。1900 年出国,参与创办《火星报》和《曙光》杂志。在俄国社会民主工党第二次代表大会上是《火星报》编辑部有发言权的代表,属火星派少数派,会后是孟什维克刊物的主要撰稿人和领导人。斯托雷平反动时期和新的革命高涨年代是取消派思想家,在《复兴》杂志和《我们的曙光》杂志中起领导作用。第一次世界大战期间是社会沙文主义者。1917 年在反布尔什维克的资产阶级《日报》中起领导作用。十月革命后侨居国外,为克伦斯基的《白日》周刊撰稿,攻击苏维埃政权。——13、225。

伯恩施坦,爱德华(Bernstein, Eduard 1850—1932)——德国社会民主党和第二国际右翼领袖之一,修正主义的代表人物。1872 年加入社会民主党,曾是欧·杜林的信徒。1879 年和卡·赫希柏格、卡·施拉姆在苏黎世发表《德国社会主义运动的回顾》一文,指责党的革命策略,主张放弃革命斗争,适应俾斯麦制度,受到马克思和恩格斯的严厉批评。1881—1890 年任党的中央机关报《社会民主党人报》编辑。从 90 年代中期起完全同马克思主义决裂。1896—1898 年以《社会主义问题》为题在《新时代》杂志上发表一组文章,1899 年发表《社会主义的前提和社会民主党的任务》一书,从经济、政治和哲学方面对马克思主义的理论和策略作了全面的修正。1902 年起为国会议员。第一次世界大战期间持中派立场。1917 年参加德国独立社会民主党,1919 年公开转到右派方面。1918 年十一月革命失败后出任艾伯特—谢德曼政府的财政部长助理。——6、7、12、16、19、46、59、61、268、282。

柏姆-巴维克，欧根·冯（Böhm-Bawerk, Eugen von 1851—1914）——奥地利经济学家，奥地利学派的代表人物。1881年起在因斯布鲁克大学和维也纳大学任教授。曾三次出任奥地利财政大臣，还担任过奥地利科学院院长。在《经济财物价值理论纲要》（1886）、《资本与利润》（1884—1889）、《卡尔·马克思的理论及对它的批判》（1896）等著作中，与弗·维泽尔共同发展了边际效用价值论，试图推翻马克思的劳动价值论和剩余价值论。——237。

博哥列波夫，尼古拉·巴甫洛维奇（Боголепов, Николай Павлович 1846—1901）——1898年起任俄国国民教育大臣。根据他的倡议，1899年7月29日在高等学校开始实行《暂行条例》，规定教育大臣可以把参加学潮的学生送去当兵。建立了一整套对付学生的政治侦探和监视办法。按照他的命令，1901年基辅大学183名被捕的大学生和彼得堡28名被捕的大学生先后被遣送去当兵。这些措施引起大学生的普遍不满和仇恨。1901年2月14日（27日）遭大学生彼·弗·卡尔波维奇枪击，受重伤，不久死去。——255、258。

布尔加柯夫，谢尔盖·尼古拉耶维奇（Булгаков, Сергей Николаевич 1871—1944）——俄国经济学家、哲学家和神学家。19世纪90年代是合法马克思主义者，后来成了"马克思的批评家"。修正马克思关于土地问题的学说，企图证明小农经济稳固并优于资本主义大经济，用土地肥力递减规律来解释人民群众的贫困化；还试图把马克思主义同康德的批判认识论结合起来。后来转向宗教哲学和基督教。1901—1906年和1906—1918年先后在基辅大学和莫斯科大学任政治经济学教授。1905—1907年革命失败后追随立宪民主党，为《路标》文集撰稿。1918年起是正教司祭。1923年侨居国外。1925年起在巴黎的俄国神学院任教授。主要著作有《论资本主义生产条件下的市场》（1897）、《资本主义和农业》（1900）、《经济哲学》（1912）等。——20、172、239、262、268、282、291、296、382。

布莱希勒德（Bleichröder）——德国金融资本家族。——242。

C

查苏利奇，维拉·伊万诺夫娜（维·查·；维·德米·；维·伊·）（Засулич，

Bepa Ивановна(В.З.，В.Дм.，В.И.)1849—1919)——俄国民粹主义运动和
社会民主主义运动活动家。1868 年在彼得堡参加革命小组。1878 年 1 月
24 日开枪打伤下令鞭打在押革命学生的彼得堡市长费·费·特列波夫。
1879 年加入土地平分社。1880 年侨居国外，逐步同民粹主义决裂，转到马
克思主义立场。1883 年参与创建劳动解放社。80—90 年代翻译了马克
思的《哲学的贫困》和恩格斯的《社会主义从空想到科学的发展》，写了《国
际工人协会史纲要》等著作；为劳动解放社的出版物以及《新言论》和《科学
评论》等杂志撰稿，发表过一系列文艺批评文章。1900 年起是《火星报》和
《曙光》杂志编辑部成员。在俄国社会民主工党第二次代表大会上是《火星
报》编辑部有发言权的代表，属火星派少数派，会后成为孟什维克领袖之
一，参加孟什维克的《火星报》编辑部。1905 年回国。斯托雷平反动时期
和新的革命高涨年代是取消派分子。第一次世界大战期间是社会沙文主
义者。1917 年是孟什维克统一派分子。对十月革命持否定态度。——
130、225、238。

车尔尼雪夫斯基，尼古拉·加甫里洛维奇(Чернышевский，Николай Гаврилович
1828—1889)——俄国革命民主主义者和空想社会主义者，作家，文学评
论家，经济学家，哲学家；俄国社会民主主义先驱之一，俄国 19 世纪 60 年
代革命运动的领袖。1853 年开始为《祖国纪事》和《同时代人》等杂志撰
稿，1856—1862 年是《同时代人》杂志的领导人之一，发扬别林斯基的民主
主义批判传统，宣传农民革命思想，是土地和自由社的思想鼓舞者。因揭
露 1861 年农民改革的骗局，号召人民起义，于 1862 年被沙皇政府逮捕，入
狱两年，后被送到西伯利亚服苦役。1883 年解除流放，1889 年被允许回家
乡居住。著述很多，涉及哲学、经济学、教育学、美学、伦理学等领域。在哲
学上批判了贝克莱、康德、黑格尔等人的唯心主义观点，力图以唯物主义精
神改造黑格尔的辩证法。对资本主义作了深刻的批判，认为社会主义是由
整个人类发展进程所决定的，但作为空想社会主义者，又认为俄国有可能
通过农民村社过渡到社会主义。所著长篇小说《怎么办?》(1863)和《序幕》
(约 1867—1869)表达了社会主义理想，产生了巨大的革命影响。——24。

D

大卫，爱德华(David，Eduard 1863—1930)——德国社会民主党右翼领袖之

一,经济学家;德国机会主义者的主要刊物《社会主义月刊》创办人之一。1893 年加入社会民主党。公开修正马克思主义关于土地问题的学说,否认资本主义经济规律在农业中的作用。1903 年出版《社会主义和农业》一书,宣扬小农经济稳固,维护所谓土地肥力递减规律。1903—1918 年和1920—1930 年为国会议员,社会民主党国会党团领袖之一。第一次世界大战期间是社会沙文主义者;在《世界大战中的社会民主党》(1915)一书中为德国社会民主党右翼在第一次世界大战中的机会主义立场辩护。1919年 2 月任魏玛共和国国民议会第一任议长。1919—1920 年任内务部长,1922—1927 年任中央政府驻黑森的代表。——12、262、282。

丹尼尔逊,尼古拉·弗兰策维奇(尼·——逊)(Даниельсон,Николай Францевич(Н.——он)1844—1918)——俄国经济学家,政论家,自由主义民粹派理论家。他的政治活动反映了民粹派从对沙皇制度进行革命斗争转向与之妥协的演变。19 世纪 60—70 年代与革命的青年平民知识分子小组有联系。接替格·亚·洛帕廷译完了马克思的《资本论》第 1 卷(1872 年初版),以后又译出第 2 卷(1885)和第 3 卷(1896)。在翻译该书期间同马克思和恩格斯有过书信往来。但不了解马克思主义的实质,认为马克思主义理论不适用于俄国,资本主义在俄国没有发展前途;主张保存村社土地所有制,维护小农经济和手工业经济。1893 年出版了《我国改革后的社会经济概况》一书,论证了自由主义民粹派的经济观点。列宁尖锐地批判了他的经济思想。——382。

杜林,欧根·卡尔(Dühring,Eugen Karl 1833—1921)——德国哲学家和经济学家。毕业于柏林大学,当过见习法官,1863—1877 年为柏林大学非公聘讲师。70 年代起以"社会主义改革家"自居,反对马克思主义,企图创立新的理论体系。在哲学上把唯心主义、庸俗唯物主义和实证论混合在一起;在政治经济学方面反对马克思的劳动价值学说和剩余价值学说;在社会主义理论方面以资产阶级改良主义精神阐述自己的社会主义体系,反对科学社会主义。他的思想得到部分德国社会民主党人的支持。恩格斯在《反杜林论》一书中系统地批判了他的观点。主要著作有《国民经济学和社会主义批判史》(1871)、《国民经济学和社会经济学教程》(1873)、《哲学教程》(1875)等。——11。

E

恩·恩·——见列宁,弗拉基米尔·伊里奇。

恩格斯,弗里德里希(Engels,Friedrich 1820—1895)——科学共产主义创始
　　人之一,世界无产阶级的领袖和导师,马克思的亲密战友。——7、11、21、
　　24—26、29、52、78、203、208、215—216、218、223、229、324。

尔·恩·斯·——见司徒卢威,彼得·伯恩哈多维奇。

尔·姆·(P. M.)——《我国的实际情况》一文的作者。该文毫不掩饰地宣扬
　　经济派的机会主义观点。——46、61、66、103—104、172、173。

F

弗·伊———见伊万申,弗拉基米尔·巴甫洛维奇。

弗·伊—申——见伊万申,弗拉基米尔·巴甫洛维奇。

弗雷——见列宁,弗拉基米尔·伊里奇。

福尔马尔,格奥尔格·亨利希(Vollmar,Georg Heinrich 1850—1922)——德
　　国社会民主党机会主义派领袖之一,新闻工作者。早年是激进的民主主义
　　者。1876 年加入社会民主党,1879—1880 年任党的中央机关报《社会民
　　主党人报》编辑。1881 年起多次当选帝国国会议员和巴伐利亚邦议会议
　　员。反社会党人非常法废除后,很快转为右倾,提出一系列改良主义主张,
　　建议把党的活动局限在争取改良的斗争上,主张同资产阶级合作,同政府
　　妥协,反对阶级斗争尖锐化,鼓吹"国家社会主义"的优越性,号召社会民主
　　党同自由派联合;在制定党的土地纲领时,维护小土地占有者的利益。第
　　一次世界大战期间是社会沙文主义者。晚年不再从事政治活动。——
　　7、311。

傅立叶,沙尔(Fourier,Charles 1772—1837)——法国空想社会主义者。长期
　　在商店、银行中任记账员、推销员、经纪人等,观察和研究了资本主义制度
　　的矛盾和罪恶,形成了空想社会主义的思想体系。试图根据经济发展划分
　　社会历史阶段,并认为每个历史发展阶段有上升时期和下降时期。深刻地
　　批判了资本主义制度,设想了未来"和谐的"人类社会,其基层组织是叫做
　　"法郎吉"的生产消费协作社,其中的每个人都将自愿地愉快地劳动。已具

有消灭脑力劳动和体力劳动的对立以及城市和乡村的对立的思想萌芽,并首次提出妇女解放的程度是衡量普遍解放的天然尺度。但认为在未来社会中还保存私有制,还有富人和穷人、资本家和工人,幻想通过宣传和教育来实现社会主义。主要著作有《关于四种运动和普遍命运的理论》(1808)、《经济的和协作的新世界》(1829)等。——25。

G

盖得,茹尔(巴西尔,马蒂厄)(Guesde, Jules (Basile, Mathieu) 1845 — 1922)——法国工人运动和国际工人运动活动家,法国工人党创建人之一,第二国际的组织者和领袖之一。19 世纪 60 年代是资产阶级共和主义者。拥护 1871 年的巴黎公社。公社失败后流亡瑞士和意大利,一度追随无政府主义者。1876 年回国。在马克思和恩格斯影响下逐步转向马克思主义。1877 年 11 月创办《平等报》,宣传社会主义思想,为 1879 年法国工人党的建立作了思想准备。1880 年和拉法格一起在马克思和恩格斯指导下起草了法国工人党纲领。1880 — 1901 年领导法国工人党,同无政府主义者和可能派进行坚决斗争。1889 年积极参加创建第二国际的活动。1893 年当选为众议员。1899 年反对米勒兰参加资产阶级内阁。1901 年与其拥护者建立了法兰西社会党,该党于 1905 年同改良主义的法国社会党合并,盖得为统一的法国社会党领袖之一。20 世纪初逐渐转向中派立场。第一次世界大战一开始即采取社会沙文主义立场,参加了法国资产阶级政府。1920 年法国社会党分裂后,支持少数派立场,反对加入共产国际。——64。

格·瓦——见普列汉诺夫,格奥尔吉·瓦连廷诺维奇。

格·瓦—奇——见普列汉诺夫,格奥尔吉·瓦连廷诺维奇。

H

哈尔图林,斯捷潘·尼古拉耶维奇(Халтурин, Степан Николаевич 1857 — 1882)——俄国最早的工人革命家之一;细木工。19 世纪 70 年代中期参加工人运动,加入民粹派的友人协会,但与民粹派不同,认为政治斗争是革命运动的主要任务,并且把新兴的无产阶级视为革命运动的决定性力量。

1878 年组织俄国北方工人协会,并筹备出版独立的工人报纸。1879 年秋加入民意党。1880 年 2 月谋刺沙皇未成。不顾警方追捕,在俄国南方继续坚持革命工作。1881 年起为民意党执行委员会委员。1882 年 3 月因参与刺杀敖德萨军事检察官当场被捕,被战地法庭判处死刑。——101。

哈赛尔曼,威廉(Hasselmann,Wilhelm 1844—1916)——德国社会民主党人,后为无政府主义者。1871—1875 年为拉萨尔派全德工人联合会领导人之一和联合会机关报《新社会民主党人报》编辑。1875 年是拉萨尔派和爱森纳赫派实行联合的倡议者之一。1878 年反社会党人非常法颁布后是无政府主义集团领导人之一。1880 年被开除出社会民主党,此后移居美国,脱离工人运动。——46、116。

赫茨,弗里德里希·奥托(Hertz,Friedrich Otto 生于 1878 年)——奥地利经济学家,社会民主党人。在《土地问题及其同社会主义的关系。附爱德华·伯恩施坦的序言》(1899)一书中修正马克思主义关于土地问题的学说,企图证明小农经济稳固并具有对抗大经济竞争的能力。此书的俄译本被谢·尼·布尔加柯夫、维·米·切尔诺夫等人用来反对马克思主义。——20、262、268、282、375、376。

赫尔岑,亚历山大·伊万诺维奇(Герцен,Александр Иванович 1812—1870)——俄国革命民主主义者,作家和哲学家。在十二月党人的影响下走上革命道路。1829—1833 年在莫斯科大学求学期间领导革命小组。1834 年被捕,度过六年流放生活。1842 年起是莫斯科西欧主义者左翼的领袖,写有《科学中华而不实的作风》(1842—1843)、《自然研究通信》(1844—1845)等哲学著作和一些抨击农奴制度的小说。1847 年流亡国外。欧洲 1848 年革命失败后,对欧洲革命失望,创立"俄国社会主义"理论,成为民粹主义创始人之一。1853 年在伦敦建立自由俄国印刷所,印发革命传单和小册子,1855 年开始出版《北极星》文集,1857—1867 年与尼·普·奥格辽夫出版《钟声》杂志,揭露沙皇专制制度,进行革命宣传。在 1861 年农民改革的准备阶段曾一度摇摆。1861 年起坚定地站到革命民主主义方面,协助建立土地和自由社。晚年关注第一国际的活动。列宁在《纪念赫尔岑》(1912)一文中评价了他在俄国解放运动史上的作用。——24。

赫希柏格,卡尔(Höchberg,Karl 1853—1885)——德国著作家,社会改良主
　　义者。1876年加入社会民主党,曾出版《未来》(1877—1878)、《社会科学
　　和社会政治年鉴》(1879—1881)和《政治经济研究》(1879—1882)等杂志。
　　反社会党人非常法通过后,在《社会科学和社会政治年鉴》上发表了同施拉
　　姆和伯恩施坦合写的《德国社会主义运动的回顾》一文,指责党的革命策
　　略,号召工人阶级同资产阶级结盟并依附于资产阶级,认为"工人阶级没有
　　能力依靠自己的双手获得解放"。这些机会主义观点受到马克思和恩格斯
　　的严厉批评。——46。

黑格尔,乔治·威廉·弗里德里希(Hegel,Georg Wilhelm Friedrich 1770—
　　1831)——德国哲学家,客观唯心主义者,德国古典哲学的主要代表。
　　1801—1807年任耶拿大学哲学讲师和教授。1808—1816年任纽伦堡中
　　学校长。1816—1817年任海德堡大学哲学教授。1818年起任柏林大学
　　哲学教授。黑格尔哲学是18世纪末至19世纪初德国唯心主义哲学的最
　　高发展。他根据唯心主义的思维与存在同一的基本原则,建立了客观唯心
　　主义的哲学体系,并创立了唯心主义辩证法的理论。认为在自然界和人类
　　出现以前存在着绝对精神,客观世界是绝对精神、绝对观念的产物;绝对精
　　神在其发展中经历了逻辑阶段、自然阶段和精神阶段,最终回复到了它自
　　身;整个自然的、历史的和精神的世界都处于不断的运动、变化和发展中,
　　矛盾是运动、变化的核心。黑格尔哲学的特点是辩证方法同形而上学体系
　　之间的深刻矛盾。他的唯心主义辩证法是马克思主义哲学的理论来源之
　　一。在社会政治观点上是保守的,是立宪君主制的维护者。主要著作有
　　《精神现象学》(1807)、《逻辑学》(1812—1816)、《哲学全书》(1817)、《法哲
　　学原理》(1821)、《哲学史讲演录》(1833—1836)、《历史哲学讲演录》
　　(1837)、《美学讲演录》(1836—1838)等。——24。

霍夫施泰特尔,伊波利特·安德列耶维奇(Гофштеттер,Ипполит Андреевич
　　生于1863年)——俄国自由主义民粹派代表人物,自称是瓦·巴·沃龙佐
　　夫的追随者。一方面指责马克思主义者力图"培植"资本主义和"加快农民
　　丧失土地和小经济破产的过程",同时又指望沙皇政府实行明智的政策,认
　　为沙皇政府应该通过一套正确的税收和信贷制度,借助大生产来促进小生
　　产的发展。在《资本主义的空谈家》这本小册子中阐述了自己的观

点。——382。

K

卡布鲁柯夫，尼古拉·阿列克谢耶维奇（Каблуков, Николай Алексеевич 1849—1919）——俄国经济学家和统计学家，民粹主义者。1874—1879 年在莫斯科省地方自治局统计处工作，1885—1907 年任统计处处长。1894—1919 年在莫斯科大学教书，1903 年起为教授。在著述中宣扬小农经济稳固，把村社理想化，认为它是防止农民分化的一种形式，反对马克思主义的阶级斗争学说。1917 年在临时政府最高土地委员会工作。十月革命后在中央统计局工作。主要著作有《农业工人问题》(1884)、《农业经济学讲义》(1897)、《论俄国农民经济发展的条件》(1899)、《政治经济学》(1918)等。——262。

卡尔波维奇，彼得·弗拉基米罗维奇（Карпович, Петр Владимирович 1874—1917）——俄国社会革命党人。先后在莫斯科大学和尤里耶夫(塔尔图)大学学习，因参加学生运动被开除学籍，1899 年 12 月出国求学。为了抗议对革命学生的残酷镇压，1901 年 2 月到彼得堡，14 日(27 日)行刺国民教育大臣尼·巴·博哥列波夫，使其身受重伤，因此被判处二十年苦役，1907年被流放。不久逃往国外，参加社会革命党人的战斗组织。1908 年参与组织谋刺尼古拉二世，未遂，后退出战斗组织。——255。

卡雷舍夫，尼古拉·亚历山德罗维奇（Карышев, Николай Александрович 1855—1905）——俄国经济学家和统计学家，地方自治运动活动家。1891年起先后在尤里耶夫(塔尔图)大学和莫斯科农学院任教授。写有许多经济学和统计学方面的著作，其中收集了大量统计资料。1892 年发表的博士论文《农民的非份地租地》编为《根据地方自治局的统计资料所作的俄国经济调查总结》第 2 卷。曾为《俄罗斯新闻》、《俄国财富》杂志等撰稿。主要研究俄国农民经济问题，赞同自由主义民粹派的观点，维护村社土地占有制、手工业劳动组合以及其他合作社。——262。

卡列耶夫，尼古拉·伊万诺维奇（Кареев, Николай Иванович 1850—1931）——俄国历史学家。1879 年起先后任华沙大学和彼得堡大学教授。在方法论上是典型的唯心主义折中主义者，在政治上属于改革后一代的自由派，主张立宪，拥护社会改革。70年代写的《18世纪最后25年法国农民和农民问题》(1879)得到马克思的好评。90年代起反对马克思主义，把它等同于"经济唯物主义"。1905年加入立宪民主党，当选为第一届国家杜马代表。其他主要著作有《法国农民史纲要》(1881)、《历史哲学基本问题》(三卷本，1883—1890)、《西欧近代史》教程(七卷本，1892—1917)、《法国革命史学家》(三卷本，1924—1925)。1910年当选为彼得堡科学院通讯院士，1929年起为苏联科学院名誉院士。——48。

卡特柯夫，米哈伊尔·尼基福罗维奇(Катков，Михаил Никифорович 1818—1887)——俄国地主，政论家。开始政治活动时是温和的贵族自由派的拥护者。1851—1855年编辑《莫斯科新闻》，1856—1887年出版《俄罗斯通报》杂志。60年代初转入反动营垒，1863—1887年编辑和出版《莫斯科新闻》，该报从1863年起成了君主派反动势力的喉舌。自称是"专制制度的忠实警犬"，他的名字已成为最无耻的反动势力的通称。——85。

考茨基，卡尔(Kautsky，Karl 1854—1938)——德国社会民主党和第二国际的领袖和主要理论家之一。1875年加入奥地利社会民主党，1877年加入德国社会民主党。1881年与马克思和恩格斯相识后，在他们的影响下逐渐转向马克思主义。从19世纪80年代到20世纪初写过一些宣传和解释马克思主义的著作：《卡尔·马克思的经济学说》(1887)、《土地问题》(1899)等。但在这个时期已表现出向机会主义方面摇摆，在批判伯恩施坦时作了很多让步。1883—1917年任德国社会民主党理论刊物《新时代》杂志主编。曾参与起草1891年德国社会民主党纲领(爱尔福特纲领)。1910年以后逐渐转到机会主义立场，成为中派领袖。第一次世界大战前夕提出超帝国主义论，大战期间打着中派旗号支持帝国主义战争。1917年参与建立德国独立社会民主党，1922年拥护该党右翼与德国社会民主党合并。1918年后发表《无产阶级专政》等书，攻击俄国十月革命，反对无产阶级专政。——37、64、65、135、179、212—213、293、294—295、311、317。

克·恩·(К.Н.)——俄国《火星报》编辑部记者。——348。

克里切夫斯基，波里斯·尼古拉耶维奇(Кричевский，Борис Николаевич 1866—1919)——俄国社会民主党人，政论家，经济派领袖之一。19世纪80年代末参加社会民主主义小组的工作。90年代初侨居国外，加入劳动解放社,参加该社的出版工作。90年代末是国外俄国社会民主党人联合会的领导人之一。1899年任该会机关刊物《工人事业》杂志的编辑,在杂志上宣扬伯恩施坦主义观点。1903年俄国社会民主工党第二次代表大会后不久脱离政治活动。——9—10、12、44、45、48—49、61、78、100、107、129、141、145—146、156、163、172、173、177—178、179、181。

库斯柯娃,叶卡捷琳娜·德米特里耶夫娜(Кускова,Екатерина Дмитриевна 1869—1958)——俄国社会活动家和政论家,经济派代表人物。19世纪90年代中期在国外接触马克思主义,与劳动解放社关系密切,但在伯恩施坦主义影响下,很快走上修正马克思主义的道路。1899年所写的经济派的纲领性文件《信条》,受到以列宁为首的一批俄国马克思主义者的严厉批判。1905—1907年革命前夕加入自由派的解放社。1906年参与出版半立宪民主党、半孟什维克的《无题》周刊,为左派立宪民主党人的《同志报》撰稿。呼吁工人放弃革命斗争,力图使工人运动服从自由派资产阶级的政治领导。十月革命后反对苏维埃政权。1921年进入全俄赈济饥民委员会,同委员会中其他反苏维埃成员利用该组织进行反革命活动。1922年被驱逐出境。——17。

L

拉法格,保尔(Lafargue,Paul 1842—1911)——法国工人运动和国际工人运动活动家,法国工人党和第二国际创建人之一,马克思主义的理论家和宣传家;马克思的女儿劳拉的丈夫。1865年初加入第一国际巴黎支部,1866年2月当选为国际总委员会委员。在马克思和恩格斯直接教诲下逐渐接受科学社会主义。巴黎公社时期曾组织波尔多工人声援公社的斗争,并前往巴黎会见公社领导人。公社失败后流亡西班牙,在反对巴枯宁主义者的斗争中起了重要作用。1872年10月迁居伦敦,为创建法国独立的工人政党做了大量工作。1880年和盖得一起在马克思和恩格斯指导下起草了法国工人党纲领,任工人党机关报《平等报》编辑。1882年回到巴黎,和盖得一起领导工人党,同可能派进行了坚决的斗争。1889年积极参加创建第二国际的活动。1891年当选为众议员。19世纪末20世纪初反对伯恩施坦修正主义,谴责米勒兰加入资产阶级内阁的行为。1905年统一的法国社会党成立后为党的领袖之一。——64。

拉甫罗夫,彼得·拉甫罗维奇(Лавров, Петр Лаврович)1823—1900)——俄国革命民粹主义思想家,哲学家,政论家,社会学家。1862年加入秘密革命团体——第一个土地和自由社。1866年被捕,次年流放沃洛格达省,在那里写了对俄国民粹主义知识界有很大影响的《历史信札》(1868—1869)。1870年从流放地逃到巴黎,加入第一国际,参加了巴黎公社。1871年5月受公社的委托去伦敦,在那里与马克思和恩格斯相识。1873—1876年编辑《前进》杂志,1883—1886年编辑《民意导报》,后参加编辑民意社文集《俄国社会革命运动史资料》(1893—1896)。作为社会学主观学派的代表,否认社会发展的客观规律,把人类的进步视为"具有批判头脑的个人"活动的结果,被认为是民粹主义"英雄"与"群氓"理论的精神始祖。还著有《国际史论丛》、《1873—1878年的民粹派宣传家》等社会思想史、革命运动史和文化史方面的著作。——129。

拉萨尔,斐迪南(Lassalle, Ferdinand 1825—1864)——德国工人运动活动家,小资产阶级社会主义者,德国工人运动中的机会主义——拉萨尔主义的代表人物。积极参加德国1848年革命。曾与马克思和恩格斯有过通信联系。1863年5月参与创建全德工人联合会,并当选为联合会主席。在联合会中推行拉萨尔主义,把德国工人运动引上了机会主义道路。宣传超阶级的国家观点,主张通过争取普选权和建立由国家资助的工人生产合作社来解放工人。曾同俾斯麦勾结并支持在普鲁士领导下"自上而下"统一德国的政策。在哲学上是唯心主义者和折中主义者。——1、11、39。

李卜克内西,威廉(Liebknecht, Wilhelm 1826—1900)——德国工人运动和国际工人运动活动家,德国社会民主党的创建人和领袖之一,马克思和恩格斯的朋友和战友。积极参加德国1848年革命,革命失败后流亡国外,在国外结识马克思和恩格斯,接受了科学共产主义思想。1850年加入共产主义者同盟。1862年回国。第一国际成立后,成为国际的革命思想的热心宣传者和国际的德国支部的组织者之一。1868年起任《民主周报》编辑。1869年与倍倍尔共同创建了德国社会民主工党(爱森纳赫派),任党的中央机关报《人民国家报》编辑。1875年积极促成爱森纳赫派和拉萨尔派的合并。在反社会党人非常法施行期间与倍倍尔一起领导党的地下工作和斗争。1890 年起任党的中央机关报《前进报》主编,直至逝世。1867 —
1870 年为北德意志联邦国会议员,1874 年起多次被选为德意志帝国国会
议员,利用议会讲坛揭露普鲁士容克反动的内外政策。因革命活动屡遭监
禁。是第二国际的组织者之一。——46、77、78、115。

里廷豪森,莫里茨(Rittinghausen, Moritz 1814 — 1890)——德国小资产阶级
民主主义者,1848 — 1849 年为《新莱茵报》撰稿,后加入爱森纳赫派,是第
一国际会员。曾当选为帝国国会议员。在他的著作《国营工业的组织》
(1848)和《直接的人民立法》(1850)中,显露出对于民主的原始见解。考茨
基在《议会政治、人民立法和社会民主党》(1893)一书中批评了这两本书。
1884 年因不服从哥本哈根代表大会关于党纪的决定,被开除出德国社会
民主党。——135。

里希特,雅科布——见列宁,弗拉基米尔·伊里奇。

列宁,弗拉基米尔·伊里奇(乌里扬诺夫,弗拉基米尔·伊里奇;恩·恩·;弗
雷;里希特,雅科布;列宁,尼·;土林,克·)(Ленин, Владимир Ильич
(Ульянов, Владимир Ильич, N.N. Фрей, Richter, Jacob, Ленин, Н., Тулин,
К.)1870 — 1924)——1 — 4、15、17、18、21、30、32、34、43、49、61、69、84 —
85、88、89 — 90、102、103、106 — 107、115、121、123、125、127、129、144、146、
147 — 148、150 — 152、160、163、174 — 175、177、178 — 181、182、183、192、
195、196、197、198、200、213、216、218、219、220、221、222、224、225、230、
232、234、236、237、238、244、253 — 254、267、279、282 — 283、286、290、299、
301、320、322、323、324、325、326、327、332、333、335、336、337、338、349、
359、366、387 — 388、391、392、427 — 428、429、430。

列维茨基,尼古拉·瓦西里耶维奇(Левитский, Николай Васильевич 生于
1859 年)——俄国自由主义民粹派分子,经济学家。曾为《俄罗斯新闻》撰
稿,当过律师。19 世纪 90 年代在赫尔松省创办了一批农业劳动组合,民
粹派大肆宣扬,把它们说成是防止资本主义的手段。实际上,这些组合只
是促进了农民的分化,很快就瓦解了。——384、385。

卢森堡,罗莎(Luxemburg, Rosa 1871 — 1919)——德国、波兰和国际工人运
动活动家,德国社会民主党和第二国际左翼领袖和理论家之一,德国共产
党创建人之一。生于波兰。19 世纪 80 年代后半期开始革命活动,1893 年

参与创建和领导波兰王国社会民主党,为党的领袖之一。1898 年移居德国,积极参加德国社会民主党的活动,反对伯恩施坦主义和米勒兰主义。曾参加俄国第一次革命(在华沙)。1907 年参加俄国社会民主工党第五次(伦敦)代表大会,在会上支持布尔什维克。斯托雷平反动时期和新的革命高涨年代对取消派采取调和主义态度。1912 年波兰王国和立陶宛社会民主党分裂后,曾谴责最接近布尔什维克的所谓分裂派。第一次世界大战期间持国际主义立场,是建立国际派(后改称斯巴达克派和斯巴达克联盟)的发起人之一。参加领导了德国 1918 年十一月革命,同年底参与领导德国共产党成立大会,作了党纲报告。1919 年 1 月柏林工人斗争被镇压后,于 15 日被捕,当天惨遭杀害。主要著作有《社会改良还是革命》(1899)、《俄国社会民主党的组织问题》(1904)、《资本积累》(1913)等。——294—295。

路特希尔德家族(Rothschild)——德国金融世家,在欧洲许多国家设有银行。——242。

罗蒙诺索夫,米哈伊尔·瓦西里耶维奇(Ломоносов, Михаил Васильевич 1711—1765)——俄国学者,唯物主义思想家,俄国第一个世界驰名的自然科学家,奠定现代俄罗斯文学语言基础的诗人。1730 年到莫斯科求学,因成绩优异,于 1736 年被保送彼得堡科学院附属大学,不久又派往德国留学。1741 年回国后一直在科学院工作,1745 年起是彼得堡科学院第一个俄国院士。1748 年建立了俄国第一个化学实验室。1755 年根据他的倡议创办了莫斯科大学。在物理学和化学方面的贡献尤为重大。曾提出“微粒”(分子)和“元素”(原子)的理论及物质和运动守恒的概念,并进行物质在化学反应时质量守恒的实验。在认识论上,认为外部世界对感官的作用是认识的泉源。在发展俄国文化和教育方面有很大贡献,对历史和语言学也有研究。主要著作有《关于冷和热原因的探讨》、《物理化学精义导论》、《论化学的效用》、《论地层》、《古代俄国史》、《俄语语法》等。——62、63、65、66。

M

马尔丁诺夫,亚历山大(**皮凯尔,亚历山大·萨莫伊洛维奇**)(Мартынов,

Александр(Пиккер, Александр Самойлович) 1865—1935)——俄国经济派领袖之一,孟什维克著名活动家,后为共产党员。19 世纪 80 年代初参加民意党人小组,1886 年被捕,流放东西伯利亚十年;流放期间成为社会民主党人。1900 年侨居国外,参加经济派的《工人事业》杂志编辑部,反对列宁的《火星报》。在俄国社会民主工党第二次代表大会上是国外俄国社会民主党人联合会的代表,反火星派分子,会后成为孟什维克。1907 年作为叶卡捷琳诺斯拉夫组织的代表参加了党的第五次(伦敦)代表大会的工作,在代表大会上当选为中央委员。斯托雷平反动时期和新的革命高涨年代是取消派分子,参加取消派的机关报《社会民主党人呼声报》编辑部。第一次世界大战期间持中派立场。1917 年二月革命后为孟什维克国际主义者。十月革命后脱离孟什维克。1918—1922 年在乌克兰当教员。1923 年加入俄共(布),在马克思恩格斯研究院工作。1924 年起任《共产国际》杂志编委。——44、51—52、53—54、55、58—66、68、69、70、72、73、75—76、77—78、81、82—83、86—87、88、100、104、106、107、146、156、163、169、172、173、178、181、238、248、283、289、291—292、293、298—299、300、304、307—308、309、310、323、328、329。

马尔托夫,尔·(策杰尔包姆,尤利·奥西波维奇;贝尔格;纳尔苏修斯·土波雷洛夫)(Мартов, Л. (Цедербаум, Юлий Осипович, Берг, Нарцис Тупорылов) 1873—1923)——俄国孟什维克领袖之一。1895 年参与组织彼得堡工人阶级解放斗争协会。1896 年被捕并流放图鲁汉斯克三年。1900 年参与创办《火星报》,为该报编辑部成员。在俄国社会民主工党第二次代表大会上是《火星报》组织的代表,领导机会主义少数派,反对列宁的建党原则;从那时起成为孟什维克中央机关的领导成员和孟什维克报刊的编辑。曾参加党的第五次(伦敦)代表大会的工作。斯托雷平反动时期和新的革命高涨年代是取消派分子,编辑《社会民主党人呼声报》,参与组织"八月联盟"。第一次世界大战期间是中派分子,参加齐美尔瓦尔德代表会议和昆塔尔代表会议。曾参加孟什维克组织委员会国外书记处,为书记处编辑机关刊物。1917 年二月革命后领导孟什维克国际主义派。十月革命后反对镇压反革命和解散立宪会议。1919 年当选为全俄中央执行委员会委员,1919—1920 年为莫斯科苏维埃代表。1920 年 9 月侨居德国。参与组织第二半国际,在柏林创办和编辑孟什维克杂志《社会主义通报》。——49、61、150、225、404。

马克思,卡尔(Marx,Karl 1818—1883)——科学共产主义的创始人,世界无产阶级的领袖和导师。——1、7、22—23、29、78、163、215、218、237—238、288、324、376。

梅林,弗兰茨(Mehring,Franz 1846—1919)——德国工人运动活动家,德国社会民主党左翼领袖和理论家之一,历史学家和政论家,德国共产党创建人之一。19世纪60年代末起是资产阶级民主主义政论家,1877—1882年持资产阶级自由主义立场,后向左转化,逐渐接受马克思主义。曾任民主主义报纸《人民报》主编。1891年加入德国社会民主党,担任党的理论刊物《新时代》杂志撰稿人和编辑,1902—1907年任《莱比锡人民报》主编,反对第二国际的机会主义和修正主义,批判考茨基主义。第一次世界大战爆发后坚决谴责帝国主义战争和社会沙文主义者的背叛政策;是国际派(后改称斯巴达克派和斯巴达克联盟)的组织者和领导人之一。1918年参加建立德国共产党的准备工作。欢迎俄国十月革命,撰文驳斥对十月革命的攻击,维护苏维埃政权。在研究德国中世纪史、德国社会民主党史和马克思主义史方面作出重大贡献,在整理出版马克思、恩格斯和拉萨尔的遗著方面也做了大量工作。主要著作有《莱辛传奇》(1893)、《德国社会民主党史》(1897—1898)、《马克思传》(1918)等。——47。

梅什金,伊波利特·尼基季奇(Мышкин,Ипполит Никитич 1848—1885)——俄国民粹派革命家;职业是地形测绘员。1873年在莫斯科开办一家印刷所,秘密刊印禁书。1875年春到西伯利亚,试图把车尔尼雪夫斯基从流放地营救出来,未遂;同年7月在维柳伊斯克被捕,关进彼得保罗要塞。是"一百九十三人案件"的主要被告之一,1877年11月15日在法庭上发表了热情洋溢的演说。1878年被判处十年苦役。1885年因反抗监狱制度被枪决。——101。

美舍尔斯基,弗拉基米尔·彼得罗维奇(Мещерский,Владимир Петрович 1839—1914)——俄国政论家,公爵。曾在警察局和内务部供职。1860年起为《俄罗斯通报》杂志和《莫斯科新闻》撰稿。1872—1914年出版黑帮刊物《公民》,1903年创办反动杂志《慈善》和《友好的话》,得到沙皇政府大量资助。在这些报刊上,不仅反对政府向工人作任何让步,而且反对政府向自由派资产阶级作任何让步。——85。

米尔柏格,阿尔图尔(Mülberger, Arthur 1847—1907)——德国小资产阶级政论家,蒲鲁东主义者;职业是医生。1872年在德国社会民主工党中央机关报《人民国家报》上发表了几篇论述住宅问题的文章,受到恩格斯的严厉批评。曾为赫希柏格出版的《未来》杂志撰稿,写过一些关于法国和德国社会思想史方面的著作。——11。

米哈伊洛夫,Н.Н.(Михайлов, Н.Н. 1870—1905)——俄国牙科医生,奸细。由于他的告密,1895年12月列宁和彼得堡工人阶级解放斗争协会中的其他老年派会员被捕。1902年起为警察司官员,1905年在克里木被社会革命党人杀死。——34。

米海洛夫斯基,尼古拉·康斯坦丁诺维奇(Михайловский, Николай Константинович)1842—1904)——俄国自由主义民粹派理论家,政论家,文艺批评家,实证论哲学家,社会学主观学派代表人物。1860年开始写作活动。1868年起为《祖国纪事》杂志撰稿,后任编辑。1879年与民意党接近。1882年以后写了一系列谈"英雄"与"群氓"问题的文章,建立了完整的"英雄"与"群氓"的理论体系。1884年《祖国纪事》杂志被查封后,给《北方通报》、《俄国思想》、《俄罗斯新闻》等报刊撰稿。1892年起任《俄国财富》杂志编辑,在该杂志上与俄国马克思主义者进行激烈论战。——48、171、237。

米勒兰,亚历山大·埃蒂耶纳(Millerand, Alexandre Étienne 1859—1943)——法国政治家和国务活动家,法国社会党和第二国际的机会主义代表人物。1885年起多次当选议员。原属资产阶级激进派,90年代初参加法国社会主义运动,领导运动中的机会主义派。1898年同让·饶勒斯等人组成法国独立社会党人联盟。1899年参加瓦尔德克-卢梭内阁,任工商业部长,是有史以来社会党人第一次参加资产阶级政府,列宁把这个行动斥之为"实践的伯恩施坦主义"。1904年被开除出法国社会党,此后同阿·白里安、勒·维维安尼等前社会党人一起组成独立社会党人集团(1911年取名为"共和社会党")。1909—1915年先后任公共工程部长和陆军部长,竭力主张把帝国主义战争进行到底。俄国十月革命后是武装干涉苏维埃俄国的策划者之一。1920年1—9月任总理兼外交部长,1920年9月—1924年6月任法兰西共和国总统。资产阶级左翼政党在大选中获胜后,被迫辞职。1925年和1927年当选为参议员。——6、7、425。

米切尔,艾萨克(Mitchell, Isaac 生于1867年)——英国工会运动活动家,独立工党党员。1899年工联总联合会成立时当选为总联合会总书记。——429、430。

莫斯特,约翰·约瑟夫(Most, Johann Joseph 1846—1906)——德国社会民主党人,新闻工作者,后为无政府主义者;职业是装订工人。19世纪60年代参加工人运动,1871年起为德国社会民主工党和社会民主党党员。1874—1878年为帝国国会议员。在理论上拥护杜林,在政治上信奉"用行动做宣传"的无政府主义思想,认为可以立刻进行无产阶级革命。1878年反社会党人非常法颁布后流亡伦敦,1879年出版无政府主义的《自由》周报,号召工人进行个人恐怖活动,认为这是最有效的革命斗争手段。1880年被开除出社会民主党,1882年起侨居美国,继续出版《自由》周报和进行无政府主义宣传。晚年脱离工人运动。——11、46、116。

N

纳尔苏修斯·土波雷洛夫——见马尔托夫,尔·。

纳杰日丁,尔·(捷连斯基,叶夫根尼·奥西波维奇)(Надеждин, Л. (Зеленский, Евгений Осипович) 1877—1905)——早年是俄国民粹派分子,1898年加入萨拉托夫社会民主主义组织。1899年被捕并被逐往沃洛格达省,1900年流亡瑞士,在日内瓦组织了"革命社会主义的"自由社(1901—1903)。在《自由》杂志上以及在他写的《革命前夜》(1901)、《俄国革命主义的复活》(1901)等小册子中支持经济派,同时宣扬恐怖活动是"唤起群众"的有效手段;反对列宁的《火星报》。俄国社会民主工党第二次代表大会后为孟什维克报刊撰稿。——146、149、152—153、154、155—156、157—158、159、164—168、248、274、299、311—312、315。

奈特,罗伯特(Knight, Robert)——英国工会运动活动家,古典工联主义的典型代表。1871—1899年是锅炉工人联合会书记、锅炉工人和造船工人统一联合会书记。1875—1882年和1896—1900年为议会议员。1899年是

建立英国工联总联合会的发起人之一。把同企业主的斗争局限于要求改
善工人的物质生活状况,认为达到这一目标的主要手段是和平解决冲突,
同企业主达成协议。——77—78。

尼·—逊——见丹尼尔逊,尼古拉·弗兰策维奇。

"尼古拉·奥勃曼诺夫"——见尼古拉二世。

尼古拉二世(**罗曼诺夫**;"**尼古拉·奥勃曼诺夫**")(Николай Ⅱ(Романов,
"Николай Обманов")1868—1918)——俄国最后一个皇帝,亚历山大三世
的儿子。1894 年即位,1917 年二月革命时被推翻。1918 年 7 月 17 日根据
乌拉尔州工兵代表苏维埃的决定在叶卡捷琳堡被枪决。—— 256、
260、345。

O

欧文,罗伯特(Owen,Robert 1771—1858)——英国空想社会主义者。当过
学徒和店员。1800—1829 年在苏格兰新拉纳克管理一所大纺织厂,关心
工人的工作和福利条件,使工厂变成模范新村。1820 年在所著《关于减轻
社会疾苦的计划致拉纳克郡的报告》中,论述了他的空想社会主义思想体
系,提出组织劳动公社的计划。1824 年到美国创办"新和谐村",结果失
败。1829 年回国后,在工人中组织生产合作社和工会。1832 年试办"全国
劳动产品公平交换市场",又告失败。1834 年任全国总工会联合会主席。
尖锐抨击资本主义私有制,首先提出工人有权享有自己的全部劳动产品,
但认为社会不平等的主要原因在于教育不够普及,以为通过普及知识就能
消除社会矛盾。同情无产阶级,但不主张工人进行政治斗争。主要著作还
有《论人性的形成》(1813)、《新道德世界书》(1836—1844)等。——25。

P

帕·波·——见阿克雪里罗得,帕维尔·波里索维奇。

帕尔乌斯(**格尔方德,亚历山大·李沃维奇**)(Парвус(Гельфанд,Александр
Львович)1869—1924)——生于俄国,19 世纪 80 年代移居国外。90 年代
末起在德国社会民主党内工作,属该党左翼;曾任《萨克森工人报》编辑。
写有一些世界经济问题的著作。20 世纪初参加俄国社会民主工党的工

作,为《火星报》撰稿。俄国社会民主工党第二次代表大会后支持孟什维克的组织路线。1905年回到俄国,曾担任彼得堡工人代表苏维埃执行委员会委员,为孟什维克的《开端报》撰稿;同托洛茨基一起提出"不断革命论",主张参加布里根杜马,坚持同立宪民主党人搞交易。斯托雷平反动时期脱离俄国社会民主工党,后移居德国。第一次世界大战期间是社会沙文主义者和德国帝国主义的代理人。1915年起在柏林出版《钟声》杂志。1918年脱离政治活动。——178。

皮萨列夫,德米特里·伊万诺维奇(Писарев,Дмитрий Иванович 1840—1868)——俄国革命民主主义者,政论家,文艺批评家,唯物主义哲学家。1861年彼得堡大学毕业后成为当时的进步杂志《俄罗斯言论》的实际领导人。因发表号召推翻沙皇专制制度的文章,1862年7月被捕,在彼得保罗要塞监禁四年半,在狱中写了许多有关文学、自然科学和哲学问题的文章。1866年11月出狱后,为《事业》杂志和《祖国纪事》杂志撰稿。在著作中揭露农奴制度和西欧资本主义,宣传社会主义思想,主张通过革命改造社会,但对人民群众的作用估计不足;批判唯心主义哲学,揭露反动的美学和"纯艺术"观点,强调文学艺术的社会意义。他的论文对俄国先进分子革命观点的形成产生了很大影响。——163—164。

蒲鲁东,皮埃尔·约瑟夫(Proudhon,Pierre-Joseph 1809—1865)——法国政论家,经济学家,社会学家,小资产阶级思想家,无政府主义理论的创始人之一。1840年出版《什么是财产?》一书,从小资产阶级立场出发批判大资本主义所有制,幻想使小私有制永世长存。主张由专门的人民银行发放无息贷款,帮助工人购置生产资料,使他们成为手工业者,再由专门的交换银行保证劳动者"公平地"销售自己的劳动产品,而同时又不触动生产工具和生产资料的资本主义所有制。认为国家是阶级矛盾的主要根源,提出和平"消灭国家"的空想主义方案,对政治斗争持否定态度。1846年出版《经济矛盾的体系,或贫困的哲学》,阐述其小资产阶级的哲学和经济学观点。马克思在《哲学的贫困》一书中对该书作了彻底的批判。1848年革命时期被选入制宪议会后,攻击工人阶级的革命发动,赞成1851年12月2日的波拿巴政变。——38。

普列汉诺夫,格奥尔吉·瓦连廷诺维奇(别尔托夫,恩·;格·瓦·;格·瓦—

奇)(Плеханов, Георгий Валентинович(Бельтов, Н., Г. В., Г. В-ч) 1856 —
1918)——俄国早期的马克思主义理论家,后来成为孟什维克和第二国际
机会主义领袖之一。19世纪70年代参加民粹主义运动,是土地和自由社
成员及土地平分社领导人之一。1880年侨居瑞士,逐步同民粹主义决裂。
1883年在日内瓦创建俄国第一个马克思主义团体——劳动解放社。翻译
和介绍了马克思和恩格斯的许多著作,对马克思主义在俄国的传播起了重
要作用;写过不少优秀的马克思主义著作,批判民粹主义、合法马克思主
义、经济主义、伯恩施坦主义、马赫主义。20世纪初是《火星报》和《曙光》
杂志编辑部成员。曾参与制定俄国社会民主工党纲领草案和参加党的第
二次代表大会的筹备工作。在代表大会上是劳动解放社的代表,属火星派
多数派,参加了大会常务委员会,会后逐渐转向孟什维克。1905—1907年
革命时期反对列宁的民主革命的策略,后来在孟什维克和布尔什维克之间
摇摆。在俄国社会民主工党第四次(统一)代表大会上作了关于土地问题
的报告,维护马斯洛夫的孟什维克方案;在国家杜马问题上坚持极右立场,
呼吁支持立宪民主党人的杜马。斯托雷平反动时期和新的革命高涨年代
反对取消主义,领导孟什维克护党派。第一次世界大战期间持社会沙文主
义立场。1917年二月革命后支持资产阶级临时政府。对十月革命持否定
态度,但拒绝支持反革命。最重要的理论著作有《社会主义与政治斗争》
(1883)、《我们的意见分歧》(1885)、《论一元论历史观之发展》(1895)、《唯
物主义史论丛》(1896)、《论个人在历史上的作用》(1898)、《没有地址的信》
(1899—1900),等等。—— 9、42、48、62 — 64、65、78、99、101、102、133、
163、174、177、184 — 191、192、200 — 221、222 — 223、225、236、237、238、
282、321 — 338、405 — 408、409、410。

普列韦,维亚切斯拉夫·康斯坦丁诺维奇(Плеве, Вячеслав Константинович
1846—1904)——俄国国务活动家。1881年起任警察司司长,1884—1894
年任枢密官和副内务大臣。1902年4月任内务大臣兼宪兵团名誉团长。
掌权期间,残酷地镇压了波尔塔瓦省和哈尔科夫省的农民运动,破坏了许
多地方自治机关;鼓动在俄国边疆地区推行反动的俄罗斯化政策。为了诱
使群众脱离反对专制制度的斗争,促进了日俄战争的爆发;出于同一目的,
多次策划蹂躏犹太人的暴行,鼓励祖巴托夫政策。1904年7月15日(28

日）被社会革命党人刺死。——372。

普罗柯波维奇，谢尔盖·尼古拉耶维奇（N.N.）（Прокопович，Сергей Николаевич（N.N.）1871—1955）——俄国经济学家和政论家。曾参加国外俄国社会民主党人联合会，是经济派的著名代表人物，伯恩施坦主义在俄国最早的传播者之一。1904年加入资产阶级自由派的解放社，为该社骨干分子。1905年为立宪民主党中央委员。1906年参与出版半立宪民主党、半孟什维克的《无题》周刊，为左派立宪民主党人的《同志报》积极撰稿。1917年8月任临时政府工商业部长，9—10月任粮食部长。1921年在全俄赈济饥民委员会工作，同反革命地下活动有联系。1922年被驱逐出境。——16、17、39、61、105、172、262、291。

Q

切尔诺夫，维克多·米哈伊洛维奇（Чернов，Виктор Михайлович 1873—1952）——俄国社会革命党领袖和理论家之一。1902—1905年任社会革命党中央机关报《革命俄国报》编辑。曾撰文反对马克思主义，企图证明马克思的理论不适用于农业。第一次世界大战期间持社会沙文主义立场，曾参加齐美尔瓦尔德代表会议和昆塔尔代表会议。1917年5—8月任临时政府农业部长，对夺取地主土地的农民实行残酷镇压。敌视十月革命。1918年1月任立宪会议主席；曾领导萨马拉的反革命立宪会议委员会，参与策划反苏维埃叛乱。1920年流亡国外，继续反对苏维埃政权。在他的理论著作中，主观唯心主义和折中主义同修正主义和民粹派的空想混合在一起；企图以资产阶级改良主义的"结构社会主义"对抗科学社会主义。——262、268、282、309、331。

R

热里雅鲍夫，安德列·伊万诺维奇（Желябов，Андрей Иванович 1851—1881）——俄国革命家，民意党的组织者和领袖。是民粹派中最早认识到必须同沙皇专制制度进行政治斗争的人之一。在他的倡议下，创办了俄国第一家工人报纸《工人报》。但不理解工人阶级的历史作用，不懂得科学社会主义，把个人恐怖看做是推翻沙皇专制制度的主要手段，多次组织谋刺亚历山大二世的活动。1881 年 3 月 1 日亚历山大二世遇刺前两天被捕，在法庭上拒绝辩护，并发表演说进行革命鼓动。同年 4 月 3 日(15 日)在彼得堡被处以绞刑。——101、162。

日特洛夫斯基，哈伊姆·约瑟福维奇（Житловский, Хаим Иосифович 1865—1943)——俄国政论家，早年是民意党人。19 世纪 80 年代末侨居瑞士，1894 年在伯尔尼参与组织俄国社会革命党人联合会。后来继续与社会革命党保持密切联系，并成为犹太小资产阶级民族主义运动的思想家，曾参加组织犹太社会主义工人党，是该党的领袖和理论家之一。沙皇 1905 年 10 月 17 日宣言颁布后回到俄国，后又侨居国外。1908 年起在美国出版《新生活》杂志。以后住在美国，为一些进步的犹太人杂志撰稿。——389。

S

萨尔蒂科夫-谢德林，米哈伊尔·叶夫格拉福维奇（萨尔蒂科夫，米·叶·；谢德林)（Салтыков-Щедрин, Михаил Евграфович（Салтыков, М. Е., Щедрин)1826—1889)——俄国讽刺作家，革命民主主义者。1848 年因发表抨击沙皇制度的小说被捕，流放七年。1856 年初返回彼得堡，用笔名"尼·谢德林"发表了《外省散记》。1863—1864 年为《同时代人》杂志撰写政论文章，1868 年起任《祖国纪事》杂志编辑，1878 年起任主编。60—80 年代创作了《一个城市的历史》、《戈洛夫廖夫老爷们》等长篇小说，批判了俄国的专制农奴制，刻画了地主、沙皇官僚和自由派的丑恶形象。——125。

萨文柯夫，波里斯·维克多罗维奇（波—夫)（Савинков, Борис Викторович (Б—в)1879—1925)——俄国社会革命党领袖之一，作家。在彼得堡大学学习时开始政治活动，接近经济派-工人思想派，在工人小组中进行宣传，为《工人事业》杂志撰稿。1901 年被捕，后被押送沃洛格达省，从那里逃往国外。1903 年加入社会革命党，1903—1906 年是该党"战斗组织"的领导人之一，多次参加恐怖活动。1909 年和 1912 年以维·罗普申为笔名先后发表了两部浸透神秘主义和对革命斗争失望情绪的小说：《一匹瘦弱的马》和《未曾有过的东西》。1911 年侨居国外。第一次世界大战期间是社会沙文主义者。1917 年二月革命后回国，任临时政府驻最高总司令大本营的委员、西南方面军委员、陆军部副部长、彼得格勒军事总督；根据他的提议在前线实行了死刑。十月革命后参加克伦斯基—克拉斯诺夫叛乱，参与组建顿河志愿军，建立地下反革命组织"保卫祖国与自由同盟"，参与策划反革命叛乱。1921—1923年在国外领导反对苏维埃俄国的间谍破坏活动。1924年偷越苏联国境时被捕，被判处死刑，后改为十年监禁。在狱中自杀。——70—71、97—98、100、114、121—123、126、131。

萨宗诺夫，格奥尔吉·彼得罗维奇（Сазонов，Георгий Петрович 生于1857年）——俄国自由主义民粹派代表人物。曾在内务部总务司供职。写有《禁止农民出让土地与国家经济纲领的关系》(1889)、《村社能否存在?》(1894)等著作。1899—1902年主编温和自由派报纸《俄国报》。1905年10月17日后成为黑帮组织"俄罗斯人民同盟"的成员，同尼古拉二世的宠臣格·拉斯普廷有来往。——381、382。

桑巴特，韦尔纳（Sombart，Werner 1863—1941）——德国经济学家和社会学家。1890年起任布雷斯劳大学教授，1906年起任柏林大学教授。早期著作受到马克思主义的影响，后来反对历史唯物主义和马克思的经济学说，否认社会发展的一般规律，强调精神的决定性作用，把资本主义描绘成一种协调的经济体系。晚年吹捧希特勒法西斯独裁制度，拥护反动的民族社会主义。主要著作有《19世纪的社会主义和社会运动》(1896)、《现代资本主义》(1902)、《德国社会主义》(1934)。——291。

圣西门，昂利·克洛德（Saint-Simon，Henri Claude 1760—1825）——法国空想社会主义者。贵族出身。参加过美国独立战争，同情法国大革命。长期考察革命后的社会矛盾，于19世纪初逐渐形成空想社会主义思想。把社会发展看做人类理性的发展，有时也认为社会发展是经济发展引起的。抨击资本主义制度，认为竞争和无政府状态是一切灾难中最严重的灾难。所设想的理想制度是由"实业家"和学者掌握各方面权力、一切人都要劳动、按"才能"分配的"实业制度"。由于历史的局限，把资本家和无产阶级合称"实业家阶级"，并主张在未来社会中保留私有制。提出关于未来社会必须有计划地组织生产和生活、发挥银行调节流通和生产的作用、国家将从对人的政治统治变为对物的管理和对生产的指导等一系列有重大意义的思想。晚年宣告他的最终目的是工人阶级的解放，但不理解工人阶级的历史使命，寄希望于统治阶级的理性和善心。主要著作有《一个日内瓦居民给

一部著作《俄国经济发展问题的评述》中,在批判民粹主义的同时,对马克思的经济学说和哲学学说提出"补充"和"批评"。20世纪初同马克思主义和社会民主主义彻底决裂,转到自由派营垒。1902年起编辑自由派资产阶级刊物《解放》杂志,1903年起是解放社的领袖之一。1905年起是立宪民主党中央委员,领导该党右翼。1907年当选为第二届国家杜马代表。第一次世界大战爆发后鼓吹俄国的帝国主义侵略扩张政策。十月革命后敌视苏维埃政权,是邓尼金和弗兰格尔反革命政府成员,后逃往国外。——15、39、61、172、252、291、344、365、367、377、390、399—401。

斯克沃尔佐夫,亚历山大·伊万诺维奇(Скворцов, Александр Иванович 1848—1914)——俄国经济学家,农学家,新亚历山大农业和林业学院教授。主要著作有《蒸汽机运输对农业的影响》(1890)、《经济评述》(1894)、《政治经济学原理》(1898)等。——336。

斯塔霍维奇,米哈伊尔·亚历山德罗维奇(Стахович, Михаил Александрович 1861—1923)——俄国地主,温和自由派分子。1895—1907年是奥廖尔省贵族代表,在地方自治运动中起过显著作用。曾加入立宪民主党,后来是十月党的组织者之一。第一届和第二届国家杜马代表,国务会议成员。1917年二月革命后被任命为芬兰总督,后任临时政府驻国外代表。——246—248、249。

斯塔罗韦尔——见波特列索夫,亚历山大·尼古拉耶维奇。

T

特卡乔夫,彼得·尼基季奇(Ткачев, Петр Никитич 1844—1886)——俄国革命民粹派思想家,政论家和文艺批评家。1861年起参加学生运动,曾为许多进步杂志撰稿,屡遭沙皇政府迫害。1873年流亡国外;一度为彼·拉·拉甫罗夫的《前进》杂志撰稿,1875—1881年同一些波兰流亡者出版《警钟》杂志。70年代中期同法国布朗基派有密切接触,1880年为布朗基的报纸《既没有上帝也没有老板》撰稿。领导革命民粹派中接近布朗基主义的派别。认为政治斗争是革命的必要前提,但对人民群众的决定性作用估计不足;主张由少数革命者组织密谋团体和采用恐怖手段去夺取政权,建立新国家,实行有益于人民的革命改革,而人民只须坐享其成;错误地认为,专制国家在俄国没有社会基础,也不代表任何阶级的利益。恩格斯在《流亡者文献》中批判了他的小资产阶级观点。1882 年底身患重病,在巴黎精神病院度过余年。——164。

屠格涅夫,伊万·谢尔盖耶维奇(Тургенев, Иван Сергеевич 1818—1883)——俄国作家,对俄罗斯文学语言的发展作出重大贡献。他的作品反映了 19 世纪 30—70 年代俄国社会的思想探索和心理状态,揭示了俄国社会生活的特有矛盾,塑造了一系列"多余人"的形象;这些"多余人"意识到贵族制度的必然灭亡,但对于改变这一制度又束手无策。在俄国文学中第一次描写了新一代的代表人物——平民知识分子。反对农奴制,但寄希望于亚历山大二世,期望通过"自上而下"的改革使俄国达到渐进的转变,主张在俄国实行立宪君主制。——378。

土林,克·——见列宁,弗拉基米尔·伊里奇。

托尔斯泰,列夫·尼古拉耶维奇(Толстой, Лев Николаевич 1828—1910)——俄国作家。出身贵族。他的作品深刻地反映了俄国社会整整一个时代(1861—1905)的矛盾,列宁称托尔斯泰为"俄国革命的镜子"。作为天才的艺术家,托尔斯泰创作了无与伦比的俄国生活的图画,创作了世界文学中第一流的作品,对俄国文学和世界文学产生了巨大影响;同时他的作品又突出地表现了以宗法制社会为基础的农民世界观的矛盾:一方面无情地揭露沙皇专制制度和新兴资本主义的种种罪恶,另一方面又鼓吹"不用暴力抵抗邪恶",鼓吹不问政治和道德上的自我修养。列宁在一系列著作中评述了托尔斯泰的世界观,并对他的全部活动作了评价。——259。

托托米安茨,瓦赫坦格·福米奇(Тотомианц, Вахтанг Фомич 生于 1875 年)——俄国经济学家,1899 年为合法马克思主义者的机关刊物《开端》杂志撰稿,1903—1904 年编辑自由派的《经济报》,主持《教育》杂志的经济栏目。1905—1907 年革命期间接近孟什维克,为孟什维克的合法报纸《开端报》撰稿,后脱离政治活动。1912 年起任莫斯科大学讲师,同时在商业学院授课。写有一些关于欧洲经济状况、合作社和城市经济方面的著作。十月革命后侨居国外。——262、382。

W

瓦·沃·——见沃龙佐夫,瓦西里·巴甫洛维奇。

瓦尔泰希,卡尔·尤利乌斯(Vahlteich, Carl Julius 1839—1915)——德国右派社会民主党人;职业是鞋匠。全德工人联合会的创建人之一和第一任书记。反对拉萨尔向普鲁士反动派献媚,并反对拉萨尔在联合会内实行独裁的企图,1864年2月与拉萨尔决裂,后参加爱森纳赫派,在开姆尼茨市开展社会主义宣传活动,并在《开姆尼茨自由新闻》编辑部工作。1869年出席爱森纳赫派成立大会,成为德国社会民主工党萨克森地区领导人之一。1874—1876年和1878—1881年为帝国国会议员。反社会党人非常法颁布后流亡美国,参加美国工人运动。——11。

瓦涅耶夫,阿纳托利·亚历山德罗维奇(Ванеев, Анатолий Александрович 1872—1899)——俄国社会民主党人。1892年在下诺夫哥罗德加入马克思主义小组。1895年参与组织和领导彼得堡工人阶级解放斗争协会,在工人社会民主主义小组中担任宣传员,曾主持《工人事业报》出版的技术准备工作。因斗争协会案与列宁等人同时被捕,1897年流放东西伯利亚。1899年因患肺结核死于流放地。——30、32。

瓦西里耶夫,尼基塔·瓦西里耶维奇(Васильев, Никита Васильевич 生于1855年)——沙俄宪兵上校。1900年起任明斯克省宪兵局局长,拥护祖巴托夫的"警察社会主义"。——109。

万诺夫斯基,彼得·谢苗诺维奇(Ванновский, Петр Семенович 1822—1904)——沙俄将军,1881—1898年任陆军大臣。1899年任高等院校学潮起因调查委员会主席。1901年前国民教育大臣尼·巴·博哥列波夫遇刺后,被任命为国民教育大臣。为了平息学潮,说了些"爱护和殷切关怀教育"的伪善言词。在教育方面实行了一些微不足道的改革,同时继续推行镇压革命学生运动的政策。由于其"安抚者"的使命彻底失败,于1902年辞职。——255—256。

威廉二世(**霍亨索伦**)(Wilhelm II(Hohenzollern)1859—1941)——普鲁士国王和德国皇帝(1888—1918)。——93。

韦伯,比阿特里萨(Webb, Beatrice 1858—1943)——英国经济学家和社会活动家,悉尼·韦伯的妻子。曾在伦敦一些企业中研究工人劳动条件,担任与失业和妇女地位问题相关的一些政府委员会的委员。——58、134—135。

韦伯,悉尼·詹姆斯(Webb,Sidney James 1859—1947)——英国经济学家和
社会活动家,工联主义和所谓费边社会主义的理论家,费边社的创建人和
领导人之一。1915—1925 年代表费边社参加工党全国执行委员会。第一
次世界大战期间持社会沙文主义立场。1922 年起为议员,1924 年任商业
大臣,1929—1930 年任自治领大臣,1929—1931 年任殖民地大臣。与其
妻比阿特里萨·韦伯合写的关于英国工人运动的历史和理论的许多著作,
宣扬在资本主义条件下和平解决工人问题的改良主义思想,但包含有英国
工人运动历史的极丰富的材料。主要著作有《英国社会主义》(1890)、《产
业民主》(1897)(列宁翻译了此书的第 1 卷,并校订了第 2 卷的俄译文;俄
译本书名为《英国工联主义的理论和实践》)等。——58、134—135。

维·查·——见查苏利奇,维拉·伊万诺夫娜。

维·德米·——见查苏利奇,维拉·伊万诺夫娜。

维·伊·——见查苏利奇,维拉·伊万诺夫娜。

维特,谢尔盖·尤利耶维奇(Витте,Сергей Юльевич 1849—1915)——俄国国
务活动家。1892 年 2—8 月任交通大臣,1892—1903 年任财政大臣,1903
年 8 月起任大臣委员会主席,1905 年 10 月—1906 年 4 月任大臣会议主
席。在财政、关税政策、铁路建设、工厂立法和鼓励外国投资等方面采取了
一系列措施,促进了俄国资本主义的发展。同时力图通过对自由派资产阶
级稍作让步和对人民群众进行镇压的手段来维护沙皇专制制度。1905—
1907 年革命期间派军队对西伯利亚、波罗的海沿岸地区、波兰以及莫斯科
的武装起义进行了镇压。——90、240—245、252、265、316、335、344。

魏特林,威廉(Weitling,Wilhelm 1808—1871)——德国工人运动早期活动
家,空想平均共产主义理论家;职业是裁缝。1836 年在巴黎加入正义者同
盟,1838 年为同盟写了纲领性著作《人类,它是什么样子和应当成为什么
样子》。1841—1843 年在瑞士手工业者联合会宣传平均共产主义思想。
1842 年出版主要著作《和谐与自由的保证》。1846 年加入布鲁塞尔共产主
义通讯委员会,但同马克思和恩格斯在观点上有尖锐分歧。1846 年流亡
美国,在纽约德国侨民中进行宣传活动。德国 1848—1849 年革命期间曾
一度回国。1850—1855 年在美国出版《工人共和国》杂志。后来脱离工人
运动。马克思和恩格斯曾高度评价其著述和宣传活动,认为它是德国无产

阶级第一次独立的理论运动,但在魏特林主义成了工人运动发展的障碍时,也给予严厉的批评。——38。

沃尔姆斯,阿尔丰斯·埃内斯托维奇(Вормс, Альфонс Эрнестович 1868—1937)——俄国法学家,先后任莫斯科大学讲师和教授,自由派分子。1901—1902年在祖巴托夫的机械工人互助协会的大会上作过讲演。写有农民法和民法方面的著作。——109。

沃尔特曼,路德维希(Woltmann, Ludwig 1871—1907)——德国社会学家和人类学家。企图证明马克思主义哲学和康德主义是相同的;认为工人运动的主要任务是进行经济斗争。把达尔文学说套用于社会的发展,断言社会的阶级结构不仅取决于历史原因,而且取决于人与人之间天然的不平等。维护种族主义理论,认为种族特征是政治和经济发展的最重要的因素;贩卖日耳曼民族优越的思想,其观点成为德国法西斯主义思想体系的一个组成部分。——45。

沃龙佐夫,瓦西里·巴甫洛维奇(瓦·沃·)(Воронцов, Василий Павлович (В.В.)1847—1918)——俄国经济学家,社会学家,政论家,自由主义民粹派思想家。曾为《俄国财富》、《欧洲通报》等杂志撰稿。认为俄国没有发展资本主义的条件,俄国工业的形成是政府保护政策的结果;把农民村社理想化,力图找到一种维护小资产者不受资本主义发展之害的手段。19世纪90年代发表文章反对俄国马克思主义者,鼓吹同沙皇政府和解。主要著作有《俄国资本主义的命运》(1882)、《俄国手工工业概述》(1886)、《农民经济中的进步潮流》(1892)、《我们的方针》(1893)、《理论经济学概论》(1895)。——34、35—36、42、45、47、382。

X

西皮亚金,德米特里·谢尔盖耶维奇(Сипягин, Дмитрий Сергеевич 1853—1902)——俄国国务活动家,农奴制的维护者。1891—1893年任莫斯科省省长。1894年起任副内务大臣,1900年起任内务大臣兼宪兵团名誉团长;无情压制民主主义的任何表现,残酷镇压工人、农民和学生运动,竭力阻挠社会组织和私人团体救济饥民的活动。1902年4月2日(15日)被社会革命党人斯·瓦·巴尔马晓夫杀死。——244、260、366、368、372。

希尔施,麦克斯(Hirsch, Max 1832—1905)——德国经济学家和政论家,资产阶级进步党活动家。1859年开办了一家出版社。1868年访问英国后,同弗·敦克尔一起创建了几个改良主义的工会(所谓希尔施—敦克尔工会)。1869—1893年为国会议员。在著作中宣扬劳资"和谐"思想,反对无产阶级的革命策略,维护改良主义。——35。

谢德林——见萨尔蒂科夫-谢德林,米哈伊尔·叶夫格拉福维奇。

谢列布里亚科夫,叶斯佩尔·亚历山德罗维奇(Серебряков, Еспер Александрович 1854—1921)——俄国民粹派革命家。1879年加入民意党。1883年逃往国外,从事写作活动,1899—1902年在伦敦出版《前夕》杂志。1905年革命后回国,为一些杂志撰稿。后接近社会革命党。1917年二月革命后参加老社会革命党人护国派,编辑该派的《人民报》。十月革命后从事民意党历史的研究工作,写有许多有关俄国革命运动史的文章和小册子。——133—134。

Y

亚·尼·——见波特列索夫,亚历山大·尼古拉耶维奇。

亚历山大二世(**罗曼诺夫**)(Александр II(Романов)1818—1881)——俄国皇帝(1855—1881)。——344。

伊洛瓦伊斯基,德米特里·伊万诺维奇(Иловайский, Дмитрий Иванович 1832—1920)——俄国历史学家和政论家。1854年毕业于莫斯科大学,一度在该校任教,后从事写作和政论活动。编写过许多革命前俄国中小学普遍采用的官定历史教科书,把历史主要归结为帝王将相的活动,用种种次要的和偶然的事件来解释历史过程。——10。

伊万申,弗拉基米尔·巴甫洛维奇(弗·伊—;弗·伊—申)(Иваншин, Владимир Павлович(В.И—ъ,В.И—н)1869—1904)——俄国社会民主党人,经济派领袖之一,统计学家。1896年在彼得堡工人阶级解放斗争协会工作,曾被捕,1898年流亡国外。是国外俄国社会民主党人联合会机关刊物《工人事业》杂志的编辑,同时又与彼得堡经济派的《工人思想报》保持密切联系。在自己的文章中把工人的直接经济利益同社会民主党的政治任务对立起来。1901年10月作为俄国社会民主党人联合会的代表出席了国外社会民主党人组织"统一"代表大会。1903年初同工人事业派决裂，加入俄国革命社会民主党人国外同盟。俄国社会民主工党第二次代表大会后成为孟什维克。——33、41—42、43、172。

尤佐夫（**卡布利茨，约瑟夫·伊万诺维奇**）（Юзов（Каблиц，Иосиф Иванович）1848—1893）——俄国民粹派政论家。19世纪70年代前半期参加了民粹派小组和"到民间去"的运动。70年代末起为《星期周报》、《言论》杂志等撰稿。80—90年代成为自由主义民粹派思想家，在民粹派中持极右立场。主要著作有《民粹主义的基础》(1882)、《俄国社会生活中的知识分子和人民》(1885)。——382。

Z

祖巴托夫，谢尔盖·瓦西里耶维奇（Зубатов，Сергей Васильевич 1864—1917）——沙俄宪兵上校，"警察社会主义"（祖巴托夫主义）的炮制者和鼓吹者。1896—1902年任莫斯科保安处处长，组织政治侦查网，建立密探别动队，破坏革命组织。1902年10月到彼得堡就任警察司特别局局长。1901—1903年组织警方办的工会——莫斯科机械工人互助协会和圣彼得堡俄国工厂工人大会等，诱使工人脱离革命斗争。由于他的离间政策的破产和反内务大臣的内讧，于1903年被解职和流放，后脱离政治活动。1917年二月革命初期自杀。——16、39、109—110、357。

———

N.N.——见普罗柯波维奇，谢尔盖·尼古拉耶维奇。

文 献 索 引

阿克雪里罗得,帕·《第一封信》(Аксельрод, П. Первое письмо. Ноябрь 1897
г.—В кн.: Аксельрод, П. К вопросу о современных задачах и тактике
русских социал-демократов. Изд. «Союза русских социал-демократов».
Женева, тип. «Союза русских социал-демократов», 1898, стр. 16 —
17)——88。

—《第二封信》(Второе письмо. Декабрь 1897 г.—В кн.: Аксельрод, П.
К вопросу о современных задачах и тактике русских социал-демократов.
Изд. «Союза русских социал-демократов». Женева, тип. «Союза русских
социал-демократов», 1898, стр. 18 — 29)——23、73。

—《[弗·伊·列宁〈俄国社会民主党人的任务〉一书]序言》(Предисловие
[к книге В. И. Ленина. Задачи русских социал-демократов].—В кн.:
[Ленин, В. И.] Задачи русских социал-демократов. С предисл. П. Аксельрода.
Изд. Российской социал-демократической рабочей партии. Женева, тип.
«Союза русских социал-демократов», 1898, стр. 1 — 5)——42。

—《关于恢复"劳动解放社"出版物的声明》(Объявление о возобновлении изданий
группы «Освобождение труда». Женева, «Союз русских социал-демократов»,
1900. 8 стр.)——21、22。

—《论俄国社会民主党人的当前任务和策略问题》(К вопросу о совре-
менных задачах и тактике русских социал-демократов. Изд. «Союза русс-
ких социал-демократов». Женева, тип. «Союза русских социал-демокра-
тов», 1898. 34 стр.)——23、42、63、73、88、101、282。

[阿列克谢耶夫,彼·阿·《1877 年 3 月 10 日(22 日)在执政参议院特别会议
上发表的演说》]([Алексеев, П. А. Речь, произнесенная 10 (22) марта 1877
года в особом присутствии правительствующего Сената. Баку, 1901])

——277。

[阿姆菲捷阿特罗夫,亚·瓦·]《奥勃曼诺夫老爷们》([Амфитеатров, А. В.] Господа Обмановы. (Провинциальные впечатления). —«Россия», Спб., 1902, №975, 13 (26) января, стр. 2. Подпись: Old Gentleman)——256、260、345。

奥斯特罗夫斯基,亚·尼·《无辜的罪人》(Островский, А. Н. Без вины виноватые)——159。

别尔托夫,恩·——见普列汉诺夫,格·瓦·。

波—夫——见萨文柯夫,波·维·。

[波特列索夫,亚·尼·]《发生了什么事情?》([Потресов, А. Н.] Что случилось? —«Заря», Штутгарт, 1901, №1, апрель, стр. 47 — 74. Подпись: Старовер)——13。

——《论毫无意义的幻想》(О бессмысленных мечтаниях. —«Искра», [Мюнхен], 1901, №5, июнь, стр.1)——90、256。

伯恩施坦,爱·《历史唯物主义》(Бернштейн, Э. Исторический материализм. Пер. Л. Канцель. Спб., «Знание», тип. Клобукова, 1901. 332 стр.)——16。

——《社会问题》(Социальные проблемы. Пер. с нем. П. Когана. М., Т-во тип. А. Мамонтова, 1901. V, 312 стр.)——16。

——《社会主义的前提和社会民主党的任务》(Bernstein, E. Die Voraussetzungen des Sozialismus und die Aufgaben der Sozialdemokratie. Stuttgart, Dietz, 1899. X, 188 S.)——6、16、59。

——《社会主义问题》(Probleme des Sozialismus. —In: «Die Neue Zeit», Stuttgart, 1896 — 1897, Jg. XV, Bd. I, N 6, S. 164 — 171; N 7, S. 204 — 213; N 10, S. 303 — 311; N 25, S. 772 — 783; 1896 — 1897, Jg. XV, Bd. II, N 30, S. 100 — 107; N 31, S. 138 — 143)——6、16、59。

——《社会主义问题和社会民主党的任务》(Проблемы социализма и задачи социал-демократии. Пер. с нем. К. Бутковского. М., кн. скл. Д. Ефимова, [1901]. 360 стр.)——16。

——《社会主义中的现实因素和思想因素》(Das realistische und das ideologische Moment im Sozialismus. Probleme des Sozialismus, 2. Serie II. —

In：«Die Neue Zeit»，Stuttgart，1897—1898，Jg.XVI，Bd.II，N 34，S.225—232；N 39，S.388—395）——6、16、59。

布尔加柯夫，谢·尼·《资本主义和农业》（Булгаков，С.Н.Капитализм и земледелие.Т.II.Спб.，тип.Тиханова，1900.458，V стр.）——20、239、296、382—383。

查苏利奇，维·伊·《[书评：]〈俄国革命主义的复活〉、〈自由〉杂志》（Засулич，В.И.[Рецензия：]«Возрождение революционизма в России».Издание революционно-социалистической группы «Свобода».«Свобода».Журнал для рабочих.Издание той же группы.—«Заря»，Штуттгарт，1901，№2—3，декабрь，стр.349—354.Подпись：В.З.）——130。

—《谈谈当前的事件》（По поводу современных событий.—«Искра»，[Мюнхен]，1901，№3，апрель，стр.6—7）——90。

—《协议草案》（Проект соглашения.Рукопись）——230、410。

车尔尼雪夫斯基，尼·加·《序幕》（Чернышевский，Н.Г.Порлог）——224。

恩格斯，弗·《[〈德国农民战争〉一书]序言》（Engels，F.Vorbemerkung[zur Arbeit：Der Deutsche Bauernkrieg].3-ter Abdr.Leipzig，Genossenschaftsbuchdruckerei，1875，S.3—19）——24—26、52。

—《法德农民问题》（Die Bauernfrage in Frankreich und Deutschland.—In：«Die Neue Zeit»，Stuttgart，1894—1895，Jg.XIII，Bd.I，N 10，S.292—306）——215—216。

—《[卡·马克思〈路易·波拿巴的雾月十八日〉一书]第三版序言》（Vorrede zur dritten Auflage[der Arbeit：Marx，K.Der achtzehnte Brumaire des Louis Bonaparte].—In：Marx，K.Der achtzehnte Brumaire des Louis Bonaparte.3-te Aufl.Hamburg，Meißner，1885，S.III—IV）——7。

—《欧根·杜林先生在哲学中实行的变革》（Herrn Eugen Dührings Umwälzung der Philosophie.—In：«Vorwärts»，Leipzig，1877，N 1，3.I，S.1；N 2，5.I，S.1—2；N 3，7.I，S.1—2；N 4，10.I，S.1—2；N 5，12.I，S.1；N 6，14.I，S.1—2；N 7，17.I，S.1—2；N 10，24.I，S.1—2；N 11，26.I，S.1—2；N 17，9.II，S.1—3；N 24，25.II，S.1—2；N 25，28.II，S.1—3；N 36，25.III，S.1—2；N 37，28.III，S.1—2；N 44，15.IV，S.1—2；N 45，18.IV，S.1—2；

N 49,27.IV,S.1—2;N 50,29.IV,S.1—2;N 55,11.V,S.1—2;N 56,13.
V,S.1—3;Wissenschaftliche Beilage des «Vorwärts»:N 1 und 2 zu N
87,27.VII,S.1—3;N 3 zu N 93,10.VIII,S.1;N 4 zu N 96,17.VIII,S.1;
N 5 zu N 105,7.IX,S.1;N 6 zu N 108,14.IX,S.1;Beilage des
«Vorwärts»:zu N 127,28.X,S.1—2;zu N 130,4.XI,S.1;zu N 139,28.
XI,S.1—3;zu N 152,30.XII,S.1—3;Beilage des «Vorwärts»,1878.zu N
52,5.V,S.1—2;zu N 61,26.V,S.1—2;zu N 64,2.VI,S.1—2;zu N 75,
28.VI,S.1—2;zu N 79,8.VII,S.1—2)——11。

——《1891年社会民主党纲领草案批判》(Zur Kritik des sozialdemokratis-
chen Programmentwurfes 1891.—In:«Die Neue Zeit»,Stuttgart,1901—
1902,Jg.XX,Bd.I,N 1,S.5—13)——203、208、216、217、218、223、229、
233、324。

尔·恩·斯——见司徒卢威,彼·伯·。

尔·姆·《我国的实际情况》(P.M.Наша действительность.(Рабочее движе-
ние,самодержавие,общество с его слоями(дворянство,крупная и мелкая
буржуазия,крестьяне и рабочие)и общественная борьба).—Отдельное
приложение к «Рабочей Мысли».Изд.Петербургского «Союза».Пб.,
1899,стр.3—16)——20、46、62、66、103、105、141。

冯维辛,杰·伊·《纨绔少年》(Фонвизин,Д.И.Недоросль)——209。

冈察洛夫,伊·亚·《奥勃洛摩夫》(Гончаров,И.А.Обломов)——133、247、
303、319。

高尔基,阿·马·《自命不凡的作家》(Горький,М.О писателе,который заз-
нался)——15。

哥尔布诺夫,伊·费·《商界习俗剧。相亲与订婚》(Горбунов,И.Ф.Сцены из
купеческого быта.Смотрины и сговор)——337。

格里鲍耶陀夫,亚·谢·《智慧的痛苦》(Грибоедов,А.С.Горе от ума)——
21、49、365、400。

[古列维奇,埃·李·]《法国来信》([Гуревич,Э.Л.]Письма из Франции.Письма
первое—третье.—«Искра»,[Мюнхен],1901,№6,июль,стр.6—7;№8,
10 сентября,стр.5—6;№9,октябрь,стр.6—7)——348。

16)——116。

[科佩尔宗，季·М.《给 Б.的信》]（[Копельзон, Т. М. Письмо Б.].—В кн.：
Плеханов, Г. В. Vademecum для редакции «Рабочего Дела». Сб. матери-
алов, изданный группой «Освобождение труда». С предисл. Г. Плеханова.
Женева, тип. Группы старых народовольцев, 1900, стр. 35 — 36）——
17—18。

——《给 Г.先生的信》（Письмо г. Г.—В кн.：Плеханов, Г. В. Vademecum для
редакции «Рабочего Дела». Сб. материалов, изданный группой «Освобож-
дение труда». С предисл. Г. Плеханова. Женева, тип. Группы старых наро-
довольцев, 1900, стр. 27 — 35）——17—18。

克雷洛夫，伊·安·《两只桶》（Крылов, И. А. Две Бочки）——8。

——《猫和厨子》（Кот и Повар）——217。

克里切夫斯基，波·尼·《俄国工人运动中的经济斗争与政治斗争》（Кричев-
ский, Б. Н. Экономическая и политическая борьба в русском рабочем
движении.—«Рабочее Дело», Женева, 1900, №7, август, стр. 1 — 22）——
44—45、56—57。

——《法国的令人忧心的时刻》（Тревожное время во Франции.—«Рабочее
Дело», Женева, 1899, №2 — 3, август, стр. 76 — 85, в отд.：Рабочее дви-
жение за границей. Подпись：Б.К.）——11、179。

——《关于法国形势》（Kritschewsky, B. Über die Situation in Frankreich.—
In：«Vorwärts», Berlin, 1899, N 146, 25. Juni, S. 3）——179。

——《就同李卜克内西同志的辩论发表反驳性的最后一言》（Ein letztes Wort
der Abwehr zur Diskussion mit Genossen Liebknecht.—In：«Vorwärts»,
Berlin, 1899, N 190, 16. August, S. 3）——179。

——《社会党人和德雷福斯案件》（Die Sozialisten und die Dreyfus-Affaire.—
In：«Vorwärts», Berlin, 1899, N 181, 5. August, S. 2 — 3）——179。

——《〈曙光〉的证据》（Die Beweise der «Sarja».—In：«Vorwärts», Berlin,
1902, N 52, 2. März, 4. Beilage, S. 1）——179。

——《有事实为证。答威·李卜克内西》（Tatsachen beweisen. Antwort an W.
Liebknecht.—In：«Vorwärts», Berlin, 1899, N 185, 10. August, S. 2 —

3)——179。

—《原则、策略和斗争》(Принципы, тактика и борьба.—«Рабочее Дело», Женева, 1901, №10, сентябрь, стр. 1—36)——9—15、20、21、22、23、27—28、36、40、45—46、47—48、49—52、59、61、81、89、94、100—103、107—108、129、136、145—149、152、156、164、170、176—177、178—179、180。

[克列梅尔,阿·约·]《论鼓动》([Кремер, А. И.]Об агитации. С послесл. П. Аксельрода. Изд. «Союза русских социал-демократов». Женева, тип. «Союза русских социал-демократов», 1896. 43 стр.)——30。

[库斯柯娃,叶·德·]《反"劳动解放社"小册子的一个作者给阿克雪里罗得的信》([Кускова, Е. Д.]Письмо к Аксельроду одного из авторов брошюры против группы«О. Т.».—В кн.: Плеханов, Г. В. Vademecum для редакции «Рабочего Дела». Сб. материалов, изданный группой «Освобождение труда». С предисл. Г. Плеханова. Женева, тип. Группы старых народовольцев, 1900, стр. 17—27)——17—18。

—《[书评:]弗·唐恩〈俄国工人运动与社会民主党历史片断〉》([Рецензия на кн.:]Ф. Дан. Из истории рабочего движения и социал-лемократии в России. 1900—1904 гг. Изд. Донской Речи.—«Былое», Пб., 1906, №10, октябрь, стр. 320—330. Подпись: Е. Кускова)——17。

拉萨尔,斐·[《给卡·马克思的信》](1852 年 6 月 24 日)(Lassalle, F. [Brief an K. Marx.]24. Juni 1852.—In: Lassalle, F. Briefe an Marx u. F. Engels. 1849 bis 1862. Stuttgart, Dietz, 1902, S. 52—54. (In: «Aus dem literarischen Nachlaß von K. Marx, F. Engels und F. Lassalle». Hrsg. von F. Mehring. Bd. IV))——1。

—《致卡·马克思和弗·恩格斯书信集》(Briefe an K. Marx und F. Engels. 1849 bis 1862. Stuttgart, Dietz, 1902, S. 52—54. (In: «Aus dem literarischen Nachlaß von K. Marx, F. Engels und F. Lassalle». Hrsg. von F. Mehring. Bd. IV))——1。

拉扎列夫,E.《俄国社会民主党的分裂》(Лазарев, Е. Раскол в русской социал-демократической партии. (Письмо в редакцию).—«Накануне», Лондон, 1900, №15, апрель, стр. 183—184; №16, май, стр. 194—196)——133。

1901，№3，апрель，стр.1—2)——89、90、282—283、291、292、298、299—300、301、304—305、309—310、311、375—376。

——[《关于"南方工人"的来信》]([О письме«рабочих с юга»].—«Искра»，[Мюнхен]，1901，№13，20 декабря，стр.6)——253—254。

——《国外俄国社会民主党人联合会的分裂》(Раскол в заграничном Союзе русских социал-демократов.—«Искра»，[Лейпциг]，1900，№1，декабрь，стр.8，в отд.:Из партии)——174。

——《[〈火星报〉编辑部声明]编辑部的话》([Заявление редакции «Искры»].От редакции.[Листовка.Лейпциг]，1900.2 стр.)——21。

——《苦役条例和苦役判决》(Каторжные правила и каторжный приговор.—«Искра»，[Мюнхен]，1901，№10，ноябрь，стр.1)——61。

——《论〈宣言书〉》(По поводу «Profession de foi».Рукопись)——18。

——《民粹主义的经济内容及其在司徒卢威先生的书中受到的批评(评彼·司徒卢威〈俄国经济发展问题的评述〉一书)》(Экономическое содержание народничества и критика его в книге г.Струве.(По поводу книги П.Струве:Критические заметки к вопросу об экономическом развитии России.Спб.，1894г.).—В кн.:Материалы к характеристике нашего хозяйственного развития.Сб.статей.Спб.，тип.Сойкина，1895，стр.1—144，в ч.II.Подпись:К.Тулин)——15。

——《民粹主义的经济内容及其在司徒卢威先生的书中受到的批评(马克思主义在资产阶级著作中的反映)》(Экономическое содержание народничества и критика его в книге г.Струве.(Отражение марксизма в буржуазной литературе.)(По поводу книги г.Струве.Критические заметки к вопросу об экономическом развитии России.Спб.1894г.).—В кн.:[Ленин，В.И.]Ильин，Вл.За 12 лет.Собрание статей.Т.I.Два направления в русском марксизме и русской социал-демократии.Спб.，тип.Безобразова и К°.1908，стр.3—125)——15。

——《内政评论》(Внутреннее обозрение.—«Заря»，Штутгарт，1901，№2—3，декабрь，стр.361—403.Подпись:Т.Х.)——61。

——《农奴主在活动》(Крепостники за работой.—«Искра»，[Мюнхен]，1901，

стр.1—2)——61。

—《新工厂法》(Новый фабричный закон. Изд. Российской социал-демократической рабочей партии. Женева, тип. «Союза русских социал-демократов», 1899.52 стр.)——150。

—《183 个大学生被送去当兵》(Отдача в солдаты 183-х студентов.—«Искра», [Мюнхен], 1901, №2, февраль, стр.6)——69、89、373。

—《游行示威开始了》(Начало демонстраций.—«Искра», [Мюнхен], 1901, №13, 20 декабря, стр.1)——167。

—《怎么办?》(Что делать? Наболевшие вопросы нашего движения. Stuttgart, Dietz, 1902. VII, 144 стр. Перед загл.авт.: Н.Ленин)——1—4、182、348、374、387—388、425、427—428。

列维茨基, A.《简评》(Левицкий, А. Беглые заметки.—«Вестник Русской Революции», Женева, 1902, №2, февраль, стр. 123 — 158, в отд. I)——367、377。

卢森堡, 罗·《德国和奥地利的波兰社会主义运动的新潮流》(Luxemburg, R. Neue Strömungen in der polnischen sozialistischen Bewegung in Deutschland und Österreich.—In: «Die Neue Zeit», Stuttgart, 1895 — 1896, Jg. XIV, Bd. II, N 32, S.176—181; N 33, S.206—216)——294。

—《社会爱国主义在波兰》(Der Sozialpatriotismus in Polen.—In: «Die Neue Zeit», Stuttgart, 1895—1896, Jg. XIV, Bd. II, N 41, S.484—491)——294。

马尔丁诺夫, 亚·《当前问题》(Мартынов, А. Очередные вопросы.—«Рабочее Дело», Женева, 1901, №9, май, стр.42—75)——63。

—《揭露性的刊物和无产阶级的斗争》(Обличительная литература и пролетарская борьба. («Искра», № №1 — 5).—«Рабочее Дело», Женева, 1901, №10, сентябрь, стр.37—64)——5—6、45、51—52、55、58—60、61、62—66、67—68、69—70、71、72、74、75、77—78、79、80—83、85、86、87、88、90、91、94、95、99、100、101、102、103、104、105、106、107、116、117、122、129、130、146、147、148、150、155、156、168、176、177、178、180、248、289、291—292、298—299、300、301、304、308、309、310、328。

—《社会民主党和工人阶级》(Социал-демократия и рабочий класс. Два

IX,Bd.Ⅰ,N 18,S.562)——22—23、59。

—《国际工人协会共同章程》(Общий устав Международного товарищества рабочих.Сентябрь 1871 г.)——213、223、286。

—《〈黑格尔法哲学批判〉导言》(Zur Kritik der Hegelschen Rechts-Philosophie. Einleitung.—In: «Deutsch-Französische Jahrbücher», Paris, 1844, Lfg.1—2,S.71—85)——308。

—《路易·波拿巴的雾月十八日》(Der achtzehnte Brumaire des Louis Bonaparte.3-te Aufl.Hamburg,Meißner,1885.Ⅵ,108 S.)——7、164。

—《社会民主党纲领批判》(Zur Kritik des sozialdemokratischen Parteiprogramms.—In: «Die Neue Zeit», Stuttgart, 1890—1891, Jg. IX, Bd. I, N 18,S.561—575)——218、324。

—《协会临时章程》(Маркс, К. Временный устав Товарищества. 21—27 октября 1864 г.)——213、223、286。

—《资本论》(第 2 卷)(Капитал.Критика политической экономии.Т.Ⅱ.1885 г.)——237。

—《资本论》(第 3 卷)(Капитал.Критика политической экономии.Т.Ⅲ,ч. 1—2.1894 г.)——237、288。

马克思,卡·和恩格斯,弗·《共产党宣言》(Маркс, К. и Энгельс, Ф. Манифест Коммунистической партии. Декабрь 1847—январь 1848 года)——79、 203、213、214、215、216、223、249—250、346、354、376。

梅林,弗·《德国社会民主党史》(Mehring, F. Geschichte der deutschen Sozialdemokratie. T. 2. Von Lassalles offenem Antwortschreiben bis zum Erfurter Programm.1863 bis 1891.Stuttgart,Dietz,1898.Ⅵ,568 S.(In: Die Geschichte des Sozialismus in Einzeldarstellungen von E. Bernstein, C. Hugo, K.Kautsky, P.Lafargue, F.Mehring, G.Plechanow.Bd.3, T.2))—— 15、47。

莫斯特等同志[《莫斯特等同志在德国社会民主党代表大会上的提案:〈前进报〉今后不再刊登像恩格斯反对杜林那一类的论战文章》(1877 年 5 月 29 日)](Most und Genossen.[Antrag von Most und Genossen auf dem Parteitag der Sozialdemokratischen Partei Deutschlands, polemische Artikel, wie Engels contre Dühring, in Zukunft im «Vorwärts» nicht mehr zu veröffentlichen. 29. Mai 1877].—In: «Vorwärts», Leipzig, 1877, N 65, 6. Juni, S. 2, im Protokoll: Kongreß der Sozialdemokraten Deutschlands)——11。

纳尔苏修斯·土波雷洛夫——见马尔托夫,尔·。

纳杰日丁,尔·《革命前夜》——见《革命前夜》。

涅克拉索夫,尼·阿·《萨莎》(Некрасов, Н. А. Саша)——379。

帕尔乌斯《实践中的机会主义》(Парвус. Оппортунизм на практике.—«Заря», Штутгарт, 1902, №4, август, стр. 1—39, в отд. 2)——178。

皮萨列夫,德·伊·《幼稚想法的失策》(Писарев, Д. И. Промахи незрелой мысли)——164。

普列汉诺夫,格·瓦·《俄国社会党人同饥荒作斗争的任务》(Плеханов, Г. В. О задачах социалистов в борьбе с голодом в России. (Письма к молодым товарищам.) Женева, тип. «Социал-демократа», 1892. 90 стр. (Б-ка современного социализма. Вып. 10))——63—64、282。

——《俄国社会民主党人纲领草案》(Проект программы русских социал-демократов.—В кн.: Аксельрод, П. К вопросу о современных задачах и тактике русских социал-демократов. Изд. «Союза русских социал-демократов». Женева, тип. «Союза русских социал-демократов», 1898, стр. 29—34)——101、282、298、351。

——《俄国社会民主工党第二个纲领草案》(Второй проект программы РСДРП. Рукопись)——200—223、236、237、277—278。

——《俄国社会民主工党纲领草案》(Проект программы Российской социал-демократической рабочей партии.—«Заря», Штутгарт, 1902, №4, август, стр. 11—39, в отд. А.)——337。

——《俄国社会民主工党纲领草案初稿》(Первоначальный проект программы РСДРП. Рукопись)——192、210、215、219—220、410。

——《二十世纪的门槛上》(На пороге двадцатого века.—«Искра», [Мюнхен], 1901, №2, февраль, стр. 1)——9、214、223。

——《〈工人事业〉杂志编辑部指南》(Vademecum для редакции «Рабочего Дела».

Сб. материалов, изданный группой «Освобождение труда». С предисл. Г. Плеханова. Женева, тип. Группы старых народовольцев, 1900. LII, 67 стр.)——18、102、105。

—《今后怎样?》》(Что же дальше? Издание «Искры». [Кишинев], тип. «Искры», сентябрь 1901. 37 стр. (РСДРП. Оттиск из второй книжки «Зари»))——277。

—《论一元论历史观之发展》》(К вопросу о развитии монистического взгляда на историю. Ответ гг. Михайловскому, Карееву и комп. Спб., 1895. 287 стр. Перед загл. авт.: Н. Бельтов)——48。

—《论游行示威》》(О демонстрациях.—«Искра», [Мюнхен], 1902, №14, 1 января, стр. 1)——167。

[普罗柯波维奇, 谢·尼·]《对阿克雪里罗得的小册子〈论俄国社会民主党人的当前任务和策略问题〉的答复》》([Прокопович, С. Н.] Ответ на брошюру Аксельрода «К вопросу о современных задачах и тактике русских социал-демократов».—В кн.: Плеханов, Г. В. Vademecum для редакции «Рабочего Дела». Сб. материалов, изданный группой «Освобождение труда». С предисл. Г. Пдеханова. Женева, тип. Группы старых народовольцев, 1900, стр. 37—60)——18、105。

—《西欧工人运动。批判性研究的尝试。第1卷。德国和比利时》》(Рабочее движение на Западе. Опыт критического исследования. Т. I. Германия и Бельгия. Спб., Пантелеев, 1899. II, 212, 120 стр. Перед загл. авт.: С. Н. Прокопович)——16、39。

契诃夫, 安·巴·《一团乱麻》(Чехов, А. П. Канитель)——207。

[切尔诺夫, 维·米·]《革命事业的当前问题》》([Чернов, В. М.] Очередной вопрос революционного дела. Лондон, Аграрно-социалистическая лига, 1900. 28 стр.)——375。

日特洛夫斯基, 哈·《评论》(Schitlowsky, Ch. Revuen.——« Sozialistische Monatshefte», Berlin, 1902, 2. Bd. N9, S. 754—755)——389。

萨尔蒂科夫-谢德林, 米·叶·《彭帕杜尔先生们和彭帕杜尔女士们》(Салтыков-Щедрин, М. Е. Помпадуры и помпадурши)——250。

——《生活琐事》(Мелочи жизни)——283。

——《温和谨慎的人们》(В среде умеренности и аккуратности)——92。

——《五光十色的书信》(Пестрые письма)——367。

——《一年四季》(Круглый год)——14。

——《在国外》(За рубежом)——125。

——《葬礼》(Похороны)——14。

[萨文柯夫,波·维·]《彼得堡的运动与社会民主党的实际任务》([Савин-
ков, Б. В.] Петербургское движение и практические задачи социал-
демократии.—«Рабочее Дело», Женева, 1900. №6, апрель, стр. 28 — 42.
Подпись: Б—в.)—— 70 — 71、98、100、121、122 — 123、124、126、
131、139。

塞万提斯,米格尔《唐·吉诃德》(Сервантес, Мигель. Дон-Кихот)——
137、139。

[舍斯捷尔宁,С.П.]《莫罗佐夫工厂罢工十周年》([Шестернин,С.П.]Десяти-
летие морозовской стачки. Изд. 2-ое организации газ. «Искры». [Баку],
тип. «Искры», 1901. 31 стр. (РСДРП))——277。

司徒卢威,彼·《马克思的社会发展理论》(Struve, P. Die Marxsche Theorie
der sozialen Entwicklung. Ein kritischer Versuch.—In: « Archiv für
soziale Gesetzgebung und Statistik». Bd. 14. Berlin, 1899, S. 658 —
704)——39。

——《[书评:]爱德华·伯恩施坦的〈社会主义的前提和社会民主党的任务〉
一书及卡尔·考茨基的〈伯恩施坦和社会民主党的纲领〉一书》
([Rezension der Bücher:]Bernstein, Eduard. Die Voraussetzungen des Sozia-
lismus und die Aufgaben der Sozialdemokratie. Stuttgart, 1899. X u. 188 S.
Kautsky, Karl. Bernstein und das sozialdemokratische Programm. Stutt-
gart, 1899. VIII u. 195 S.—In: « Archiv für soziale Gesetzgebung und
Statistik». Bd. 14. Berlin, 1899, S. 723 — 739, in der Rubrik: Literatur)
——39。

[司徒卢威,彼·伯·]《编者的话》([Струве, П. Б.]От редактора. [Листок-
оттиск из журнала «Освобождение» №1]. Штутгарт, [1902]. 6 стр.)

«Vorwärts».29.Mai 1877].—In：«Vorwärts»,Leipzig,1877,N 65,6.Juni,
S.2,im Rubrik：«Kongreß der Sozialdemokraten Deutschlands»)——11。

万诺夫斯基,彼·谢·《国民教育大臣[万诺夫斯基]命令》(Ванновский, П.С.
Приказ министра народного просвещения [Ванновского]. (Апрель 2-го
дня 1901 года, №2).—«Правительственный Вестник», Спб., 1901, №74,
5(18)апреля, стр.2—3)——255。

韦伯,悉·和韦伯,比·《英国工联主义的理论和实践(产业民主)》(Вебб, С. и
Б. Теория и практика английского тред-юнионизма. (Industrial democracy.)
Пер. с англ. В. Ильина. Т. 1—2. Спб., кн. маг. и конт. изд. Поповой, 1900.
(Экономическая б-ка. Под общ. ред. П. Струве))——58、134—135、142。

维·查·——见查苏利奇,维·伊·。

维特,谢·尤·《财政大臣[维特]关于1902年国家收支预算的奏折》(Витте,
С. Ю. Доклад министра финансов [Витте] о государственной росписи
доходов и расходов на 1902 г.—«Правительственный Вестник», Спб.,
1902, №1,1(14)января, стр.1—4)——240—245、265。

—《专制制度和地方自治机关》(Самодержавие и земство. Конфиденциальная
записка министра финансов статс-секретаря С. Ю. Витте(1899 г.). С пре-
дисл. и примеч. Р. Н. С. Печатано «Зарей». Stuttgart, Dietz, 1901. XLIV, 212
стр.)——252、344。

谢列布里亚科夫,叶·亚·《论"工人自我解放社"宣言》(Серебряков, Е. А. По
поводу воззвания группы «Самоосвобождения рабрчих».—«Накануне»,
Лондон, 1899, №7, июль, стр.78—79)——133—134。

伊格诺图斯[马尔托夫,尔·]《在〈前进报〉反〈曙光〉事件上》(Ignotus.[Mar-
tow, L.] In Sachen «Vorwärts» gegen «Sarja».—In：«Vorwärts», Berlin,
1902, N 46,23.Februar, I.Beilage, S.3)——179。

伊林,弗拉·;伊林,弗拉基米尔——见列宁,弗·伊·。

[伊万申,弗·巴·]《[评论:]彼得堡工人机关报〈工人思想报〉第1—3号》
([Иваншин, В. П. Рецензия:] «Рабочая Мысль», орган петербургских
рабочих, №№1—3.—«Листок «Работника»», Женева, 1898, №9—10,
ноябрь, стр.47—53.Подпись：И—ъ, В.)——33、41—42、43。

А.П.Г.《谁对斯塔霍维奇先生有罪?》(А.П.Г. Кто виноват в г.Стаховиче? — «Московские Ведомости», 1901, №348, 18(31) декабря, стр.2)——246—248、252。

Б.К.——见克里切夫斯基,波·尼·。

＊　　　＊　　　＊

《奥布霍夫工厂五月骚乱事件的起诉书》(Обвинительный акт по делу о майских беспорядках на Обуховском заводе. С послесловием от редакции «Искры». Издание и типография «Искры». [Кишинев], ноябрь 1901. 15 стр.(РСДРП. Оттиск из ном.9 «Искры»))——277。

《奥地利社会民主工党纲领》(Programm der Sozialdemokratischen Arbeiterpartei in Österreich.(Beschlossen am Parteitag zu Wien 1901).—In: Protokoll über die Verhandlungen des Gesammtparteitages der Sozialdemokratischen Arbeiterpartei in Österreich. Abgehalten zu Wien vom 2. bis 6. November 1901. Wien, Wiener Volksbuchhandlung Ignaz Brand, 1901. S.3—5)——37。

《奥地利社会民主工党维也纳全国代表大会会议记录(1901年11月2—6日)》(Protokoll über die Verhandlungen des Gesammtparteitages der Sozialdemokratischen Arbeiterpartei in Österreich. Abgehalten zu Wien vom 2. bis 6. November 1901. Wien, Wiener Volksbuchhandlung Ignaz Brand, 1901. 204 S.)——37。

《奥廖尔通报》(«Орловский Вестник», 1901, №254, 25 сентября, стр.2—3)——246。

《倍倍尔的决议[(1899年10月13日德国社会民主党汉诺威代表大会通过)]》(Resolution Bebels [angenommen am 13. Oktober 1899 auf dem Parteitag der Sozialdemokratischen Partei Deutschlands zu Hannover].—In: Protokoll über die Verhandlungen des Parteitages der Sozialdemokratischen Partei Deutschlands. Abgehalten zu Hannover vom 9. bis 14. Oktober 1899.Berlin,«Vorwärts»,1899,S.243—244)——12、19。

《倍倍尔关于伯恩施坦问题的辩论的决议[（德国社会民主党吕贝克代表大会通过）]》(Resolution Bebels zur Bernstein-Debatte[angenommen auf dem Parteitag der Sozialdemokratischen Partei Deutschlands. Abgehalten zu Lübeck vom 22.bis 28.September 1901].—In: Protokoll über die Sozialdemokratischen Partei Deutschlands. Abgehalten zu Lübeck vom 22. bis 28.September 1901.Berlin,«Vorwärts»,1901,S.99)——12、19。

《彼得堡各纺纱厂工人要求什么》(Чего требуют рабочие петербургских бумагопрядилен.[Листовка.] Изд. Союза борьбы за освобождение рабочего класса.[Спб.],30 мая 1896.1 стр.)——145。

《彼得堡工人制定的工人储金会章程》(Устав рабочей кассы,выработанный петербург. рабочими. Петербург. Июль 1897 г.—«Рабочая Мысль»,Спб.,[1897,№1],октябрь,стр.4—5)——32、40、111。

[《彼得堡一个纺织工人的来信》]([Письмо рабочего-ткача из Петербурга].—«Искра»,[Мюнхен],1901,№7,август,стр.4,в отд.: Хроника рабочего движения и письма с фабрик и заводов)——85、165。

《编辑部的话》(От редакции.—«Рабочее Дело»,Женева,1899,№1,апрель,стр.1—10)——40—41,43—44、55、94、172—173。

《编辑部短评》(Bemerkung der Redaktion.—In: «Vorwärts»,Berlin,1902,N 46,23.Februar,1.Beilage,S.3)——179。

[《编辑部对考茨基文章的评注》]([Anmerkung der Redaktion zu dem Artikel Kautskys].—In:«Vorwärts»,Berlin,1902,N 6,8.Januar,S.3)——179。

《财政与工商业通报》杂志(圣彼得堡)(«Вестник Финансов,Промышленности и Торговли»,Спб.,1898,№26,28 июня（10 июля）,стр.779 — 780）——263。

《答〈曙光〉杂志》(Ответ«Заре».—«Революционная Россия»,[Женева],1902,№4,февраль,стр.4—5)——379。

《代表大会的决议》(Решения съезда.—В листовке: Манифест Российской социал-демократической рабочей партии. Б. м.,тип. партии,[1898],стр.2)——272。

[《代表大会议程（Tagesordnung）》]（[Список вопросов（Tagesordnung）съез-
да].13(26)февраля 1902 г.Рукопись）——272—275。

《党的活动》（Из партийной деятельности.—«Революционная Россия»,[Же-
нева],1902,№7,июнь,стр.23—24）——367。

《德法年鉴》杂志（巴黎）（«Deutsch-Französische Jahrbücher», Paris, 1844,
Lfg.1—2,S.71—85）——308。

《德国社会民主党爱尔福特代表大会会议记录》（1891 年 10 月 14—20 日）
（Protokoll über die Verhandlungen des Parteitages der Sozialdemokrati-
schen Partei Deutschlands. Abgehalten zu Erfurt vom 14. bis 20. Oktober
1891. Berlin, «Vorwärts», 1891. 368 S.）—— 132、186、188、189、208、
216、223。

《德国社会民主党代表大会》（载于 1877 年 6 月 6 日《前进报》第 65 号）
（Kongreß der Sozialdemokraten Deutschlands.（Schluß).—In：«Vorwärts»,
Leipzig,1877,N 65,6.Juni,S.1—2）——11。

《德国社会民主党代表大会》（载于 1899 年 8 月《工人事业》杂志第 2—3 期合
刊）（Конгресс Германской социал-демократической партии.—« Рабочее
Дело»,Женева, 1899, №2 — 3, август, стр. 65 — 72, в отд.：Рабочее
движение за границей）——12。

《德国社会民主党的组织（1890 年哈雷代表大会通过的决议）》（Organisation
der Sozialdemokratischen Partei Deutschlands, beschlossen auf dem
Parteitag zu Halle 1890.—In：Protokoll über die Verhandlungen des
Parteitages der Sozialdemokratischen Partei Deutschlands. Abgehalten zu
Erfurt vom 14. bis 20. Oktober 1891. Berlin, «Vorwärts», 1891, S. 7 —
10）——132。

《德国社会民主党纲领（1891 年爱尔福特代表大会通过）》（Programm der So-
zialdemokratischen Partei Deutschlands, beschlossen auf dem Parteitag
zu Erfurt 1891.—In：Protokoll über die Verhandlungen des Parteitages
der Sozialdemokratischen Partei Deutschlands.Abgehalten zu Erfurt vom
14.bis 20.Oktober 1891.Berlin,«Vorwärts»,1891,S.3—6）——186、188、
189、208、216、223。

《德国社会民主党汉诺威代表大会会议记录》(1899 年 10 月 9 — 14 日)(Protokoll über die Verhandlungen des Parteitages der Sozialdemokratischen Partei Deutschlands. Abgehalten zu Hannover vom 9. bis 14. Oktober 1899.Berlin,«Vorwärts»,1899.304 S.)——12、19。

《德国社会民主党吕贝克代表大会会议记录》(1901 年 9 月 22 — 28 日)(Protokoll über die Verhandlungen des Parteitages der Sozialdemokratischen Partei Deutschlands. Abgehalten zu Lübeck vom 22. bis 28. September 1901.Berlin,«Vorwärts»,1901.319 S.)——12、19。

《德国社会民主工党汉诺威代表大会》(Конгресс Германской социал-демократической рабочей партии в Ганновере.—«Рабочее Дело»,1899,№4—5,сентябрь—декабрь,стр.25 — 37,в отд.:Рабочее движение за границей)——12。

《帝国法令公报》(柏林)(«Reichs-Gesetzblatt»,Berlin,1878,N 34,S.351—358)——10—11、26、46。

《帝国国会辩论速记记录》(Stenographische Berichte über die Verhandlungen des Reichstages,10.Legislaturperiode.I.Session 1898/1900.3-ter Anlageband.Berlin,Sittenfeld,1899,IV,1703—2512 S.)——398。

《"斗争"社快报》(«Летучий листок группы«Борьба»»,б.м.,1902,№1,июнь,стр.1)——348。

《俄国报》(圣彼得堡)(«Россия»,Спб.)——90。
　　—1902,№975,13(26)января,стр.2.——256、260、345。

《俄国财富》杂志(彼得堡)(«Русское Богатство»,Пб.)——239、273。

《俄国的法律和工人》(Русский закон и рабочий.—«Освобождение»,Штутгарт,1902,№,4,2(15)августа,стр.50—53)——400。

《俄国的工人事业》——见马尔托夫,尔·《俄国的工人事业》。

《俄国革命通报》杂志(日内瓦)(«Вестник Русской Революции»,Женева)——273、275、309、317、379。
　　—1901,№1,июль,стр.80—85,в отд.III.——375。
　　—1902,№2,февраль,стр.39—87,123—158,в отд.I;стр.99—104,в отд.III.——239、361、366—367、377。

《俄国革命主义的复活》（Возрождение революционизма в России. Женева, Рев.-соц. группа «Свобода», 1901. 80 стр.）——74—75、99—100、115、118—119、130、157、165、372。

《俄国旧事》杂志（圣彼得堡）（«Русская Старина», Спб.）——30。

《俄国立法的基本特点》（Основные черты русского законодательства. Б. м., тип. «Рабочей библиотеки», 1901. 60 стр. (Социал-демократическая рабочая б-ка. №4))——248。

《俄国社会民主党人纲领草案》——见普列汉诺夫，格·瓦·《俄国社会民主党人纲领草案》。

《俄国社会民主党人联合会的定期机关刊物〈工人事业〉杂志的纲领》（Программа периодического органа Союза русских социал-демократов «Рабочее Дело». Изд. Союза русских социал-демократов. Женева, тип. «Союза», 1899.9 стр. (РСДРП. Оттиск из №1 «Рабочего Дела»))——21—22、40—41、43—44、94、172—173。

《["俄国社会民主工党北方协会"]纲领》（Программа [«Северного союза РСДРП»]. Рукопись）——349—359。

《俄国社会民主工党纲领草案》（载于 1902 年 6 月 1 日《火星报》第 21 号）（Проект программы Российской социал-демократической рабочей партии. (Выработанный редакцией «Искры» и «Зари»). —«Искра», [Мюнхен], 1902, №21, 1 июня, стр. 1—2)——278、283、359、380、384、385。

《俄国社会民主工党纲领草案》（载于 1902 年 8 月《曙光》杂志第 4 期）（Проект программы Российской социал-демократической рабочей партии. (Выработанный редакцией «Искры» и «Зари»). —«Заря», Штутгарт, 1902, №4, август, стр. 1—20, в отд. А.)——236、359、384、385。

《俄国社会民主工党基辅委员会宣言书》（Profession de foi Киевского комитета РСДРП. 1899. Рукопись）——18。

《俄国社会民主工党宣言》（Манифест Российской социал-демократической рабочей партии. [Листовка.] Б. м., тип. партии, [1898]. 2 стр.)——31、274、279、351。

《俄罗斯帝国法律大全》（Полное собрание законов Российской империи. Собрание 3. T. I. Спб. , 1885 , ст. 350 , стр. 261 — 266)——259。

《俄罗斯新闻》(莫斯科)(«Русские Ведомости» , М.)——92、208、239。

——1886 , №144 , 29 мая , стр. 3.——145。

《反驳。[〈前进报〉编辑部对俄国〈曙光〉杂志第 2—3 期合刊发表的伊格诺图
斯论吕贝克代表大会一文的答复]》(Abwehr. [Antwort der Redaktion
des «Vorwärts» auf den in N 2—3 der russischen Zeitschrift «Sarja» er-
schienenen und von Ignotus unterzeichneten Artikel über den Lübecker
Parteitag]. — In: «Vorwärts» , Berlin, 1902, N 1, 1. Januar, S. 3)——179。

《反社会民主党企图危害治安法》(Gesetz gegen die gemeingefährlichen Bes-
trebungen der Sozialdemokratie. Vom 21. Oktober 1878. — In: «Reichs-Ge-
setzblatt» , Berlin, 1878, N 34, S. 351 — 358)——11、26、46。

《告俄国公民书》(К русским гражданам. [Листовка.] Б. м. , изд. Донского ком.
РСДРП , б. г. 1 стр.)——360。

《告俄国沙皇全体臣民书》(Ко всем подданным русского царя. Изд. партии
социалистов-революционеров. [Листовка.] Б. м. , 3 апреля 1902. 1 стр.)
——368 — 373、374。

《告全体俄国工人书》(Ко всем русским рабочим. [Первомайская листовка.] Б.
м. , тип. «Искры» , [1902]. 2 стр. (РСДРП))——279。

《革命俄国报》[日内瓦](«Революционная Россия» , [Женева])——275。

——1902 , №3 , январь , стр. 1.——367。

——1902 , №4 , февраль , стр. 4 — 5.——378 — 379。

——1902 , №7 , июнь , стр. 2 — 5, 23 — 24.——364、369。

——1902 , №8, 25 июня , стр. 1 — 14.——363 — 364、372 — 373、374、375、
376 — 377、378 — 386。

——1902 , №9 , июль , стр. 3 — 5.——389。

《革命前夜》(理论和策略问题不定期评论)(Канун революции. Непериодичес-
кое обозрение вопросов теории и тактики. [Женева], Революционно-
социалистическая группа «Свобода» , 1901. 132 стр.)——146、149、152 —
167、168、248、274、299、311 — 312。

《革命事业的当前问题》——见切尔诺夫,维·米·《革命事业的当前问题》。

《给俄国社会民主党机关刊物的一封信》(Письмо в русские социал-демокра-
тические органы.—«Искра»,[Мюнхен],1901,№12,6 декабря,стр.2,в
ст.:[Ленин,В.И.]Беседа с защитниками экономизма)——18、20、31、
36、38、40、52、86—87、88—90、93、100、154、246、248、249、250、251。

《给国务会议议员……万诺夫斯基的圣谕》(Рескрипт,данный на имя члена
Государственного совета...Ванновского.25 марта 1901 г.—«Правительст-
венный Вестник»,Спб.,1901,№68,25 марта(7 апреля),стр.1)——
255—256。

《工人报》(基辅)(«Рабочая Газета»,Киев)——31、127—128、136。

《工人报》(1899 年未刊行的出版物)(«Рабочая Газета»(неосуществленное
издание 1899 г.))——2、150—151、152、155、278。

《〈工人丛书〉编辑部的话》(От редакции «Рабочей библиотеки». Б. м.,тип.
«Рабочей библиотеки»,1900.25 стр.(Социал-демократическая рабочая
б-ка.№1))——248。

[《工人的一致要求》]([Требования по общему согласию рабочих].—«Русские
Ведомости»,М.,1886,№144,29 мая,стр.3,в ст.:О беспорядках рабочих
на фабрике товарищества Никольской мануфактуры)——145。

《工人联合会章程》(Устав союзной рабочей организации.—В листовке:Прог-
рамма петербургского Союза борьбы за освобождение рабочего класса.
[Спб.],октябрь 1900,стр.1—2)——108、111—113、135。

《工人事业报》(1895 年未刊行的出版物)(«Рабочее Дело»(неосуществленное
издание 1895 г.))——30、36。

[《〈工人事业〉杂志编辑部对波·维·萨文柯夫〈彼得堡的运动与社会民主党
的实际任务〉一文加的附注》]([Примечание редакции журнала«Рабочее
Дело»к статье Б. В. Савинкова«Петербургское движение и практические
задачи социал-демократии»].—«Рабочее Дело»,Женева,1900,№6,
апрель,стр.28)——100、124。

《〈工人事业〉杂志编辑部对格·普列汉诺夫的〈指南〉的回答》(Ответ редакции
«Рабочего Дела» на «Vademecum»Г.Плеханова.—В кн.:Ответ редакции
«Рабочего Дела» на «Письмо» П. Аксельрода и «Vademecum» Г. Пле-

91、93、94、99、100 — 103、104、106、107、108、116 — 117、122 — 123、129、
130、136、146 — 149、150、152、156、164、168、170、176、177、178、179、180、
248、283、288、291 — 292、298、299、300、301 — 302、304、308、309、310、
311、328。

《〈工人事业〉杂志附刊》(日内瓦)(«Листок «Рабочего Дела»»,Женева,1901,
№6,апрель,стр.1 — 6)——49、164、175、176。

《工人思想报》(圣彼得堡—柏林—华沙—日内瓦)(«Рабочая Мысль»,Спб.—
Берлин—Варшава—Женева)——18、32、33 — 35、36、41、42、43、44、54、
57、69、89、92、99、103、115、128、139、144、145、150、157。

　　—[1897,№1],октябрь.5 стр. Мим.——32、33 — 34、36、40、41、111。

《〈工人思想报〉增刊》(彼得堡)(Отдельное приложение к«Рабочей Мысли».
Изд.петербургского «Союза».Пб.,1899.36 стр.)——20、42、46、52、62、
66、103 — 104、105、141。

《工人自我解放社宣言》(Воззвание группы самоосвобождения рабочих.Спб.,
март 1899 г.—«Накануне»,Лондон,1899,№7,июль,стр.79 — 80)——
42 — 43、44、52、57、133 — 134。

《〈工作者〉小报》(日内瓦)(«Листок «Работника»»,Женева,1898,№9 — 10,
ноябрь,стр.46 — 53)——32、33、41 — 42、43、111。

[《关于彼得堡工厂夏季罢工的政府公告》]([Правительственное сообщение о
летних забастовках на петербургских мануфактурах].—«Правительствен-
ный Вестник»,Спб.,1896,№158,19(31)июля,стр.1 — 2)——97。

《关于对工厂工业企业的监督和厂主与工人的相互关系以及关于增加工厂视
察官员的人数》(О надзоре за заведениями фабричной промышленности и
о взаимных отношениях фабрикантов и рабочих и об увеличении числа
чинов фабричной инспекции. 3 июня 1886 г.—«Собрание узаконений и
распоряжений правительства, издаваемое при правительствующем
Сенате»,Спб.,1886,№68,15 июля,ст.639,стр.1390 — 1405)——393。

《关于俄国工人阶级状况的问题》(Вопросы о положении рабочего класса в
России. №1. [Листовка.] Б. м., изд. « Рабочей Мысли », б. г. 4 стр.)
——144。

262、276、277、278、279、329、359、379—380。

—[Лейпциг]，1900，№1，декабрь. 8 стр.——45、47、111、155、174、175。

—[Мюнхен]，1901，№2，февраль，стр.1，2—4、6.——9、69、88—89、241、365、373。

—1901，№3，апрель，стр.1—7.——88、90、282—283、286、291—292、298、299、300、301—302、304、309—310、311、375—376。

—1901，№4，май. 6 стр.——1—4、45、49、84—85、88—89、90、102、146、147、148、152—154、155、157、158、159、164、168、169、175、348。

—1901，№5，июнь，стр.1—2、3.——61、90、255—256。

—1901，№6，июль，стр.1，6—7、8.——61、90、348。

—1901，№7，август，стр.3—4.——85、90—91、150、152、165。

—1901，№8，10 сентября，стр.1—2、3、5—6.——90、149、152、348。

—1901，№9，октябрь，стр.1、3、4、6—7.——61、91、244、348。

—1901，№10，ноябрь. 4 стр.——16、61、277。

—[Кишинев]，1901，№10，ноябрь. 4 стр.[Перепечатка].——277。

—[Мюнхен]，1901，№11，20 ноября. 4 стр.——277。

—[Баку]，1901，№11，20 ноября. 4 стр.[Перепечатка].——277。

—[Мюнхен]，1901，№12，6 декабря，стр.2—3.——2、18、20、31、36、38、40、52、86—87、88—90、93、100、154、246、248、249、250、251。

—1901，№13，20 декабря，стр.1、6.——167、253—254。

—1902，№14，1 января，стр.1.——167。

—1902，№15，15 января，стр.1.——267。

—1902，№18，10 марта，стр.5—6.——179。

—1902，№21，1 июня，стр. 1—2.——278、283、358—359、379—380、384—385。

《〈火星报〉第 1—3 号. 俄国社会民主工党》[评论]（«Искра». Российская социал-демократическая рабочая партия. №№1—3.[Рецензия].—«Вестник Русской Революции», Женева，1901，№1，июль，стр.80—85，в отд. III)——375。

《教学大纲》（Программа для чтения. Составлена И—ым. Б. м. и г. 22 стр.）

《临时掌管国民教育部的副大臣给学区督学的通令》（Циркуляр временно-
　　управляющего министерством народного просвещения，товарища
　　министра，попечителям учебных округов.（11-го марта 1901 года，
　　№6713).—«Правительственный Вестник»，Спб.，1901，№58，14（27）
　　марта，стр.1)——256。

《论鼓动》——见克列梅尔，阿·约·《论鼓动》。

《莫罗佐夫工厂罢工十周年》——见舍斯捷尔宁，С.П.《莫罗佐夫工厂罢工十
　　周年》。

《莫斯科新闻》》（«Московские Ведомости»)——246、247、316。

　　—1901，№348，18（31）декабря，стр.2.——246—248、252。

《南方工人报》（叶卡捷琳诺斯拉夫等地）（«Южный Рабочий»，Екатеринослав
　　и др.)——142。

　　—1900，［Смоленск］，№3，ноябрь，стр.4—14.——142。

《内务大臣经警察司发给各省长、市长和警察总监的通令(1901年3月12日
　　第1230号)》》（Циркуляр г.министра внутренних дел，по департаменту
　　полиции，от 12-го сего марта 1901 года，за №1230，гг.губернаторам，
　　градоначальникам и обер-полицеймейстерам.—«Правительственный Ве-
　　стник»，Спб.，1901，№57，13（26）марта，стр.1)——258。

《农民运动》》（Крестьянское движение.—«Революционная Россия»，［Женева］，
　　1902，№8，25 июня，стр.1—5)——379—380、381。

《前进报》》（莱比锡—柏林)（«Vorwärts»，Leipzig—Berlin)——94。

　　—Leipzig，1877，N 1，3.Januar，S.1；N 2，5.Januar，S.1—2；N 3，7.Januar，S.
　　1—2；N 4，10.Januar，S.1—2；N 5，12.Januar，S.1—2；N 6，14.Januar，S.
　　1—2；N 7，17.Januar，S.1—2；N 10，24.Januar，S.1—2；N 11，26.Januar，
　　S.1—2；N 17，9.Februar，S.1—3；N 24，25.Februar，S.1—2；N 25，28.
　　Februar，S.1—3；N 36，25.März，S.1—2；N 37，28.März，S.1—2；N 44，
　　15.April，S.1—2；N 45，18.April，S.1—2；N 49，27.April，S.1—2；N 50，
　　29.April，S.1—2；N 55，11.Mai，S.1—2；N 56，13.Mai，S.1—3；N 65，6.
　　Juni，S.1—2.——11。

　　—Wissenschaftliche Beilage des «Vorwärts»，1877，N 1 u.2 zu N 87，27.

Juli,S.1—3;N 3 zu N 93,10.August,S.1;N 4 zu N 96,17.August,S.1;N 5 zu N 105,7.September,S.1;N 6 zu N 108,14.September,S.1.——11。

—Beilage des «Vorwärts»,1877:zu N 127,28.Oktober,S.1—2;zu N 130, 4.November,S.1;zu N 139,28.November,S.1—3;zu N 152,30.Dezember,S.1—3.——11。

—Beilage des «Vorwärts»,1878:zu N 52,5.Mai,S.1—2;zu N 61,26.Mai, S.1—2;zu N 64,2.Juni,S.1—2;zu N 75,28.Juni,S.1—2;zu N 79,8. Juli,S.1—2.——11。

—Berlin,1899,N 146,25.Juni,S.3;N 181,5.August,S.2—3;N 185,10. August,S.2—3;N 190,16.August,S.3.——179。

—1902,N 1,1.Januar,S.3;N 4,5.Januar,S.3;N 6,8.Januar,S.3;N 46,23. Februar,1.Beilage,S.3;N 52,2.März,4.Beilage,S.1.——179。

《前夕》杂志(伦敦)(«Накануне»,Лондон)——133、275。

—1899,№7,июль,стр.78—80.——42、43、44、52、57、133—134。

—1900,№15,апрель,стр.183—184.——133。

—1900,№16,май,стр.194—196.——133。

—1900,№17 и 18,июнь,стр.208—210.——133。

《社会革命党农民协会告俄国革命社会主义运动全体工作者书》(От крестьянского союза партии социалистов-революционеров ко всем работникам революционного социализма в России.—«Революционная Россия»,[Женева],1902,№8,25 июня,стр.5—14)——363、372—373、374、375—376、377、378—386。

《社会科学和社会政治年鉴》杂志(苏黎世)(Jahrbuch für Sozialwissenschaft und Sozialpolitik. Hrsg. von Richter. Jg. I. Hft. 1. Zürich—Oberstrass, Körber,1879,S.75—96)——46—47。

《社会立法和统计学文库》杂志(柏林)(«Archiv für soziale Gesetzgebung und Statistik»,Bd.14.Berlin,1899.VII,754.S.)——39。

《社会民主党人报》(苏黎世—伦敦)(«Der Sozialdemokrat», Zürich—London)——47。

《社会主义月刊》(柏林)(«Sozialistische Monatshefte».Berlin,1902,2.Bd.,N

9，S.754—755）——389。

《社会主义在全世界的发展和危机》（Мировой рост и кризис социализма.— «Вестник Русской Революции»，Женева，1902，№2，февраль，стр.39—87，в отд. I）——361、366—367。

［社论］（［Передовая］.—«Рабочая Мысль»，Спб.，［1897，№1］，октябрь，стр. 1—4.Мим.）——34、36、40、41。

《谁来实现政治革命》（载于1899年《无产阶级斗争》文集第1期）（Кто совершит политическую революцию.—В кн.: Пролетарская борьба，№1.Б. м.，1899，стр.1—38）——99—100。

《谁来实现政治革命》（1899年基辅委员会版）（Кто совершит политическую революцию.［Киев］，изд. Киевского комитета，1899. 28 стр.（РСДРП. Отдельный оттиск из «Пролетарской борьбы»））——99—100、106、358。

《审查工厂和手工业章程委员会的报告》（Труды комиссии，учрежденной для пересмотра уставов фабричного и ремесленного. Ч. 1，3.Спб.，1863—1864.2 т.）——394。

圣彼得堡（С.-Петербург.—«Искра»，［Лейпциг］，1900，№1，декабрь，стр. 8，в отд.: Из партии）——111。

《圣彼得堡工人阶级解放斗争协会纲领》（Программа С.-Петербургского союза борьбы за освобождение рабочего класса.［Листовка.Спб.］，октябрь 1900.2 стр.）——108、111—113、135。

《圣彼得堡工人小报》［圣彼得堡—日内瓦］（«С.-Петербургский Рабочий Листок»，［Спб.—Женева］）——31。

《圣彼得堡工人制定的工人储金会章程》（Устав рабочей кассы，выработ. в Спб. рабочими.（Из №1«Рабочей Мысли»）.—«Листок«Работника»»，Женева，1898，№9—10，ноябрь，стр.46—47）——32、111。

《圣彼得堡新闻》（«С.-Петербургские Ведомости»）——92。
　　—1901，№10，11（24）января，стр.1.——69。

《失业》（Безработица.—«Южный Рабочий»，［Смоленск］，1900，№3，ноябрь，стр.9—14）——142。

《收集俄国工人阶级状况资料问题集》（Вопросы для собирания сведений о

положении рабочего кдасса в России. Изд. С.-Петербургского «Союза борьбы за освобождение рабочего класса». Б. м., тип. «Рабочей Мысли», 1899. VI, 31 стр. (Б-ка «Рабочей Мысли». №4)) ——144。

《手工业劳动环境保护法草案(第347号)》(Der Entwurf eines Gesetzes zum Schutze des gewerblichen Arbeitsverhältnisses, N 347. Berlin, den 26. Mai 1899. — In: Stenographische Berichte über die Verhandlungen des Reichstages, 10. Legislaturperiode. I. Session 1898/1900. 3-ter Anlageband. Berlin, Sittenfeld, 1899, S. 2238—2239) ——398。

《[书评:弗·伊·列宁]〈俄国社会民主党人的任务〉》([Рецензия на книгу: Ленин, В. И.] Задачи русских социал-демократов. С предисл. П. Аксельрода. Женева, 1898. — «Рабочее Дело», Женева, 1899, №1, апрель, стр. 139—142) ——42、43—44、129。

《曙光》杂志(斯图加特)(«Заря», Штутгарт) ——13、22、27、50、54、176、179、236、283、359。

—1901, №1, апрель. 283 стр. ——13、45、49、61、110、175、348。

—1901, №2—3, декабрь, стр. 156—179, 349—354, 361—403, 404—424. ——61、130、179、348。

—1902, №4, август. IV, 39, 87, 251 стр. ——178—179、224、236、279、321—338、359、384、385。

《〈曙光〉杂志同〈前进报〉编辑部的论战》(Полемика «Зари» с редакцией «Vorwärts». — «Искра», [Мюнхен], 1902, №18, 10 марта, стр. 5—6, в отд.: Из партии) ——179。

《说明我国经济发展状况的资料》(Материалы к характеристике нашего хозяйственного развития. Сб. статей. Спб., тип. Сойкина, 1895. 232, 259, III стр.) ——15。

《统一》(Объединение. — «Летучий листок Группы «Борьба»», б. м., 1902, №1, июнь, стр. 1) ——348。

《"统一"代表大会文件汇编》(Документы «объединительного» съезда. Изд. Лиги русской революционной социал-демократии. Женева, тип. Лиги, 1901. IV, 11 стр.) ——1、91、175—176、177、178、179、180。

《往事》杂志(彼得堡)(«Былое», Пб., 1906, №10, октябрь, стр. 320 — 330)
——17。

《维亚特卡的"工贼"》(Вятские «штрейкбрехеры». —«Искра», [Мюнхен],
1901, №9, октябрь, стр. 3)——91。

《委员会的纲领草案的草案》(Комиссионный проект проекта программы. Руко-
пись)——237 — 239, 277 — 278。

《我国刑法修订资料汇编》(Материалы для пересмотра нашего уголовного
законодательства. Изд. министерства юстиции. Спб., тип. правитель-
ствующего Сената, 1880 — 1881. 4 т.)——394。

《我们的社会生活》(1901 年 2 月《火星报》第 2 号)(Из нашей общественной
жизни. —«Искра», [Мюнхен], 1901, №2, февраль, стр. 2 — 4)——365。

《我们的社会生活》(1901 年 4 月《火星报》第 3 号)(Из нашей общественной
жизни. —«Искра», [Мюнхен], 1901, №3, апрель, стр. 2 — 6)——90。

《我们的社会生活》(1901 年 12 月《火星报》第 13 号)(Из нашей общественной
жизни. —«Искра», [Мюнхен], 1901, №13, 20 декабря, стр. 1 — 2)
——167。

《我们的社会生活》(1902 年 1 月《火星报》第 14 号)(Из нашей общественной
жизни. —«Искра», [Мюнхен], 1902, №14, 1 января, стр. 1 — 2)——167。

《我们纲领中的恐怖因素》(Террористический элемент в нашей программе. —
«Революционная Россия», [Женева], 1902, №7, июнь, стр. 2 — 5)
——364。

《无产阶级斗争》文集(Пролетарская борьба. №1. Б. м., 1899. 119 стр.)——
99 — 100, 248。

《向 1900 年巴黎国际社会党代表大会所作的关于俄国社会民主主义运动的
报告。俄国和波兰的犹太工人运动的历史》(Доклад о русском социал-
демократич. движении международному социалистич. конгрессу в Пари-
же 1900 г. История еврейского рабочего движения в России и Польше.
Изд. Союза русских социал-демократов. Женева, тип. Союза, 1901. 134 стр.
(РСДРП))——137。

《小组学习提纲》(Программа для кружковых занятий. Б. м. и г. 29 стр.)——274。

《新党纲草案》(Der Entwurf des neuen Parteiprogramms. III.—In:«Die Neue Zeit»,Stuttgart,1890—1891,Jg. IX,Bd. II,N 51,S.780—791)——216。

《新时代》杂志(斯图加特)(«Die Neue Zeit», Stuttgart, 1890—1891, Jg. IX, Bd. I, N 18,S.561—575)——22—23、59、218、324。

—1890—1891,Jg. IX,Bd. II,N 51,S.780—791.——216。

—1891—1892,Jg. X,Bd. II,N 49,S.705—713.——311。

—1894—1895,Jg. XIII,Bd. I,N 10,S.292—306.——215。

—1894—1895,Jg. XIII,Bd. II,N 27,S.10—16.——116。

—1895—1896,Jg. XIV,Bd. II,N 32,S.176—181;N 33,S.206—216;N 41, S.459—470.——294。

—1895—1896,Jg. XIV,Bd. II,N 42,S.484—491;N 43,S.513—525.—— 294—295。

—1896—1897,Jg. XV,Bd. I,N 6,S.164—171;N 7,S.204—213;N 10,S. 303—311;N 25,S.772—783;Bd. II,N 30,S.100—107;N 31,S.138— 143.——6、16、59。

—1897—1898,Jg. XVI,Bd. II,N 34,S.225—232;N 39,S.388—395.——6、 16、59。

—1901—1902,Jg. XX,Bd. I,N 1,S.5—13.——203、208、216、218、223、 229、233、324。

—1901—1902,Jg. XX,Bd. I,N 3,S.68—82.——37—38、212—213。

《信条》(Credo.—В кн.:［Ленин, В. И.］Протест российских социал-де-мократов. С послесл. от ред. «Рабочего дела». Изд. Союза русских социал-демократов. Женева, тип. «Союза», 1899, стр. 1—6. (РСДРП. Оттиск из №4—5 «Рабочего Дела»))——17、36、38、72—73、91、92、124、172。

［《学习提纲》］(［Программа для занятий］. Б. м. и г.10 стр.)——274。

《叶卡捷琳诺斯拉夫地方自治机关中的事件》(Инцидент в Екатеринослав-ском земстве.—«Искра»,［Мюнхен］,1901,№7,август, стр.3—4)——91。

《1897 年国家储金局的活动》(Деятельность государственных сберегательных касс в 1897 году.—«Вестник Финансов, Промышленности и Торговли», Спб.,1898,№26,28 июня(10 июля), стр.779—780)——263。

《1899 年普遍的储蓄运动》(Mouvement général de l'épargne en 1899.—«Bulletin de l'Office du travail», Paris, 1901, N 10, octobre, p. 711 — 712) ——266。

《因聚众滋事而被开除的高等学校学生服兵役的暂行条例》(Временные правила об отбывании воинской повинности воспитанниками высших учебных заведений, удаляемыми из сих заведений за учинение скопом беспорядков. 29 июля 1899 г.—«Правительственный Вестник», Спб., 1899, №165, 31 июля (12 августа), стр. 1)——345。

《在"西伯利亚大干线"上(西伯利亚来信)》(На «великой Сибирской магистрали». (Письмо из Сибири).—«Искра», [Мюнхен], 1901, №2, февраль, стр. 4)——241。

《政府法令汇编(执政参议院出版)》(«Собрание узаконений и распоряжений правительства, издаваемое при правительствующем Сенате», Спб., 1886, №68, 15 июля, ст. 639, стр. 1390 — 1405)——393。

—1897, №62, 13 июня, ст. 778, стр. 2135 — 2139.——393。

《政府通报》(圣彼得堡)(«Правительственный Вестник», Спб., 1896, №158, 19 (31) июля, стр. 1 — 2)——97。

—1899, №165, 31 июля (12 августа), стр. 1.——345。

—1901, №57, 13 (26) марта, стр. 1.——258。

—1901, №58, 14 (27) марта, стр. 1.——256。

—1901, №68, 25 марта (7 апреля), стр. 1.——255 — 256。

—1901, №74, 5 (18) апреля, стр. 2 — 3.——255。

—1901, №91, 26 апреля (9 мая), стр. 2.——256。

—1901, №283, 30 декабря (12 января 1902 г.), стр. 2 — 3.——255。

—1902, №1, 1 (14) января, стр. 1 — 4.——240 — 245、265。

《专制制度与罢工。财政部关于解决罢工问题的报告书》(Самодержавие и стачки. Записка министерства финансов о разрешении стачек. С прилож. статьи: «Новая победа русских рабочих» Л. Мартова. Изд. Лиги русской революционной социал-демократии. Женева, тип. Лиги. 1902. 68, [2], XXVI стр. (РСДРП))——393 — 400。

《自述》(Pro domo sua.（Библиографическая заметка о №1 «В. Р. Р.» в «Заре»
№2 — 3).—«Вестник Русской Революции», Женева, 1902, №2, февраль,
стр. 99 — 104, в отд. III)——239。

《自由》杂志（日内瓦）(«Свобода», Женева, 1901, №1. VIII. 72, 87, IX, 80
стр.)——71、100、105、114—115、116—120、122—123、124—125、126—
127、135、139 — 141、142 — 143、154、158、161 — 162、165、273。

《组织》(Организация.—«Свобода», Женева, 1901, №1, стр. 61 — 80, в отд.
3)——71、100、114 — 115、116 — 120、124 — 125、126 — 127、135、139 —
141、142—143、158、161 — 162、165。

年　表

(1902 年 1 月—9 月 1 日)

1902 年

1 月—8 月

列宁侨居慕尼黑和伦敦，领导《火星报》编辑部的工作；拟定俄国社会民主工党纲领草案。

1 月 7 日（20 日）以后

摘录 1902 年 1 月 7 日（20 日）《新时报》上刊登的关于 Н.П.巴甫洛夫-西尔万斯基论封邑制度下俄罗斯的封建关系与西方国家有共同性一文的短评。

不晚于 1 月 8 日（21 日）

摘录格·瓦·普列汉诺夫写的俄国社会民主工党第一个纲领草案，写某些修改意见。

1 月 8 日（21 日）

出席《火星报》编辑部在慕尼黑召开的会议；批评格·瓦·普列汉诺夫起草的第一个纲领，并提出自己的修改和补充意见。

不早于 1 月 8 日（21 日）

写关于《火星报》编辑部制定俄国社会民主工党纲领草案情况的通报要点。

1 月 8 日和 2 月 18 日（1 月 21 日和 3 月 3 日）之间

研究格·瓦·普列汉诺夫写的第一个纲领草案，认为他的草案不能采用；亲自写俄国社会民主工党纲领草案。

1 月 15 日（28 日）

列宁的《评国家预算》一文在《火星报》第 15 号上发表。

1 月中

写完《怎么办?(我们运动中的迫切问题)》一书。

1 月 25 日(2 月 7 日)以前

《火星报》编辑部讨论《怎么办?》一书。

1 月 25 日(2 月 7 日)

将自己写的纲领草案连同尔·马尔托夫的修改意见寄给《火星报》各编委,并致函在日内瓦的格·瓦·普列汉诺夫,询问他对寄去的纲领草案的意见、为《曙光》杂志写的文章何时完稿以及工人事业派的新情况如何,同时告知《怎么办?》一书正在排印。

1 月 30 日(2 月 12 日)以后

收到季·巴·克尔日扎诺夫斯卡娅从萨马拉的来信,得知 1902 年 1 月底火星派在萨马拉举行了代表大会,成立了《火星报》俄国组织。列宁复函表示祝贺,要他们放手工作,更独立地、更主动地开展活动,祝愿他们今后获得成功。

2 月 1 日(14 日)

列宁的《政治鼓动和"阶级观点"》一文和《答"一读者"》短评在《火星报》第 16 号上发表。

2 月 5 日(18 日)

致函在伯尔尼的柳·伊·阿克雪里罗得,请将她撰写的《论某些"批评家"的若干哲学习作》一文寄来,建议她在该文中对维·米·切尔诺夫的论主观方法、论尼·亚·别尔嘉耶夫等人的著作进行某些批判。

2 月 13 日(26 日)以前

致函在萨马拉的母亲玛·亚·乌里扬诺娃,回复她附有全家合影的那封信。

收到母亲和妹妹玛丽亚的信,信中告知今后一切寄书的琐事都由弟弟德·伊·乌里扬诺夫承担。

2 月 13 日(26 日)

致函母亲,告知信件和书籍已经收到,请她代向姐夫马·季·叶利扎罗夫问好,代向老相识阿·安·普列奥布拉任斯基致意,答应给他写一封详细的信。

2 月 15 日（28 日）

列宁的《破产的征兆》和《俄国经济生活》两篇文章在《火星报》第 17 号上发表。

2 月下半月或 3 月初

收到基什尼奥夫《火星报》印刷所的组织者列·伊·戈尔德曼报告基辅火星派成员被捕的来信，复信建议不要采取任何措施同狱外的火星派成员联系，因为《火星报》俄国组织常务局成员自己会到基什尼奥夫去的。

2 月 18 日（3 月 3 日）

写信给在苏黎世的帕·波·阿克雪里罗得，说尔·马尔托夫已给他寄去列宁起草的俄国社会民主工党纲领；随信附上三点修改意见。

不早于 2 月 18 日（3 月 3 日）

用德文、英文和法文按各类问题编制日内瓦图书馆的书目。

2 月

写《怎么办？（我们运动中的迫切问题）》一书的序言。

2 月—3 月上半月

写《俄国社会民主党的土地纲领》一文，对俄国社会民主工党纲领的土地部分作解释。

3 月初

《怎么办？（我们运动中的迫切问题）》一书在斯图加特狄茨出版社出版，署名"尼·列宁"。

3 月 1 日和 10（14 日和 23 日）之间

读寄给《火星报》的传单《全俄大学生代表大会宣言》。

3 月 5 日（18 日）

起草《〈火星报〉编辑部向俄国社会民主工党各委员会会议（代表会议）的报告》以及决议。

3 月 5 日和 8 日（18 日和 21 日）之间

出席《火星报》编辑部会议，这次会议是为俄国社会民主工党比亚韦斯托克代表会议即将举行而召开的；对前往出席代表会议的《火星报》代表费·伊·唐恩作指示。

3 月 9 日（22 日）以前

列宁的纲领草案和普列汉诺夫的纲领草案提交《火星报》编辑部以后，列

宁参加制定作为协商委员会根据列宁草案和普列汉诺夫草案拟定共同
纲领草案基础的协议草案。

3月9日(22日)

致函帕·波·阿克雪里罗得,说维·伊·查苏利奇已给他寄去普列汉诺
夫起草的俄国社会民主工党第二个纲领草案和《火星报》编辑部在慕尼
黑的编委(列宁、维·伊·查苏利奇、尔·马尔托夫)提出的作为拟定共
同纲领草案基础的协议草案;询问他赞成哪一个草案;反对把纲领草案
提交俄国革命社会民主党人国外同盟表决和在报刊上就两个纲领草案
展开辩论。

3月10日(23日)以前

致函在巴黎的加·达·莱特伊仁,请他核实波·尼·克里切夫斯基由于
在《前进报》上发表文章维护饶勒斯和米勒兰为首的法国社会民主党改
良派而收到米勒兰的感谢信一事。

3月10日(23日)

列宁的《一封给地方自治人士的信》和《关于"斗争"社》一文在《火星报》
第18号上发表。

3月11日(24日)

致函母亲,询问家中情况和度夏计划,并谈了自己对《世间》杂志上维·
韦列萨耶夫的中篇小说《变迁》的印象。

读寄给《火星报》的关于1902年2月9日(22日)莫斯科大学学生集
会的通讯稿。

3月14日(27日)以前

写对普列汉诺夫的第二个纲领草案的批评意见。

出席《火星报》编辑部会议。鉴于德国警察局已对《火星报》在德国
出版工作进行监视,编辑部会议决定将《火星报》由慕尼黑迁往伦敦
出版。

把自己对普列汉诺夫的第二个纲领草案的意见寄给亚·尼·波特
列索夫。

3月14日(27日)

收到帕·波·阿克雪里罗得从苏黎世的来信,信中谈论普列汉诺夫的第

二个纲领草案。

致函帕·波·阿克雪里罗得,说打算把《火星报》编辑部迁往伦敦,答应把自己对普列汉诺夫的第二个纲领草案的意见寄去;认为召开《火星报》编委会议来讨论纲领草案还为时过早。

读沃伊诺娃寄给《火星报》的关于1902年2月9日(22日)莫斯科大学学生集会和关于1902年2月19日(3月4日)莫斯科举行游行示威的信。

3月15日和4月6日(3月28日和4月19日)之间

致函沃洛格达流放者写作组秘书亚·亚·波格丹诺夫,同意他提出的关于和《火星报》编辑部共同出版通俗小册子的建议,但请写作组不要坚持小册子不作任何局部修改的意见;信中还谈到自己对寄来的文章的意见。

3月16日(29日)以前

函告亚·尼·波特列索夫,说《火星报》编辑部将从慕尼黑迁往伦敦。

3月16日和20日(3月29日和4月2日)之间

致函亚·尼·波特列索夫,不同意他提出的把《火星报》迁往布鲁塞尔出版的建议;说打算修改自己拟定的纲领草案第7条。

3月20日(4月2日)以前

致函在柏林的姐姐安娜,问她是否很久未收到母亲从萨马拉寄去的信。

收到妹妹玛丽亚的来信。

3月20日(4月2日)

致函母亲,询问她的健康情况和夏天是否打算出国;感谢妹妹玛丽亚来信和她整理从西伯利亚寄来的书籍;请妹妹在知道他的伦敦新址以后再寄些包括全部统计资料在内的俄文书籍。

3月20日(4月2日)以后

收到亚·尼·波特列索夫的来信,信中同意把《火星报》编辑部迁往伦敦,并谈到他对列宁和普列汉诺夫的纲领草案的意见。

3月22日(4月4日)以前

写对纲领草案的土地部分第4项的修正案并把它提交《火星报》编委表决。

3 月 22 日(4 月 4 日)

致函格·瓦·普列汉诺夫,告知已把自己写的《俄国社会民主党的土地纲领》一文给他寄去,请他谈谈对维·伊·查苏利奇在该文空白处写的批语的意见,说明自己不同意查苏利奇批评这篇文章没有特别优待小佃户,认为她的观点是不正确的,强调在资产阶级社会中正是小生产者特别浪费人力、地力和畜力。

3 月 23 日(4 月 5 日)

收到格·瓦·普列汉诺夫从日内瓦的来信,信中对协商委员会拟定的纲领草案提出意见,还建议把《曙光》杂志迁往日内瓦出版并划分《曙光》杂志编辑部和《火星报》编辑部的工作范围,或者允许他在日内瓦出版一种单独的报纸。列宁在 3 月 22 日(4 月 4 日)给普列汉诺夫的信后附笔,告知已把他的信转交《火星报》编委过目。

3 月 24 日(4 月 6 日)

致函亚·尼·波特列索夫,说自己同格·瓦·普列汉诺夫在拟定党纲草案问题和普列汉诺夫打算在日内瓦出版一种单独的报纸问题上仍然存在着意见分歧。

3 月 25 日(4 月 7 日)

读《火星报》编辑部收到的一封信,这封信谈到 1900 年哈尔科夫十月事件参加者在报纸上发表的声明。

3 月 28 日(4 月 10 日)

致函在柏林的姐姐安娜,告知 3 月 30 日(4 月 12 日)动身去伦敦和在伦敦的通信处。

3 月 30 日(4 月 12 日)以前

致函在伦敦的尼·亚·阿列克谢耶夫,说《火星报》编辑部最近将迁往伦敦。

　　在《火星报》迁往伦敦出版的准备工作就绪之前,委托《火星报》编辑部事务秘书维·瓦·科热夫尼科娃在慕尼黑负责出版几号报纸。

3 月 30 日(4 月 12 日)

离开慕尼黑去伦敦之前给尔·马尔托夫发了两封信。

　　同娜·康·克鲁普斯卡娅一起离开慕尼黑去伦敦;在火车上写对

《火星报》编辑部协商委员会拟定的俄国社会民主工党纲领草案的意见。

3月31日（4月13日）

同娜·康·克鲁普斯卡娅由慕尼黑去伦敦途中在科隆停留,参观科隆大教堂。

在科隆大教堂游人休息室里写对《火星报》编辑部协商委员会制定的俄国社会民主工党纲领草案的补充意见。

4月初

同娜·康·克鲁普斯卡娅途经列日,在尼·列·美舍利亚科夫处停留,参观民众文化馆。后来又同美舍利亚科夫一起去布鲁塞尔,游览城市,走访工人合作社和工人党机关,路遇工人游行示威队伍。

同娜·康·克鲁普斯卡娅一起抵达伦敦,用里希特这一假姓住下。

4月1日（14日）

列宁的《对〈怎么办?〉一书的一个更正》在《火星报》第19号上发表。

4月1日（14日）以后

致函《火星报》编辑部事务秘书维·瓦·科热夫尼科娃(她因伦敦的印刷所没有安排好,暂时留在慕尼黑负责出几号报纸),称赞刚收到的《火星报》第19号:"这一号很好,看得出校对员是尽了自己的力量的。"

4月1日—4（14日—17日）

《火星报》编委会议在苏黎世召开。会议讨论和通过协商委员会拟定的纲领草案。列宁由于认为当时召开编委会不能圆满解决问题而拒绝参加。

4月3日（16日）以后

收到帕·波·阿克雪里罗得从苏黎世的来信,信中谈到《火星报》编委会讨论协商委员会拟定的纲领草案和列宁的《俄国社会民主党的土地纲领》一文的情况。

4月4日（17日）

同英国社会民主联盟中央机关报《正义报》编辑哈利·奎尔奇商讨使用《正义报》印刷所印刷《火星报》问题。

致函格·瓦·普列汉诺夫,要他函请哈利·奎尔奇协助已经开始的关于在《正义报》印刷所印刷《火星报》的谈判;询问尔·马尔托夫和维·

伊·查苏利奇现在在哪里,他们谁先启程,排字工人是否已作好来伦敦的准备。

不早于4月4日(17日)

筹备《火星报》在伦敦的出版事宜。

读彼得堡印发的关于社会革命党人斯·瓦·巴尔马晓夫刺杀内务大臣德·谢·西皮亚金事件的传单《论螳螂和女食客》,为它写编者按,指出这张传单生动地描述了由巴尔马晓夫的英雄行为所引起的那种情绪。

4月5日(18日)

致函帕·波·阿克雪里罗得,说自己正在为安排《火星报》的印刷事宜而奔走;询问阿克雪里罗得为《曙光》杂志第4期写文章的情况。

4月7日或8日(20日或21日)

收到英国工联总联合会总书记艾·米切尔寄来的一封介绍信,信中请求英国博物馆馆长准许列宁在博物馆阅览室阅读图书。

4月8日(21日)

函请英国博物馆馆长发给阅览证,以便研究土地问题。随信附上英国工联总联合会总书记艾·米切尔的介绍信。

4月10日(23日)

将伦敦地址函告帕·波·阿克雪里罗得。为保密起见,请他不要把地址告诉别人;询问格·瓦·普列汉诺夫给《火星报》第20号写的社论是否完稿。

4月10日和20日(4月23日和5月3日)之间

《火星报》编委格·瓦·普列汉诺夫、帕·波·阿克雪里罗得、维·伊·查苏利奇和尔·马尔托夫4月2日(15日)在苏黎世会议上对《俄国社会民主党的土地纲领》一文进行了讨论,列宁参考他们的意见和要求对这篇文章作了一些修改。

4月11日(24日)

第二次致函英国博物馆馆长,并附上艾·米切尔的新介绍信。

不早于4月11日(24日)

读《火星报》编辑部收到的关于别日察工人运动的通讯稿。

不早于4月12日(25日)

收到英国博物馆馆长关于发给阅览证的通知书。

4月16日(29日)

去英国博物馆阅览室办理阅览手续:领取 A72453 号阅览证,了解阅览室规则,填写住址。

1902年4月16日(29日)和1903年4月之间

经常去伦敦英国博物馆阅览室借阅书刊,研究德国、荷兰、法国等国的农业统计资料。摘录 K.胡巴赫《关于下黑森省农村地产债务统计》、古·格罗曼《1890年的荷兰农业》、泰·哥尔茨《现代土地问题》、保·蒂罗《1866—1870年农业调查的总结》等著作。

摘录1901年伦敦出版的英国工厂总视察员年度报告。用英文按各类问题编写书报期刊目录。

4月20日(5月3日)

函告帕·波·阿克雪里罗得,说俄国社会民主工党纲领草案准备在《火星报》第21号上发表,《俄国社会民主党的土地纲领》一文已根据《火星报》编辑部苏黎世会议的意见作了修改并寄给了普列汉诺夫。列宁在信中还谈到在沃罗涅日和乌法两地大逮捕的情况。

读《赫尔松地方自治局书库1900年度报告书》;研究 В.Ф.阿诺德《赫尔松县农户的农业技术和农业经济的一般特点》一书(1902年赫尔松版)并写了批注。

4月21日(5月4日)

致函在巴黎的崩得国外委员会代表阿·约·克列梅尔,对参加俄国社会民主工党比亚韦斯托克代表会议的《火星报》编辑部代表费·伊·唐恩可能被捕一事表示担心,请他告知在代表会议上当选为筹备俄国社会民主工党第二次代表大会的组织委员会的委员的姓名和地址,以及怎样同他们联系。

致函国外俄国社会民主党人联合会,请它设法把"五一"传单送交社会民主党各地方委员会。

4月22日(5月5日)

致函加·达·莱特伊仁,要他务必找到4月21日(5月4日)寄给他的一封十分重要的信件,并完成信中布置的一项紧急任务。

娜·康·克鲁普斯卡娅致函在普斯科夫的潘·尼·勒柏辛斯基和伊·伊·拉德琴柯,谈在挪威的瓦尔德建立转送站向俄国运送秘密书刊的问题,以及在沃罗涅日和雅罗斯拉夫尔一些革命者被逮捕的情况等。列宁在信后附笔,感谢他们寄来统计方面的书籍,并请他们把 1901 年出版的弗拉基米尔省土地估价的资料寄来。

4 月 22 日(5 月 5 日)以后

研究《下诺夫哥罗德省戈尔巴托夫县巴甫洛夫五金制品生产区》(1902年下诺夫哥罗德版)一书,作摘录和写读书札记。

从 В.Г.雅罗茨基为《布罗克豪斯和叶弗龙百科全书》撰写的条目《手工工业》作摘录和写札记。

4 月 23 日(5 月 6 日)

致函在萨马拉的格·马·克尔日扎诺夫斯基,推测《火星报》出席比亚韦斯托克代表会议代表费·伊·唐恩已经被捕,要他立即转入地下;告知筹备党的第二次代表大会的组织委员会已经在比亚韦斯托克代表会议上成立,现在的任务是要把各地方委员会,特别是俄国中部地区、乌拉尔和南部地区的委员会争取到《火星报》这边来。

4 月 25 日(5 月 8 日)以前

收到妹妹玛丽亚从萨马拉寄来的明信片。

多次写信给在萨马拉的母亲和妹妹。

4 月 25 日(5 月 8 日)

致函母亲,希望她很快就来国外。

4 月 27 日(5 月 10 日)

在伦敦的《雅典神殿。英国和外国文学、科学、美术、音乐及戏剧杂志》(周刊)上刊登一则广告:"俄国法学博士及其妻子愿以教授俄语为交换条件,延请一位英国人(男女均可)讲授英语。来信请寄西中央区彭顿维尔霍尔福广场 30 号雅·里希特先生。"

4 月 27 日(5 月 10 日)以后

为提高英语水平,同娜·康·克鲁普斯卡娅一起向出版商行职员雷蒙德、事务所职员威廉斯和工人约克学英语,同时为他们讲授俄语。

4 月

　　致函俄国社会民主工党北方协会,对寄给《火星报》编辑部的协会纲领提出批评意见。

4 月——5 月

　　同维·瓦·科热夫尼科娃经常通信,指导《火星报》的出版工作。

1902 年 4 月——1903 年 4 月

　　经常在印刷《火星报》的印刷所编辑《火星报》的材料。

　　　　同娜·康·克鲁普斯卡娅一起经常到海德公园去听讲演,参观博物馆等。

5 月 1 日(14 日)

　　收到格·瓦·普列汉诺夫和帕·波·阿克雪里罗得对《俄国社会民主党的土地纲领》一文的意见。

　　　　写《答普列汉诺夫和阿克雪里罗得对〈俄国社会民主党的土地纲领〉一文的意见》。

　　　　致函格·瓦·普列汉诺夫,对普列汉诺夫给《俄国社会民主党的土地纲领》一文所提意见的态度表示非常气愤。

　　　　就格·瓦·普列汉诺夫对《俄国社会民主党的土地纲领》一文的意见致函亚·尼·波特列索夫,并附上《俄国社会民主党的土地纲领》一文。

5 月 5 日(18 日)以后

　　修改下诺夫哥罗德致《火星报》编辑部的信,这封信报道了下诺夫哥罗德游行示威和大逮捕的情况。

5 月 8 日(21 日)以后

　　读伊·伊·拉德琴柯关于散发火星派书刊以及同火星派建立联系的信。

5 月 9 日(22 日)以后

　　写《俄国社会民主工党顿河区委员会的传单〈告俄国公民书〉的引言》。

5 月 10 日(23 日)

　　娜·康·克鲁普斯卡娅致函在萨马拉的弗·威·林格尼克,说比亚韦斯托克代表会议选出的组织委员会委员已被捕。列宁在信后附笔,提出必须重建筹备党的第二次代表大会的组织委员会,并把《火星报》的拥护者派到俄国社会民主工党绝大多数地方委员会去。

5月24日（6月6日）

修改娜·康·克鲁普斯卡娅给在彼得堡的伊·伊·拉德琴柯的信,信中谈到崩得和"国外俄国社会民主党人联合会"的策略、比亚韦斯托克代表会议的结果、社会革命党的成立以及其他问题。

5月25日（6月7日）以前

多次写信给在德国的姐姐安娜,询问她同母亲预定在国外度夏的地点。

不晚于5月25日（6月7日）

收到妹妹玛丽亚从萨马拉的来信,信中要列宁告知寄书的地址。

5月25日（6月7日）

致函在萨马拉的母亲,告知一直在等待她到国外来,还说以极大的兴趣读了高尔基和斯基塔列茨的书,答应尽快把今后寄书的地址寄去。

5月26日（6月8日）以前

致函亚·尼·波特列索夫,谈同格·瓦·普列汉诺夫关系紧张以后《火星报》编辑部的状况。

5月26日（6月8日）以后

收到亚·尼·波特列索夫的来信,信中提出调整《火星报》编辑部内部关系的办法。

5月29日（6月11日）以前

致函亚·米·卡尔梅柯娃,谈出版《火星报》和火星派书刊的资金以及把这些书刊运往俄国的问题。

不早于5月30日（6月12日）

读弗·格·什克利亚列维奇从克里木寄给《火星报》编辑部的关于1902年5月1日在雅尔塔散发社会民主党传单的通讯稿;读彼得堡"自由艺术家协会"印发的号召人们参加预定3月3日举行的游行示威的传单,并写《火星报》编辑部为发表这一传单所加的按语。通讯稿、传单和按语均发表在1902年7月《火星报》第22号上。

5月31日（6月13日）

阅读和补充娜·康·克鲁普斯卡娅写给在萨马拉的格·马·克尔日扎诺夫斯基和季·巴·克尔日扎诺夫斯卡娅的信,信中说米·卢里叶、米·亚·西尔文和费·伊·唐恩已被捕,要求他们把新的通信地址寄来。

5月31日(6月13日)以后

收到尔·马尔托夫从巴黎的来信,信中谈到列宁关于土地纲领的文章所引起的《火星报》编辑部内的意见分歧。

6月1日(14日)

《火星报》和《曙光》杂志编辑部在列宁倡议和积极参加下拟定的俄国社会民主工党纲领草案在《火星报》第21号上发表。

　致函在苏黎世的柳·伊·阿克雪里罗得,询问她的工作情况,建议她在夏天休息,请她把附去的信转交亚·尼·波特列索夫。

　致函亚·尼·波特列索夫,谈因《曙光》杂志登载的列宁《俄国社会民主党的土地纲领》一文而引起的同格·瓦·普列汉诺夫的意见分歧。

不早于6月3日(16日)

读从彼尔姆寄给《火星报》编辑部的关于省地方自治机关职员抗议为西皮亚金举行追悼会的通讯稿。这篇通讯稿发表在1902年7月《火星报》第22号上。

6月3日(16日)以后

收到亚·尼·波特列索夫的来信,信中对因《俄国社会民主党的土地纲领》一文而引起的同格·瓦·普列汉诺夫的冲突提出调解办法。

6月4日(17日)以前

致函在巴黎的尔·马尔托夫,要求推迟自己去巴黎作报告的时间;谈到尼·尼·洛霍夫提出迅速成立筹备召开俄国社会民主工党第二次代表大会的组织委员会国外分会的建议;对自己提出的《火星报》编辑部和《曙光》杂志编辑部的分工方案作了说明。

6月4日(17日)以后

收到尔·马尔托夫从巴黎的来信,信中说巴黎的报告只能推迟到6月14日或15日(27日或28日)。

6月5日(18日)以前

致函亚·尼·波特列索夫,建议扩充《火星报》,出版小册子作为《火星报》的附刊,建议把《曙光》杂志交格·瓦·普列汉诺夫负责编辑。

不晚于 6 月 5 日（18 日）

致函尔·马尔托夫,建议《火星报》编辑部和《工人事业》杂志联名对《前进报》发出抗议信,抗议它报道彼·伯·司徒卢威主编的《解放》杂志即将出版并把这家杂志称为"社会民主党新机关报";认为必须尽快实行拟议中的《火星报》编辑部和《曙光》杂志编辑部的分工,建议发表关于土地纲领的文章。

6 月 5 日（18 日）

致函亚·尼·波特列索夫,请他写《火星报》编辑部和《曙光》杂志编辑部分工方案的附加说明。

6 月 6 日（19 日）以后

收到伊·伊·拉德琴柯从彼得堡给《火星报》编辑部的来信,信中介绍了他同工人们进行的关于社会民主党工作的谈话,还请求把最近几号《火星报》和《怎么办?》一书寄去。

6 月 8 日（21 日）

致函亚·尼·波特列索夫,谈《火星报》编辑部和《曙光》杂志编辑部的分工问题。

6 月 8 日（21 日）以后

收到尔·马尔托夫的来信,信中同意列宁提出的给《前进报》的信,谈到就《火星报》编辑部和《曙光》杂志编辑部分工问题同维·伊·查苏利奇通信的情况。

6 月 9 日（22 日）

致函在彼得堡的伊·伊·拉德琴柯,委托他同崩得和《火星报》俄国组织常务局一起成立筹备党的第二次代表大会的组织委员会,要求把组织委员会的工作完全置于火星派的领导之下。

6 月 10 日（23 日）以前

致函在苏黎世的帕·波·阿克雪里罗得,询问能否在柏林为列宁安排一次专题报告会。

6 月 10 日（23 日）

收到格·瓦·普列汉诺夫从日内瓦的来信,信中提议解决因《俄国社会民主党的土地纲领》一文而发生的冲突。

致函格·瓦·普列汉诺夫,对他打算消除冲突的建议表示满意;认为普列汉诺夫可以在报刊上就引起分歧的那些问题发表意见;准备再一次与普列汉诺夫讨论关于土地纲领一文的修改问题;希望尽快出版《曙光》杂志第4期。

致函柳·伊·阿克雪里罗得,告知由于健康状况不佳,不能在伯尔尼俄国侨民中作关于社会革命党人的报告,答应秋天前往。

6月10日(23日)以后

收到帕·波·阿克雪里罗得的来信,信中说在柏林安排报告会有危险,因为有消息说,警察局打算"把俄国人从柏林清除出去"。

6月11日(24日)以后

收到尔·马尔托夫从巴黎的来信,信中对列宁同普列汉诺夫消除冲突一事表示满意;说《火星报》的影响日益增长,报纸必须扩大;告知列宁在巴黎的报告会定于6月14日(27日)举行。

6月13日或14日(26日或27日)

列宁到达巴黎。

6月14日(27日)

在侨居巴黎的俄国政治侨民的集会上,作关于社会革命党人的纲领和策略的报告。

6月下半月—7月12日(25日)

同母亲和姐姐安娜一起住在法国北海岸布列塔尼半岛的洛居维。

6月19日(7月2日)

致函格·瓦·普列汉诺夫,说列宁本人来到布列塔尼半岛是为了休息和同亲人会面;谈到同尔·马尔托夫和维·伊·查苏利奇在对待恐怖手段的作用问题上存在的意见分歧;建议普列汉诺夫把自己关于恐怖手段问题的文章改写成《火星报》第22号的社论。

6月26日(7月9日)以后

收到尔·马尔托夫从巴黎的来信,信中告知同尼·尼·洛霍夫共同拟定的筹备召开俄国社会民主工党第二次代表大会的组织委员会国外分会给俄国组织委员会的提案的全文。

6月26日和7月3日(7月9日和16日)之间

致函伊·伊·拉德琴柯,祝贺他开始改组俄国社会民主工党彼得堡委员

会;提出俄国社会民主工党彼得堡组织的最近实际工作任务的具体计
划;请彼得堡"斗争协会"和工人组织的代表速来伦敦。

6 月 29 日(7 月 12 日)以前

致函尔·马尔托夫,认为应对"国外俄国社会民主党人联合会"成员采取
较为严肃和谨慎的态度。

6 月 29 日(7 月 12 日)

致函格·瓦·普列汉诺夫,告知已经收到他给《曙光》杂志第 4 期写的
《对我们的批判者的批判》一文;问他为什么不去布鲁塞尔出席社会党国
际局会议;认为列·格·捷列奇要列宁和马尔托夫去瑞士会见俄国火星
派实际工作者的计划是很不妥当的,建议普列汉诺夫同国内的同志一起
来伦敦举行这样的会晤。

6 月 29 日(7 月 12 日)以后

读莫斯科大学生从克拉斯诺亚尔斯克流放监狱寄给《火星报》编辑部的
一些信件,并加上标题:《流放学生来信选登》。这些信件发表在 1902 年
7 月《火星报》第 22 号上。

6 月底—7 月

写《为什么社会民主党应当坚决无情地向社会革命党人宣战?》一文。

7 月 3 日(16 日)

收到娜·康·克鲁普斯卡娅从伦敦寄来的告知预定在瑞士召开俄国国
内火星派代表大会的信,并收到关于土地纲领一文的校样。

致函在伦敦的娜·康·克鲁普斯卡娅,反对在瑞士召开火星派实际
工作者代表大会,因为那里的准备工作尚未做好;请她修改关于土地纲
领一文的校样。

致函伊·伊·拉德琴柯,希望听到工人对《怎么办?》一书的反映,认
为彼得堡工人组织应当同《火星报》编辑部建立直接联系,提出成立筹备
召开党的第二次代表大会的组织委员会的方案。

7 月 8 日(21 日)以前

致函娜·康·克鲁普斯卡娅,说自己的健康状况正在好转,还要在洛居
维再耽搁一段时间。

7 月 11 日(24 日)

致函加·达·莱特伊仁,告知包括彼得堡委员会在内的俄国的一系列委

员会正在转向《火星报》的好消息。

7 月 12 日（25 日）以前

致函亚·米·卡尔梅柯娃,请她寄 500 马克来作为出版和发行《火星报》的经费。

7 月 12 日（25 日）

离开洛居维返回伦敦。

7 月 12 日（25 日）以后

收到亚·米·卡尔梅柯娃的来信,信中说已寄出 500 马克。

7 月 15 日（28 日）

致函格·瓦·普列汉诺夫,请他速来伦敦,并告知路费已经寄去。

不晚于 7 月 16 日（29 日）

收到弗·格·什克利亚列维奇从克里木的来信,信中要求《火星报》编辑部找律师处理一位在国外去世的俄国侨民的遗产案件。

7 月 16 日（29 日）

致函在克里木的弗·格·什克利亚列维奇,请他设法使《火星报》编辑部同南俄社会民主党的工人组织建立联系。列宁在信中还说,什克利亚列维奇所说的遗产案件有许多离奇不可理解之处,必须弄清详情才能给予最后答复。

收到伊·伊·拉德琴柯从彼得堡的来信,信中代表火星派感谢列宁对地方委员会顺利开始改组工作所表示的祝贺。

7 月 20 日（8 月 2 日）

致函彼·格·斯米多维奇,回答他就《怎么办?》一书第 4 章所提出的关于职业革命家和群众之间相互关系的问题。

7 月 20 日（8 月 2 日）以后

收到伊·伊·拉德琴柯从彼得堡的来信,信中说彼得堡委员会和彼得堡工人组织完全同意列宁所拟定的关于拥护《火星报》立场的几点声明。

7 月 22 日（8 月 4 日）以前

致函在苏黎世的费·伊·舍科尔金,请他谈谈俄国的情况,特别是"俄国社会民主工党北方协会"的情况,谈谈"协会"对《火星报》俄国组织的态度。

7月22日（8月4日）

致函在苏黎世的弗·亚·诺斯科夫，说由于身居国外，难于挑选《火星报》代办员和从国外领导他们的工作；认为代办员的工作实际应该由《火星报》俄国组织来领导；建议"俄国社会民主工党北方协会"同《火星报》编辑部建立更加紧密的联系。

修改娜·康·克鲁普斯卡娅写给基辅委员会一个委员的信，在信中补充一段话，请委员会的来人同《火星报》编辑部直接进行联系，不要通过俄国社会民主党人国外同盟的成员。

7月25日（8月7日）

致函伊·伊·拉德琴柯，要他组织彼得堡的火星派同经济主义的残余展开斗争，同时要在争取彼得堡工人组织方面加强工作。

在娜·康·克鲁普斯卡娅给伊·伊·拉德琴柯的信上写附言，说拉德琴柯已受到警察监视，务必离开彼得堡。

会见俄国社会民主工党彼得堡委员会来伦敦出席筹备党代表大会的火星派会议的代表弗·潘·克拉斯努哈。

7月26日（8月8日）以前

致函费·伊·舍科尔金，谈"俄国社会民主工党北方协会"准备同《火星报》俄国组织合并的问题。

7月26日（8月8日）

致函格·瓦·普列汉诺夫，说彼得堡工人阶级解放斗争协会成员弗·潘·克拉斯努哈已经到达，希望普列汉诺夫能同他会面，以抵制工人事业派可能对他产生的影响。

7月30日（8月12日）

同弗·潘·克拉斯努哈一起阅读和讨论伊·伊·拉德琴柯从彼得堡给《火星报》编辑部的来信。拉德琴柯在信中说工人组织对同彼得堡委员会合并表示不满。

致函伊·伊·拉德琴柯，谈必须尽快增补新的工人委员参加彼得堡委员会改组委员会；建议他去南方（哈尔科夫或基辅）工作，以免遭到逮捕。

7月以后

读亚·马尔丁诺夫1902年在日内瓦出版的小册子《工人和革命》，并在上面写批注。

8月1日(14日)

《革命冒险主义》一文第一部分在《火星报》第23号上发表。

不早于8月1日(14日)

读叶·雅·列文和叶·谢·列文娜从波尔塔瓦寄给《火星报》编辑部的信。他们在信中谈到《南方工人报》编辑部打算同《火星报》和《曙光》杂志紧密合作,还说几个南方城市的代表召开会议作出支持《火星报》的决议。

不早于8月2日(15日)

俄国南方一个城市的社会民主党小组讨论了《火星报》和《曙光》杂志编辑部拟定的俄国社会民主工党纲领草案并作出决议,《火星报》和《曙光》杂志编辑部为决议写按语,列宁对按语作修改。决议连同按语和编辑部的文章发表在1902年9月15日(28日)《火星报》第25号上。

8月2日(15日)

同前来伦敦的俄国社会民主工党彼得堡委员会代表弗·潘·克拉斯努哈、《火星报》俄国组织代表彼·阿·克拉西科夫、"俄国社会民主工党北方协会"代表弗·亚·诺斯科夫举行会议,会上组成了筹备第二次党代表大会的组织委员会的火星派核心。

8月3日(16日)

补充娜·康·克鲁普斯卡娅给伊·伊·拉德琴柯的信。这封信谈到了1902年8月2日(15日)伦敦会议所取得的成果。

8月6日(19日)

致函帕·波·阿克雪里罗得,劝他去慕尼黑出席德国社会民主党代表大会。

8月9日(22日)以前

致函在苏黎世的弗·亚·诺斯科夫,说帕·波·阿克雪里罗得可能去慕尼黑参加德国社会民主党代表大会。

致函波尔塔瓦的《南方工人报》编委,赞同他们同《火星报》合作的决定并询问他们当前的实际计划,同时请他们帮助弄清南方各委员会的立场。

8 月 11 日（24 日）

致函俄国社会民主工党莫斯科委员会，对他们拥护《怎么办？》一书的观点表示感谢，希望莫斯科委员会能在《火星报》上公开申明自己的立场。

8 月 15 日（28 日）

收到亚·米·卡尔梅柯娃从德累斯顿的来信，信中谈到与出版《火星报》有关的钱款账目和收入。列宁在信上作批注并写了回信。

8 月

写《俄国社会民主党人的任务》小册子第 2 版序言、序言要点和序言的未完稿。

列宁的《俄国社会民主党的土地纲领》一文在《曙光》杂志第 4 期上发表。

8 月以后

读 1902 年出版的小册子《社会革命党农民协会致全体俄国农民》，并在上面作批注。

读社会革命党和农业社会主义同盟 1902 年出版的小册子《关于土地的谈话》，并在上面作批注。

就美国农业部出版的刊物《书目月刊》的性质和内容写札记。

9 月 1 日（14 日）以前

收到母亲从国外返回萨马拉途中发来的电报和明信片。

9 月 1 日（14 日）

《革命冒险主义》一文第二部分和《新罢工法草案》在《火星报》第 24 号上发表。

致函在萨马拉的母亲，询问旅途是否劳累，告知收到了姐姐安娜寄来的、保存完好的哥哥亚·伊·乌里扬诺夫的照片。

不早于 9 月 1 日（14 日）

读彼得堡社会民主党人阿·阿·施涅尔松寄来的《彼得堡工人革命党组织的任务（致同志们的信）》，信中附有改组彼得堡社会民主党组织的方案。

《列宁全集》第二版第 6 卷编译人员

项目统筹：崔继新

责任编辑：崔继新

装帧设计：石笑梦

版式设计：周方亚

责任校对：吴海平　方雅丽

图书在版编目（CIP）数据

列宁全集.第 6 卷/（苏）列宁著；中共中央马克思恩格斯列宁斯大林著作编译局编译.
　—2 版（增订版）-北京：人民出版社，2013.12（2024.7 重印）
ISBN 978－7－01－010850－6

Ⅰ.①列…　Ⅱ.①列…　②中…　Ⅲ.①列宁著作-全集　Ⅳ.①A2

中国版本图书馆 CIP 数据核字（2013）第 308883 号

书　　　名	**列宁全集**
	LIENING QUANJI
	第六卷
编　译　者	中共中央马克思恩格斯列宁斯大林著作编译局
出版发行	人 民 出 版 社
	（北京市东城区隆福寺街 99 号　邮编 100706）
邮购电话	（010）65250042　65289539
经　　　销	新华书店
印　　　刷	北京新华印刷有限公司
版　　　次	2013 年 12 月第 2 版增订版　2024 年 7 月北京第 3 次印刷
开　　　本	880 毫米×1230 毫米 1/32
印　　　张	19.125
插　　　页	5
字　　　数	474 千字
印　　　数	6,001—9,000 册
书　　　号	ISBN 978－7－01－010850－6
定　　　价	48.00 元

ISBN 978-7-01-010850-6

9 787010 108506 >